21世纪高等学校
经济管理类规划教材
高校系列

ACCOUNTING INFORMATION SYSTEMS THEORY AND PRACTICE

会计信息系统理论与实践——基于用友ERP-U8系统

杨武岐 张志强 主编
秦黎刚 朱庆须 副主编

ECONOMICS AND MANAGEMENT

人民邮电出版社
北京

图书在版编目（CIP）数据

会计信息系统理论与实践 ：基于用友ERP-U8系统 / 杨武岐，张志强主编. -- 北京 ：人民邮电出版社，2013.2（2017.2 重印）
21世纪高等学校经济管理类规划教材
ISBN 978-7-115-30206-9

Ⅰ. ①会… Ⅱ. ①杨… ②张… Ⅲ. ①会计信息－财务管理系统－高等学校－教材 Ⅳ. ①F232

中国版本图书馆CIP数据核字(2013)第017515号

内 容 提 要

本教材以会计信息系统基本理论知识为基础，以企业会计信息化实践为核心，以培养学生构建、管理和应用会计信息系统的能力为导向，以实用、适用为标准，介绍了会计信息化的历史、现状与未来，分析了会计信息系统的概念、过程与环境，展示了用友ERP-U8环境下会计信息系统业务处理的基本过程，总结论述了会计信息系统管理的目标、内容和要求，以及会计信息系统风险与控制等相关内容。

本教材理论与实验并重。理论先进实用，实验精心设计，重点突出。各章均配有复习思考题，具体应用章节设计了实验题，包括八个单项实验和一个综合实验，能同时满足本课程理论教学和实验教学的要求。教材是精品课程建设和长期教学实践总结的成果，可作为高等院校会计、财务管理、审计等专业的课程教学用书，也可为会计人员参考、学习、培训之用。

21 世纪高等学校经济管理类规划教材

会计信息系统理论与实践——基于用友 ERP-U8 系统

◆ 主　编　杨武岐　张志强
副 主 编　秦黎刚　朱庆须
责任编辑　武恩玉
执行编辑　王　伟

◆ 人民邮电出版社出版发行　北京市丰台区成寿寺路 11 号
邮编　100164　电子邮件　315@ptpress.com.cn
网址　http://www.ptpress.com.cn
固安县铭成印刷有限公司印刷

◆ 开本：787×1092　1/16
印张：22.5　2013 年 2 月第 1 版
字数：554 千字　2017 年 2 月河北第 9 次印刷

ISBN 978-7-115-30206-9

定价：45.00 元

读者服务热线：(010)81055256　印装质量热线：(010)81055316
反盗版热线：(010)81055315

前 言 Forward

随着现代信息技术在管理领域的应用，信息系统已成为企业进行日常管理、促进管理变革、获取竞争优势的主要平台、环境和工具。从会计电算化到会计信息化和企业信息化，构造、管理和应用会计信息系统始终是会计工作领域的重要理论研究课题，也是财务工作者的实践应用课题。目前，会计信息系统的理论体系日益完善，实践领域的技术、软件和方法不断丰富，以Internet为代表的先进信息技术应用不断拓展会计信息系统的应用需求。财务工作者需要从理论、信息技术、应用方法、管理变革等方面去把握会计信息系统的发展和应用，高校相关财务类专业教学也应契合实际需要，让学生掌握有效、实用的会计信息系统理论知识和实践技能。

本书立足于理论与实践的合理对接，以精品课程建设和长期教学实践成果为基础，组织教学经验丰富的一线教师共同编写，保障了教材内容的严谨性和合理性；内容组织以实用、适用为标准，理论部分删繁就简，以案例、实验等形式将抽象的理论知识形象化、具体化；与时俱进，充实学科发展的新动态和知识；理论与实验有效组合，一本教材即可完成理论和实验教学。

本书共分为3篇，15章。“会计信息系统概述”篇主要对会计信息化的历史、现状与未来，以及会计信息系统的概念、过程与环境进行介绍和讨论；“会计信息系统业务处理”篇以用友ERP-U8系统（8.72）为环境，介绍了企业会计信息系统业务处理的基本过程，重点介绍了基于财务部门应用的总账管理、薪资管理、固定资产管理、应收款管理、应付款管理、报表管理等子系统的功能及操作使用流程，并配备了单项实验；“会计信息系统管理与控制”篇主要介绍会计信息系统实施阶段管理和运行阶段管理的目标、内容和要求，以及会计信息系统风险与控制的相关内容。

本书可作为高校会计学专业、财务管理专业、审计学专业的教材，也可作为从事会计信息系统建设、管理和应用的财务人员、技术人员的学习参考书。

本书由杨武岐、张志强担任主编，朱庆须、秦黎刚、康莉莉、李文宁、井向阳、史巍共同参加编写。杨武岐设计了全书内容框架体系并编写第1章和第3章，张志强编写第2章、第12章以及第14章的部分内容，朱庆须编写第15章，秦黎刚编写第10章部分内容，第11章、第13章和课后单项实验，康莉莉编写第4、5、6章，李文宁编写第7、8、9章和第10章部分内容，井向阳编写第14章部分内容，史巍、康莉莉对实验内容进行了校核和测试。全书由杨武岐、张志强统稿、审稿和定稿。

在本书编写过程中，得到许多专家和业内人士的帮助和支持，也吸纳了许多学者的研究成果。用友新道科技有限公司的王立朋女士在教材编写组织方面提供了协助，秦黎刚先生以其丰富的实践经验负责编写本书的部分章节，为本书增色不少。在本书出版过程中，得到人民邮电出版社的大力支持，才使本书得以顺利出版。在此，向他们一并表示诚挚的感谢！

由于信息技术发展变化快，加之编者水平有限，难免出现疏漏和不妥之处，敬请见谅并批评指正。

编 者

2012年12月

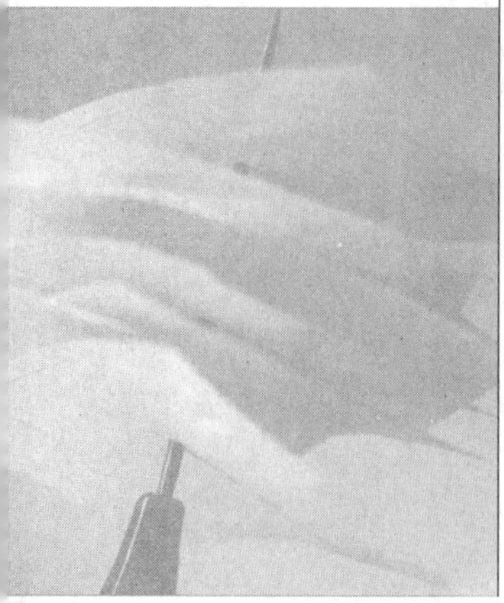

目 录 Content

第一篇　会计信息系统概述

本篇主要对会计信息化的历史、现状与未来，以及会计信息系统的概念、过程与环境进行介绍和讨论。

本篇包括第1章和第2章。

第1章首先介绍了信息技术的发展脉络，进而分析了信息技术对企业管理的影响。信息技术经历了五次重大变革，信息技术的变革促进了人类文明的进步。管理活动需要信息，信息获取需要信息技术的支持，层次越高的管理者所需要的信息越需要加工和处理。企业管理信息化是现代信息技术与先进的企业管理理念相融合的过程和结果，管理信息化促进了决策和执行的效率及效果，加强了管理的规范化，推动了企业经营管理方式的转变，实现物流、资金流、信息流的统一管理。其次，回顾了会计电算化的发展历史，就会计电算化的作用、局限和历史贡献进行了总结。最后，对会计信息化的概念、发展中遇到的问题，以及未来的发展趋势进行了探讨。

第2章对信息系统、管理信息系统、会计信息系统的概念和内涵做了介绍。重点从物理结构、功能结构、会计软件等角度梳理了会计信息系统的发展过程。还介绍了ERP（企业资源计划）的功能及发展，以加深对会计信息系统的理解。从应用角度就会计信息系统的IT环境进行了说明，包括数据库、网络、应用环境等。

第1章 会计信息化——历史、现状与未来

【学习目标】

现代信息技术的持续发展和应用，对企业管理产生了巨大影响，促进了企业管理信息化。会计信息化的发展历程既是现代信息技术应用于企业管理的历史缩影，也是会计信息化不断拓展和延伸的基础。

通过本章的学习掌握以下内容：

1. 了解现代信息技术及现代信息技术对企业管理的影响；
2. 了解我国会计电算化的历史，理解其作用、局限和历史贡献；
3. 理解会计信息化的概念；
4. 理解当前会计信息化发展中面临的问题；
5. 了解会计信息化未来的发展趋势。

1.1 信息技术对企业管理的影响

1.1.1 信息技术发展脉络

1. 什么是信息技术

在人类的各种活动中，信息起到关键作用。人们通过对信息的收集、传递、存储和使用来完成一系列个人行为或社会活动，同时各种行为和活动又会产生更多的信息。在现代社会，人们对信息的理解更加深刻和丰富，对信息的需求越来越多，对信息采集、传输、存储、加工、表达的各种技术的持续改进和应用是信息社会的基本特征。

在人类发展史上，信息技术的发展不断促进人类文明的进步。信息技术经历了五次重大变革。

（1）语言的产生和应用（距今约35000年～50000年前）。信息作为一种社会资源自古就有，人类也是自古以来就在利用信息资源，只是利用的能力和水平较低。在遥远的古代，人类主要通过手势、声音和各种形体动作来沟通信息。人类学家推断，距今35000年～50000年前，人类已经有了体系化的语言，在信息的处理方面也迈出了最初的步伐。原始的人类通过结绳记事、使用筹码等手段，突破自身器官功能的限制，借助于各种“身外之物”来帮助自己处理信息。

（2）文字的发明和使用（约公元前3500年）。文字的出现是信息技术史上的重大事件，促进了信息的传播和记录。早期人类就已在岩石、陶器上刻画各种符号。在我国商代，出现了刻在龟甲或兽骨上的文字，这就是著名的甲骨文。我国商代还开始在青铜器上刻字铸字。商代以后，中国人已懂得用竹片、木片和丝织品作为记录文字图画的载体。秦始皇在统一法律、统一度量衡，建立中央集权的封建制度的同时，统一文字，规定以小篆作为全国法定文字，在推动信息交流上有着重要的意义。

（3）印刷术的发明和应用（公元11世纪出现活字印刷）。到了汉代，信息技术史上的伟大发明——造纸术问世了。造纸术作为我国古代四大发明之一，对世界文明的进步产生了重大影响。纸的发明，使得信息的记载和传递有了轻便、好用的载体，对科学技术的传播和世界文化交流起到了巨大的作用。到了我国隋唐年间，一种新的信息技术——印刷术诞生了。早期的印刷技术为雕版印刷，就是将文字反刻在一块平整的木板或其他板材上，然后上墨印刷。宋代庆历年间，毕升经过不断摸索，终于在世界上首先发明了泥活字印刷术。其主要步骤是：制活字、排版、印刷，与现代铅字排版印刷的工作原理基本相同，这也是信息技术史上的一次革命。印刷术的应用使世界上的书籍数量激增，为把知识和文化传播到世界各个国家和地区创造了条件。

（4）电信技术的发明（19世纪）。以蒸汽机的出现为标志，工业革命在物质和能量的使用方面开创了一个全新的时代。在信息处理技术方面，工业革命的思想与技术同样产生了一系列成果。1837年美国人莫尔斯研制了世界上第一台有线电报机。1875年，苏格兰青年亚历山大·贝尔发明了世界上第一台电话机。1895年俄国人波波夫和意大利人马可尼分别成功地进行了无线电通信实验。1894年电影问世。1925年英国首次播映电视。后来还出现了照相机、静电复印机、磁性录音机、雷达等技术。

（5）计算机与互联网的使用（20世纪60年代）。电子计算机的普及应用及计算机与现代通信技术的有机结合，使人类逐步步入信息化社会。以微电子和光电子技术为基础，以计算机和通信技术为支撑的现代信息技术，对其他高新技术的发展起着先导作用，而其他高新技术的发展又反过来促进信息技术更快地发展。近年来互联网及其相关技术的发展，极大地改变了信息处理的时间空间限制，电子邮件、电子商务、网络游戏、电子书籍、云计算等基于互联网的应用技术已经深刻地改变了人类的生产和生活。

在回顾信息技术发展的基础上，应该怎么理解信息技术？

信息技术是指人类社会对信息进行采集、传输、存储、加工、表达的各种技术的统称。现代信息技术是指利用计算机、网络、通信技术等各种硬件设备及软件工具与科学方法，对文图声像各种信息进行获取、加工、存储、传输与使用的技术之和。现代信息技术发展呈现出以下几个明显特征。

- 技术发展日新月异。近年来出现的物联网、云计算、人工智能、各种类型的信息系统，以及互联网上越来越多的创新，让我们深切感受到现代信息技术发展的无限潜力。
- 应用范围越来越广。人类正在步入信息化社会，现代信息技术在社会各个方面的应用将会不断加强，我们的日常生活越来越依赖现代信息技术，以至企业管理、行政管理、航天、医疗、教育、文化、体育等社会的各个层面的发展都需要现代信息技术的有力支撑。
- 信息处理的高速化、智能化。对信息及时性的要求推动信息处理技术的不断创新，不断提升的计算机的运算速度、云计算技术的出现都预示着信息处理高速化时代的来临。各种智能化的信息系统及其技术，进一步推动了信息的收集、传递、存储和使用的智能化。

2. 信息技术的分类

按表现形态的不同，信息技术可分为硬技术（物化技术）与软技术（非物化技术）。前者指各种信息设备及其功能，如显微镜、电话机、通信卫星、计算机。后者指有关信息获取与处理的各种知识、方法与技能，如语言文字技术、数据统计分析技术、规划决策技术、计算机软件技术等信息技术。

按工作流程中基本环节的不同，信息技术可分为信息获取技术、信息传递技术、信息存储技术、信息加工技术及信息标准化技术。信息获取技术包括信息的搜索、感知、接收、过滤等。如显微镜、望远镜、气象卫星、温度计、钟表、Internet搜索器中的技术等。信息传递技术指跨越空间共享信息的技术，又可分为不同类型。如单向传递与双向传递技术，单通道传递、多通道传递与广播传递技术。信息存储技术指跨越时间保存信息的技术，如印刷术、照相术、录音术、录像术、缩微术、磁盘术、光盘术等。信息加工技术是对信息进行描述、分类、排序、转换、浓缩、扩充、创新等的技术。信息加工技术的发展已有两次突破：从人脑信息加工到使用机械设备（如算盘、标尺等）进行信息加工，再发展为使用电子计算机与网络进行信息加工。信息标准化技术是指使信息的获取、传递、存储，加工各环节有机衔接，与提高信息交换共享能力的技术，如信息管理标准、字符编码标准、语言文字的规范化等。

按使用的信息设备不同，把信息技术分为电话技术、电报技术、广播技术、电视技术、复印技术、缩微技术、卫星技术、计算机技术、网络技术等。也有人从信息的传播模式分，将信息技术分为传者信息处理技术、信息通道技术、受者信息处理技术、信息抗干扰技术等。

按技术的功能层次不同，可将信息技术体系分为基础层次的信息技术（如新材料技术、新能源技术），支撑层次的信息技术（如机械技术、电子技术、激光技术、生物技术、空间技术等），主体层次的信息技术（如感测技术、通信技术、计算机技术、控制技术），应用层次的信息技术（如文化教育、商业贸易、工农业生产、社会管理中用以提高效率和效益的各种自动化、智能化、信息化应用软件与设备）。

1.1.2 管理的革命——信息技术的应用

1. 对管理的理解

管理一词在古文中有料理、治理、过问、理会、管束等含义。现代意义上的管理被视为一门科学，广泛存在于各种社会活动中。广义的管理是指应用科学的手段安排、组织社会活动，使其有序进行。狭义的管理是指为保证一个单位全部业务活动而实施的一系列计划、组织、协调和控制活动。管理可以分为很多种类的管理，比如行政管理、社会管理、工商企业管理、人力资源管理等。每一种组织都需要对其事务、资产、人员、设备等所有资源进行管理。每一个人也同样需要管理，比如管理自己的起居饮食、时间、健康、情绪、学习、职业、财富、人际关系、社会活动、精神面貌（即穿着打扮）等。在现代市场经济中工商企业的管理最为常见，企业管理可以划分为几个分支：人力资源管理、财务管理、生产管理、物流管理、营销管理、成本管理、研发管理等。在企业系统的管理上，又可分为企业战略、业务模式、业务流程、企业结构、企业制度、企业文化等系统的管理。

任何一种管理活动都必须由四个基本要素构成，即管理主体（谁来管）、管理客体（管什么）、管理目的（为何而管）、组织环境或条件（在什么情况下管）。一般认为管理有计划、组织、领导、控制等基本职能。

如果简单理解，管理活动可概括为“想”和“做”。想就是做决定，管理学上称为“决策”。做就是执行，管理学上称为“实施”。执行的结果是产生许多用数字来表达的企业活动，被称为“交易”，决策是交易管理中所做的决定。想得不对，就会做错；决策不对，实施的结果也会偏离目标。

企业管理需要什么？如何确保决策和实施的正确性？实际上现代企业管理和信息及信息技术的应用密不可分。

（1）管理活动需要信息。不论是从管理的计划、组织、领导、控制等基本职能的有效发挥，还是从企业具体的管理决策和实施活动来看，各种信息有效收集、传递和有效运用都是基础。如图1-1所示，企业基层管理、中层管理、高层管理分别需要操作性信息、策略性信息和战略性信息的支持，管理者需要利用信息处理工具对信息进行加工和筛选，利用信息支持所要进行的决策和实施活动。

（2）企业内，层次越高的管理者所需要的信息越需要加工和处理。企业的业务活动产生大量的信息，企业外部也有大量的信息被采集。不同层次的管理者所需要的信息是不一样的，但都需要对信息进行筛选和加工。层次越高的管理者越需要综合性的信息，综合性信息加工和处理的链条更长，处理程序更复杂，需要处理的信息量更大。

（3）信息获取需要信息技术的支持。事实上，在现代企业管理中，信息处理的效率在一定程度上代表了管理的效率。信息处理的效率更多依赖于现代信息技术的应用广度和深度。在无处躲避的全球化竞争环境下，企业建立适应自身经营和管理环境的信息技术平台，并不断拓展和提升，是大势所趋。

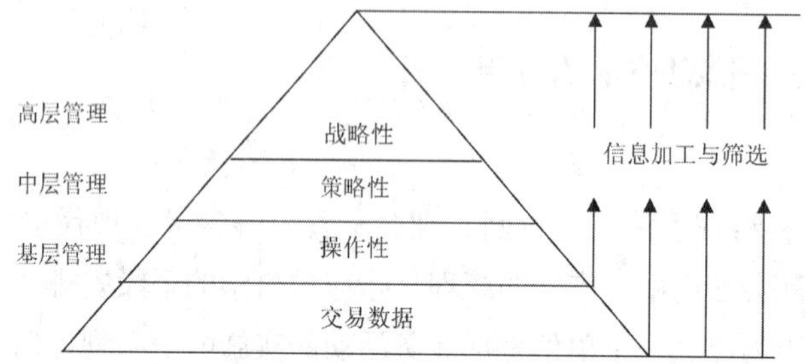

图1-1　企业管理与信息

2. 企业管理信息化

现代信息技术已经应用到企业管理活动的方方面面，包括研发、设计、采购、生产、销售、财务、人力资源管理、客户服务等。信息化最早是由日本学者提出的，后来传播到西方国家。我国从20世纪80年代开始了对信息化相关问题的研究，曾经认为信息化就是计算机、通信和网络技术的现代化；还有人认为，信息化就是计算机代替人类劳动，从而实现高度自动化。目前看来这些对信息化的认识还不够全面。

企业管理信息化是将现代信息技术与先进的管理理念相融合，持续地利用信息技术和信息方法来开发和利用管理所需的各种信息资源，促进企业各种资源的开发和利用，提高企业效率和效益，增强企业竞争力的过程。

应从以下几个方面理解企业管理信息化。

（1）管理信息化以现代信息技术应用为手段。有人提出，信息化是一种管理理念，可以不用计算机、网络，通过流程设计，纸质载体也可实现信息化。这是一种不切实际的观点。管理信息化追求的是信息资源的有效利用，如果没有现代信息技术作为信息处理手段，单纯依靠简单的信息技术又如何能保障信息的及时性、有效性、相关性，又如何保障管理决策的效率？只有将现代信息技术与先进的管理理念相融合，才能做到信息资源的有效开发和利用，从而提高效率，提升竞争力。

（2）管理信息化不是IT与经营管理简单的结合，而是相互融合和创新，促进企业管理方式的变革。信息技术飞速发展改变着我国传统经济结构和社会秩序，企业所处的不再是以往的物质经济环境，而是以网络为媒介、客户为中心，将企业组织结构、技术研发、生产制造、市场营销、售后服务紧密地连在一起的信息经济环境。信息带动管理的转变对企业成长有着全方位影响，它将彻底改变企业原有经营思想、经营方法、经营模式，通过业务模式创新、产品技术创新，或对各种资源加大投入，借助信息化提供强有力的方法和手段进行实现，其成功的关键是企业不同成长阶段与信息化工具的有机结合。

（3）管理信息化是一个持续递进的过程。由于现代信息技术的不断发展，更高效的硬件设备和软件技术不断被开发，必然决定了管理信息化不可能一步到位。管理信息化会随着信息技术进步和管理思想的转变，呈现出持续递进的发展态势。

如果从现代信息技术在企业管理中应用的具体领域来看待企业管理信息化，则企业管理信息化包括以下具体形式：

- 计算机辅助设计（CAD）
- 计算机辅助制造（CAM）
- 电子商务（EC）
- 物流信息系统（LIS）
- 会计信息系统（AIS）
- 制造资源计划（MRPII）
- 人力资源管理系统（HRM）
- 企业资源计划（ERP）
- 供应链管理（SCM）
- 客户关系管理（CRM）
- ……

3. 现代信息技术对企业管理的影响

（1）信息处理效率的提升促进了决策和执行的效率及效果。现代信息技术被研究、开发、应用和推崇的根本原因是信息处理效率的提升。和人工相比，现代信息技术应用到企业管理最初是基于替代人进行高效的信息处理，比如20世纪50年代出现的EDPS（电子数据处理系统）就是如此。后来计算机、网络、通信等技术等以及MIS（管理信息系统）、OA（办公自动化）、DSS（决策支持系统）、BI（商业智能）、EC（电子商务）、ERP（企业资源计划）等都是以高效的信息处理为基础的。信息处理的及时和高效促进了企业管理决策和执行的效率，对保障企业业务活动的开展，提升企业应变能力，“通过管理出效益”起到了积极作用。

（2）管理的规范化要求提高。现代信息技术的应用在许多层面实现了信息处理的自动化，这就需要企业管理必须在信息处理流程和标准上实现规范化，这样才能确保信息处理的效率和质量。伴随着信息技术应用而建立起来的企业管理信息系统需要实现数据规范、流程规范和人机交互操作规范，减少管理决策和执行的随意性和盲目性。

（3）实现物流、资金流、信息流的统一管理。在现代企业中，物流是基础、资金流是目的，信息流是保障，无法实现三者的统一必然产生效率和效益的损失。以网络、通信技术为主导的现代信息技术应用为实现三流统一提供了技术基础，企业人财物的管理可以在同一个平台上进行，信息实现共享。

（4）控制功能的强化。信息是控制的基础，在现代信息技术的辅助下，企业管理者可以获取实时、可靠的信息，既可以实现事后控制，也便于实现事中控制和事前控制。

（5）现代信息技术的发展，使管理理论得以完善和发展。传统管理理论往往是以人工信息处理为基础，现代信息技术的发展使许多新的管理思想和管理理论有了应用基础和可能，如企业管理信息系统、ERP、电子商务、SCM（供应链管理）、CRM（客户关系管理）等。可以预见，将来出现新的现代企业管理理论或多或少都要与现代信息技术的应用产生关联。

（6）现代信息技术的发展使企业经营管理方式发生变化。从20世纪90年代起，由于技术进步，尤其是信息技术的飞速发展，以及全球经济一体化时代的到来，使得企业所面临的环境和生产经营方式发生了空前的变化，产品的技术密集、知识密集程度在不断提高，生产需求的多样化、个性化进一步发展，全球生产、全球采购、产品全球流动的方向进一步加强。面对这样的环境变化，企业为了生存、发展，必须考虑新的经营管理方式，并适时地对原有的运营系统进行调整、改造和升级。信息技术成为运营系统控制和运营管理的重要手段，企业致力于实现跨企业的供应链管理，"柔性"成为企业生存与发展的决定因素，注重流程管理、多品种小批量混合生产方式、精益生产成为企业运营管理追求的目标。

1.2 会计信息化的起步——会计电算化

会计电算化这一概念从1981年正式提出，在此后的30多年里深刻地影响着我国会计信息处理理论和技术的发展。

1.2.1 会计电算化发展回顾

1. 会计电算化的起步

计算机应用到会计工作中始于20世纪50年代，1954年美国通用电气公司首次用计算机计算工资。在我国，开展会计电算化的工作始于20世纪70年代末期。1979年，财政部拨款560万元，在长春第一汽车制造厂进行计算机在会计工作中应用的试点。1981年8月，在财政部、第一机械工业部、中国会计学会的支持下，中国人民大学和长春第一汽车制造厂联合召开了"财务、会计、成本应用电子计算机问题讨论会"，在这次会议上第一次提出"会计电算化"的概念，当时是把"电子计算机在会计业务处理工作中的应用"简称为"会计电算化"。从此许多企业开始了计算机应用于会计工作的探索和尝试。1983年，国务院成立了电子振兴领导小组，在全国掀起计算机应用的热潮，许多企业将财务会计作为应用计算机的突破口，会计电算化平稳起步，走入不断发展的各个阶段。

2. 会计电算化的发展

从相关文献来看，会计电算化在我国经历了五个阶段。

（1）起步阶段（1979年—1983年）。起步阶段对企业而言，更多的是处于试验探索阶段，除长春第一汽车制造厂的应用试点外，还有北京、上海的一些大型企业开始导入会计电算化。这个时期的应用主要是单项会计业务的电算化工作，最为普遍的是工资核算电算化。

（2）自发缓慢发展阶段（1983年—1989年）。起步后，由于缺乏规范和标准，以及软件技术发展的限制，会计电算化经历了几年自发缓慢发展的时期。这一时期会计软件缺乏，单位自行组织开发会计软件，低水平的重复开发现象严重。在宏观上，缺乏统一的规划指导与管理，国家没有制定相应的管理制度。各个单位会计电算化工作的开展缺乏相配套的各种组织管理制度及其他控制措施。可喜的是这个阶段开始了既懂计算机又懂会计的复合型应用人才的培养工作，1984年起开始培养会计电算化研究方向的研究生。

（3）有组织发展和走向商品化阶段（1989年—1996年）。1989年12月9日，财政部发布了《会计核算软件管理的几项规定（试行）》，标志着以财政部门为中心的会计电算化发展管理体系开始形成，会计电算化工作从自发发展，走向有组织的发展阶段。这一时期会计软件的开发向通用化、规范化、专业化、商品化方向发展，出现了一批开发和经营商品化会计软件的公司，商品化会计软件市场已经形成。今天我们熟悉的用友软件、金蝶软件都是从这一时期步入市场。还有先锋、万能、安易等一批商品化会计软件在同期出现，虽然市场大浪淘沙，这些软件公司已经退出市场或转型，但都在会计电算化的发展过程中作出了历史贡献。这一时期各地财政部门、各主管部门加强了对会计电算化的组织、指导和管理，一系列有关电算化的规章制度发布。财政部门和行业主管部门组织开发、推广会计软件应用取得显著成效。一大批单位甩掉了手工账，实现了会计核算业务的电算化处理。初步培养和形成了一支会计电算化开发和应用队伍。会计电算化的理论研究工作取得成效，经过实践积累，会计电算化的基本理论体系不断丰富和完善。

资料：财政部颁布的与会计电算化相关的规章制度

- 1989年，财政部发布了《会计核算软件管理的几项规定（试行）》
- 1994年5月4日，财政部印发了《关于大力发展我国会计电算化事业的意见》
- 1994年6月30日，发布了《会计电算化管理办法》、《商品化会计核算软件评审规则》、《会计核算软件基本功能规范》等制度和规章
- 1996年6月10日又发布了《会计电算化工作规范》、《会计电算化培训管理办法》等规章制度。

（4）由核算型向管理型转化阶段（1996年—2000年）。20世纪90年代以后，随着计算机在财务会计中应用的拓展，会计软件的核算功能趋于成熟和完善，但会计本身对信息处理提出更高的要求。其他管理领域也开始加快计算机应用的步伐，在社会管理方面出现了税务电算化、统计电算化、电子政务等新的应用。在企业内部采购、库存、销售、生产等方面也出现了基于计算机的管理应用。1990年，ERP（企业资源计划）的概念正式提出，人们逐步看清了企业信息化管理的轮廓，会计电算化应从利用软件进行核算转向更大范围的管理应用。这一时期以支持企业财务部门整体会计业务处理要求的部门级管理型软件已经出现，财务软件的功能从财务部门延伸到业务部门，使得实现财务业务一体化管理成为可能。由于互联网的出现，“网络财务”的概念一度被热炒，基于网络环境应用的财务软件逐步替代单机财务软件。

（5）与网络、企业信息化融合阶段（2000年以后）。进入21世纪，网络应用和全面管理信息化成为大趋势。随着企业管理信息系统的不断普及和应用，会计电算化在企业管理中应用的旗手地位逐步弱化，已经被企业管理信息化所包容。这一时期更注重基于互联网环境的财务管理模式的开发和应用，财务业务一体化成为主流，会计电算化的概念被会计信息化的概念所取代，会计电算化逐步被ERP淹没和包容。

1.2.2 会计电算化的局限与历史贡献

1. 会计电算化的作用

会计电算化的应用是企业会计工作的一场革新，对会计信息处理方式、会计工作环境、会计

工作职能的转变，以及企业管理规范化都产生了深远的影响。一般认为，会计电算化的作用主要体现在以下几个方面。

- 减轻劳动强度，提高工作效率。
- 提高会计信息质量，促进会计工作规范化。
- 提高会计人员素质。
- 促进会计职能的转变。
- 推动企业管理现代化。

2. 会计电算化的局限

今天来看，会计电算化标志着现代信息技术在会计工作中应用，也为特定时期有中国特色的企业管理信息化吹响了号角。正是因为有了会计电算化，许许多多的单位规范了会计核算，提升了会计信息质量，有效支持了财务预测、分析和决策。在20世纪90年代中后期，会计电算化概念和内容的相对模糊，理论研究无法突破，企业管理信息化浪潮的涌动的现状让人们感觉到会计电算化本身的局限，这种曾经领先的“会计电算化意识”已经无法适应现代信息技术在企业管理中的深层次应用。会计电算化的局限主要表现在以下几方面。

（1）含义笼统，目标局限，覆盖范围小。长期以来，会计电算化的概念被定义为“计算机在会计工作中的应用”，计算机在会计中的应用，应用到哪些方面？应用到什么程度？最终目标是什么？受概念所制，许多类似的基本问题没有取得一致的看法。更为糟糕的是，许多单位和会计人员认为会计电算化就是实现会计核算电算化，一旦用了会计软件实现了总账、报表、工资等基本核算功能，就已经实现了会计电算化。有些企业实现了“总账+进销存”，就被称为完整的会计信息系统模式。实际上从会计职能的角度来看，核算、监督、预测、分析、控制等功能都应该在现代信息技术应用环境中不断被强化和创新，而不能仅仅局限于实现会计核算电算化。

（2）不适应新的信息技术应用环境，容易产生“信息孤岛”。随着计算机被应用于企业会计工作，会计电算化被普遍实施的同时，计算机应用也在向企业管理其他领域渗透，出现了企业人力资源管理、生产管理、销售管理、采购管理、库存管理等专业性管理软件。特别是20世纪90年代以后ERP从国外的导入，使人们认识到企业应该对物流、资金流、信息流的统一管理，实现财务业务一体化。会计电算化注重的是对资金流的管理，其实在财务和业务不能实现一体化管理的情况下，会计电算化所实现的对资金流的管理也缺乏有效性和完整性，其产生的信息流对决策的支持性也不足。结果是企业通过会计电算化建立了相对封闭的会计信息系统，应用仅仅局限于会计部门和其他部门的相关会计岗位，与企业各业务部门信息系统不能实现信息互通互联，就是典型的“信息孤岛”。网络、现代通信技术的发展为企业内部建立综合性的管理信息系统提供了技术支持，在ERP等面向企业全面管理的应用环境被部署的背景下，仅仅面向会计信息处理的会计电算化已不能适应新的要求和变化。

（3）理论研究的相对滞后。回顾历史，会计电算化的研究在理论体系上始终没有突破计算机在会计中应用的框架，在吸纳新的管理思想，结合新的技术，构架超越会计信息处理的面向企业整体的管理信息系统方面无法超越，造成理论研究裹足不前，理论无法适应实践发展，2000年后被会计信息化概念所取代也是必然的。

3. 会计电算化的历史贡献

会计电算化在中国改革开放之初开始起步，以一种通俗易懂的概念和简单实用的方式推动了中国管理现代化的步伐，为现代信息技术应用于企业管理领域，改变信息处理方式和管理方式，促进管理效率的提升树立了样板。虽然今天我们更多地谈论会计信息化和企业信息化，但不应忘记会计电算化真正奠定的信息化应用基础，其历史贡献不应被忘记。总体来看，会计电算化的历史贡献主要体现在以下几个方面。

- 带动了企业管理信息化。
- 为企业信息化建设积累了经验，为ERP的普及应用打下基础。
- 培养了一批应用人才。
- 培育了一批有竞争力的民族软件企业。
- 推动了企业信息化的宏观和微观管理。

1.3 会计信息化的发展历程

1.3.1 概念的提出

1. 关于信息化的概念

信息化的概念起源于20世纪60年代的日本，首先是由一位日本学者提出来的，“信息化是指通信现代化、计算机化和行为合理化的总称。”70年代后期这一概念才被接受和使用。至今关于信息化没有一个相对统一的说法。一般对信息化有以下几种解读。

（1）信息化包含信息技术渗透过程（技术导向）和利用信息方法对信息资源开发利用的过程（管理导向）。

（2）信息化是指培育、发展以智能化工具为代表的新的生产力并使之造福于社会的历史过程。

（3）信息化就是从工业社会向信息社会演进的过程。

（4）信息化，是指建立在IT产业发展与IT在社会经济各部门扩散的基础之上，运用IT改造传统的经济、社会结构的过程。

（5）信息化是指社会经济的发展，从以物质与能源为经济结构的重心，向以信息为经济结构的重心转变的过程。

（6）信息化代表了一种信息技术被高度应用，信息资源被高度共享，从而使得人的智能潜力及社会物质资源潜力被充分发挥，个人行为、组织决策和社会运行趋于合理化的理想状态。

（7）信息化是指人们对现代信息技术的应用达到较高的程度，在全社会范围内实现信息资源的高度共享，推动人的智能潜力和社会物质资源潜力充分发挥，使社会经济向高效、优质方向发展的历史进程。

综合以上观点，对信息化的理解应把握以下几个要点。

- 信息化以信息技术的广泛应用为基础。

- 形成以信息资源的开发利用为重点的经济结构。
- 信息化是社会经济发展的基本趋势。
- 信息化是一个动态的、不断创新的进程。

2. 关于会计信息化的概念

1996年以后随着会计电算化由核算导向转向管理导向，会计业界更多地注重会计电算化与企业信息化的对接问题，原有的“将计算机应用于会计工作中”的描述显得过于粗浅，不利于形成系统化的理论进而指导实践。追随企业信息化的大潮，适时提出会计信息化的概念和理论体系势在必行。

1999年4月，深圳市财政局与金蝶公司在深圳联合举办了“会计信息化理论专家座谈会”，金蝶公司总裁徐少春提出了从会计电算化走向会计信息化观点，对会计信息化发展等问题进行了深入的探讨，提出建立开放的会计信息系统，全面运用现代信息技术，处理高度自动化，信息高度共享，主动和实时报告会计信息。

湖南大学谢诗芬教授在1999年发表《会计信息化：概念、特征和意义》一文认为，“会计电算化是会计信息化的基础和前提条件”。

杨周南教授在2003年讨论了现代信息技术环境下传统会计电算化向会计管理信息化转变的理论问题。认为“会计电算化”应该改称为“会计管理信息化”，简称“会计信息化”较为确切。

2005年8月，中国会计学会会计电算化专业委员会年会在山西太原召开。会上提出了“会计电算化”向“会计信息化”转变的观点，与会专家就这两个概念进行了热烈的讨论，一致认为用“会计信息化”可以更好地概括“会计电算化”的进一步发展，也可以进一步提升“会计电算化”的应用水平。

对会计信息化应从以下几个角度进行解读：

- 会计信息化是会计与信息技术相结合的新阶段；
- 会计信息化是信息社会对财务信息管理提出的一个新要求，也是会计主动适应信息化社会环境的结果；
- 会计信息化的核心是现代会计信息系统的建立及会计信息资源的深度开发和利用；
- 会计信息化是企业信息化的重要组成部分。

1.3.2 会计信息化发展中遇到的问题

1. 认识层面的问题

认识层面的问题一直存在，主要体现在企业对会计信息化的重要性认识不足，以及会计信息化理论研究滞后。从会计信息化起步到现在已经30多年了，仍有相当一部分企业管理者及会计人员都认为实现会计信息化的目的只是为了让会计人员从复杂的手工劳动中解放出来，只是为了减轻会计人员的工作量，提高工作效率，提高信息输出的速度，而没有认识到会计信息化的真正内涵和作用。还有的企业只满足于眼前的现状，认为不加强企业的会计信息化建设，企业也能搞好；甚至有的企业发展了，但是管理水平仍然停留在原来的水平上，管理手段和措施没有多大的变化。还有些管理者甚至认为，企业实现会计电算化就够了，没必要再实现会计信息化甚至企业信息化。大部分人对会计信息化给企业带来的直接的和潜在的效益缺乏前瞻性的认识。

会计信息化理论研究滞后是制约我国会计信息化发展的又一重要的方面。目前的会计理论研究对计算机及网络进入会计领域所引起的变化重视不够。例如，会计假设作为传统会计建立的基石，主要划定会计核算的时空范围，是建立在时间和空间“二维”坐标基础上的一种“二维平面单向传递”会计观念。但在网络环境下，企业作为会计主体其外延不断变化使会计主体呈现模糊性，这就需要重新认识和拓展会计主体假设的空间界限。

2. 会计信息化与企业信息化有机结合的问题

企业在生产、销售、控制和预测的经济活动中，主要表现为信息流、资金流和物流的统一。要有效地控制“三流”，单靠财务部门使用软件是不够的，企业各个部门尤其是业务部门必须将其业务信息纳入软件管理的范畴，软件功能将延伸到企业经营和管理的各个方面，这样才能建立财务信息和其他业务信息的接口，彼此共享，实现财务信息和业务信息一体化，才能真正全方位、多层次地体现可信的决策信息。会计信息化不仅要实现企业内部各子系统之间的信息共享，更应体现在会计向外界披露信息的内容和发布方式上。目前会计信息化在一些企业容易造成“信息孤岛”，主要表现在对外报告的信息有用性不够及财务信息与非财务信息的分离。许多企业会计工作的组织及会计信息系统的操作和运用大都由财务部门一手把持，财务部门与企业其他部门的管理信息化有效协同不够，与外部社会成员（投资者，税务、财政、审计、银行等部门）及企业内部其他部门之间缺乏紧密的联系，不能进行必要的信息传递。企业财务部门的“自闭行为”无法满足企业信息化管理的要求，从而影响着企业信息化的进程。

3. 会计信息化管理与控制方面的问题

会计信息化管理和控制是会计信息化的重要内容。会计信息化管理包括政府管理和企业自身管理两个层面。政府通过发布规章制度来促进和矫正会计信息化的发展，企业在实现会计信息化的过程中也需要规划、设计、实施和运行管理。控制更多地体现为企业通过内部控制制度规范会计信息化及其产生的信息系统的运行，确保会计信息质量和系统安全。目前，政府层面的会计信息化管理存在滞后性，企业对会计信息化的管理和控制缺乏重视。多数企业在实施会计信息化时只关注对会计信息系统的建立和使用，而忽略了相应的内部控制制度。随着企业信息化和会计信息化程度的提高，人们对信息系统的依赖性日渐加深，企业除了传统意义上的经营风险、财务风险等之外，与信息系统的安全性、可靠性相关的信息和信息系统风险日益增长。不加控制的会计信息系统可能造成会计信息很容易地被毁损、窃取和失真，产生非法访问、未经授权复制、黑客的闯入和病毒的侵入等问题，从而使会计信息系统受到严重的损害。我们经常看到以下情况：一些单位会计基础工作薄弱导致手工与计算机并行时间过长，增加了会计人员的工作负担，也达不到预期的效果；由于数据安全保密方面的制度不健全，导致会计信息存在被窃取、篡改、随意查阅等风险；部分软件缺乏操作日志记录功能对操作人、时间和内容没有完全记录，出现问题无法追究责任；有的软件为用户提供修改以前年度账目等功能，严重违背会计制度要求。还有操作人员和管理人员安全意识淡薄、操作密码管理不严格、安全管理制度检查落实不到位等问题。这些不仅会影响信息技术使用的质量、效果，而且会影响会计人员使用信息技术的信心和会计信息化的深入发展。

4. 人才培养的问题

会计信息化是一个长期的动态过程，需要众多的信息技术与会计专业人才来推动。目前，相关“复合型”人才匮乏也是制约其发展的重要原因。会计信息化是以会计理论和实务，以及网络等现代信息技术应用为基础的，对相应的会计人员、管理人员的素质要求较高，不仅要求他们要具有较高的会计业务处理技能和管理能力，而且还要精通计算机网络知识、计算机的基本维护技能，以及解决实际工作中各种问题的能力。从我国会计领域人才的供求来看，手工记账式的人才比比皆是，而真正能够把现代信息技术引入会计工作领域，能够满足会计信息化需要，推动会计信息化发展的人才却十分欠缺。尽管现在有大批受过高等教育的财会专业毕业生走向社会，但毕竟其知识与能力与社会需求还有差距， 因而会计人员的整体素质并没有质的提高。显然，只有不断提高会计人员的信息化技能和素养，才能满足会计信息化不断发展的要求。

5. 规范化、标准化问题

规范化和标准化是会计信息化发展到现在必须解决的问题。规范化更多地要求信息采集、加工、存储、输出过程的规范化，这是保证会计信息质量的基础。标准化更多地体现在对会计信息共享使用的数据标准，如XBRL（可扩展商业报告语言）的研究、开发和应用，就是标准化问题，能使不同环境下生成的会计信息实现电子存储、操作、复用与交换。目前，不仅是企业与外部关联机构信息交换的标准需要建立，其实企业内部也存在标准化问题。信息化要求企业不同部门之间的数据统一，最好实现供应链上的数据统一，这样才能有效发挥信息技术的作用，这才是信息化的初衷。目前存在的数据不统一、信息孤岛、无法数据协同和管理协同等问题，深层次的原因还是规范化和标准化的工作没有做好。

1.3.3 未来的发展趋势

会计信息化未来的发展与信息技术发展、企业管理理论和实践的发展、会计理论和实践的发展密切相关。可以从纵向和横向两个角度描述会计信息化未来的发展趋势。

1. 会计信息化的纵向延伸

（1）由核算型向管理型发展。管理型会计软件不仅是满足日常业务核算的要求，更重要的是满足管理者对企业生产经营活动进行管理和决策的需求。在会计核算软件的基础上添加一些查询功能、报表分析功能，虽然对管理人员进行企业管理能够起到一定的辅助决策支持作用，但仍旧是注重事后核算，无法进行有效的事前预算和事中控制。怎样辅助管理者构建、制定出可行的方案，并对备选方案进行分析，保证决策的顺利执行，对决策正确与否进行评价等是核算型软件无法实现的。因此，管理型会计软件的普及应用显得尤为重要。

（2）向开放式网络型发展。网络财务软件以整合实现企业的电子商务为目标，能够提供互联网环境下的财务模式和财务工作方式。网络财务软件是以全面会计核算和企业级财务管理为基础，实现购销存业务处理、会计核算和财务监控的一体化管理，为企业经营决策提供预测、控制和分析的手段，并能有效控制企业的成本和经营风险。

（3）ASP商务服务。ASP（Application Service Provider，应用服务提供商）是利用互联网提供企业所需的各种应用软件服务。ASP强调以网络软件服务为核心，替企业提供主机服务及管理和维护应用软件。ASP向客户提供新的应用环境，无需企业对服务器、软件开发及其他资源进行先期投资。企业以租赁方式获得对应用软件和环境的使用许可，只需支付少量成本（租金）就可进行信息化管理。

（4）向决策支持型发展。会计信息化的发展一般可分为三个层次：会计核算层、财务管理层、财务决策层，分属于事后核算、事中控制和事前预测、决策。从目前国内会计信息化的实际应用情况看，会计核算系统已逐步普及，发展势头良好，财务管理系统逐步为用户理解和接受，而财务决策支持系统的发展尚处于初级阶段。事实上，从计算机处理数据的特点看，前两者的数据属于当前的结构化数据，财务决策支持系统则涉及大量的历史数据和半结构化及非结构化问题，这是传统数据库管理系统难以支持的，从而影响了系统的推广应用。尽管20世纪90年代出现了数据仓库技术，但建立数据仓库的难度很大。

2. 会计信息化的横向拓展

（1）融入ERP系统等综合性企业管理系统中，实现财务业务一体化。ERP系统是一个以销售管理为龙头，以生产和计划系统为核心，整合供应链系统和物料需求计划系统为一体的综合企业管理系统。在整个ERP系统中，各子系统之间是融会贯通的统一整体，会计信息系统的许多功能融入其他业务管理系统中，实现会计与业务一体化。大部分凭证处理环节被整合到其他业务管理系统中去，其原因是会计数据来源于业务管理系统，因此，业务管理系统能够产生绝大部分会计凭证。企业的财会人员也不仅仅是算账、查账，而要参与企业各方面的管理工作，真正实现企业资金流、物流、信息流的统一与同步。目前，企业信息化建设也不断向横向拓展和纵向延伸，在ERP功能的基础上，正在与供应链管理（SCM）和客户关系管理（CRM）整合，应用于SCM和CRM中的电子商务也必将随之融入ERP系统，使ERP系统成为从供应链、资源计划、到客户关系的企业全方位管理信息系统，即后ERP或ERPⅡ。另外， 商业智能（BI，Business Intelligence）、移动商务也不断被ERP所吸纳和应用。

（2）趋同于国际。随着我国步入市场经济，会计理论和实务存在与国际接轨的内在需求和外在要求。我国会计信息化经过30年的发展，在系统和标准方面已趋同于国际。经济全球化已是大势所趋，作为通用商业语言的会计信息必然会与国际标准趋同。会计软件应符合国际会计准则、支持多国语言和多币种核算，将会计信息按照不同国家会计准则或者会计核算制度进行相互转换、翻译，为企业提供具有国际可比性的会计信息，是会计信息国际化的潮流。目前，有的管理软件供应商提供了EAI（Enterprise Application Integration），EAI企业应用集成是将基于各种不同平台、用不同方案建立的异构应用集成的一种方法和技术，随着EAI系统的不断完善和发展，会计信息化将彻底消除信息孤岛，从而实现信息资源的高度共享。可扩展商业报告语言XBRL（Extensible Business Reporting Language）是一个开放的、平台独立的国际标准，是进行实时、准确、有效与高性价比的金融与商业报告数据的电子存储、操作、复用与交换的标准。我国已成立XBRL中国区组织，必将促进会计报告数据标准与国际接轨。由于市场的开放，国际管理软件企业进入中国市场，必将会使会计信息化软件产业重新洗牌。

（3）基于大平台的专业兼容。在会计信息化的发展方面，目前较完善的是财务会计信息化，管理会计信息化的发展，财务管理信息化的发展及审计信息化的发展明显滞后。随着信息技术的不断进步，支持多系统决策的财务系统、实时远程的异地查询、审计，甚至跨国的会计信息预测、决策、计划、审计系统都可以实现。因此，会计信息化的发展将使财务会计、管理会计、财务管理以及部分审计学科的内容界限逐渐模糊，专业之间的兼容性会越来越强，信息化系统功能的多样性和兼容性及可扩展性必将是用户选择信息系统的一个重要依据。我国政府统筹考虑，于2009年提出新时期会计信息化的目标、任务、措施和要求，简单地说就是“一个平台、两个体系、三个基本实现和五个推进”。一个平台是指构建起标准化的企业信息基础平台，它是投资者、公众监管部门及社会高效利用的统一平台。两个体系是指健全会计信息化标准法规体系和会计信息化标准体系，特别是与XBRL相关的标准体系。三个基本实现是指基本实现大型企事业单位会计信息化与经营管理信息化融合，进一步提升企事业单位的管理水平和风险防范能力；基本实现大型会计师事务所采用信息化手段对客户的财务报告和内部控制进行审计，进一步提升社会审计质量和效率；基本实现政府会计管理和会计监督的信息化，进一步提升会计管理水平和监管效能。五个推进是指推进企事业单位会计信息化建设；推进会计师事务所审计信息化建设；推进会计管理和会计监督信息化建设；推进会计教育与会计理论研究信息化建设；推进会计信息化人才建设。

【思考与练习】

1. 什么是信息技术？信息技术发展的各个阶段是什么？
2. 如何理解管理信息化？
3. 简述我国会计电算化发展的历程。
4. 简述会计电算化的历史贡献与局限。
5. 简述会计电算化和会计信息化的关系。
6. 如何理解信息化和会计信息化？
7. 简述我国会计信息化发展中需要解决的问题。
8. 描述会计信息化的未来发展趋势。
9. 自己查阅资料（附录1），说明政府对会计信息化发展的规划，即“一个平台、两个体系、三个基本实现、五个推进”的具体内容。

第2章 会计信息系统——概念、过程与环境

【学习目标】

会计信息系统是利用现代信息技术对各种会计数据进行采集、存储、处理和传输，完成会计核算和会计信息的分析，并能为管理者提供会计管理、分析、决策支持的信息系统。会计信息系统是管理信息系统的重要组成部分和具体应用形式，其广泛应用对于提高企业管理水平有重要意义。

通过本章的学习掌握以下内容：

1. 理解会计信息系统的概念、特点、目标；
2. 理解会计信息系统和管理信息系统之间的关系；
3. 理解会计信息系统的结构和变迁；
4. 了解会计软件的分类和发展会计信息化的概念；
5. 了解ERP及其发展；
6. 理解会计信息系统的IT环境。

2.1 会计信息系统的概念

会计信息是企事业单位最重要的经济信息，它连续、系统、全面、综合地反映和监督企业经营状况，并为管理、经营决策提供重要依据。在当今信息化时代，依靠计算机技术、网络技术等现代信息技术，对各种会计数据进行收集、记录、存储、处理与输出，向企业管理者提供所需会计信息，通过对会计信息的分析，辅助他们管理、预测和决策。这样就形成了以处理会计信息为主的计算机管理信息系统，我们称之为会计信息系统。

2.1.1 信息系统

1. 数据和信息

数据是记录客观事物的性质、状态、数量、特征的抽象符号，它可能是数字、文字或图形，也可能是声音、颜色等，它只有与客观实体及属性联系在一起才对接受者有意义。

信息是对数据加工的结果，它可以用文字、数字、图形等形式，是对客观事物的性质、形式、结构和特征等方面进行反映，帮助人们了解客观事物的本质。可以说，信息是经过加工，具有一定含义的，对决策有价值的数据。数据又是信息的载体，没有数据就没有信息，因此信息不能脱离数据而单独存在。

信息是数据，但数据未必是信息。信息是我们对数据的解释，如那些能表达某种含义的信号、密码、情报、消息，都可概括为信息，一般包括信源、信宿、媒介、信道和反馈等要素。信息是企业管理活动的基本要素和依据，有管理和决策价值的信息应具有客观性、层次性、可存储性、可传递性、共享性、再生性、效益性、时效性、可集成性等特性。日常应用中，数据与信息之间不存在清晰的界限。数据和信息在许多场合甚至是可以通用的，没有区别的。如我们通常说数据的输入、输出、处理和传输，也可以理解为信息的输入、输出、处理和传输。

2. 系统

（1）系统的概念。系统（System）是指由相互联系、相互作用的若干要素构成的具有一定结构和特定功能的有机整体。现代系统论认为，一切事物都是一个完整的系统，组成系统的各个部分称为系统要素或子系统。系统强调各子系统在本身一定功能的基础上，为实现共同的目标而建立起相互协调合作的关系，实现系统的整体功能作用。系统一般由输入、输出、处理、反馈和控制五个基本要素组成。

（2）系统的特点。任何一个系统不论其大小都具有整体性、目的性、结构性、相关性和环境适应性的特点。

● 整体性。系统整体由两个或两个以上既有区别又有联系的要素组成，系统体现的不是各个要素性能的简单罗列或相加，而是通过各组成要素之间相互联系、相互作用，形成一个超越单个要素性能的最优化的系统整体。系统追求整体效率最大化，整体性是系统的最基本的特征。

● 目的性。一切系统都具有某种特定的明确目标，各个要素是为达到特定的目标而集合在一起的。在一个多层次的系统中，大系统有总的目标，各个子系统也有自己的分目标，各子系统不仅要服从总目标，还要相互协调配合，共同达成系统的总目标。

● 结构性。系统具有一定结构，保障系统的有序性，从而使系统具有一定的功能。系统规律通过要素之间的结构来体现，要素的功能通过结构转化成为系统的功能。

● 相关性。任何一个系统，其各个要素之间都是按照一定的相互关系联结在一起的，各要素之间是一种相互联系、相互作用、相互依存、相互制约的关系。系统相关性是系统建立并且稳定运行的基础和条件。

● 环境适应性。系统存在于环境之中，环境的制约是系统形成和存在的条件。当环境发生变化时，系统的结构、功能也会随之改变，以便适应环境，确保系统的正常运行。

3. 信息系统

信息系统是以加工处理信息为主的系统，它由人、硬件、软件和数据资源组成，目的是及时、正确地收集、处理、存储、传输和提供信息。因此，通常具有数据收集、输入、传输、存储、加工处理和输出等功能。信息系统把分散在各地的数据进行收集并记录下来，整理成信息系统要求的格式或形式，通过媒介传输或存储在磁盘等存储设备上，根据不同需要，对数据进行核对、变换、分类、合并、检索、计算和生成等处理，将加工处理后的数据以不同的方式进行输出，用以支持组织的经营管理，为决策提供信息。

信息系统通常具有以下几种处理方式。

● 批处理方式：把许多业务集中起来，一次性输入和处理。

● 实时处理方式：即联机处理，业务数据随机输入系统，即时处理。

● 分布式处理方式：通过计算机网络，将业务数据分散在不同网点进行处理。

2.1.2 管理信息系统

管理信息系统是在传统的电子数据处理系统的基础上发展起来的，它避免了电子数据处理系统在管理领域应用时的弊端，在处理方法、手段、技术等方面都有较大的提高，而且有着广泛的应用领域。

1. 管理信息系统的概念

管理信息系统（Management Information System， MIS）是以信息基础设施为基本运行环境，由人、数据、设备、信息技术和运行规程等要素组成，通过数据处理产生企业进行各项管理和决策所需信息的系统。它集中了现代管理科学、系统科学、计算机技术及通信技术的思想、方法和技术，向各级管理者提供决策支持。

2. 管理信息系统的功能和特点

（1）管理信息系统的功能。管理信息系统的基本功能就是处理数据，产生信息。具体来说包括对数据进行采集、存储、加工、检索、维护、分析和传输等功能，将其转换成信息并向使用者提供信息。

● 数据处理功能。能够进行数据的收集、输入、传输、存储、加工处理，以供查询；能够完成各种统计和综合处理工作，及时提供各种信息。

● 预测功能。能够运用现代数学方法、统计方法或模拟方法，根据过去的数据预测未来的情况。

● 计划控制功能。根据各职能部门提供的数据，对计划的执行情况进行监控、检查、比较执行与计划的差异，对差异情况进行分析，辅助管理人员及时进行控制。

● 决策优化功能。利用各种经济数学模型和存储在计算机中的大量数据，辅助各级管理人员进行决策，以期合理利用人、财、物和信息资源，取得最大经济效益。

（2）管理信息系统的特点。由以上管理信息系统的概念和功能可以看出，管理信息系统具有如下四个特点。

● 开放性。系统不能孤立地存在于环境中，必须与环境交换才能存在与发展，这就要求系统具有开放性结构。管理信息系统的运行是有环境要求的，如硬件、软件、人、运行规程等，这就需要管理信息系统具有开放性，任何一个环节出现问题，都会制约管理信息系统的生存和发展。

● 集成性。管理信息系统是一个高度集成的全面管理的综合性系统，通常一个管理信息系统由多个子系统组成，各个子系统都具有一定的功能，通过集成使各子系统之间信息共享，最终使得系统的整体功能更强。

● 人机协作性。管理信息系统的目标是辅助决策，决策由人来做，所以管理信息系统是一个人机协作的系统。在管理信息系统的构成中，各级管理人员既是系统的使用者，又是系统的组成部分。因此，在系统开发和运行过程中，要充分发挥人和计算机各自的优势，使系统总体性能达到最优。

● 现代管理方法和管理手段的结合。管理信息系统的应用不仅仅是简单地采用计算机技术提高处理速度，而且在开发和运行过程中融入了现代化的管理思想和方法，将先进的管理方法和管理手段结合起来，真正实现管理决策支持的作用。

2.1.3 会计信息系统

1. 会计数据和会计信息

（1）会计数据。会计数据是收集、记录会计业务中所有事物实体属性的属性值。例如，会计凭证、账簿、报表等会计业务实体的属性和属性值都是会计数据。其中，数量、单价、金额等属于数值数据，而大量的会计数据都是非数值数据，如会计科目、摘要、凭证号、日期等。

（2）会计信息。会计信息是指会计数据经过加工处理后得到的对会计管理和企业经营决策有价值的信息。会计信息是企事业单位最重要的经济信息，它连续、系统、全面地反映和监督企业经营状况，并为管理、经营决策提供重要依据，在经济管理活动中起着极其重要的作用。某些信息具有很强的时间性和区域性，往往会因时间和空间的变化而失去其意义和价值，所以说准确、及时是对会计信息的基本要求。

（3）二者之间的关系。会计数据与会计信息既有联系又有区别，它们在一定条件下相互转化，会计数据只有经过加工处理，成为综合反映企业财务状况和经济业务活动指标的会计信息，才能满足管理的需要。会计数据和会计信息并没有十分清晰的界限，有些会计资料对某些管理人员来说是会计信息，但对另外一些管理人员来说则可能是会计数据，需进一步加工处理才能成为会计信息。在一个会计信息系统中，会计数据处理一般也称为会计信息处理。在以后的叙述中，对会计数据和会计信息不再加以区分，统称为会计信息。

2. 会计信息系统的概念

会计信息系统（Accounting Information System，AIS）是利用信息技术对各种会计数据进行采集、存储、处理和传输，完成会计核算和会计信息的分析，并能为管理者提供会计管理、分析、决策的信息系统。通过对会计信息系统的广泛应用，大大提高了企业管理水平与经济效益。

会计信息系统以解决企业会计核算和管理所面临的问题为主要功能，充分利用现代信息处理技术，维系日常的会计业务活动、自动（或半自动）采集、存储、处理、分析、传递和反馈会计信息。同其他信息系统一样，会计信息系统也包括输入会计数据、处理会计数据和信息、输出会计信息三个基本功能要素。

● 输入会计数据。输入会计数据是指收集在企业经营过程中能够进入会计系统处理的相关资料，并且根据既定的会计原则或准则予以定量化的记录和反映。收集时要注重原始数据的真实性、完整性和合法性，并对数据进行校对和审核。

● 处理会计数据和信息。输出会计系统的资料必须经过一系列的会计处理，如记录、分类、汇总、过账、对账与结账等，方可把输入的资料转化为满足管理者需要的有用的信息并加以存储。

● 输出会计信息。输出会计信息是指对经过加工后的会计信息，按照需要，把已处理的资料传送给各个部门。例如将各种会计报表传送到各个主管部门，为各级管理者规划和控制企业的经营活动提供必要的依据。

3. 会计信息系统的特点

由于会计工作的特点，会计信息系统不仅具有管理信息系统所共有的四大特性，即：开放性、集成性、人机协作性、现代管理方法和技术手段相结合性。同时，会计信息系统与企业其他子系统相比又具有以下显著特点。

（1）系统的复杂性。会计信息系统是企业管理信息系统的一个子系统，但它也是一个可以独立的整体，由许多职能子系统组成，如总账子系统、应收应付子系统、固定资产管理子系统、报表子系统等。其内部结构较为复杂，各子系统在运行过程中对信息进行收集、加工、传送、使用，连成一个有机的整体。

（2）与企业其他管理子系统有紧密的联系。由于会计信息系统全面地反映企业各个环节的信息，它与其他管理子系统和企业外部的联系也十分复杂。会计信息系统从其他管理信息子系统和系统外界获取信息，并将处理结果供给有关系统，使得系统外部接口较复杂。

（3）确保会计信息的真实、公允、全面、完整和安全。会计信息系统应确保存放在系统中的会计信息的真实、公允、全面、完整、安全和可靠，为此系统应对会计信息的采集、存储、处理、加工等操作提供有关的控制和保护措施。

（4）内部控制要求严格。会计信息系统中的数据不仅在处理时要层层复核，保证其正确性，还要保证可以在任何条件下以任何方式进行核查、核对，为审计工作提供必要的条件。

（5）系统的开放性。会计信息系统应是能与企业其他管理子系统和企业的外部环境（例如银行、税收、审计、财政、客户，以及其他有业务联系的企业等）进行信息交换的开放型系统。为实现此目标，在建立会计信息系统时应注意系统的整体设计，特别是网络技术的应用。

4. 会计信息系统的目标

会计信息系统是为企业服务的，是企业这个有机体中不可缺少的组成部分，因此，会计信息系统的目标应服从于企业、信息系统、会计这三者的目标。

- 企业的目标是通过为客户提供满意的产品或服务，获取更多的利润；
- 信息系统的目标是向信息的使用者提供有助于决策的信息；
- 会计的目标是通过核算、控制、监督等职能帮助企业提高经济效益以获取更多的利润。

2.2 会计信息系统的发展

随着计算机技术、网络技术的发展，组成会计信息系统的软硬件性能及功能不断提高，会计信息系统的功能结构也有一定的发展，结构更加复杂、功能更加强大、应用更加广泛。

2.2.1 会计信息系统的结构和变迁

1. 物理结构

会计信息系统的构成要素有信息技术设备、软件、人员、运行规程和数据，它们是会计信息系统的实体，是系统的物理组成。在会计信息系统不同的发展阶段和不同的环境下，对各构成要素的要求也是不同的。

（1）信息技术设备。信息技术设备一般包括数据采集设备（键盘、鼠标、扫描仪等）、处理设备（计算机主机）、存储设备（硬盘、光盘、移动硬盘、U盘等）、输出设备（打印机、显示器等）和网络通信设备（HUB、交换机、路由器等），以实现数据的输入、处理、传输、输出等一系列根本性的操作。随着计算机技术的发展，信息技术设备的性能也在不断提高，信息技术设备的不同组合方式，构成了不同的硬件体系结构，如单机结构、多用户结构、网络结构等。手工会计、电算化会计、会计信息系统的各个阶段，从起初的单一计算机记账到发展到了网络化会计信息系统。

（2）软件。会计信息系统的软件包括系统软件、通用应用软件和财务软件。在会计信息系统中财务软件是最重要的部分。财务软件也从单项核算软件、综合性核算软件、管理型财务软件发展到目前的财务业务一体化软件（ERP软件）。软件的功能也在发生变化，早期的会计软件以总账、报表、工资等核算功能为重点，2000年以后的会计软件更注重资金、成本、预算等管理功能。

（3）人员。主要指从事会计信息系统的研制开发人员、使用人员和维护人员。在手工方式下，会计人员所需掌握和运用的工具是算盘和计算器。会计信息系统环境中，系统使用人员（即会计人员）要能够熟练地运用计算机完成会计业务工作。系统开发人员，一般是计算机专业人员，还要掌握一定程度的财会理论知识，熟悉会计工作的基本工作流程、方法和基本要求。系统维护人员要熟悉软件的基本功能，具有一定的会计理论知识，能熟练操作软件并能及时处理软件出现的故障等问题。会计信息系统环境下对会计人员提出了更高的要求，要求会计人员是具备财务专业知识和一定计算机知识的复合型人才。

（4）运行规程。规程指各种法令、条例、规章制度。主要包括两大类：一是政府的法令、条例；二是基层单位在会计信息化工作中的各项具体规定，如岗位责任制度、软件操作管理制度、会计档案管理制度等。我国财政部于1994年6月30日发布了《会计电算化管理办法》、《商品化会计核算软件评审规则》、《会计核算软件基本功能规范》三个规章制度；为指导基层单位开展会计电算化工作，1996年发布了《会计电算化工作规范》。为了进一步促进财务及企业管理软件开发的规范化；1998年6月，出台了“中国财务软件数据接口标准”；我国《会计法》规定：“使用电子计算机进行会计核算的，其软件及其生成的会计凭证、会计账簿、财务会计报告和其他会计资料，应当符合国家统一的会计制度的规定”；还有2007年1月1日起执行的《新会计准则》；这些都是指导我国会计信息化工作的最重要的规则。

（5）数据。处理经济业务数据是财会部门的传统职责，业务数据也是会计信息系统处理的对象。在手工会计中，主要是会计人员手工整理各种会计数据，填写会计凭证、账簿、报表等。在会计信息系统中，数据量更大，数据载体无纸化。为保证会计信息的真实性、完整性，法律上要求，实行会计电算化的单位，用电子计算机生成的会计凭证、会计账簿、财务会计报告和其他会计资料在格式、内容及会计资料的真实性和完整性等方面，都必须符合国家统一的会计制度的规定。

2. 功能结构

随着会计信息系统的发展，其功能与结构也因不同环境和应用条件而在不断地发展变化。总体来看，会计信息系统历经手工和电子计算机环境下两大阶段，其中手工会计信息系统经历了漫长的发展，形成了较为完善的（手工操作）理论体系。从20世纪50年代起，随着现代信息技术被逐步引入到会计实务领域，会计信息系统的结构发生了很大变化。

早期的会计信息系统所包含的子系统非常少，主要是工资核算、总账、报表等子系统，每个子系统功能相对比较简单，主要是帮助财会人员完成记账、算账、报账等基本核算业务。随着信息技术的革命和会计学科的发展，会计信息系统融入了越来越多新的信息技术、先进的会计管理理论和管理方法，会计信息系统功能不断丰富和完善。会计信息系统的核心要素——财务软件，从核算型软件发展到管理型软件再到ERP管理软件，涵盖了人、财、物、供、产、销及决策分析等企业经济活动的各个领域，更加体现会计和财务管理的特征，并在企业管理过程中发挥着越来越重要的作用。

（1）面向会计事务处理的阶段。这一阶段按照其功能结构与发展可分为EDP、部门级会计信息系统两个阶段。

① EDP阶段。EDP阶段是会计信息系统的初级发展阶段，EDP是指电子数据处理（Electronic Data Processing，EDP），这个阶段会计信息系统的特点是

- 会计信息的采集、输入和处理是后台批处理的；
- 各项业务中的会计信息的处理大都是独立地进行，没有形成整体的会计信息系统；
- 会计信息的核算方式和基本流程模拟手工方式，是一种基于输出视角的处理模式，重点服务于满足外部会计或财务会计的需求。

② 部门级会计信息系统阶段。在这个阶段，会计信息系统可称为会计管理信息系统，实现了部门内的信息集成。突破了传统的数据处理范围，开始形成了整体性的会计信息系统；将会计信息

系统中各子系统有机地结合在一起，实现了它们间的信息传递、共享和部门内的信息集成。

这一阶段会计信息系统的结构打破了手工方式的一些模式，系统功能较为完备，包括了账务处理、应收应付、成本核算、预算和资金管理、财务分析等诸多子系统。会计信息系统是企业财务部门专用的信息系统，它在物理上独立于企业其他部门的信息系统，仍只能进行事后的统计和分析而无法进行有效的事前计划预测和事中控制。会计信息系统与其他业务系统之间形成相互独立的“信息孤岛”，这是面向事务处理阶段的信息系统的固有特征。典型的部门级会计信息系统的功能结构如图2-1所示。

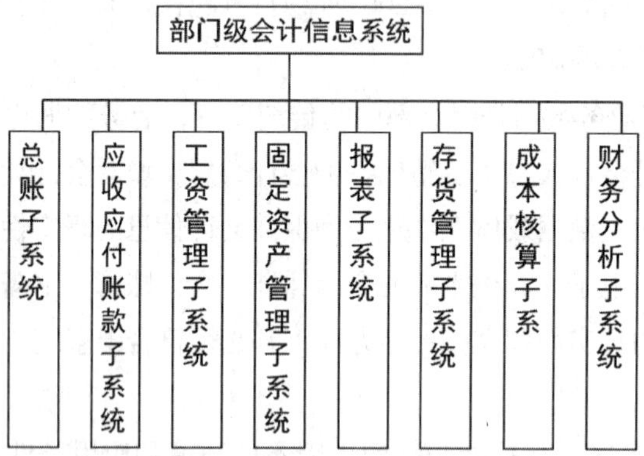

图2-1　部门级会计信息系统的功能结构

（2）面向企业整体管理的阶段。在这个阶段，会计信息系统作为整个企业管理信息系统的一个有机子系统，已经和企业管理信息系统高度集成，如图2-2所示。因此其设计目标应充分考虑企业整体管理和决策的需求。主要特征如下。

- 实现企业业务流程、会计工作流程、和信息流程的集成，消除信息孤岛现象；
- 基于C/S结构或B/S结构的网络系统；
- 会计信息处理实现事件驱动、实时处理；
- 会计工作的重点由财务会计转为财务会计和管理会计并重；
- 更多的决策支持功能。

（3）面向企业间价值链决策管理的阶段。哈佛大学商学院教授迈克尔·波特于1985年提出价值链的概念，指出企业的价值创造是通过一系列活动构成的，这些活动可分为基本活动和辅助活动两类，基本活动包括内部后勤、生产作业、外部后勤、市场和销售、服务等；而辅助活动则包括采购、技术开发、人力资源管理和企业基础设施等。这些互不相同但又相互关联的生产经营活动，构成了一个创造价值的动态过程，即价值链。

价值链在经济活动中是无处不在的，上下游关联的企业与企业之间存在行业价值链，企业内部各业务单元的联系构成了企业的价值链，企业内部各业务单元之间也存在着价值链联结。价值链上的每一项价值活动都会对企业最终能够实现多大的价值造成影响。

价值链理论揭示出，企业与企业的竞争，不只是某个环节的竞争，而是整个价值链的竞争，而整个价值链的综合竞争力决定企业的竞争力。用波特的话来说：“消费者心目中的价值由一连串企业内部物质与技术上的具体活动与利润所构成，当你和其他企业竞争时，其实是内部多项活动在进行竞争，而不是某一项活动的竞争。”

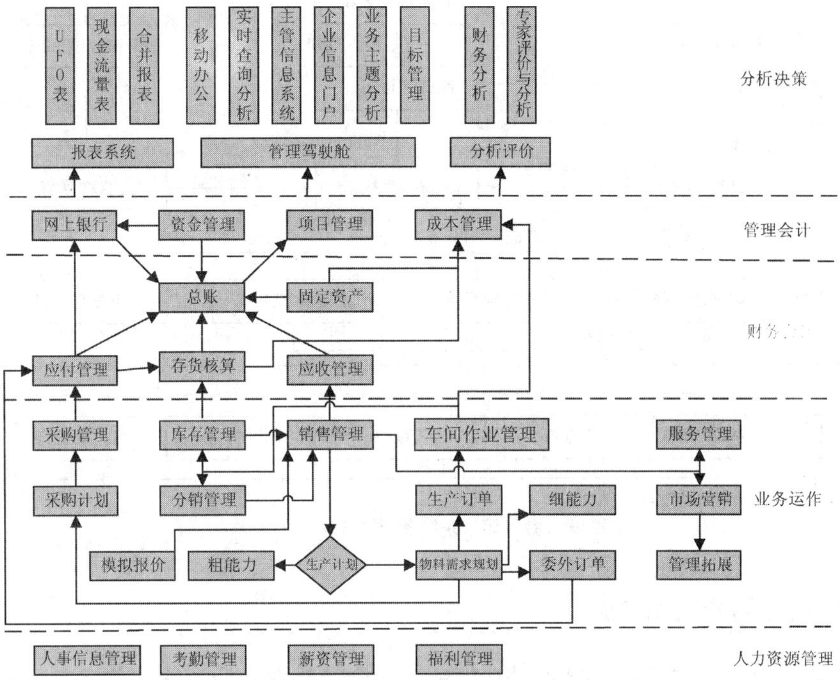

图2-2　企业级会计信息系统的功能结构

价值链理论延伸到会计管理领域，又出现了价值链会计的概念。所谓价值链会计，又可称为价值链会计管理，是基于价值链理论的一种会计管理模式。价值链会计管理的目的就是要将核心企业与供应商、分销商、服务商、客户连成一个完整的网链结构，形成一个极具竞争力的战略联盟，通过价值链的创建，实现整个价值链的低成本或差异化的竞争优势，真正实现“多赢”。

价值链会计并非会计学的分支学科，它是传统会计管理在价值链理论下的延伸。价值链会计与传统会计管理的区别在于，传统会计管理的对象是单个企业的价值运动，而价值链会计管理的对象是价值链的价值运动。价值链会计主要具有以下特征。

- 价值链会计管理实施的范围是价值链，而不是单个企业。
- 价值链会计管理的目标是实现价值链的价值增值。
- 价值链会计管理的有效实施有赖于价值链各方的通力协作。
- 价值链会计管理具有信息化、电子化的特点。

面向企业间价值链决策管理的会计信息系统是价值链会计理论在会计信息系统构建中的应用和实现，是目前会计信息系统发展的最高阶段。面向企业间价值链决策管理的会计信息系统在系统目标、信息技术平台，信息和过程集成，协同管理和控制等方面有更高的要求。

3. 会计信息系统中各子系统之间的关系

在会计信息系统中，会计的整体功能通过各个子系统的局部功能加以实现，各业务系统中的数据之间都有着密切的联系，各子系统间通过数据的传递实现了各系统间的相互联系，如图2-3所示。

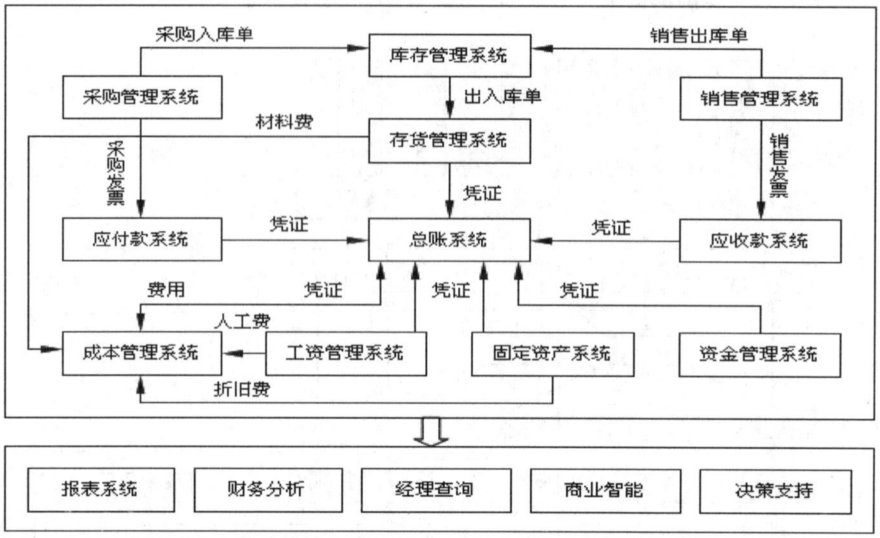

图2-3　会计信息系统各子系统之间的关系

2.2.2　会计软件的分类和发展

会计信息系统运行平台的核心部件是功能完备的会计软件。会计软件是指专门用于会计核算和管理工作的计算机应用软件，也被称为财务软件。会计软件以会计制度为依据，以计算机及其应用技术为技术基础，以会计理论和会计方法为核心，以会计数据为处理对象，以提供会计信息为目标，将信息技术应用于会计工作。

1. 会计软件的分类

会计软件按照不同的分类标准、不同的分类视角可以划分为不同的类型。目前，对会计软件的分类主要有以下几种方式。

（1）按软件的适用范围分。会计软件按适用范围可分为通用型会计软件和定点开发型会计软件。其中，通用型会计软件一般是指由专业软件公司研制，公开在市场上销售，能适应不同行业、不同单位会计核算与管理基本需要的会计软件，通常又分为适用于各行各业的全通用会计软件和适用于某一行业的行业通用会计软件。这类软件的优点是，它可以满足不同营运状况的企业或其他单位的需要，可让用户进行适合于自身情况的初始化设置，使软件适应于处理个别的业务，因而突破了空间和时间上的局限。但使用这类软件来处理会计业务时，很难兼顾个别单位会计核算工作的细节，并且使系统初始化的工作量变得很大，这是它的缺点。

定点开发型会计软件也叫专用型会计软件，一般是指由使用单位自行开发或委托其他专业公司开发，供本单位使用的会计核算软件。由于这种软件把适合某单位特点的会计核算规则与管理方法编入软件程序之中，这类软件具有适合使用单位的具体情况并方便用户操作的优点。但这类软件会受到空间和时间的限制，即只能在个别单位的一定时期内使用。当会计核算规则或企业管理对会计信息的需求发生变化时，需要由系统开发人员对软件做技术性升级处理。

（2）按提供信息的层次划分。会计软件按提供信息的层次可分为核算型会计软件和管理型会计软件。

核算型会计软件是指专门用于完成会计核算工作的应用软件，主要功能包括对账务、工资、固定资产、成本、应收款、应付款、存货、往来账款等内容的核算及会计报表处理等。

管理型会计软件是对核算型会计软件功能的延伸，它是在全面核算的基础上突出或强化了会计在管理中的监督控制作用的会计软件。具体地说，管理型会计软件是指用于完成会计业务处理过程中的事前、事中、事后三个阶段的管理工作，融会计核算与监督、分析与控制、预测与决策为一体的多功能会计软件，在功能上特别强调对资金进行管理，如资金需要量预测、资金筹集与管理、投资管理、成本控制与分析等。其主要功能可以包括全面会计核算、财务业务一体化的购销存（或供应链）管理、财务分析与财务监控等方面。

（3）按软件所采用的应用框架结构划分。从会计软件所能支持同时上机用户的数量、相应的网络和应用系统结构划分，会计软件可分为单机型会计软件和网络型会计软件。网络型会计软件又分为：主机系统型、文件/服务器型 （F/S）、客户机/服务器型（C/S）、多层C/S型、浏览器/服务器型（B/S）等。单机型会计软件又称为单用户会计软件，它通常是指会计软件安装在一台计算机上，计算机软、硬件资源在某一个时刻只为一个用户所独占。网络型会计软件又称为多用户会计软件，它把会计软件的一部分（C/S型等）或者全部（主机系统型）安装在多用户环境的服务器或主机上，系统支持会计数据的并发处理，网络中可有多个用户同时使用会计软件，实现资源共享，并允许通过网络访问执行会计功能的程序。

（4）按软件适用的规模或层次划分。会计软件按适用规模或层次可分为部门级会计软件、企业级会计软件和集团级会计软件。

① 部门级会计软件。主要是指满足企业财会部门单方面需求的专用的会计软件。它借助计算机技术，扩大会计核算的范围，细化会计核算的功能，提高会计核算的效率和质量。部门级会计软件通过其核心模块——账务处理模块和报表处理模块，完成一般会计核算工作，通过各类专项核算模块（工资、固定资产、成本、应收、应付、存货等模块）来完成各类专项核算工作。部门级会计软件在物理上独立于企业其他部门的信息系统，与其他业务系统之间形成相互独立的“信息孤岛”。

② 企业级会计软件。企业级（财务业务一体化）会计软件是指满足企业整体管理需要，与其他业务系统紧密集成，作为企业整体管理信息系统的一个有机子系统，通常作为MRPII、ERP等系统的一个模块出现的会计信息系统。其最显著的功能是多数会计原始信息将在业务系统中实时、自动地采集，并自动生成记账凭证和完成自动记账，与其他业务系统共享会计信息，克服了“信息孤岛”的弊端，大大提高了工作效率和信息的及时性。企业级会计软件的核心目标是通过合理地组织企业内部的资金流和控制企业的成本费用，支持企业的全面经营管理工作。

③ 集团级会计软件。集团级企业会计软件是指软件作为集团企业管理系统的一个子系统，运行在集团企业协同网络平台上，满足集团财务管理的需要。集团级会计软件系统在达到企业级会计软件系统目标的基础上，还特别强调帮助集团化企业建立完善的全面计划预算管理体系，对集团资金实施统一调配、管理，以及对资金运作进行集中监控，并建立集团内全面的成本费用管理体系和

全面、完整、及时、灵活的财务分析、财务评价和财务预测体系。

2. 会计信息系统的发展历程

根据信息技术（数据库、网络、通信、人工智能、多媒体等）对会计信息系统的影响程度，以及本身是否克服了传统复式记账的弊端，将会计信息系统模式的发展划分为四种：手工会计信息系统、电算化会计信息系统、准现代会计信息系统、现代会计信息系统。

（1）手工会计信息系统（15世纪）。手工会计信息系统的核心是会计恒等式、会计循环、会计科目表、分录和账簿。该模式可追溯到13、14世纪威尼斯商人的借贷记账法，后由意大利数学家、近代会计之父卢卡·帕乔利经过6年的调查研究和整理，发布在1494年11月10日出版的《数学大全》一书中。该模式一直沿用至今。此阶段财会人员使用纸、笔、算盘等工具对会计数据进行记录、计算、分类、汇总并编制会计报表。

（2）电算化会计信息系统（20世纪50年代）。电子计算机应用于手工会计信息系统之中，即为电算化会计信息系统模式，该模式正逐步取代手工会计信息系统。1946年2月14日，由美国政府和宾夕法尼亚大学合作开发的世界上第一台电子计算机ENIAE在费城问世。1954年美国通用电气公司第一次使用计算机计算职工工资，从而引起了会计处理的变革，标志着电算化会计信息系统模式的开始。

（3）准现代会计信息系统（20世纪60年代末）。计算机数据管理技术经历了人工管理、文件系统、数据库系统三个阶段。数据库会计的理论模型可以追溯到1939年，由戈茨（Goetz）提出，该系统是保存最原始状态的数据，以便数据可以按照最切合每一个用户需求的形式进行组织。遗憾的是，在建立数据模型时，主要按传统会计模式的数据逻辑模型组织数据，利用数据库技术对数据进行更多的分类操作；只描述与复式记账会计体系有关的数据，未能用先进的数据结构描述会计处理的对象本身，以便系统能产生更多的视图。

（4）现代会计信息系统（1982年）。1982年7月，美国密歇根州立大学会计系教授麦卡锡（McCarthy）在《会计评论》上发表了题为《REA会计模型：共享数据环境中的会计系统的一般框架》的论文，提出了REA模型，标志着现代会计信息系统模式的开始。1994年IBM公司利用REA原理开发了IBM工资管理系统，1997年Geers和McCarthy把REA应用于供应链和工作流任务数据建模获得成功。

随着数据库、网络技术的发展，REA模式是理论最完善、研究最系统、变革力度最大、成果最多的一种创新模式，极有可能成为未来会计信息系统的主流模式。其核心是集成，集成业务处理、信息处理、实时控制和管理决策。它不仅仅局限于财务管理，而是面向整个企业管理，从详细记录最原始经济业务事件的属性或语义表述于数据库中开始，而不是从记录经过人为加工后的会计分录开始，其基本元素不再是科目、分录、账簿。它充分利用信息技术并克服了电算化会计信息系统的弊端，因此称其为现代会计信息系统。

随着信息技术的不断发展，会计信息系统的发展更加趋向于物流、资金流、信息流的统一，更加注重提高系统的安全性和开放性，使会计信息系统全面网络化，保证在企业复杂生存环境中大量的信息能相互协调、有序、同步地进行信息交流，提高企业的整体竞争力。

案例

用友的U8财务系统助力酒店行业的发展

2005年9月，汉庭在中国第1家门店开业。2006年年底，汉庭连锁酒店第34家门店开业。2007年年底，汉庭连锁酒店第74家门店开业。截至目前，汉庭的500多家门店遍布全国80多个商务城市。汉庭酒店集团旗下目前拥有“汉庭快捷”、“汉庭全季酒店”、“汉庭海友客栈”三个系列品牌。汉庭致力于实现“中国服务”、“成为世界住宿业领先品牌集团”的理想，不断追求精细化的管理，实施标准化的体系和流程。

经济型酒店市场的整体蓬勃发展，主要得益于市场自然需求的增长。但随着经济型酒店行业的发展，资金、管理和品牌将成为制约部分内地经济型酒店的三大瓶颈。经济型酒店扩张，已导致物业租赁等相关成本不断攀升，利润率下降，激烈的竞争将会加速行业洗牌。汉庭酒店集团CIO张颖健表示，汉庭希望在行业洗牌的萌动期做好各方面准备，而管理和信息化是汉庭最重要的武器。因此，汉庭选择了用友U8财务系统来实现集团统一财务管理和统一供应链管理；采用B/S架构，终端通过浏览器可访问集团数据中心，而且系统升级维护主要在服务器端，易于维护且成本低。

用友U8财务系统的实施，为汉庭提供了巨大的应用价值。

第一，便利、及时的财务账目查询。此前，汉庭酒店总部往往在下发指令后的7个工作日才能看到数据，现在可以及时且全面地看到。

第二，实现集团化管控。汉庭是高度集权的企业，在集团层面统一了核算规则、会计科目、公司档案、客商档案等，通过角色的权限配置，检查是否达到全面控制的要求。集团可以查到某家门店甚至整个集团的信息，从中发现并及时控制潜在风险，实现管控目标。

第三，实现各类管理数据的实时交互。汉庭每天业务事件发生的时间是固定的，因此每天可按时将发生的业务及时导入NC系统。而且，根据汉庭未来的发展还设了资产多账簿应用，通过卡片由主账簿导入，形成其他账簿的卡片，每套账的净残值率不同，需对四套账进行折旧计提，形成不同的折旧数据。同时也体现了国际化集中财务管理的特色。

第四，开始与国际接轨。考虑到未来在美国上市的目标，汉庭还开发了一个可在一年中连续排号的软件，可防止在结账月人为违规地进行凭证增加。

第五，统一关账随即统一出报表。统一关账可提高工作效率，而且统一关账后可以统一出报表。此外，各门店报表数据可以自动生成，增强了数据的准确性与及时性。

资料来源：http://www.ufida.com.cn/News/080626/20080226120253. shtml

2.2.3 常用会计软件介绍

1. 用友财务软件

用友公司成立于1988年，拥有多个研发中心，100多家分子公司、3000多家合作伙伴。在中国及亚太地区有超过150万家企业与机构使用用友软件，中国500强企业超过60%使用用友软件。20多年来，该公司先后开发了用友财务软件（DOS版）、网络版财务软件、网络版管理软件、管理软件ERP软件-U8、集团管理软件NC等系列产品。2002年，用友在ERP市场以21.6%的占有率，首次超过国外SAP软件在国内的市场占有率，在国内位居首位。1989年用友研发的UFO报表编制软件，被会计人员誉为“中国第一表”，该报表软件在其后的20年不断升级到Windows平台、网络平台，成为会计软件领域最为广泛的专业会计报表软件。

用友公司开发了面向集团企业、大中小型企业等不同系列的产品。

（1）面向集团型企业的产品——用友NC。用友NC是为集团与行业企业提供的全线管理软件产品，用友NC率先采用J2EE架构和先进开放的集团级开发平台UAP，按照“全球化集团管控、行业化解决方案、平台化应用集成”的设计理念而设计，目前形成了集团管控6大领域、10大行业的38个解决方案。

（2）面向大中型企业的产品——用友U8、U9。U8财务管理系统，主要包括总账、报表、应收款管理、应付款管理、固定资产、专家财务评估、公司对账、网上银行、现金流量表、网上报销、WEB财务、财务核算自动化等模块。U8系统既可以提高企业财务核算效率，又可以实时反映业务运营状况。

用友U9完全基于SOA架构，支撑企业全面应用，包括供应链、制造、财务、成本、质量、资产、服务、人力资源、协同、知识管理、门户等多个方向和多个层面，支持多组织、多地点、多账簿、多语言、多会计制度，完全适应多组织供应链协同、多工厂制造协同、产业链协同等。

（3）面向小型企业的产品——畅捷通T1、T3、T6。T1–商贸宝针对小企业，为入门级网络进销存应用，适用于小型商贸企业或是个体户。T3–财务通针对中小企业，部门级应用，面向成长型企业的总账、存货的日常核算及管理工作，加强内部财务核算、存货核算，实现会计信息化管理。T6–财务管控包针对中小企业，企业级应用，总账系统以凭证处理为主线，提供账簿管理、客户及供应商往来管理、个人往来款管理、部门管理、同时还提供项目核算和出纳管理等财务业务处理，能够与存货核算管理、应收系统、应付系统、工资、固定资产、报表分析等相关业务系统紧密集成应用，适用于各类企事业单位，实现企业财务核算业务的高效、全方位管理。

2. 金蝶财务软件

金蝶国际软件集团有限公司总部位于中国深圳，始创于1993年。目前集团拥有员工12000人，总客户数量超过100万家。

1991年，金蝶集团创始人——徐少春先生创办“深圳爱普电脑技术有限公司”，开发了爱普电脑会计系统V1.0版。1993年，合资成立深圳远见科技发展有限公司（后更名为深圳金蝶软件科技有限公司）。1994年，推出V3.0版财务软件。1996年，成功发布基于Windows平台的财务软件。1997年，金蝶公司开始MRPII/ERP企业管理软件的研究，1998年，推出金蝶K/3 ERP，从财务软件向ERP战略转移，相继开发了适合不同企业的ERP软件产品。金蝶目前有4大类ERP产品，分别为面向中小型企业的K/3和KIS，面向大型集团企业的EAS，面向政府等部门的GAS。K3涵盖企业财务管理、供应链管理、客户关系管理、人力资源管理、知识管理、商业智能等，并能实现企业间的商务协作和电子商务的应用集成。

（1）面向大型集团企业的金蝶EAS。金蝶EAS是集团企业的一体化全面管控解决方案，适用于资本管控型、战略管控型及运营管控型的集团企业。

（2）面向中型企业的金蝶K/3。金蝶K/3是中型企业财务业务一体化的精细管理解决方案，适用于制造业、金融业、批发与零售等不同行业的中型企业。

（3）面向小型企业的金蝶KIS。金蝶KIS是小型企业以低成本、高效率、快速入门的方式实现管理信息化的解决方案。金蝶KIS适用于小型企业，全面覆盖小型企业管理的五大关键环节：老板查询、财务管理、采购管理、销售管理、库存管理。

（4）面向政府及非营利组织的金蝶GAS。金蝶GAS（Government Application Suite，政府应用套件）是在政府公共财政管理框架体系思路和政府财政全局管理的基础上，构建面向政府及部门财务管理和财政业务的综合解决方案。金蝶GAS适用于政府及非营利组织。

3. SAP财务软件

SAP公司成立于1972年，总部位于德国沃尔多夫市，是全球最大的企业管理和协同化电子商务解决方案供应商、全球第三大独立软件供应商。SAP早在20世纪80年代就开始同中国企业进行项目合作，并取得了成功的经验。

SAP的解决方案包括以下几种。

（1）1996年初，推出了第一个中国本地化的SAP R/3系统，SAP R/3系统是ERP领域的最佳解决方案。

（2）1999年，SAP公司推出了mySAP.com协同电子商务解决方案，该方案以其精湛的技术和专长，能帮助客户成功地立足于互联网经济，进一步提升公司的商业地位。

（3）2002年，SAP正式推出适用于全球中小型应用市场的管理方案。其中，为“成长型中小企业”提供的解决方案是SAP Business One。SAP Business One在不同国家有相应的本地化版本，SAP为“成熟型中小企业”推出的是mySAP All-in-One。

SAP R/3主要模块包括：

- R/3 PP生产计划（PP，Production Planning）
- R/3 SD销售与分销（SD，Sale & Distribution）
- R/3 MM物料管理（MM，Materials & Management）
- R/3 FI财务会计（FI，Financial Accounting）
- R/3 CO管理会计（CO，Controlling）
- R/3 AM财产管理（AM，Fixed Assets Management）
- R/3 HR人事管理（HR，Human Resources）

R/3会计系统主要包括财务会计（FI）、控制（CO）和资产管理（AM）模块。

SAP R/3系统具有综合完善的功能，涉及各种管理业务，覆盖了管理信息系统中的各种功能；R/3系统具有一个高度集成化的结构，数据高度共享；R/3适应多种行业；R/3系统是一个开放式软件系统，它可以运行在所有主要硬件平台和操作系统之上。

4. Oracle会计软件

Oracle公司是全球最大的信息管理软件及服务供应商，成立于1977年，总部位于美国加州Redwood Shore。Oracle电子商务套件涵盖了企业经营管理过程中的方方面面，核心优势就在于它的集成性和完整性，用户完全可以从Oracle公司获得任何需要的应用功能，更重要的是，它们具有一致的基于Internet技术的应用体系结构。

Oracle应用产品主要由企业管理系统、财务信息系统、人力资源管理系统等构成。Oracle企业管理系统包括销售订单管理、物料清单管理、主生产计划、物料需求计划、能力需求管理、库存管理、采购管理等；Oracle财务信息系统包括账务管理、应付账管理、应收账管理、固定资产等；人力资源管理系统由Oracle Personnel（人事管理）、Oracle Payroll（工资管理）两个软件产品组成，为管理企业的人力资源提供了高效实用的电子化工具。

Oracle总账是一种综合性的财务管理方案，它能大大加强整个公司的财务控制、数据收集、信息采集和财务报告等工作。Oracle总账具有统一集成的分类账、灵活的凭证产生方式、巨大的外币处理能力、有效的预算控制、合理化的业务流程、与OLAP集成、与银行系统完全集成等特点。

案例

江铃五十铃企业管理

创建一个公司，注册一个公司很容易，管理好一个公司却很困难。企业管理，常常是令人头痛的难题。我们来看看一个成功的企业管理案例：江铃五十铃企业管理。

江铃五十铃汽车有限公司成立于1993年，率先通过引进国际上最新的卡车技术制造五十铃汽车，成为中国主要的轻型卡车制造商，产品包括了轻卡、皮卡、多功能越野车、面包车在内的四大系列车型。江铃自主品牌的宝典皮卡、凯运及JMC轻卡系列的销量连续占据中高档市场的主导地位。

1. 企业经营管理所面临的一些问题

（1）竞争环境变化对企业管理的要求。随着IT技术的飞速发展，Internet/Intranet技术和电子商务的广泛应用，企业面临的竞争环境发生了根本性变化，如顾客需求瞬息万变、技术创新不断加速、产品生命周期不断缩短，竞争日趋激烈等。在这种形势下，企业管理必须转变：从生产导向向市场导向转变，从粗放经营向成本控制转变，从部门管理向企业级协同管理转变。

（2）国内企业的前车之鉴。国内很多企业在经营中遇到了诸多困难，如销售不畅、三角债泛滥、资金匮乏、库存积压、生产管理成本高等。形成这种现象的原因固然是多方面的，但有一个共同点，那就是忽视以计算机管理为基础的财务业务信息一体化的建设。各部门不能及时得到相关信息，尤其业务部门与财务部门不能很好沟通，造成结算拖延、坏账损失加大、信用下降、库存与账目不符等弊端，财务部门对各购销存业务的发生情况也无法做到有效监控。作为企业整体来讲，根本不能形成完整的分析决策体系。

2. 江铃科学规范化、高效信息化的管理运营机制

江铃通过一系列的分析，意识到企业信息化建设的重要性。江铃建立了ERP信息化支持系统，高效的物流体系实现了拉动式均衡生产；建立了JPS江铃精益生产系统，整体水平不断提升；建立了质量管理信息网络系统，不断提升产品质量、节约成本。通过实现财务业务一体化管理，实现了数据共享和信息的有机集成，解决了账务串户、错账，以及财务与业务部门账账不符，账证不符的问题，真正实现了财务和业务的协同；同时，加强库存控制，降低企业财务运营风险；加强企业内部管理，以及产成品成本核算与管理。

江铃以开放的理念和富于进取性的发展战略，积极吸收世界最前沿的产品技术、制造工艺、

管理理念，有效的股权制衡机制、高效透明的运作和高水准的经营管理，使公司形成了规范的管理运作体制，以科学的制度保证了公司治理和科学决策的有效性。

资料来源：http://www.chinavalue.net/Management/Blog/2011-8-24/822310.aspx

2.3 ERP简介

中国加入WTO以后，在全球化市场竞争的环境下，很多的国内企业不得不面对国内、国际市场竞争的巨大压力。国内企业要继续生存和发展，就必须积极应用和吸收先进的管理思想和管理工具，迅速提高自己的核心竞争力。ERP作为目前在全球范围内应用最广泛、最具代表性的一种先进现代企业管理工具和模式之一，逐步受到越来越多企业的重视。ERP是Enterprise Resource Planning的缩写，中文含义是企业资源计划。ERP可以全面、有效地整合企业资源，使物流、信息流、资金流进行有效的统一，通过一个集成化信息平台，加快市场响应速度，降低运营成本，提高效率，提升企业竞争力。

2.3.1 企业管理面临的难题

1. 企业管理中出现的常规问题

我国企业与国外企业相比，管理水平相对落后，存在管理粗放和管理方法手段落后等诸多问题。

（1）库存管理方面的问题。库存商品总值与生产总值的比值体现一个国家或一个企业的库存资金占用情况，据相关资料统计，多数发达国家的比值不超过1%，中等发达国家不超过5%，而我国高达37%以上。我国大多数企业为了保证生产和销售的稳定性和连续性，往往盲目地以加大库存的方式应对，致使零部件和产成品库存积压严重，造成库存资金占用过多，资金周转速度降低，无形中也增加了企业的成本。同时，由于部门间缺少配合，销售订单、生产计划、采购计划协同性差，可能会出现采购不及时，造成有些原材料、零部件等库存短缺，出现停工待料的现象，甚至影响到交货。

（2）流动资产周转率低。流动资产周转率表明在一个会计年度内企业流动资产周转的次数，反映了流动资产周转的速度。它是流动资金利用效果的重要指标，周转速度快（即周转次数高），企业可以节约资金，提高资金的利用效率。据wind数据库统计，2008年我国全部国有企业的流动资产周转率为1.5，工业为1.8，批发和零售贸易业为2.4，而美国、德国等发达国家企业流动资产周转率是8次左右。

（3）信息实时性、准确性差，决策难度大。准确、实时地掌握本企业和整个行业的相关信息，才能做出合理的经营规划。比如许多企业缺乏一个跨越各职能部门的集成化的企业信息共享平台，造成企业内部采购、销售、生产等部门之间信息共享性差，出现数据、信息不一致的现象，还比如手工会计报表编制时间长，也没有一个决策分析支持系统，使得企业管理者决策难度大，容易出现犹豫不决、决策失误的情况。

（4）生产计划调整难度大，产品生产周期长，呆废料成本高。一些企业的生产计划一旦下达则很难调整，不能适应竞争市场中客户需求多变的市场环境。产品研发、设计、生产的周期过长，生产上所需零部件的不配套，也会引起生产活动的紊乱和生产周期延长。由于生产进度不同平衡，生产线上用的零部件可能转给其他产品使用，或产品结构的简单调整，会使原来待用的零部件成为吊滞物料，产生零部件积压。

2. 信息化管理方面的问题

我国企业尤其是中小型企业，信息化程度还不高，许多还停留在手工管理、计算机录入、存储数据的阶段，有的企业某些业务部门实现了信息化管理，如财务、生产、采购、销售等部门的业务系统；有的是分别上的不同业务软件，没有接口，使得部门间的业务信息不能共享，所以说局部信息化并不能彻底解决企业的经营管理问题。只有企业实现全面信息化管理，部门间、企业间按业务需求共享所需信息，人、财、物、信息融为一体，企业的经营才能达到最优化。当今，ERP就是实现全面的管理信息化，实现信息集成的一种典型模式。

案例

解困企业手工管理，ERP促进追日电气发展

1. 手工管理阻碍企业发展

湖北追日电气（SSE）是一家专业提供电动机软启动控制设备、电能质量洁净与电力网安全技术与设备，以及电气系统控制工程总承包服务的高新技术企业，随着规模和业务的扩张，该公司对信息系统的需求开始迫切，2004年陆续完成了两地宽带接入及视频会议等信息化基础项目，财务也应用了早期开发的小系统。

企业的扩张如日中天，然而，管理的进步却滞后于业务的增长。同企业的高速发展如影随形的，是仓库堆放没有规律，采购疲于应付，生产永远跟不上销售需要，财务每个月末月初都忙得焦头烂额等挥之不去的负面效应。公司决策者深知：只要传统手工操作的管理模式和工作方式不发生改变，这些现象就会持续存在，实施ERP势在必行。

2005年1月28日，根据多角度考核对比，追日电气选定了DCMS（神州数码管理系统有限公司）的易飞ERP系统，包括存货管理、订单管理、采购管理、应收及应付管理、会计总账管理、成本计算管理等共12个子系统，并由DCMS提供实施服务。

2. 总体规划与分步实施保障项目顺利推进

2005年2月19日项目正式启动。按照DCMS的标准化实施方法进行了细致而准确的规划。根据ERP总体实施计划，企业实施ERP的内容和范围是：进销存管理、生产管理、财务管理、成本管理、计划管理、采购管理、设备管理和薪金管理等几大方面。

上线前，先从业务流程梳理入手。优秀的ERP软件中蕴藏着先进的管理思想和管理流程，这本身也是企业实施ERP软件的出发点和着眼点。按照ERP系统的要求，追日电气对业务流程进行了重新设计，设有4个主流程、11个子流程，覆盖了企业营销管理、物流和生产组织及财务成本管理等四大应用。

2005年5月1日进销存及生产模块正式上线运行，7月1日财务模块上线，9月1日成本模块上线。对原材料、半成品、产成品等各种物料进行了统一编码，完成了大量基础数据整理。进销存系

统上线后，所有的物料全部上货架，采用循环盘点的方法，一改以前半年甚至是一年才盘点一次，还要抽取大量人力占用大量时间、准确率不高的库管模式，而是一个月把所有的器件都轮流盘点一次，这样算下来每天盘点的器件就很少，只需要一个人花费2到3个小时的时间。在不到2个月的时间里，仓库管理的水平得到了彻底改善。

3. 日月重光，效益乍现

经过紧张而繁忙的项目实施，追日公司主要在以下几个方面取得了一定的成效。

（1）优化了存货管理，降低了库存资金。制定了严格的操作规范来保障库存数据的及时、准确；通过经常性的核查、盘点检验数据的准确度；经常通过ERP查看呆滞物料情况并及时进行清理。实施后，库存数据准确率已达95%，近期内可达98%以上，使库存物资实现了账、卡、物三相符。库存资金占用较实施ERP项目以前有了明显降低。

（2）加强了生产过程管理和成本控制，降低了产品成本，提高了市场竞争力。借助ERP这个信息技术和手段来提高管理水平，变粗放管理为精细管理，有效降低产品成本。对供应商的信息（如价格，质量，诚信度等历史资料）实行动态管理，在公司内部形成了一种无形的监督机制。因为比价采购，使企业采购成本不断降低，紧急采购的忙乱现象也大为减少。在车间管理中，通过ERP系统实行了严格的定额发料制度，提高了原材料的利用率。

（3）产品生产准备及制造周期大大缩短。追日是典型的离散型电气制造企业，客户化设计、个性化设计的工作量很大，每一份合同、每一个用户均有大量的特殊设计和改型工作。过去采用手工的方式，不仅劳动强度大、效率低，而且差错多，不规范现象经常出现，有时甚至由于周期长，满足不了用户的交货期而失去订单。公司通过ERP系统可以缓解企业面临的这一瓶颈问题。另外，由于资源共享，还可大大推动产品开发设计过程中的标准化程度，提高了系列产品的通用化，提高了总体设计效率，生产准备周期得到了大幅度缩短。

（4）企业管理科学化、规范化。实施了ERP后，公司进一步明确了采购、销售、库存、财务、生产计划业务等的岗位职责和各个工作流程；规范了公司物料管理，制定了公司物料编码原则和物料编码维护制度，确保公司内部物料名称的一致性，保证物料编码的唯一性；淘汰了大量的手工操作；实现了经营管理数据在指定范围内授权共享，为公司决策提供了有力的信息支撑。

（5）业务流程重组与信息资源的共享使公司部门工作效率得到提高。通过业务流程的重组，销售、生产、财务及物资收发信息的实时性、同步程度大为提高。各主体业务功能之间实现集成，使部门间既做到信息互通，又相互联系监督。通过信息资源共享，实现了物流、资金流和信息流三流合一，使各部门协同工作的效率得到提高。

（6）员工素质得到全面提升。通过实施ERP系统，促进了企业业务流程的重组，改变了企业粗放、落后的传统管理模式，推动企业员工不断改变观念，接受培训，更新知识。

4. 来日方长，ERP不是终点而是起点

追日公司的ERP工程目前主要完成了企业物流、资金流和信息流的集成，下一步工作除继续完善系统数据的准确性之外，还要充分利用底层数据库，采用先进的决策支持系统和数据仓库技术，进一步优化运行，加强生产计划管理和控制，加强成本核算和控制，在降低库存等方面做深入细致的工作。其次，追日电气还将在现有系统基础上深入研究并加强系统的集成，使标准化管理、工艺管理等都可以直接利用ERP的数据资源，不断地分析企业内外部及市场的变化，挖掘新的信息和需求，并将其集成于现有系统中，使企业的ERP系统更加适用、更加完善。

资料来源：http://articles.e-works.net.cn/516/Article33780.htm

2.3.2 ERP的发展

1. ERP的发展历程

企业生产经营活动的最终目的是获取利润，为达此目的，就必须有效地利用人员、物料、设备等制造资源，以低成本、短周期、高质量地生产出满足顾客需求的产品。为此，必须采用先进且十分有效的生产管理技术来组织、协调、计划与控制企业的生产经营活动。ERP是目前最先进的企业现代化管理的科学方法之一。纵观ERP的发展过程，它大致经历了5个阶段：订货点法、时段式MRP、闭环MRP、MRPII和ERP系统阶段。

（1）订货点法。订货点法又称订购点法、安全库存法，始于20世纪30年代。其基本原理如图2-4所示。对于某种物料或产品，由于生产或销售的原因而逐渐减少，当库存量降低到某一预先设定的点时，即开始发出订货单（采购单或加工单）来补充库存，直至库存量降低到安全库存时，发出的订货单所订购的物料（产品）刚好到达仓库，补充前一时期的消耗。这个开始订货的数值点，即称为订货点。订货点的算法如下：

订货点 = 单位时段的需求量 × 订货提前期+安全库存量

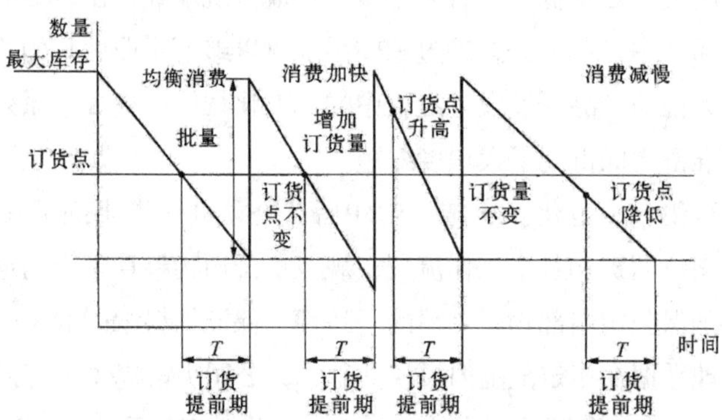

图2-4 订货点法基本原理

订货提前期是指从订货单发出到收到所订货物这一段时间。

安全库存量又称保险库存量，是为了应付需求、制造与供应的意外情况 而设立的一种库存量。

订货点法是在当时的条件下，适用于成品或维修备件等相对独立的物料的库存管理，它的有效性取决于大规模生产环境下物料需求的连续稳定性。这种方法有一定的局限性：对各种物料的需求是相互独立的，物料需求是连续发生的，重新补货至最大库存，订货提前期已知并且固定。

订货点法能较好地处理“产品”需求的问题，但不能较好地解决生产系统内“零件”和“原材料”需求的问题，其中“何时需要物料”成为主要问题。为了解决这些问题，出现了时段式MRP。

（2）时段式MRP。按照订货点法，很有可能造成库存积压，库存占用的资金、产品成本也会随之增加，从而影响企业的竞争力。1965年美国IBM公司的管理专家Joseph A. Orlicky（约瑟夫·奥里奇）博士提出了把企业产品中的各种所需物料分为独立需求和相关需求两种类型，由此发展并形成了物料需求计划（Material Requirements Planning， MRP）理论，即时段式MRP（或称基本MRP）。美国生产与库存管理协会（APICS）运用MRP原理，开发了一套以库存控制为核心的微机软件系统，MRP得以推广和普及。

独立需求是指需求量和需求时间不依赖于企业内其他物料的需求量，而是由企业外部的需求来决定的物料需求。例如，客户订购的产品、科研试制需要的样品、售后维修需要的备品备件（维修件）、可选件和工厂自用件等。独立需求的需求量和需求时间通常由预测和客户订单、厂际订单等外在因素来决定。

相关需求是指根据物料之间的结构组成关系，由企业内独立需求物料的需求量来确定自身需求量的物料。例如，半成品、零部件、原材料等的需求。相关需求的需求量和时间则由MRP系统来确定。

时段式MRP，是依据主生产计划、物料清单和库存信息，对每种物料进行计算，指出何时将会发生物料短缺，并给出建议，以满足需求且避免物料短缺。它以产品零部件为计划对象，其基本内容就是编制零部件生产计划和采购计划，即回答了“何时订货”、“订多少货”、“何时生产”、及“生产多少”等问题。MRP基本原理是：在已知主生产计划（根据客户订单结合市场预测制订出来的各产品的排产计划）的条件下，根据产品结构或所谓的产品物料清单（BOM）、制造工艺流程、产品交货期及库存状态等信息由计算机编制出各个时间段各种物料的生产及采购计划，如图2-5所示。

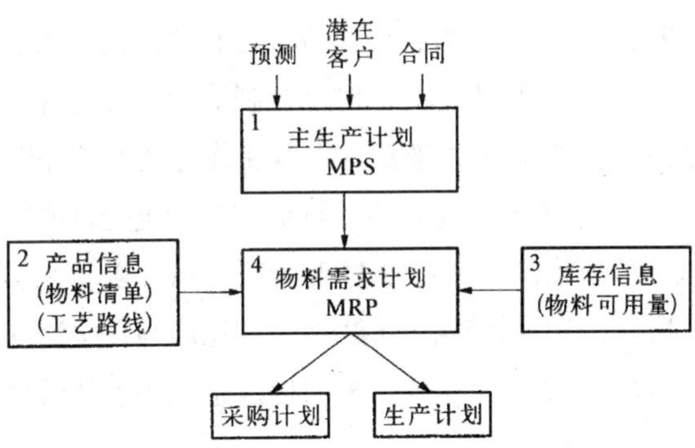

图2-5　时段式MRP的工作逻辑流程图

MRP系统的目标是：在正确的时间和地点，按照规定的数量得到真正需要的物料，从而实现减少库存、优化库存的管理目标。

虽然说MRP根据物料结构特点和时间分割原理进行生产计划的管理，为企业产生了巨大的效益，但是由于MRP只是说明了需求的优先顺序，没有说明是否有可能实现，没有考虑能力的限制，还只是一种库存订货的计划方法。MRP需要增加能力方面的控制等功能。

（3）闭环MRP。20世纪70年代，MRP经过发展形成了闭环的MRP生产计划与控制系统。MRP系统除了物料需求计划外，还将生产能力需求计划、车间作业计划和采购作业计划等功能全部纳入

MRP，形成了一个封闭的系统，因此称为闭环MRP。它克服了时段式MRP的不足，所以它是一个结构完整的生产计划与控制系统。其工作逻辑原理如图2-6所示。

闭环MRP必须根据需求建立生产规划，主生产计划的内容是由生产规划而来的，这个计划可以通过多次模拟进行粗能力计划的平衡（CCRP）。有了主生产计划、库存信息和物料清单，就可以进行物料需求的计算，建立物料需求计划，得到分时间阶段的物料计划。为了使物料计划可行，要通过细能力计划（CRP）平衡后才发放订单到车间和采购部门。

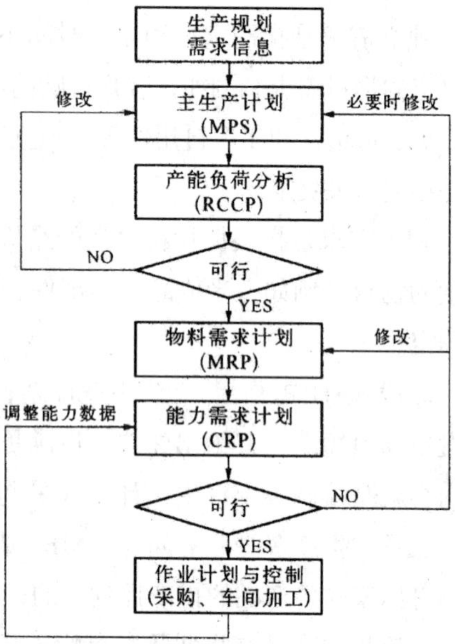

图2-6　闭环MRP的工作逻辑流程图

闭环MRP是一个集计划、执行、反馈为一体的综合性系统，它能对生产中的人力、设备和物料等资源进行计划与控制，使生产管理的应变能力有所加强，但它仅局限在生产中物的管理方面。

（4）MRPII。时段式MRP和闭环MRP解决了企业管理中的物流问题，但资金的流动对企业生产有十分重大的影响，资金的运转情况将影响到生产的运作情况。1977年9月，美国著名的生产管理专家奥列弗·怀特提出了制造资源计划系统。人们把销售、生产、采购和财务等各个子系统集成为一个一体化的系统，称为制造资源计划系统，因物料需求计划与制造资源计划的英文缩写相同，为了避免混淆，而将制造资源计划记为MRPII。

MRPII是对企业资源和产、供、销、财各个环节进行有效计划、组织和控制和一整套方法。它围绕企业的基本经营目标，以生产计划为主线，对企业制造的各种资源进行统一的计划和控制，使企业的物流、资金流和信息流流动畅通并动态反馈。其工作逻辑原理如图2-7所示。

MRPII系统是在MRP系统基础上发展起来的一种更完善、更先进的管理思想和方法，它在系统中增加了生产能力平衡计划、生产活动计划、采购与物料管理，以及产品成本核算及财务管理等功能。所以，从一定意义上讲，MRPII系统实现了物流、信息流与资金流在企业管理方面的集成，使企业内各部门的活动协调一致，形成一个整体，从而提高企业的整体效率和效益。MRPII成为制造业公认的管理标准系统。

（5）ERP。由于经济全球化、企业规模的扩大，企业面临的竞争更激烈，以客户为中心、基于时间、面向整个供应链成为制造业发展的基本动向。MRPII通过吸收和融合其他的先进思想来完善和发展自身理论，20世纪90年代，ERP应运而生了。ERP的概念是由美国著名的IT咨询公司Gartner Group Inc.提出的，ERP除了包括和加强了MRPII的各种功能之外，更加面向全球市场，功能更为强大，所管理的企业资源更多，支持混合式生产方式，管理覆盖面更宽，并涉及了企业供应链管理，从企业全局角度进行经营与生产计划，是制造企业的综合集成经营系统。在ERP，一切企业资源，包括人员、物料、设备、能源、资金、技术、空间、时间、能源等，都被考虑进来。ERP所采用的计算机技术更加先进，形成了集成化的企业管理软件系统。

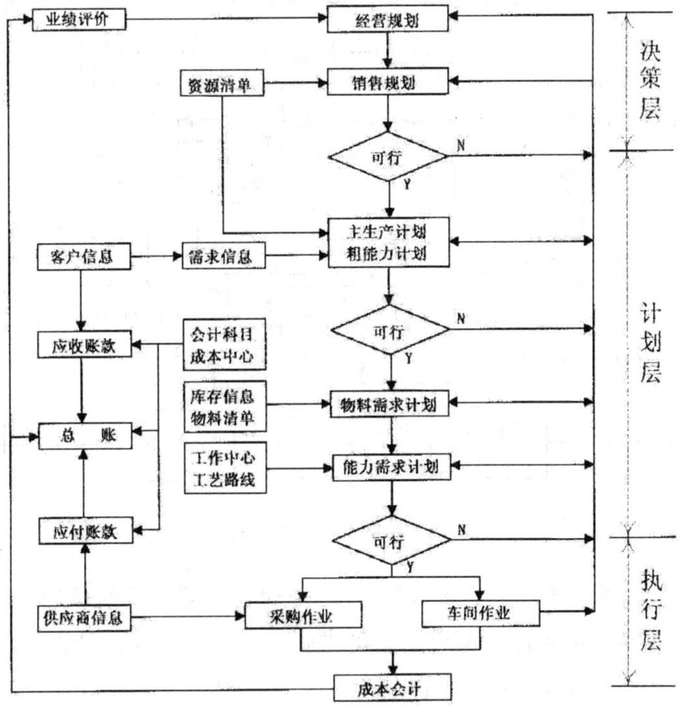

图2-7 MRPII的工作逻辑流程图

我们认为：ERP是指建立在信息技术基础上，利用现代企业的先进管理思想和方法，全面地集成了企业内部和外部的所有资源信息，实现资源优化配置和业务流程优化，为企业提供一个决策、计划、控制与评估的有效的、科学的系统化管理平台。

ERP不仅仅是一个软件，更重要的它还是一个蕴涵先进管理思想的管理系统。ERP的概念可以从管理思想、软件产品和管理系统三个不同层次进行理解。ERP首先应该是管理思想，其次才是管理手段与信息系统。ERP的管理思想主要体现在企业供应链管理的思想、事先计划与事中控制的思想、信息集成的管理思想等方面；ERP是综合应用了客户机/服务器体系（C/S）、关系数据库结构、面向对象技术、图形用户界面、第四代语言（4GL）、网络通信等信息产业成果，以ERP管理思想为灵魂的软件产品；ERP是整合了企业管理理念、业务流程、基础数据、人力物力、计算机硬件和软件于一体的企业资源管理系统。

ERP系统主要包括财务会计、财务管理、供应链管理、生产管理、人力资源管理、客户关系管理等功能模块，各功能模块的工作逻辑流程如图2-8所示。

ERP以计划为主线，可以划分为五层计划体系，从粗到细分别是经营规划、销售与运作规划、主生产计划、物料需求计划、车间作业与采购计划。前三个层次是需求计划，后两个层次是供给计划。需求计划和供给计划相辅相成，从而实现企业对整个生产经营活动的计划与控制。

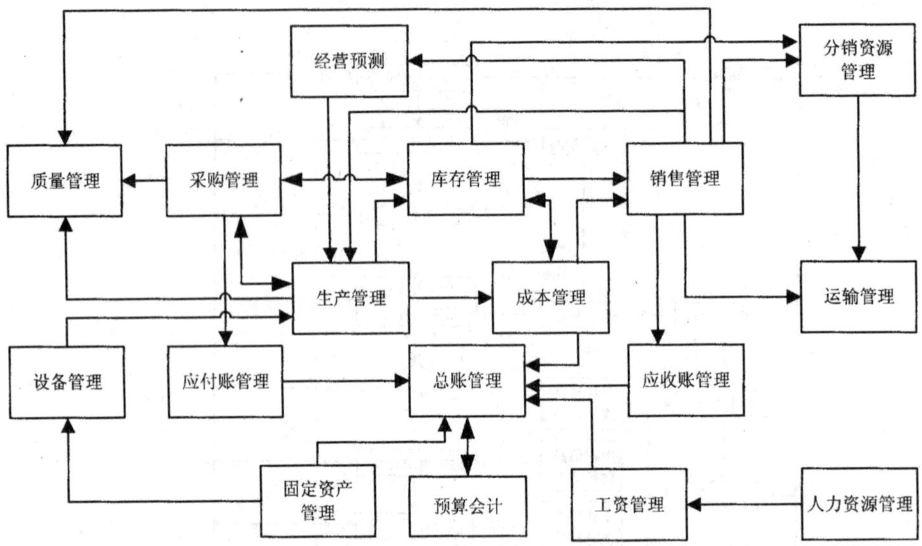

图2-8 ERP的工作逻辑流程图

到ERP阶段，以计算机为核心的企业级的管理系统更为成熟，系统增加了包括财务预测、生产能力、调整资源调度等方面的功能，配合企业实现全面JIT管理、生产资源调度管理及辅助决策的功能，成为企业进行生产管理及决策的平台工具。

2. ERP在我国的应用发展

从1981年沈阳第一机床厂从国外引进第一套MRPII软件起，MRPII／ERP在中国的应用与推广已经历了30年的风雨历程。回顾ERP在我国的应用和发展过程，大致可以分为四个阶段。

（1）第一阶段：启蒙期。这一阶段贯穿了整个20世纪80年代。主要特点是“洋为中用”，软件系统是从国外引进的，所引进的MRPII系统的应用范围局限于传统的机械制造业，如机床制造、汽车制造等行业。当时我国刚刚进入市场经济的转型阶段，企业技术与管理水平、人员素质、管理体制、财务会计制度等原因，使得MRPⅡ系统应用成功率很低。

（2）第二阶段：导入期。这一阶段大致是从1990年至1997年，出现了ERP的概念。在这个阶段，ERP软件的实施与应用所涉及的领域已突破了制造行业而扩展到航天航空、电子与家电、制药、化工等众多行业。在该阶段，国外的软件系统占据了主导市场，成功用户多为国外独资企业或中外合资企业。正是由于国外ERP软件在中国的应用引发了中国ERP产业的萌芽和发展。

（3）第三阶段：发展期。该阶段是从1997年到2004年。经过了导入期的孕育、萌芽和发展，到了1997年，在ERP软件市场上出现了中国自己的品牌。特别是一些以前从事开发企业财务电算化软件的主流厂商，如用友、金蝶、安易等，发挥了重要的作用。通过这些公司的大力宣传和不断的实践探索，ERP的应用范围已从制造业扩展到分销和服务业，应用效果也得到了显著提高，进入了ERP应用的发展期。

（4）第四阶段：前普及期。随着市场经济的发展，竞争的日益激烈，管理的重要性日益突出。由于ERP具有的强大管理功能，它越来越受到企业的青睐。由于中国企业的信息化建设相对落后，特别是中小企业。中国企业要参与国际化竞争，要提高管理水平，提高效率，必须普及ERP。

与此同时，中国的ERP产业也发展、壮大起来，产品日臻成熟，服务能力快速增长，出现了可以和国外的ERP软件供应商相抗衡的局面，特别是在中低端市场显露出明显优势。2005年以来，ERP在中国逐渐普及起来。在这一阶段，企业管理与信息化基础普遍提高，国内ERP厂商占据了主导地位，产品易学易用，成本低，实施速度加快，成功率大大提高，并由此带动了整个产业链的发展。

3. ERP的发展趋势

ERP代表现在最为先进的管理模式，通过ERP管理系统，企业能提高管理效率和市场竞争力。信息技术和制造业技术的不断发展，必将促进ERP技术的进一步发展。ERP的未来发展趋势主要体现在以下几个方面。

（1）系统集成化，与产品数据管理（PDM）、电子数据交换（EDI）、工作流（Workflow）、联机分析处理（OLAP）功能结合。

（2）软件模块化，行业特征加强。为满足企业对ERP系统的个性化需求，ERP软件的一大趋势是模块化和可进行二次开发。商用ERP系统既能满足大众化用户的需求，通常又面向制造业、房地产、钢铁、医药等行业定制了不同的插件或中间件，以满足各个行业的需求。

（3）ERP与客户关系管理CRM的进一步整合。实现市场、销售、服务的一体化，使CRM的前台客户服务与ERP后台处理过程集成，为客户提供个性化服务，使企业具有更好的顾客满意度。

（4）ERP与电子商务、供应链SCM、协同商务的进一步整合。ERP将面向协同商务（Collaborative Commerce），支持企业与贸易共同体的业务伙伴、客户之间的协作，支持数字化的业务交互过程；ERP供应链管理功能将进一步加强，支持企业面向全球化市场环境，建立供应商、制造商与分销商间基于价值链共享的新伙伴关系。

（5）应用SOA结构和SaaS模式。开发基于SOA构架的ERP产品，进一步改进系统的业务功能、安全性和易用性等，让用户的ERP系统更加灵活，实施的成本更低。SaaS（Software-as-a-service）是基于互联网提供软件服务的软件应用模式，是软件科技发展的最新趋势，ERP系统的SaaS化也是一个必然的趋势。

2.4 会计信息系统的IT环境

2.4.1 数据库技术

数据库是会计信息系统的重要组成部分，是计算机数据处理与信息管理系统的核心。随着计算机技术与网络通信技术的发展，数据库技术已成为信息社会中对大量数据进行组织与管理的重要技术手段，会计信息系统的大量数据信息都存储于数据库中。

1. 数据库技术的发展与应用

从20世纪60年代末期开始到现在，数据库技术已发展了40多年，在理论研究和系统开发上都取得了辉煌成就，使得数据库技术成为信息技术的一个重要支撑。

从20世纪50年代中期开始，计算机应用从科学研究部门扩展到企业管理及政府行政部门，人们对数据处理的要求也越来越高。20世纪60年代中期，数据库处理技术才刚开始发展，当时的数据库技术是用来解决文件处理系统问题的。1979年，Ashton-Tate公司引入了微机产品dBase II，并称之为关系数据库管理系统，从此数据库技术移植到了个人计算机上。20世纪80年代中期到后期，通过局域网技术，使同一局域网终端用户之间共享数据库，并形成了一种客户机/服务器数据库结构的新型的多用户数据处理模式。随着Internet日益发展，数据库已经成为政府企业办公自动化、信息管理、计算机辅助设计等应用的主要软件工具之一。

数据模型是数据库技术的核心和基础，按照数据模型的发展演变过程，数据库技术主要经历了以下三个发展阶段。

（1）第一代：层次和网状数据库系统。研制和应用主要在20世纪70年代。1969年IBM公司研制出的层次模型数据库管理系统IMS（Information Management System），为层次数据库系统的典型代表。20世纪60年代末70年代初，美国数据库系统语言协会下属的数据库任务组DBTG（Data Base Task Group）提出了若干报告，被称为DBTG报告。DBTG报告确定并建立了网状数据库系统的许多概念、方法和技术，是网状数据库的典型代表。可以说，层次数据库是数据库系统的先驱，而网状数据库则是数据库概念、方法、技术的奠基者。

（2）第二代：关系数据库系统。1970年IBM公司的San Jose研究试验室的研究员Edgar F. Codd发表了题为《大型共享数据库数据的关系模型》的论文，提出了关系数据模型。20世纪70年代是关系数据库理论研究和原型开发的时代，其中以IBM公司的San Jose研究试验室开发的System R和Berkeley大学研制的Ingres为典型代表。20世纪80年代几乎所有新开发的系统均是关系型的，其中涌现出了许多性能优良的商品化关系数据库管理系统，如DB2、Ingres、Oracle、Informix、Sybase等。

（3）第三代：以面向对象数据模型为主要特征的数据库系统。1990年高级DBMS功能委员会发表了《第三代数据库系统宣言》，提出了第三代数据库管理系统应具有的三个基本特征。

- 应支持数据管理、对象管理和知识管理。
- 必须保持或继承第二代数据库系统的技术。
- 必须对其他系统开放。

面向对象数据模型是第三代数据库系统的主要特征之一；数据库技术与多学科技术的有机结合也是第三代数据库技术的一个重要特征。分布式数据库、并行数据库、工程数据库、演绎数据、知识库、多媒体库、模糊数据库等都是这方面的实例。

2. 数据库系统

数据库系统（database systems，DBS），是由数据库及其管理软件组成的系统。它是为适应数据处理的需要而发展起来的一种较为理想的数据处理的核心机构。它是一个实际可运行的为存储、维护和应用系统提供数据的软件系统，是存储介质、处理对象和管理系统的集合体。

数据库系统一般由数据库、硬件、软件、人员等四部分组成。数据库是指长期存储在计算机内的、有组织、可共享的数据的集合。硬件指构成计算机系统的各种物理设备，硬件的配置应满足整个数据库系统的需要。软件包括操作系统、数据库管理系统及应用程序。人员主要是系统分析员、数据库设计人员、应用程序员、最终用户和数据库管理员。

3. 常见的数据库系统

数据库系统有大小之分，大型数据库系统有SQL Server、Oracle、DB2等，中小型数据库系统有Foxpro、Access。

（1）Access数据库。Access是Microsoft公司研制的随Microsoft Office办公软件一起发行的优秀的桌面型数据库管理系统。Access的主要特点如下。

- 功能十分简单，只提供了最常见的数据库功能。
- 可以方便地与Office和SQL Server交换数据。
- 管理简单，使用方便。
- 可以满足日常的办公需要，也可以用来开发小型的数据库系统。

Access有两个严重的缺点：一是网络功能较弱，不适合客户机较多的数据库系统；二是几乎没有什么安全措施。在客户机较少和安全性要求不高的场合，使用Access可以体现出较高的性价比。目前，许多小型网站采用ASP+Access的开发方案，也有许多单机运行的数据库系统采用VB+Access的开发模式。

（2）SQL Server数据库。SQL Server是Microsoft公司研制的数据库管理系统。1988年，Microsoft公司与Sybase合作，开发了SQL Server，运行于OS/2平台。1993年，Microsoft公司推出了SQL Server 4.2，能在Windows NT下运行，但是功能较少。1994年以后Microsoft公司开始独立开发，推出了一系列版本。前些年SQL Server 2000应用最广泛，现在逐渐被两个新版本SQL Server 2005、SQL Server 2008所取代，最近又发布了SQL Server 2012版本。SQL Server的主要特点如下。

- 只能在Windows平台上运行。与Windows紧密集成，许多性能依赖于Windows。
- 简单易学，操作简便。
- 具有很高的性价比。能够满足企业OLTP和OLAP应用，并能获得较佳的性能，但在高端企业级功能上尚存在不足；与Oracle、DB2相比价格相对低廉。
- 最高的市场占有率。据统计，SQL Server的市场占有率将近50%。

（3）Oracle数据库。Oracle的前身叫SDL，由Larry Ellison和另两个编程人员在1977创办，他们开发了自己的拳头产品，在市场上大量销售，1979年，Oracle公司引入了第一个商用SQL关系数据库管理系统。Oracle公司是最早开发关系数据库的厂商之一，其产品支持最广泛的操作系统平台。Oracle数据库最近的3个版本是2001年发布的0racle 9i、2004年发布的0racle 10g和2007年发布的Oracle 11g。“i”代表Internet，“g”代表Grid（网格技术）。Oracle的主要特点如下。

- 能在包括Windows在内的所有主流平台上运行。
- 功能最强大，运行最稳定。
- 在安全性方面获得了最高认证级别的ISO标准认证。
- 具有最强的网络功能，完全支持各种工业标准。
- Oracle主要用于高端企业级。

（4）DB2数据库。DB2是IBM公司研制的关系型数据库管理系统。其中，DB2 Universal Database 6.1则是通用数据库的典范，是第一个具备网上功能的多媒体关系数据库管理系统，支持包括Linux在内的一系列平台。DB2的主要特点如下。

- 能在所有主流的操作系统平台上运行，如Linux、UNIX、Windows、OS/2、VMS等，不过在IBM小型机的支持下，DB2可以发挥它的最佳性能。
- 它最适于海量数据，DB2在企业的应用最为广泛。在全球财富500强企业中，超过85%的企业使用DB2数据库服务器。
- 并行性能最佳。
- 具有与Oracle相同级别的高安全性。
- 操作比较简单。

（5）Informix数据库。Informix是IBM公司出品的关系数据库管理系统（RDBMS）家族，主要用于UNIX等开放操作系统。在2005年早些时候，IBM推出了Informix Dynamic Server（IDS）第10版。目前最新版本是2008年5月推出的IDS11（v11.50）。IDS 11.5数据服务器可提供出色的快速在线交易处理（OLTP）性能，高可靠性和低成本管理能力。仅北美地区前十大零售商中就有八家将其用于重要业务应用；全球有95%的电信公司均采用IDS支持本企业的数据管理。

2.4.2 计算机网络技术

计算机网络（Computer Network）是利用通信线路和通信设备，把分布在不同地理位置的具有特定功能的多台计算机、终端及其附属设备互相连接，按照网络协议进行数据通信，利用功能完善的网络软件实现资源共享的计算机系统的集合。计算机网络是计算机技术与通信技术结合的产物，也是会计信息系统运行的基础。

1. 计算机网络的基本功能

计算机网络最主要的功能是资源共享和通信，除此之外还有负荷均衡、分布处理和提高系统安全性与可靠性等功能。

（1）软、硬件共享。计算机网络允许网络上的用户共享网络上各种不同类型的硬件设备，如高性能计算机、大容量存储器、打印机、图形设备等，以提高硬件资源的使用效率、节约开支。可共享的软件种类很多，如数据库管理系统、大型专用软件、各种网络应用软件、各种Internet信息服务软件等。共享软件允许多用户同时使用，并能保持数据的完整性和一致性。

（2）信息共享。信息也是一种资源，Internet就是一个巨大的信息资源宝库，每个Internet用户都可以共享这些信息资源。如搜索与查询的信息、Web服务器上的主页及各种链接、FTP服务器中的软件、各种各样的电子出版物、网上大学、网上图书馆等。

（3）通信。通信是计算机网络的基本功能之一，它可以为网络用户提供强有力的通信手段，可以让分布在不同地理位置的计算机用户能够相互通信、交流信息。可以传输数据及声音、图像、视频等多媒体信息，可以发送电子邮件、打电话、举行视频会议等。

（4）负荷均衡与分布处理。负荷均衡是指将网络中的工作负荷均匀地分配给网络中的各计算机系统，充分发挥网络系统上各主机的作用。分布处理将一个作业的处理可分为提供作业文件、对作业进行加工处理、把处理结果输出三个阶段。在网络环境下，根据分布处理的需求，可将作业分配给其他计算机系统进行处理，以提高系统的处理能力，高效地完成一些大型应用系统的程序计算以及大型数据库的访问等。

（5）系统的可靠性。系统的可靠性对于军事、金融和工业过程控制等部门的应用特别重要。计算机通过网络中的冗余部件可大大提高可靠性。例如在工作过程中，一台机器出现故障，可以使用网络中的另一台机器；网络中一条通信线路出了故障，可以取道另一条线路，从而提高了网络整体系统的可靠性。

2. 计算机网络的分类

计算机网络的分类方法很多。按网络覆盖的地域范围可分为局域网、城域网、广域网和Internet，按传输速率可分为低速网（传输速率在kbps ~ Mbps）和高速网（传输速率在Mbps ~ Gbps），按传输介质的物理形态可以分为有线网和无线网。下面介绍几种主要的网络。

（1）局域网、城域网和广域网。三者主要从网络覆盖范围和传输距离上加以区分。

局域网（LAN，Local Area Network）。局域网是在有限范围内，将各种计算机和外围设备（如打印机）连接而成的网络。其传输距离在0.1 ~ 10km，传输速率一般为10M/100Mbps。常见的局域网是以太网（Ethernet）、无线局域网（WLAN）等，它们在企事业单位的计算机应用中发挥着重要作用。

从组成一个简单的局域网的硬件环境来看，一个局域网通常由服务器、终端计算机、网卡、集线器（交换机）、电缆（光缆）及其他网络配件组成，为了扩展网络范围，还要引入路由器、网桥、网关和通信服务器等网络部件。服务器是局域网的主要硬件，是网络的核心，它提供网络通信及网络管理功能，并按网络终端用户提出的请求，为网络用户提供服务。服务器按其所提供服务的不同，可以分为文件服务器、打印服务器、应用服务器、数据库服务器等。

网络中可运行多个操作系统，如UNIX、Windows、Linux等。网络操作系统是运行在计算机网络上的高层软件，执行网络协议，负责计算机间的数据交换，对网上资源进行统一管理。

城域网（MAN，Metro Area Network）。城域网的范围可以覆盖一个城市或是相连的几个小城市，物理距离在50km之内。当要连接的计算机超出局域网的范围之后，城域网就出现了。城域网使用局域网的拓扑结构和广域网的某些协议。一般的城域网使用光纤作为传输介质，以100M/1000Mbps的速率传输数据。

广域网（WAN，Wide Area Network）。当要连接的计算机和设备的距离超过了局域网和城域网的范围时，就可以使用广域网。广域网是一种跨地区的数据通信网络，通常由两个或多个局域网组成。计算机常常使用电信运营商提供的设备作为信息传输平台，例如通过公用网（如电话网）连接到广域网，也可以通过专线或卫星连接。WAN对通信的要求高、复杂性也高。广域网的传输距离可遍及全球。在广域网上，可以使用多个网络协议。

（2）Internet、Intranet和Extranet。

① Internet。Internet又称国际计算机互联网，它以TCP/IP网络协议将各种不同类型、不同规模、位于不同地理位置的独立运行与管理的计算机网络连接成一个整体，由世界范围内的局域网、城域网、广域网组成。它也是一个国际性的通信网络集合体，融合了现代通信技术和现代计算机技术，集各部门、领域的各种信息资源为一体，从而构成网上用户共享的信息资源网。Internet 因具有开放性、共享性、平等性、低廉性、交互性等特征，近十几年来发展迅速，被称为20世纪末最伟大的发明。

Internet的技术主要包含以下几个方面。

- 采用了TCP/IP协议，这是目前唯一可以和网络上各种计算机和网络设备连接的通信协议。

● 提供了建立在TCP/IP协议基础之上的WWW（World Wide Web）浏览服务。WWW是建立在Internet、超文本、多媒体基础上的全球信息查询系统。

● 采用了DNS域名服务系统，解决了计算机和用户之间的“地址”翻译问题。

② Intranet。Intranet称为企业内部网，它是将Internet技术应用到企业内部信息管理和交换平台的产物，它基于TCP/IP协议和WWW技术规范，通过简单的浏览界面，方便地提供电子邮件、文件传输、电子公告和新闻、数据库查询等服务。通过防火墙等安全措施，Intranet还可与Internet连接，以实现企业内部网上的用户对Internet进行浏览、查询，同时对外提供信息服务，发布本企业信息。Internet是Intranet的技术基础，Intranet是Internet在企业内部信息系统的应用和延伸。

企业应用Intranet的意义如下。

● Intranet跨平台，兼容性好，简单易用，方便接入互联网，为企业各部门业务处理高度协同创造了一个良好的技术环境。

● Intranet建成以后，企业的信息系统维护成本降低。Intranet采用W/B（网页/浏览器）结构，用户端采用标准的、通用的软件——浏览器。不必为Intranet的前端用户开发专用的软件。这种结构不仅降低开发费用、节省开发时间，而且减少了系统出错的可能性，降低了维护成本。运行中如果出现问题只需维护好服务器端即可。

③ Extranet。Extranet称为企业外部网，它是利用Internet技术搭建的、由多个企业内部网Intranet相连组成的网络应用系统，因此可以说Extranet是Intranet向外扩展的产物。Extranet使企业与其他客户、其他企业相连来完成其共同目标并组织成交互合作网络。

④ 三网的区别和联系。Internet是基础，是网络基础和包括Intranet和Extranet在内的各种应用的集合；Intranet强调企业内部各部门的联系，业务范围仅限于企业内；Extranet强调企业间的联系，业务范围包括贸易伙伴、合作对象、零售商、消费者和认证机构。由此可见，Internet的业务范围最大，Extranet次之，Intranet最小。

3. 局域网的拓扑结构

网络拓扑指网络的物理连接形式，它对整个网络的设计、功能、经济性、可靠性都有影响。计算机网络的拓扑结构有五种基本形状：环形、星形、总线形、树形和网状形。局域网的网络拓扑结构一般为星形和总线型。

（1）星形结构。星形结构以中央结点为中心，一个结点向另一个结点发送数据，必须向中央结点发出请求，一旦建立连接，这两个结点之间就构成一条专用连接线路，信息传输通过中央结点的存储和转接来完成，所有信息都通过服务器计算机进行控制和管理。如图2-9所示。星形结构的优点是容易实现、性价比高、传输速度快、容易维护，变更或增加新的计算机较为容易。

（2）总线形结构。总线形结构的所有结点都通过相应硬件接口连接到一条无源公共总线上，任何一个结点发出的信息都可沿着总线传输，并被总线上其他任何一个结点接收，是一种广播式结构，如图2-10所示。总线结构的优点是安装简单、易于扩充维护、可靠性高，一个结点损坏，不会影响整个网络工作。缺点是各结点共用总线带宽，所以在传输速度上会随着接入网络的用户的增多而下降；所有的数据都需经过总线传送，总线若出现故障则整个网络就会瘫痪。

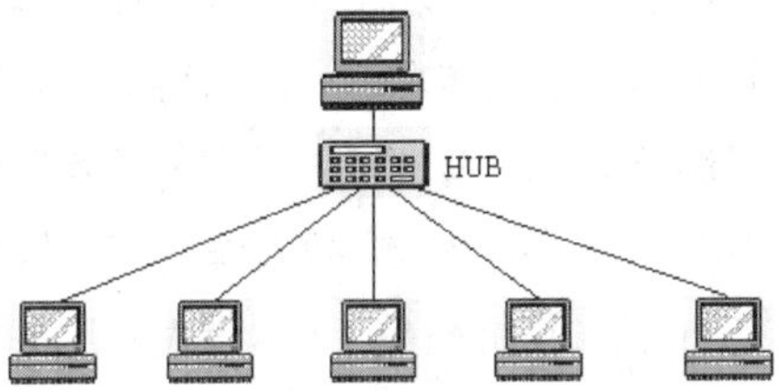

图2-9　星形局域网

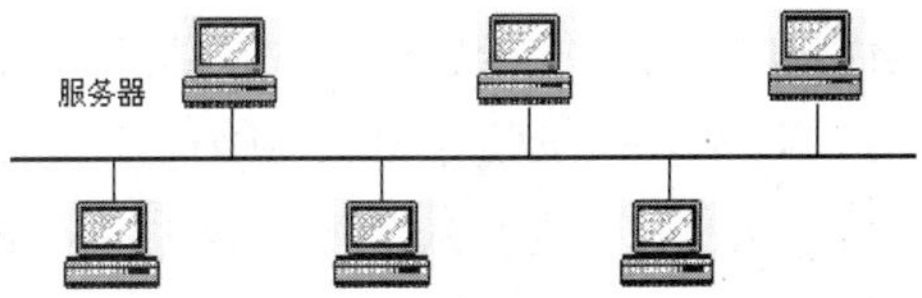

图2-10　总线形局域网

2.4.3　应用环境选择

1. 操作系统环境

操作系统是一种特殊的用于控制计算机（硬件）的程序（软件）。它是计算机底层的系统软件，负责管理、调度、指挥计算机的软硬件资源使其协调工作。在计算机的发展过程中，出现过许多不同的操作系统，其中最为常用的有：DOS、Mac OS、Windows、Linux、UNIX、Free BSD、OS/2、MAC操作系统等。下面介绍会计信息系统在网络环境中应用较多的几个操作系统。

（1）Windows操作系统。Windows系列操作系统是微软公司推出的视窗电脑操作系统。随着电脑硬件和软件系统的不断升级，微软的Windows操作系统也在不断升级。从1985年推出的For DOS版本Windows1.0，到客户端版本Windows95、Windows98、Windows Me、Windows XP、Windows Vista，Windows 7、Windows 8，和服务器版本的Windows NT、Windows2000、Windows server 2003、Windows server 2008、Windows server 2012，操作系统从16位、32位升级到了64位，突出特点是用户最多，操作方便，兼容性好。

（2）UNIX系统。UNIX系统是1969年在AT&T（美国电话和电报）公司的贝尔实验室诞生的。UNIX系统是一个强大的多用户、多任务操作系统，支持多种处理器架构，属于分时操作系统，为用户提供了一个分时的系统以控制计算机的活动和资源，并且提供一个交互的、灵活的操作界面。UNIX被设计成为能够同时运行多进程，支持用户之间共享数据。同时，UNIX支持模块化结构，只需要安装工作需要的部分模块，用户界面同样支持模块化原则。UNIX有很多种，许多公司都有自己的版本，如AT&T、Sun、HP等公司。

（3）Linux操作系统。Linux最初由芬兰人Linus Torvalds开发，是目前全球最大的一个自由免费软件，功能可与UNIX和Windows相媲美，具有完备的网络功能，它的用法与UNIX非常相似。Linux操作系统是一个免费软件，免费提供源代码，可以自由安装，任意修改软件的源代码并可以发布在Internet上。支持几乎所有的硬件平台，包括Intel系列、680x0系列、Alpha系列、MIPS系列等，并广泛支持各种周边设备。 目前，Linux正在全球各地迅速普及推广，各大软件商如Oracle、Sybase、Novell、IBM等均发布了Linux版的产品，许多硬件厂商也推出了预装Linux操作系统的服务器产品。

2. 数据库应用程序环境

数据库管理系统和开发工具虽然多种多样，但从数据库应用程序的运行模式上来说，目前应用最多的两种模式是客户机/服务器（C/S）模式和浏览器/服务器（B/S）模式。

（1）客户机/服务器模式。C/S模式一般具有两层结构，在前端的客户机上安装专门的应用程序，完成接收、处理数据的工作；后台的数据库服务器主要完成数据的管理工作。其工作原理如图2–11所示。C/S模式能充分发挥客户端PC的处理能力，很多工作可以在客户端处理后再提交给服务器。其优点就是客户端响应速度快，功能完备，应用服务器运行数据负荷较轻，数据的储存管理功能较为透明。缺点主要是：由于每个客户机上都要安装应用程序，安装、维护工作量大，维护和升级成本非常高，对客户端的操作系统一般也会有限制，系统的扩展性较差。C/S模式应用非常广泛，如Outlook Express、QQ和大多数的会计信息系统、ERP都是C/S模式。

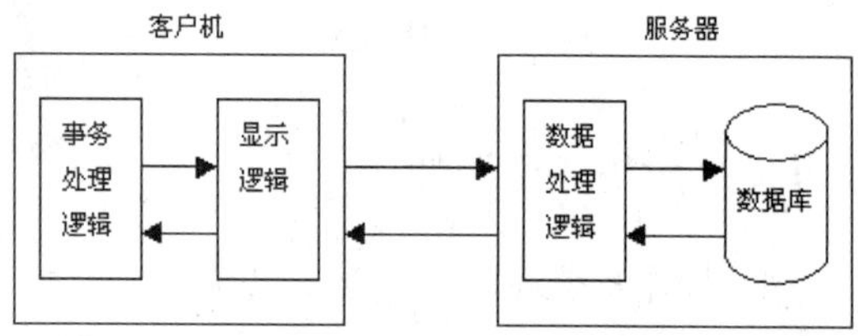

图2–11 C/S模式结构图

（2）浏览器／服务器模式。随着Internet的迅速发展，B/S模式开始得到广泛应用。B/S模式具有3层结构。如图2–12所示，用户在客户端通过浏览器实现输入、输出；中间的Web服务器是连接客户端和后台数据库服务器的桥梁，安装有Web服务器软件（如Microsoft公司的IIS）和Web应用软件，主要的数据计算和应用都在此完成；后台的数据库服务器安装了数据库和数据库管理系统，主要完成数据的管理工作。B/S模式的优点是：维护、升级简单，数据安全性高，数据一致性、实时性强，网络应用限制小。缺点是：响应速度慢，功能不是很完善。 从应用的角度来说，B/S模式特别适合非特定的用户。典型的例子是Internet上的购物系统、订票系统。近几年，会计信息系统、ERP的人力资源管理模块等也开始从C/S模式向B/S模式拓展。

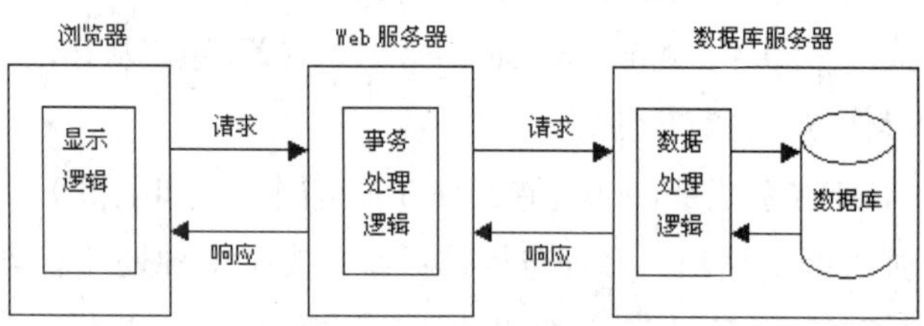

图2–12 B/S模式结构图

【思考与练习】

1. 简述会计数据和会计信息的概念、关系。
2. 什么是管理信息系统？简述管理信息系统和ERP的关系。
3. 什么是会计信息系统？如何理解其构成要素、目标、功能和特点？
4. 会计信息系统发展经历了哪些阶段？各阶段的特点是什么？
5. 简述ERP发展历程。
6. 谈谈对ERP作用的认识。
7. 常见的数据库系统有哪些？
8. 说明C/S结构、B/S结构的基本原理和特点。

第二篇　会计信息系统——业务处理

本篇主要以用友ERP–U8系统为环境，介绍企业会计信息系统业务处理的基本过程。重点介绍基于财务部门应用的总账管理、薪资管理、固定资产管理、应收款管理、应付款管理、报表管理等子系统的功能及操作使用流程。为体现现代会计信息系统财务业务一体化的特点，简单介绍供应链管理和企业集团财务管理的相关内容。本篇包括第3章、第4章、第5章、第6章、第7章、第8章、第9章、第10章、第11章、第12章和第13章。第3章对企业主要业务过程进行介绍，以方便读者从整体上理解企业各类管理和业务活动及其相互关联。第4章主要介绍账套体系的建立和维护、操作员管理、数据库管理和维护、系统运行参数的设置、基础档案的设置等内容。第5章介绍总账管理的主要内容，涉及基本凭证、账簿等账务处理过程。第6章介绍企业薪资管理，包括薪资计算、薪资汇总、薪资费用分配、薪资发放管理、个人所得税核算、薪资统计分析等。第7章介绍固定资产日常业务的核算和管理，包括固定资产卡片管理、固定资产增减变动业务处理、计提折旧、固定资产账表管理等。第8章介绍应收款管理系统，理解企业对应收账款、预收账款、应收票据的详细核算和管理。第9章介绍应付款管理系统，涉及企业对应付账款、预付账款、应付票据的详细核算和管理。第10章介绍报表管理，包括报表的定义、生成、输出等功能及常用会计报表的编制。第11章简单介绍集团账务管理实现的模式和方法。第12章介绍供应链管理系统，包括采购管理、库存管理、销售管理、存货核算等业务过程。第13章通过虚拟财务部门各项业务活动，提供综合实验内容，让学生通过系统实际应用，完成实验内容，锻炼综合业务处理的能力。

本篇相关各章后配备了单项实验，第13章是综合实验。

第3章 企业业务过程概述

【学习目标】

企业的运行是由一系列相互关联的业务过程来完成。企业的业务过程执行的背后是物流、资金流和信息流，对物流、资金流和信息流的管理贯穿于企业各个业务过程当中。从广义来看，凡是业务活动发生的环节都应是会计信息系统触角所及之处。

通过本章的学习掌握以下内容：

1. 理解企业业务过程的概念；
2. 理解企业的主要业务过程及各环节之间的关联；
3. 理解企业业务活动中的物流、资金流和信息流；
4. 理解会计信息系统业务处理的内容。

3.1 企业业务过程

现实中的企业是一个复杂的系统，对于不同类型的企业，其主要业务活动或核心工作会有不同。企业的运行是由一系列相互关联的经营管理活动来完成的，尤其财务及会计活动在任何企业中都是不可缺少的重要职能，任何经营活动都会以资金运动的形式反映到会计及财务活动中。企业的相关活动组成企业经营和管理中不同的业务过程。因此，理解企业业务过程尤其是主要业务过程，是我们理解企业会计业务流程和工作的基础，也是我们理解会计信息系统业务处理流程的基础。

业务过程是指为实现某个业务目标而进行的一系列活动。简单来看，每个企业都至少有三种类型的业务过程，如图3-1所示。

企业需要从外部获取人财物各种资源，获取资源需要付出代价，表现为企业的成本或费用。获取的资源经过加工或转换，形成企业的产品或服务，向客户提供商品和服务，收取款项实现收入，实现价值增值。只要企业还在运行，这三个基本过程必然会周而复始地发生。

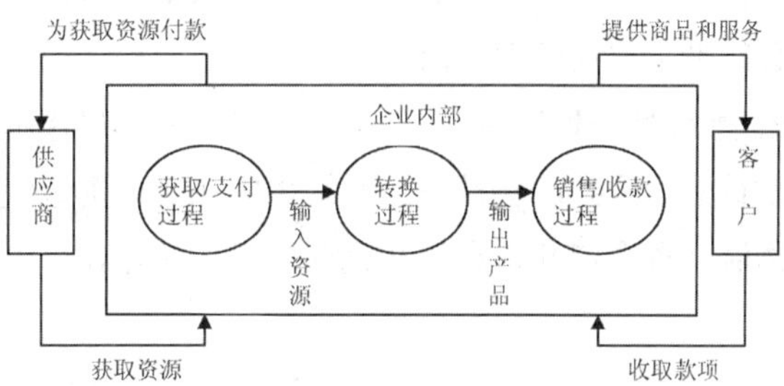

图3-1 企业业务过程及增值过程示意图

按照企业生产经营周期中的不同环节，可进一步将企业业务过程细分为主要过程和支持过程。以制造企业为例，其主要过程包括采购过程、库存与存货过程、生产过程、销售过程；支持过程包括财务过程、人力资源管理过程和其他过程等，如图3-2所示。

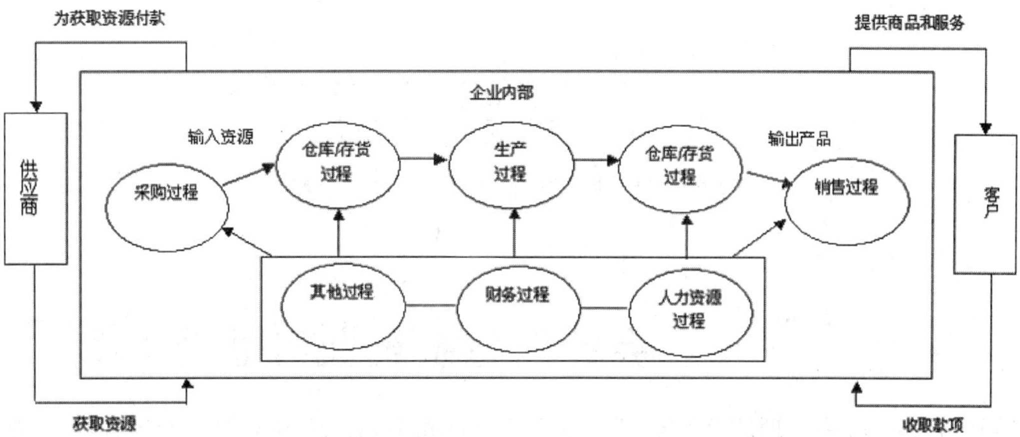

图3-2 企业主要业务过程和支持业务过程示意图

3.2 物流、资金流与信息流

企业的业务过程执行的背后是物流、资金流和信息流，对物流、资金流和信息流的管理贯穿于企业各个业务过程当中。

物流是指物质实体从供应者向需求者的物理移动，它由一系列创造时间价值和空间价值的经济活动组成，包括运输、保管、配送、包装、装卸、流通加工及物流信息处理等多项基本活动，是这些活动的统一。加强对物流的管理，目的是使企业所需的各种物质资源供应流转顺畅，减少资金占压，降低成本，提高效率，保障生产资源获取及产品和服务的提供。

资金流是指伴随着企业业务活动的发生（包括物流）而形成的资金流动过程。企业财务过程最核心的功能是实现对资金流的管理，通过会计核算，把握资金的使用和流向，通过财务预算，实现对资金流动的控制。

信息流是指信息的传播与流动。在企业中，只要有业务活动发生，只要有物流和资金流，就必然会产生信息和信息流，信息也必然在不同的业务环节被采集、传递和加工处理。在任何一个信息系统中，信息和信息流必然是主要的管理对象。

企业物流、资金流和信息流是一种客观存在，实现对物流、资金流和信息流的统一管理是企业管理信息化的需求，也是目标。成熟的会计信息系统也应在实现资金流管理的基础上，配合完成对物流和信息流的管理。物流、资金流和信息流在企业中相伴而存在，以制造业为例，三者的关系如图3-3所示。

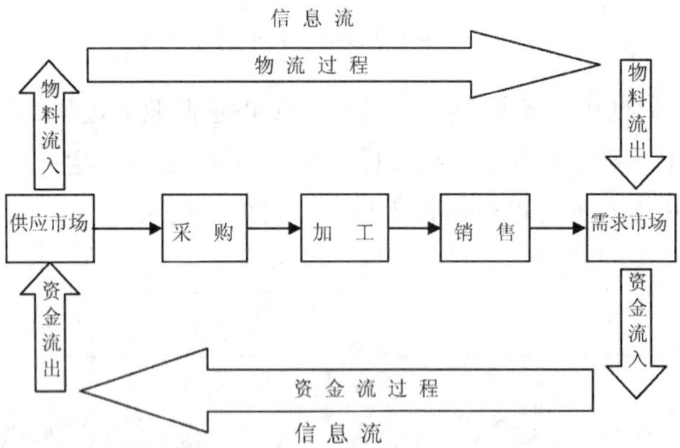

图3-3　制造业企业的物流、资金流和信息流示意图

3.3 会计信息系统业务处理

会计信息系统业务处理是指会计人员从企业业务活动的所有数据中获取反映业务活动的价值数据，并用会计的方法和工具，按照会计规则对其进行计量、记录和报告的一系列活动，如图3-4所示。

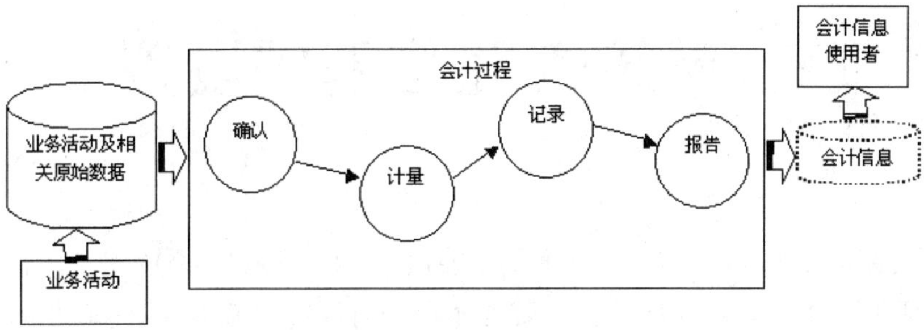

图3-4　会计信息系统业务处理流程图

从狭义来讲，会计信息系统业务处理具体包括账务处理（总账）、工资处理、固定资产业务处理、应收款管理、应付款管理、报表处理等。从广义来看，凡是业务活动发生的环节都应是会计信息系统触角所及之处，那么也应包含销售、采购、库存、人力资源、预算、资金、成本管理等。从会计部门日常应用的角度，一般从狭义角度表述会计信息系统的业务处理。本章对会计信息系统业务处理的介绍从广义展开，但重点介绍总账、工资、固定资产、应收应付、报表几部分。

本篇后续各章内容以用友ERP-U8系统（8.72版本）为环境，以系统应用为目的，详细介绍会计信息系统业务处理的主要过程。

【思考与练习】

1. 什么是企业业务过程？企业有哪些业务过程？
2. 什么是物流、资金流与信息流？它们与业务过程的关系是什么？
3. 如何理解会计信息系统业务处理的范围？

第4章 系统管理与基础设置

【学习目标】

系统管理是构建会计信息系统运行体系的功能模块，包括账套体系的建立和维护、操作员管理、数据库管理和维护等内容。基础设置主要是对系统运行参数的设置和对基础档案的设置，是保障系统正常运行的基础性环节。

通过本章的学习掌握以下内容：

1. 掌握账套体系的建立；
2. 理解用户、角色和权限及其设置；
3. 掌握账套数据的管理；
4. 理解系统启用；
5. 理解基础档案设置的具体内容及其作用。

4.1 系统管理

用友ERP-U8系统实现了对于企业的资金流、物流、信息流的统一管理，是一个一体化、综合性的企业管理系统，其内部包含众多面向企业业务、财务、管理不同层面的应用子系统，各个子系统之间相互联系，数据共享，完整实现财务、业务一体化的管理。各个子系统共用一个企业数据库，拥有公共的基础信息、相同的账套和年度账。系统管理就是服务于各个子系统的公共平台，可以完成账套的建立、修改、删除和备份；操作员的建立；角色的划分和权限的分配等工作。

4.1.1 功能与结构

系统管理的主要功能是对各个子系统进行统一的操作管理和数据维护，对整个系统的公共任务进行统一管理，各个子系统以此作为运行的基础。主要能够实现如下功能。

（1）对账套的统一管理，包括建立、修改、引入和输出（恢复备份和备份）。

（2）对操作员及其功能权限实行统一管理，设立统一的安全机制，包括用户、角色和权限设置。

（3）允许设置自动备份计划，系统根据这些设置定期进行自动备份处理，实现账套的自动备份。

（4）对年度账的管理，包括建立、引入、输出年度账和结转上年数据，清空年度数据。

（5）清除系统运行异常，包括清除在系统管理主界面显示“运行状态异常”的任务和清除单据锁定功能。

系统管理的使用对象为系统管理员Admin或账套主管。系统管理员Admin和账套主管不仅看到的登录界面是有差异的，其可操作的系统功能权限也不尽相同。系统管理员主要负责账套的建立、引入和备份以及角色和用户的设置等工作，而账套主管负责账套的修改、年度账的相关操作等工作。

4.1.2 信息处理流程

按照是否是第一次使用用友ERP-U8系统，可以把系统管理的信息处理流程分为以下两种。

（1）新用户处理流程。如果是第一次使用该系统，则按照如下步骤处理：启动系统管理→以系统管理员Admin身份登录→新建账套→设置用户、角色→设置角色和用户权限→配置数据服务器及相关参数→进行其他业务处理。

（2）老用户处理流程。如果已经使用过该系统，并且需要进行年末结转，以便进入下一年度的处理，则按照如下流程进行处理：启动系统管理→以账套主管身份注册登录→建立下一年度账→结转上年数据→启动其他系统→进行新年度操作。

详细的信息处理流程，如图4-1所示。

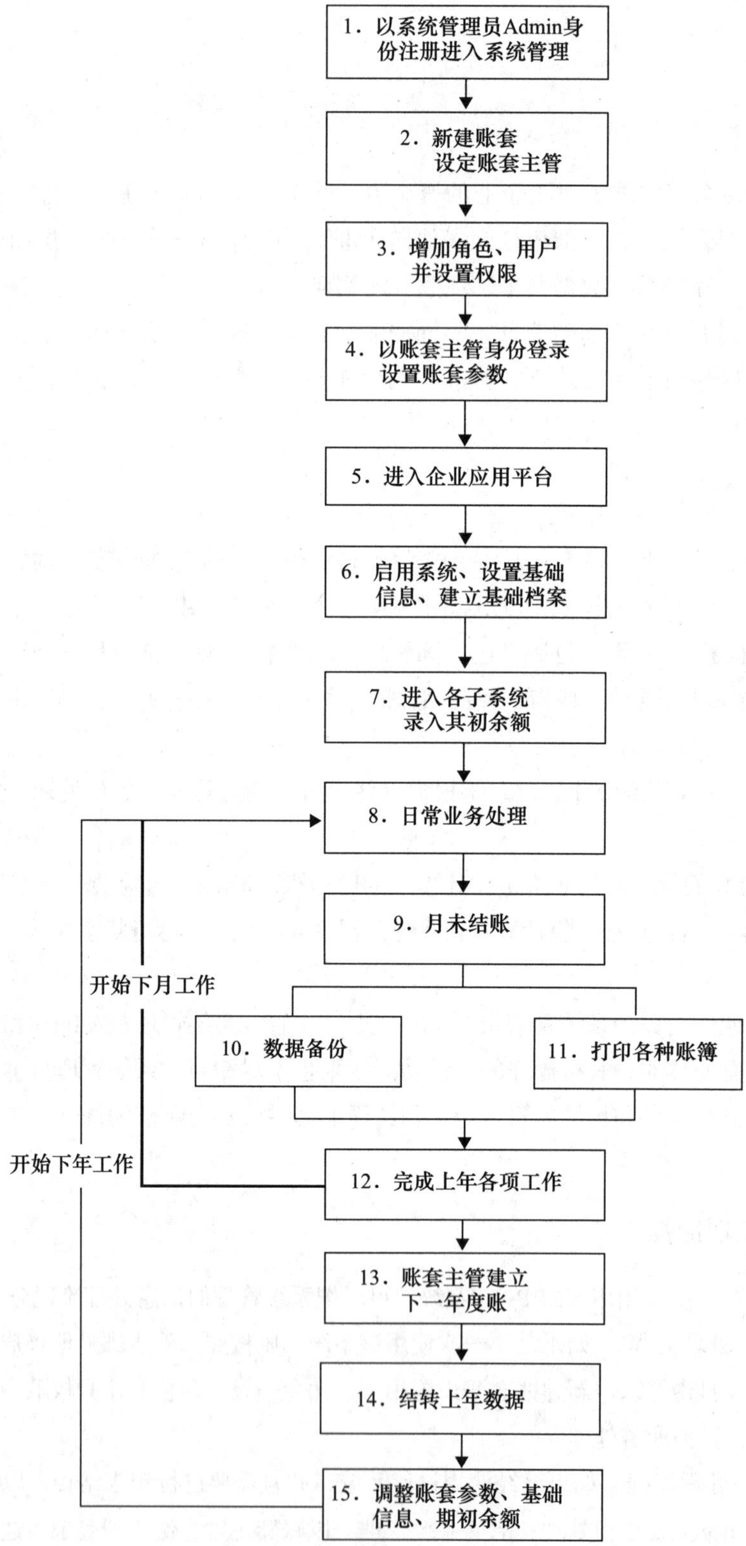

图4-1　系统管理信息处理流程图

信息处理流程图的说明如下。

① 步骤1–7描述的是建账的过程。其中：步骤1–4在系统管理中进行处理，第5步登录企业应用平台后设置，第6步设置系统的基础信息，步骤7在各子系统中完成。

② 步骤8–12描述的是子系统在一个会计年度内的日常处理工作，这里只做一个总体流程描述，有关详细的流程描述可参见各子系统的详细说明。

③ 步骤13–15描述的是建立下一年度账、结转上年数据和调整账套参数、调整基础信息、调整各子系统期初余额的过程。步骤13–14在系统管理中完成。步骤15在基础设置和各子系统中完成。

4.1.3 应用与管理

1. 登录系统管理

通过【开始】菜单下的【用友ERP–U872】—【系统服务】—【系统管理】，进入系统管理的登录界面。

主要操作步骤如下。

（1）用户选择运行【开始】菜单中的系统管理模块，如图4–2所示。

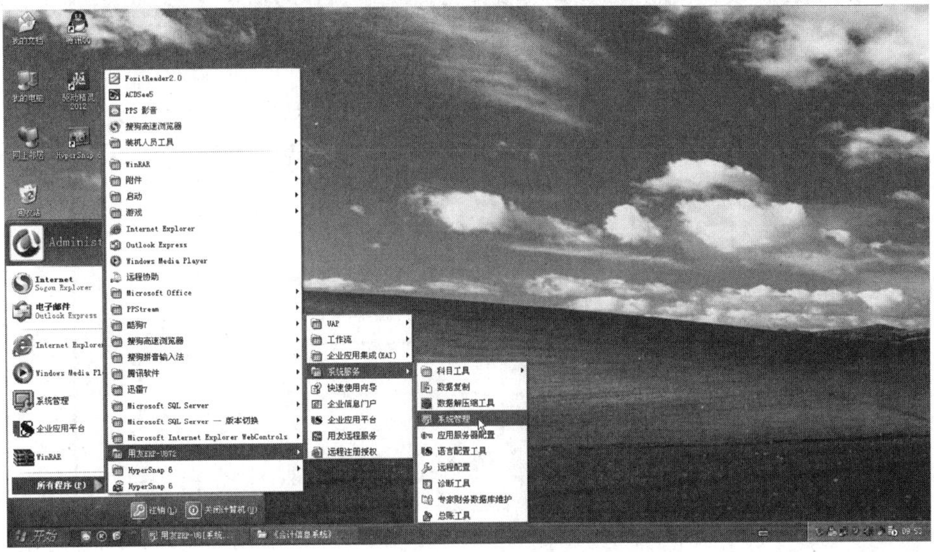

图4–2 系统管理程序位置

（2）单击打开系统管理窗口。

（3）单击【系统】菜单下的【注册】，系统将弹出如图4–3所示的登录界面。

（4）在“操作员”处输入“Admin”，默认密码为空，单击【确定】按钮即可以系统管理员的身份注册进入系统管理窗口。系统管理员负责整个系统的维护工作。注册成功后，可以启用主菜单【账套】和【权限】。进行账套的管理（包括账套的建立、引入和输出），以及角色、用户及其权限的设置。

2. 新建账套

在使用U8系统之前，首先要新建企业的账套。 以系统管理员身份注册登录系统管理界面，然后选择【账套】—【建立】，使用建立账套的功能，显示创建账套输入界面，界面如图4–4所示。

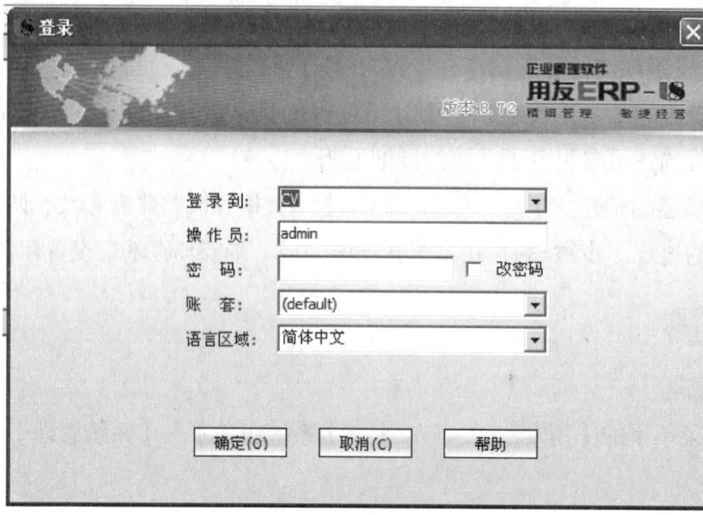

图4-3　系统管理登录界面

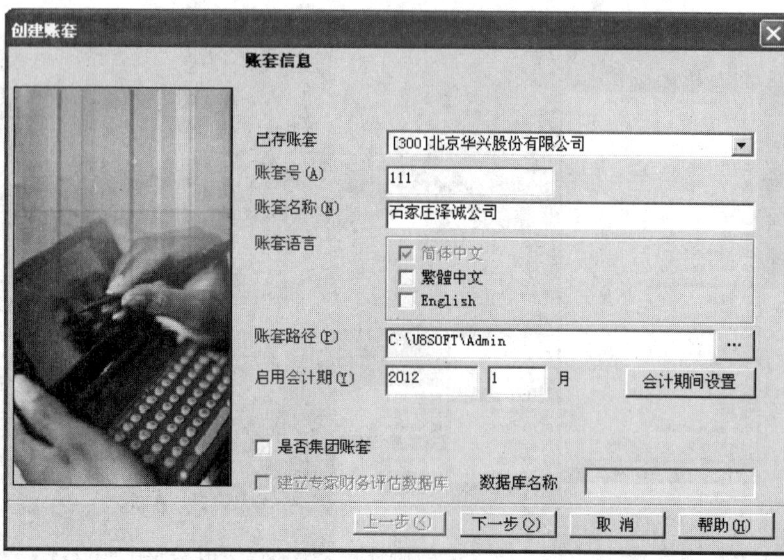

图4-4　账套信息界面

主要操作步骤如下。

（1）在图4-4所示的界面输入新建账套信息，用于记录新建账套的基本信息。

主要内容说明如下。

① 已存账套。系统将现有的账套以下拉框的形式在此栏目中表示出来，用户只能参照，而不能输入或修改。其作用是在建立新账套时可以明确已经存在的账套，避免在新建账套时重复建立。

② 账套号。用来输入新建账套的编号，用户必须输入，可输入3个字符（只能是001～999的数字，而且不能是已存账套中的账套号）。

③ 账套名称。用来输入新建账套的名称，作用是标识新账套的信息，用户必须输入，最多可以输入40个字符。

④ 账套路径。用来输入新建账套将要被保存的路径，用户必须输入，可以参照输入，但不能是网络路径中的磁盘。

⑤ 启用会计期。输入新建账套被启用的日期，必须输入。

（2）输入单位信息。用于记录单位的基本信息，包括单位名称、单位简称、单位域名、单位地址、法人代表、邮政编码、电话、传真、电子邮件、税号、备注、公司LOGO等。其中单位名称必须输入，其他信息可按照单位实际情况选择输入，如图4–5所示。

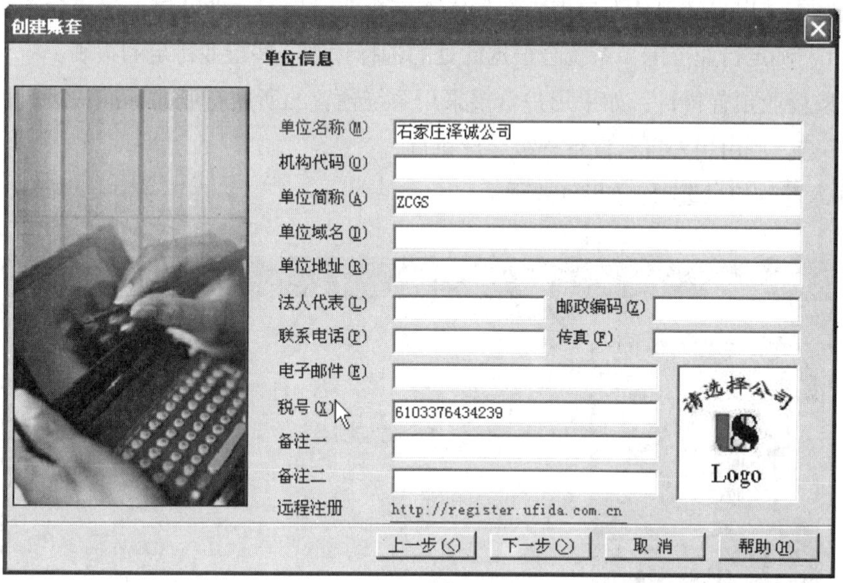

图4–5　单位信息界面

（3）输入核算信息。用于记录单位的基本核算信息，包括本位币代码、本位币名称、账套主管、行业性质、企业类型、是否按行业预置科目等，如图4–6所示。

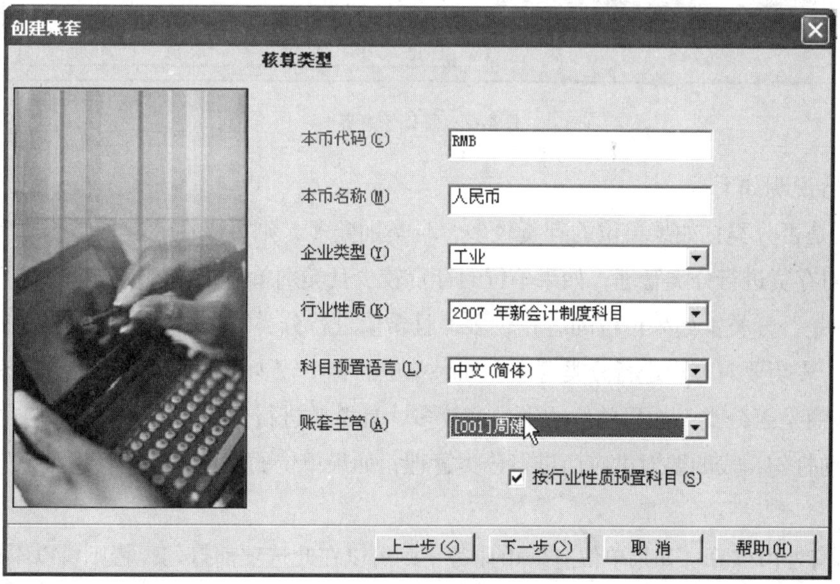

图4–6　核算类型

主要内容说明如下。

- 本币代码：用来输入新建账套所用的本位币代码。
- 本币名称：用来输入新建账套所用的本位币名称，必须输入。
- 账套主管：用来确认新建账套的账套主管，用户只能从下拉框中选择输入。
- 企业类型：用户必须从下拉框中选择输入与自己企业类型相同或最相近的类型。系统提供工业、商业、医药流通等类型。对于其他行业，建议选用“工业”。
- 行业性质：用户必须从下拉框中选择输入本企业所处的行业性质。这也为下一步“是否按行业预置科目”确定行业范围，系统会根据此处的选择预制一些行业特定的报表。
- 是否按行业预置科目：如果用户希望采用系统预置的所属行业的标准一级科目，则选用该选项；如果不选，则由用户自己设置一级会计科目。

（4）输入基础信息选项，如图4-7所示。

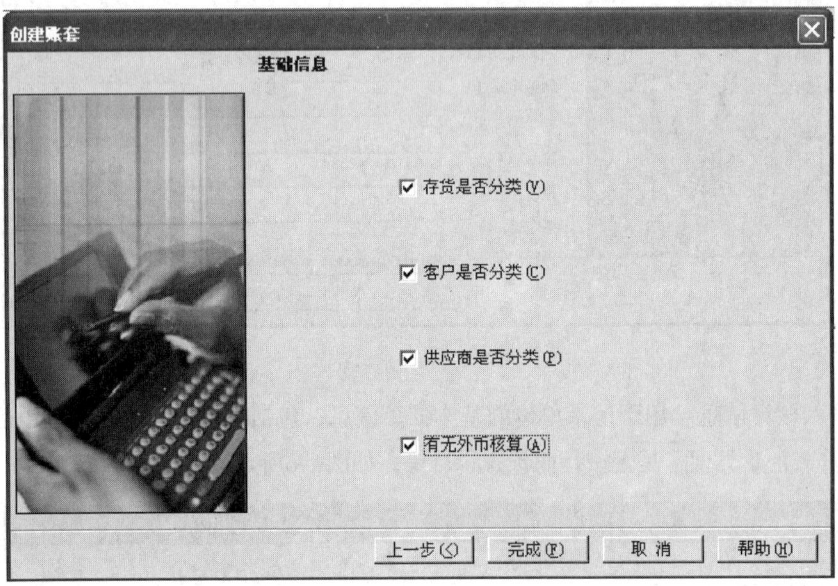

图4-7　基础信息界面

主要内容说明如下。

① 存货是否分类：如果单位的存货较多，且类别繁多，则可以在“存货是否分类”选项前打勾，表明要对存货进行分类管理；如果单位的存货较少且类别单一，也可以选择不进行存货分类。

② 客户是否分类：如果单位的客户较多，且希望进行分类管理，则可以在“客户是否分类”选项前打勾，表明要对客户进行分类管理；如果单位的客户较少，也可以选择不进行客户分类。

③ 供应商是否分类：如果单位的供应商较多，且希望进行分类管理，则可以在“供应商是否分类”选项前打勾，表明要对供应商进行分类管理；如果单位的供应商较少，也可以选择不进行供应商分类。

④ 是否有外币核算：如果单位有外币业务，则可以在此选项前打勾；否则可以不进行设置。

⑤ 如果选择了存货、客户、供应商分类，那么在进行基础信息设置时，必须先设置相应的分

类，然后才能设置基础档案。

信息输入完毕后，单击【完成】按钮，系统提示“可以创建账套了吗？”，单击“是”按钮系统开始创建账套，这需要一定的时间。完成创建账套后，系统自动进入“分类编码设置”界面，然后进入“数据精度”定义界面。分类编码和数据精度也可以先不设置，以后从企业应用平台中进行设置。

（5）分类编码设置。分类编码设置是为了便于用户进行分级核算、统计和管理。

编码级次和各级编码长度的设置将决定企业如何编制基础数据的编码，进而构成用户分级核算、统计和管理的基础。用户可以单击要修改的编码方案中的级次和长度，根据企业的核算需要按数字键定义级长。但设置的编码方案级次不能超过最大级数；同时系统限制最大长度，只能在最大长度范围内，增加级数，改变级长。

如果在新建账套时选择设置“存货分类、客户分类、供应商分类”为“空”， 则此处不显示客户、存货、供应商的分类编码方案设置。

（6）数据精度定义。确定设置完编码方案后，单击“关闭”按钮，系统进入“数据精度”定义界面。

数据精度定义是为了适应不同用户对数量、单价的核算精度要求不一致的情况，系统提供了自定义数据精度的功能。用户可根据企业的实际情况来进行设置。存货单价小数位、开票单价小数位最大可设置8位小数位，其他最大可设置6位小数位。

通过以上步骤就完成了新账套的建立，新账套必须进行系统启用设置方能使用。完成上述定义后系统会提示“×××账套建立成功，您可以现在进行系统启用设置，或以后从【企业门户】【基础信息】进入【系统启用】功能，是否进行系统启用设置”提示。选择“是”进入系统启用设置界面，选择“否”将在以后进入【企业门户】—【基础信息】—【基本信息】进行系统启用设置。详细启用过程见后面“基础设置”的内容。

3. 修改账套

当系统管理员建完账套后，在未使用相关信息的基础上，需要对某些信息进行调整，以便使信息更真实准确地反映企业的相关内容时，可以进行适当的修改。只有账套主管可以修改其具有权限的年度账套中的信息，系统管理员无权修改。

主要操作步骤如下。

（1）以账套主管的身份注册，选择相应的账套，进入系统管理界面。

（2）选择【账套】菜单中的【修改】，即进入修改账套的界面。

账套主管可以修改的内容主要如下。

- 账套信息：账套名称。
- 单位信息：所有内容。
- 核算信息：企业类型允许将商业类型修改成医药流通类型，其他不允许修改。
- 基础设置信息：不允许修改。
- 分类编码信息和数据精度信息：可以修改全部内容。

单击【完成】按钮，表示确认修改内容；如要放弃修改，则单击【放弃】按钮。

4. 引入账套

引入账套是指将系统外某账套数据引入本系统中。用户可使用系统管理中提供的备份功能（设置备份计划）或输出功能，将U8账套做备份。当需要恢复账套时，可使用引入功能将备份的账套恢复到U8系统中。该功能的增加将有利于集团公司的操作，子公司的账套数据可以定期被引入母公司系统中，以便进行有关账套数据的分析和合并工作。

主要操作步骤如下。

（1）以系统管理员身份注册登录系统管理窗口，然后选择【账套】—【引入】，进入引入账套的界面。可选择备份文件存放的路径和文件夹，选择所要引入的账套数据备份文件。

（2）选择完以后，单击【确定】按钮。系统开始自动引入所选账套信息。

5. 备份和删除账套

备份账套功能也称为输出账套，是指将所选的账套数据进行备份输出。对于系统管理员来讲，定时地将企业数据备份出来存储到不同的介质上（如常见的光盘、网络磁盘等），对于确保数据的安全性是非常重要的。如果企业由于不可预知的原因（如地震、火灾、计算机病毒、人为的误操作等），需要对数据进行恢复，此时备份数据就可以将企业的损失降到最小。当然，对于异地管理的公司，此种方法还可以解决审计和数据汇总的问题。各个企业应根据各企业实际情况加以应用。

只有系统管理员（Admin）有权限进行账套输出。

主要操作步骤如下。

（1）以系统管理员身份注册登录系统管理窗口，单击【账套】—【输出】进入。

（2）此时系统弹出账套输出界面，在“账套号”处选择需要输出的账套，单击“确认”按钮进行输出。此时系统会进行账套输出的工作，这需要一定的时间，在系统进行输出过程中系统有一个进度条，提示输出的进度。稍后系统会提示“请选择账套备份路径”（此处系统只允许选择本地的磁盘路径）。选择输出路径，单击【确定】按钮。完成输出后系统会提示输出是否成功的标识。

（3）如果将“删除当前输出账套”同时选中，则在输出完成后系统会确认是否将数据源从当前系统中删除，确认后可完成账套删除功能。

6. 年度账管理

在用友ERP-U8系统中，在每一个账套存放不同年度的会计数据，称为年度账。这样一来，系统的结构清晰、含义明确、可操作性强，对不同核算单位、不同时期数据的操作只需通过设置相应的系统路径即可进行，而且由于系统自动保存了不同会计年度的历史数据，对历史数据进行查询和比较分析也显得特别方便。年度账的建立是在已有上年度账的基础上，通过建立年度账，自动将上个年度账的基本档案信息结转到新的年度账中。对于上年余额等信息会在年度账结转操作完成时，由上年自动转入下年的新年度账中。

用友ERP-U8软件的账套和年度账的定义是有区别的，具体体现在以下方面。

（1）账套是年度账的上一级，账套由年度账组成。首先有账套然后才能建年度账，一个账套可以拥有多个不同年度的年度账。例如：某企业建立账套“001正式账套”后在2011年使用，然后在2012年的期初建2012年度账后继续使用该账套，则“001正式账套”具有两个子年度账即“001正式账套2011年”和“001正式账套2012年”。

（2）对于拥有多个核算单位的客户，可以拥有多个账套（最多可以拥有999个账套）。

这种账套和年度账两层结构的好处是：

- 便于企业的管理，如进行账套的上报，跨年的数据管理结构调整等；
- 方便数据备份输出和引入；
- 减少数据库的负担，提高应用效率。

对于年度账的管理也分为新建年度账、清空年度账、引入和备份年度账等内容。这些操作与账套的相应操作基本相同，可参照前面有关账套的管理进行操作，在此不再赘述。不同之处在于对年度账的管理是由账套主管完成而不是系统管理员。

7. 用户及权限管理

用户及权限管理指角色和用户的增加、删除、修改和功能权限的分配。只有以系统管理员Admin身份或账套主管身份注册进入，才能进行功能权限分配。

（1）角色设置。角色是指在企业管理中拥有某一类职能的组织，这个角色组织可以是实际的部门或岗位，可以是由拥有同一类职能的人构成的虚拟组织或岗位。例如：实际工作中最常见的会计和出纳两个角色（他们可以是同一个部门的人员，也可以不是一个部门但工作职能是一样的角色统称）。在设置角色后，可以定义角色的权限，可以进行账套中角色的增加、删除、修改等维护工作。

角色的个数不受限制，一个角色可以拥有多个用户，一个用户也可以分属于不同的角色。用户和角色的设置不分先后顺序，企业可以根据自己的需要先后设置。

主要操作步骤如下。

- 首先以系统管理员身份注册进入系统管理窗口，选择功能菜单【权限】下的【角色】，进入角色管理功能界面。
- 增加角色信息。在角色管理界面，单击【增加】按钮，显示“增加角色” 界面。输入角色编码，可以录入12位字符；输入角色名称，可以是40位字符（角色编码和名称都不允许重复录入，而且此两项是必输项目）；在备注中可以加入对此角色的解释。如果已设置过用户，则在“所属用户名称”中选中承担该角色的用户。单击【增加】按钮，保存新增设置。
- 修改角色信息。选中要修改的角色，单击【修改】按钮，进入角色编辑界面，对当前所选角色记录进行编辑，除角色编号不能进行修改之外，其他的信息均可以修改。
- 删除角色信息。选中要删除的角色，单击【删除】按钮，则将选中的角色删除，在删除前系统会进行确认。如果该角色有所属用户，则是不允许删除的；必须先进行修改，将所属用户置于非选中状态，然后才能进行角色的删除。

（2）用户设置。主要完成账套用户的增加、删除、修改等维护工作，也就是设置使用账套的具体操作员。用友ERP-U8系统对于用户登录操作，要进行相关的合法性检查。只有设置了具体的用户之后，才能进行相关的操作。

主要操作步骤如下。

- 首先以系统管理员身份注册进入系统管理窗口，选择【权限】菜单中的【用户】，进入用户管理功能界面。
- 增加新用户。在用户管理界面，单击【增加】按钮，显示“增加用户”界面。输入用户编号、姓名、口令和所属部门、E-mail地址、手机号、默认语言等，并选择认证方式（默认为用户+口令的方式认证），新增用户所属的角色，单击【增加】按钮，保存新增用户信息。

● 修改用户信息。选中要修改的用户信息，单击【修改】按钮，可进入修改状态，但已使用过的用户只能修改口令、所属部门，E-mail，手机号，认证方式和所属角色的信息。此时系统会在“姓名”后出现“注销当前用户”的按钮，如果需要暂时停止使用该用户，则单击此按钮。此按钮会变为“启用当前用户”，以后可以单击继续启用该用户。

● 删除用户信息。选中要删除的用户，单击【删除】按钮，可删除该用户。但已使用过的用户不能删除，已定义用户角色的用户必须先取消所属角色，信息才能删除。

（3）权限设置。随着用户对管理的要求不断提高，越来越多的信息都表明权限管理必须向更细、更深的方向发展。U8软件提供集中权限管理，所有子系统的权限全部归集到系统管理和基础设置中定义管理。U8软件可以实现由上至下三个层次的权限管理。

第一，功能级权限管理，包括功能权限查看和分配。

第二，数据级权限管理，可以通过两个方面进行权限控制，一个是字段级权限控制，另一个是记录级的权限控制。

第三，金额级权限管理，主要用于完善内部金额控制，实现对具体金额数量划分级别，对不同岗位和职位的操作员进行金额级别控制，限制他们制单时可以使用的金额数量，不涉及内部控制的不在管理范围内。

功能级权限的分配在【系统管理】菜单中的“权限分配”界面进行设置，数据级权限和金额级权限通过【企业应用平台】—【系统服务】—【权限】进行分配。对于数据级和金额级权限的设置，必须是在系统管理的功能级权限分配完成之后才能进行。

主要操作步骤如下。

● 首先以系统管理员身份注册进入系统管理窗口，选择功能菜单【权限】下的【权限】，进入功能权限的设置界面。

● 选择要分配权限的账套和账套所在年度，左边显示本账套内所有角色和用户名。

● 选择要分配权限的角色和操作员，单击工具栏上的【修改】按钮，设置用户或者角色的权限，系统提供51个子系统的功能级权限的分配。

● 单击展开功能目录树，单击表示选中某项详细功能。选中某权限后，目录树下面显示该权限号。

● 单击【确定】按钮保存设置返回“操作员权限”界面。

● 右边显示该角色或用户所拥有的权限名称和权限隶属的系统。

（4）角色、用户与权限的关系。在设置角色或用户后，就可以定义角色或用户的权限，如果用户归属某一角色就相应地具有该角色的权限。这样就能够方便地控制操作员的权限，可以依据职能统一进行权限的划分。所以角色、用户和权限这三个概念既相互区别又相互联系。

● 用户和角色设置不分先后顺序，用户可以根据自己的需要先后设置。但对于自动传递权限来说，应该首先设定角色，然后分配权限，最后进行用户的设置。这样在设置用户的时候，如果选择其归属哪一个角色，则其自动具有该角色的权限。

● 一个角色可以拥有多个用户，一个用户也可以分属于多个不同的角色。

● 若角色已经在用户设置中被选择过，系统则会将这些用户名称自动显示在角色设置中的所属用户名称的列表中。

● 只有系统管理员有权限进行用户和角色的设置。账套主管的功能级权限必须由系统管理员进行设置，而除账套主管之外的其他用户的权限，系统管理员和账套主管均可以进行设置。

下面举个简单的例子，进行上述三个概念的区分。例如：某企业财务部门有两个角色会计和出纳，有两个用户张三和李四。如果张三担任会计工作，那么对于张三这个人来说，他的角色是会计，用户名为张三，而权限则是拥有会计所属的全部权限，比如填制凭证、登记明细账、总账等。

4.2 基础设置

4.2.1 功能与结构

用友ERP-U8系统的基础设置部分主要是对系统运行参数的设置和对基础档案的设置。包括基本信息中的系统启用、编码方案和数据精度设置；基础档案中的部门设置、人员设置、往来单位设置、存货设置、财务参数设置和收付结算设置；数据权限中的数据权限设置和金额权限设置；单据设置等内容。这些基础设置提供一个账套中共用的基础信息，这些基础信息为各个子系统所共享。主要功能结构如图4-8所示。

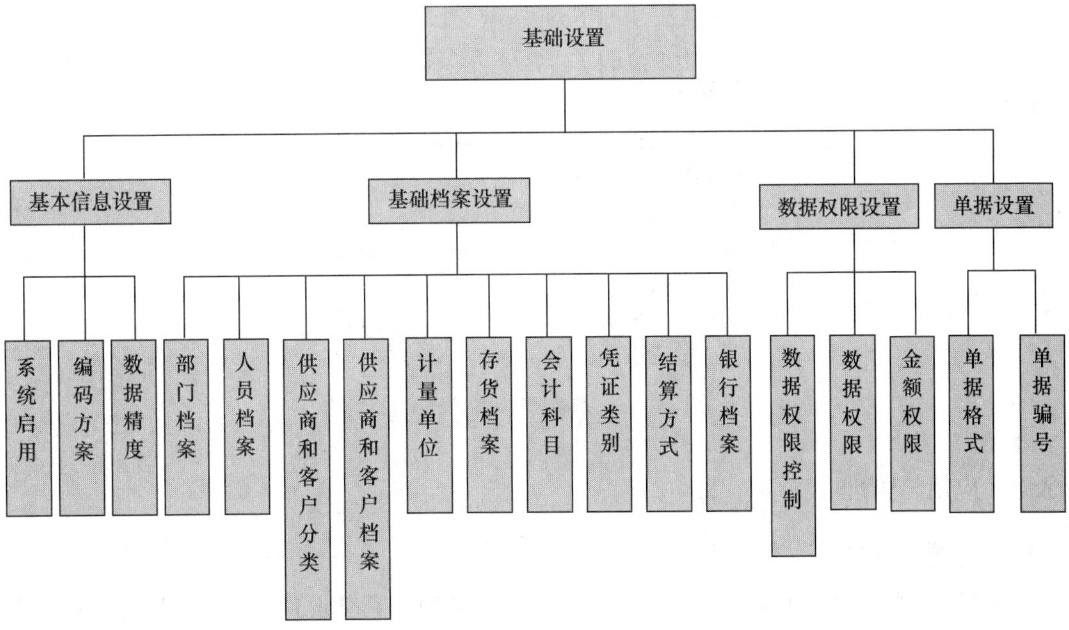

图4-8　基础设置结构图

4.2.2 信息处理流程

基础设置中的基本信息设置的三项内容可以在建立账套的过程中进行，参见前文“系统管理”部分。也可以在【企业应用平台】菜单下进行。基础档案设置可以根据企业的实际情况，选择需要的内容进行设置，基础档案设置涉及的信息项目较多，而且有些基础信息项目之间存在前后承接关系，因此基础档案设置应遵从一定的顺序。基础档案信息的设置顺序，如图4–9所示，图中未列出的项目不存在先后顺序问题。其中需要强调的是如果在建立账套的时候选择了存货、客户、供应商分类，那么在进行设置时，必须先进行相应的分类设置，然后才能设置对应的基础档案信息。至于数据级权限设置、金额级权限设置和单据设置，企业可根据实际情况选择设置。

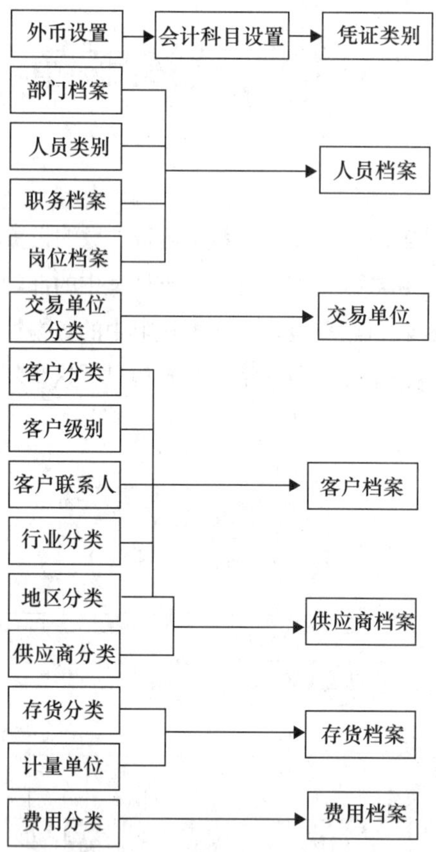

图4–9 基础档案设置流程图

4.2.3 应用与管理

1. 基本信息设置

系统基本信息设置包括系统启用、编码方案设置和数据精度设置，企业可自行设置基本信息，以满足账套数据管理的需要。

（1）系统启用。本功能用于系统的启用，记录启用日期和启用人，要使用某个模块必须先启用此系统（UFO报表、现金流量表、公司对账等产品除外）。只有启用后的子系统才能登录。企业创建一个新账套后，自动进入系统启用界面，可以一气呵成完成创建账套和系统启用；或由【企业应用平台】—【基础设置】—【基本信息】—【系统启用】路径进入，开始系统启用。系统启用界面如图4-10所示。系统启用的约束条件：各系统的启用日期不能早于账套的启用日期。

图4-10　系统启用界面

主要操作步骤如下。

- 有系统启用权限的系统管理员或账套主管，选择要启用的系统，在方框内打勾。
- 在启用会计期间内选择输入启用的年、月数据。
- 按【确认】按钮后，保存此次的启用信息，并将当前操作员的名称输入“启用人”栏。

（2）编码方案设置。为了便于企业进行分级核算、统计和管理，系统可以对基础数据的编码进行分级设置。编码级次和各级编码长度的设置将决定企业如何编制基础数据的编号，进而构成企业分级核算、统计和管理的基础。企业可以在创建账套之后直接进行编码方案的设置，或由【企业应用平台】—【基础设置】—【基本信息】—【编码方案】路径进入，开始编码方案的设置。直接单击需要修改的内容进行设置即可。注意事项见前文“系统管理”的部分。

（3）数据精度。由于各用户对数量、单价的核算精度要求不一致，为了适应各用户的不同需求，系统提供了自定义数据精度的功能。企业可以在创建账套之后直接进行数据精度的设置，或由【用友ERP-U8企业应用平台】—【基础设置】—【基本信息】—【数据精度】路径进入，开始数据精度的设置。企业根据需要自行设置即可。

2. 基础档案设置

在新账套启用后，企业应根据实际的管理要求，做好基础档案的设置，以保证整个系统运行顺畅。基础档案有几十项内容，可在【企业应用平台】—【基础设置】下进行设置，也可在进入各个子系统后进行设置，但这些基础信息为各个子系统所共享。由于篇幅原因，在这里我们只选择企业最常用到的一些项目的设置进行说明。

（1）部门档案设置。主要用于记录企业的部门信息，可以是实际部门，也可以是虚拟部门。从【企业应用平台】—【基础设置】—【基础档案】—【机构人员】—【部门档案】进入部门档案设置窗口，如图4-11所示。

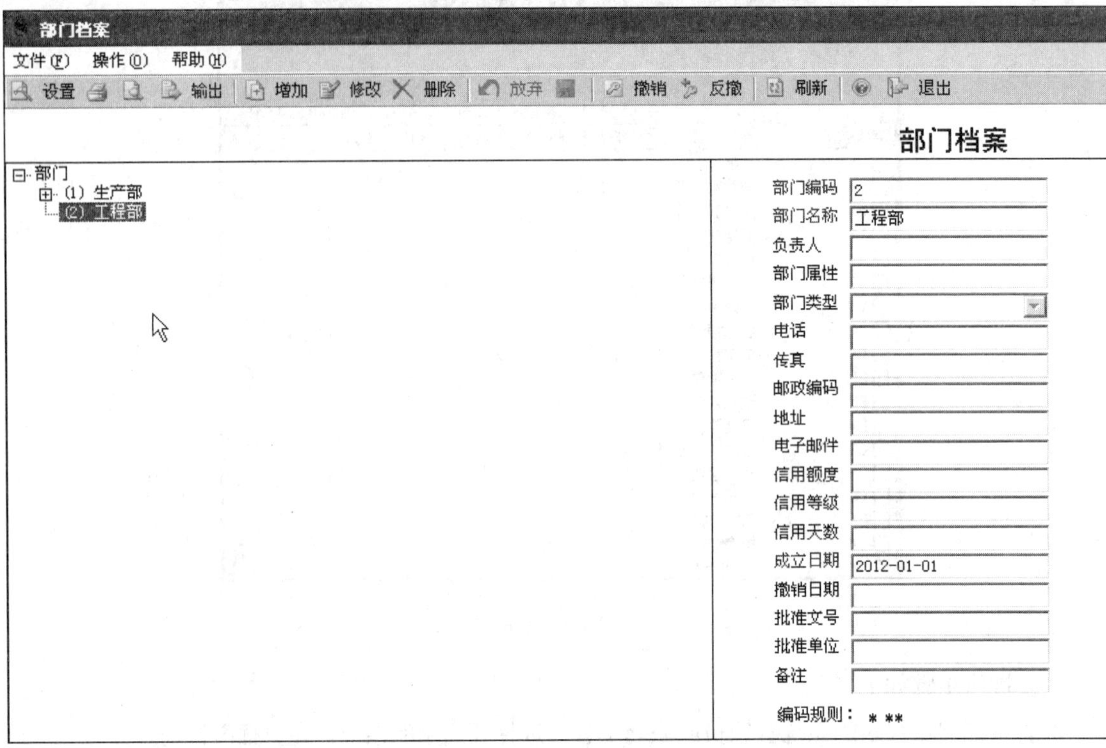

图4-11　部门档案设置窗口

单击【增加】按钮，在编辑区输入部门的编码、名称、负责人、属性、电话、地址等基础信息资料。

主要事项说明：部门编码和部门名称必须输入，部门编码必须符合部门编码级次规则。

（2）人员类别设置。对企业的人员进行分类设置和管理。一般是按树形层次结构进行分类，系统预置在职人员、离退人员、离职人员和其他人员四类顶级类别，企业可以自定义扩充人员子类别。 从【企业应用平台】—【基础设置】—【基础档案】—【机构人员】—【人员类别】进入人员类别设置窗口，如图4-12所示。

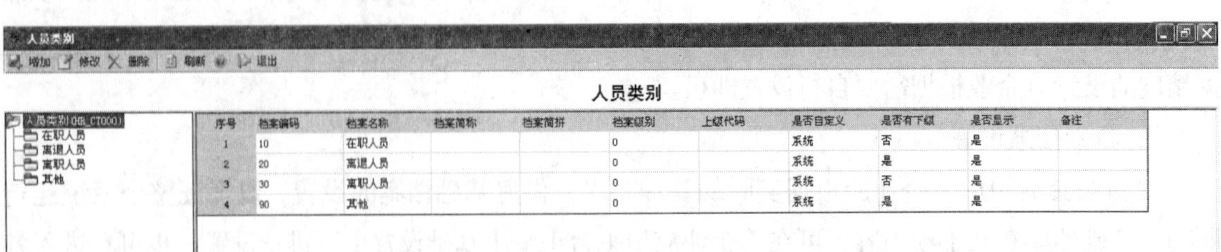

图4-12　人员类别设置窗口

在左边目录区选择要增加的人员类别的上级节点，单击【增加】按钮，输入人员类别的档案编号、名称、简称、简拼、备份等相关信息资料。其中编号、名称必须输入。

主要内容说明如下。

● 人员类别顶级由系统预置：在职人员、离退人员、离职人员、其他人员。

● 顶级类别可以修改，但不允许增加和删除。

● 查询/定位人员时，可以选择中间类别，显示结果包含该类别下的各子类别人员。

● 新增/修改人员信息时，只能选择末级的人员类别。

（3）人员档案设置。主要用于记录企业的人员信息，包括人员编号、名称、所属部门及职员属性等。从【企业应用平台】—【基础设置】—【基础档案】—【机构人员】—【人员档案】进入人员档案设置窗口，如图4–13所示。

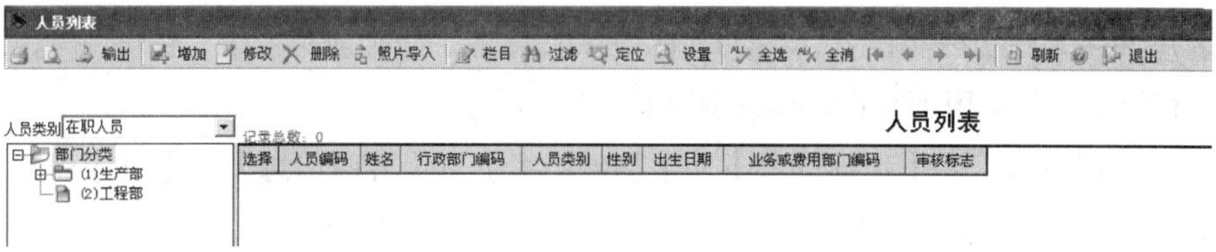

图4–13　人员档案设置窗口

在左边目录区选择要增加人员的部门，单击【增加】按钮，输入人员的编号、姓名、所属行政部门、是否业务员、是否操作员等，以及其他页签的相关信息资料。

主要内容说明如下。

● 人员编号、人员姓名、人员类别、性别和所属行政部门必须输入。

● 如果是业务员，则业务页签可用，可输入业务所属部门、生效日期、失效日期、信用额度、信用等级等信息。

● 如果人力资源管理系统启用，则人事页签可用，可输入职业类别、籍贯、民族等信息。

（4）地区分类设置。如果企业需要对供应商或客户按地区进行统计，那就应该建立地区分类体系。地区分类最多有五级，企业可以根据实际需要进行分类，可以按区、省、市进行分类，也可以按省、市、县进行分类。

从【企业应用平台】—【基础设置】—【基础档案】—【客商信息】—【地区分类】进入设置窗口，如图4–14所示。

图4–14　地区分类设置窗口

单击【增加】按钮，可新增一个地区分类，在编辑区按照编码原则输入地区类别编码和名称。单击【保存】按钮，保存此次增加的地区分类；单击【放弃】按钮，放弃此次增加的地区分类。如果想继续增加，用鼠标单击【增加】按钮即可。

主要内容说明如下。

● 分类编码、名称为必输项，注意地区分类必须逐级增加。

● 选择要修改的地区分类，单击【修改】按钮，用户只能修改类别名称，不能修改类别编码。单击【保存】按钮，即可保存当前地区分类的修改。

● 选择要删除的地区分类，单击【删除】按钮，即可删除当前分类，注意已经使用的地区分类不能删除，非末级地区分类不能删除。

（5）供应商或客户分类设置。企业根据自己管理的要求，需要对客户、供应商进行相应的业务数据统计、汇总分析，因此需要建立一套完善的分类体系进行管理。企业根据已设置好的分类编码方案对客户/供应商进行分类设置，在U8软件中总账系统、应收/应付系统、销售/采购系统、库存系统、存货核算系统都会用到客户分类或供应商分类。

从【企业应用平台】—【基础设置】—【基础档案】—【客商信息】—【供应商分类】/【客户分类】进入设置窗口，如图4-15所示。

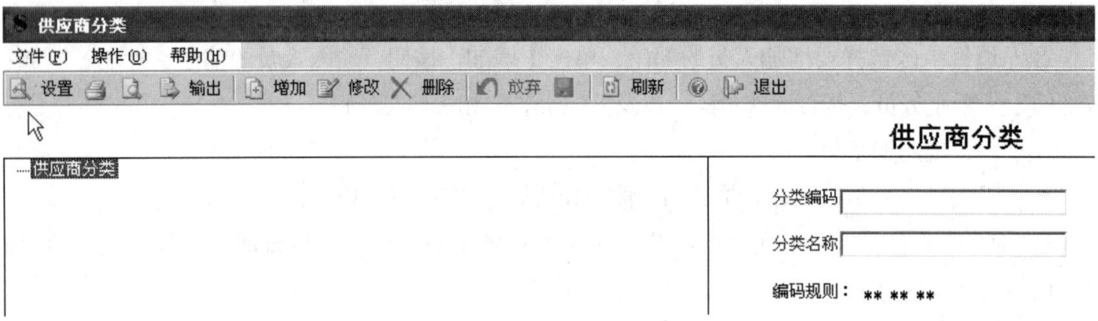

图4-15 供应商分类设置窗口

单击【增加】按钮，可新增一个供应商类型，在编辑区输入供应商分类编码、名称，单击【保存】按钮，保存此次增加的供应商分类；单击【放弃】按钮，放弃此次增加的供应商分类。如果想继续增加，用鼠标单击【增加】按钮即可。

主要内容说明如下。

● 分类编码、名称为必输项，注意供应商分类必须逐级增加。

● 选择要修改的供应商分类，单击【修改】按钮，用户只能修改类别名称，不能修改类别编码。单击【保存】按钮，即可保存当前供应商分类的修改。

● 选择要删除的供应商分类，单击【删除】按钮，即可删除当前分类，注意已经使用的供应商分类不能删除，非末级供应商分类不能删除。

客户分类设置的操作同供应商分类。

（6）供应商或客户档案设置。完成供应商或客户分类设置后，开始进行供应商或客户档案的设置和管理。从【企业应用平台】—【基础设置】—【基础档案】—【客商信息】—【供应商档案】/【客户档案】进入设置窗口，如图4–16所示。

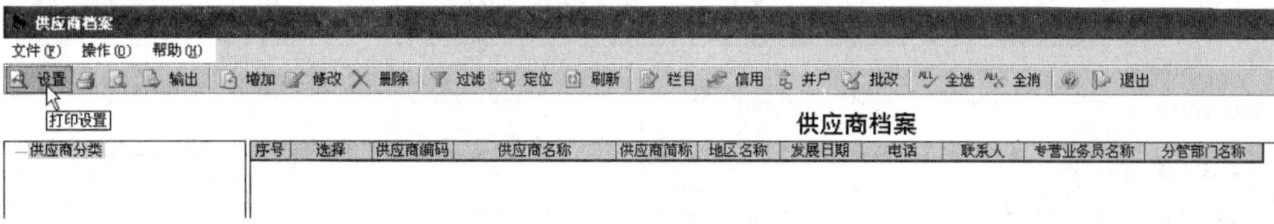

图4–16 供应商档案设置窗口

在屏幕左边的列表中选择一个末级的供应商分类，单击【增加】按钮，显示添加供应商档案界面，分别填写基本页签、联系页签、信用页签等内容。

主要内容说明如下。

● 基本页签：填写一些供应商的主要信息，其中供应商编码、供应商名称、供应商简称、所属分类码，这些信息资料在以后的日常业务处理中将作为一个供应商区别于另一个供应商的主要标识，是必输项。在供应商档案中输入对应客户编码、客户名称时不允许记录重复，即不允许有多个供应商对应一个客户的情况出现。供应商属性至少选择一项，默认为货物，企业可修改。

● 联系页签：输入一些与供应商联系所必需的联系信息，例如电话、地址、邮政编码、联系人等。

● 信用页签：输入有关供应商信用等级、信用期限等信用信息。

客户档案设置的操作同供应商档案。

（7）计量单位设置。用于对存货的计量单位组和计量单位信息进行设置。首先设置好计量单位组，再在组下增加具体的计量单位信息。从【用友ERP–U8企业应用平台】—【基础设置】—【基础档案】—【存货】—【计量单位】进入设置窗口，如图4–17所示。

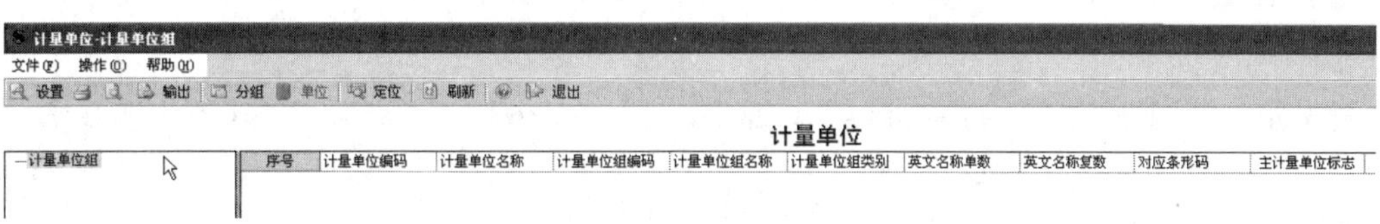

图4–17 计量单位设置窗口

① 计量单位组设置。计量单位组分无换算、浮动换算、固定换算三种类别。在计量单位主界面上单击【分组】按钮，显示计量单位组新增界面，如图4–18所示。单击界面上的【增加】按钮，输入计量单位组编码，输入组名称，蓝字为必输项。设置的计量单位组中最多只能有一个无换算率单位组。每个计量单位组中至少应有一个主计量单位。

② 计量单位设置。计量单位组设置完成后，在图4–17所示的计量单位设置界面，选择要设置计量单位的单位组，单击【单位】按钮，显示的界面如图4–19所示，这时可进行单位组下的计量单位设置。必须先输入计量单位组中的主计量单位，计量单位编码、名称为必输项。未使用的计量单位的类别可随时修改；已被存货档案引用的计量单位所在的计量单位组的类别不能修改。

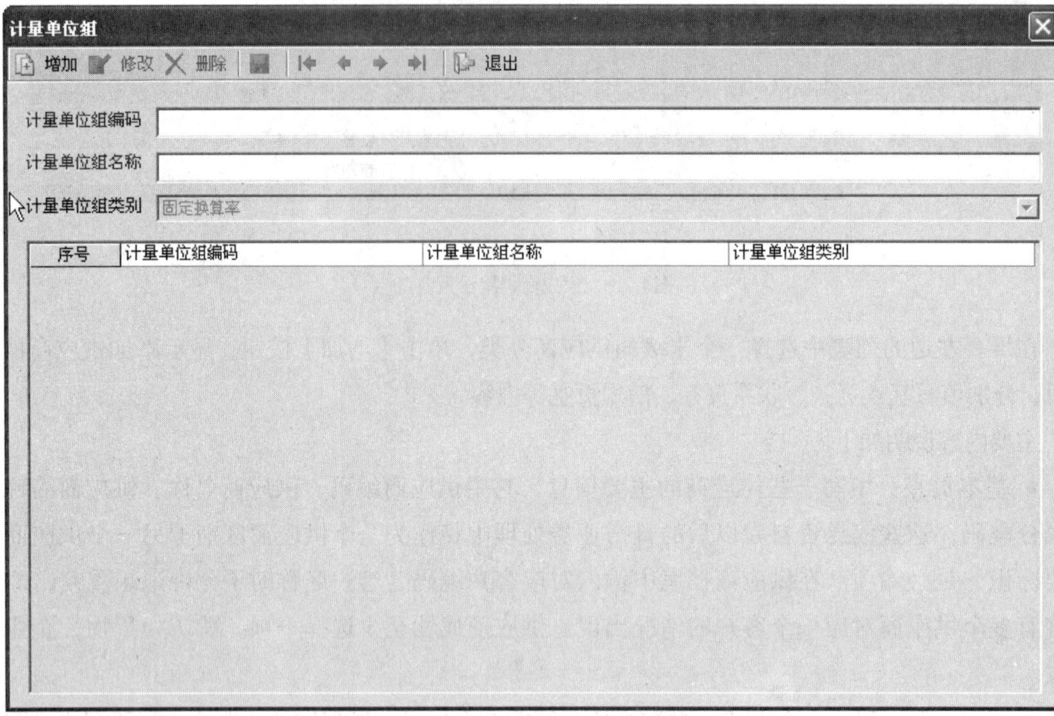

图4-18　计量单位组新增界面

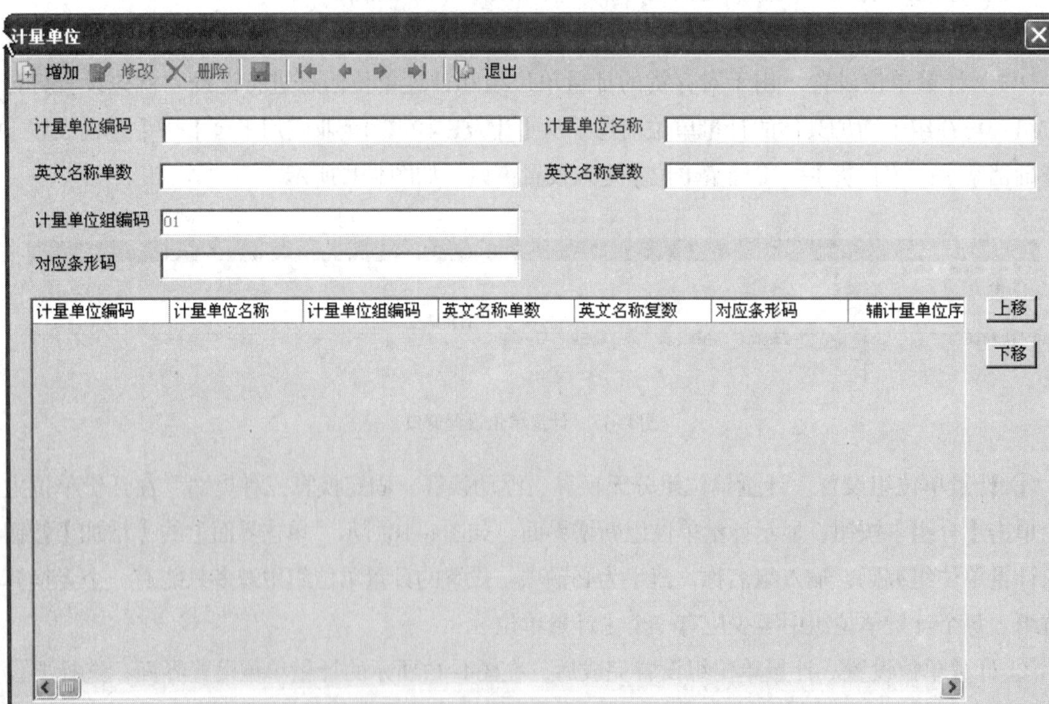

图4-19　计量单位设置界面

（8）存货分类设置。存货分类用于设置存货分类编码、名称等。从【企业应用平台】—【基础设置】—【基础档案】—【存货】—【存货分类】进入设置窗口，如图4-20所示。

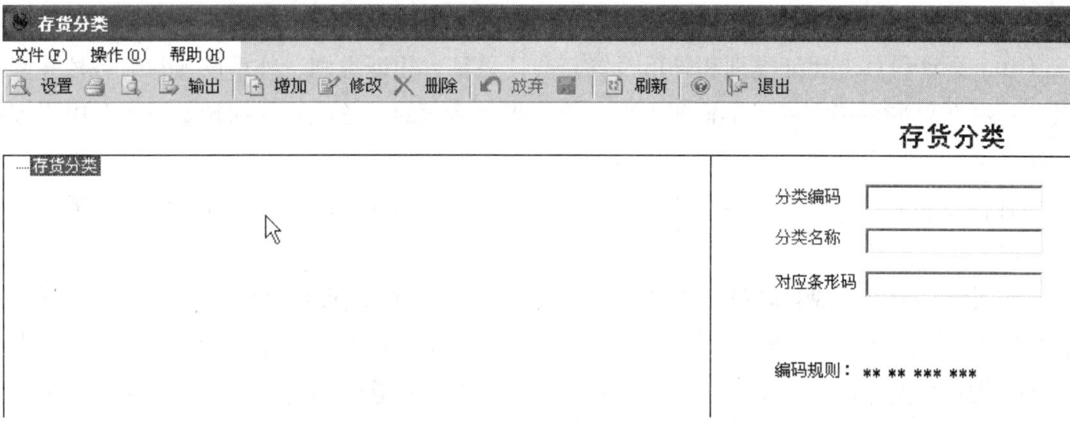

图4-20 存货分类设置窗口

选择要增加存货分类的上级分类，单击【增加】按钮，在编辑区输入分类编码和名称等分类信息，单击【保存】按钮，保存此次增加的存货分类；如想放弃新增存货分类，可以单击【放弃】按钮；如果想继续增加，单击【增加】按钮即可。

主要内容说明如下。

- 分类编码、名称为必输项，注意存货分类必须逐级增加。
- 选择要修改的存货分类，单击【修改】按钮，用户只能修改类别名称，不能修改类别编码，单击【保存】按钮，即可保存当前地区分类的修改。
- 选择要删除的地区分类，单击【删除】按钮，即可删除当前分类，注意已经使用的地区分类不能删除，非末级地区分类不能删除。

（9）存货档案设置。存货档案设置。实现对存货档案的建立和管理，为方便发货单或发票的开具，应税劳务和采购费用等也可类比存货设置在存货档案中。企业可以根据业务的需要方便地增加、修改、删除、查询、打印存货档案。从【企业应用平台】—【基础设置】—【基础档案】—【存货】—【存货档案】进入设置窗口，如图4-21所示。

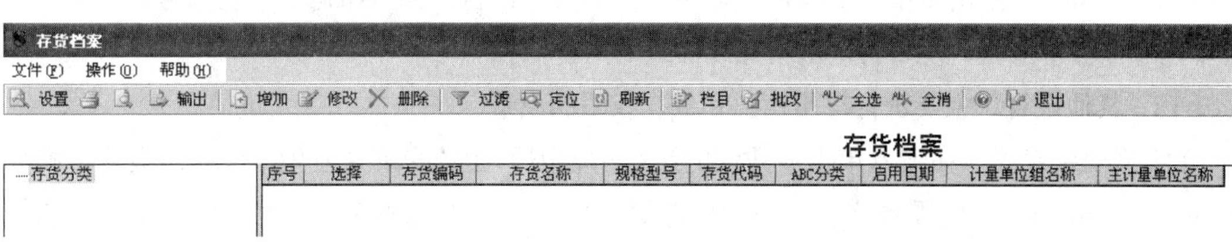

图4-21 存货档案设置窗口

单击【增加】按钮，增加一个新的存货档案。存货的增加和修改按卡片页的形式录入，存货档案分为十一个卡片页签，企业可根据实际情况选择设置相应的内容。

主要内容说明如下。

● 存货编码不允许重复，存货代码不允许重复。

● 如果选择的存货计量单位组类别为“无换算率”，则除主计量单位外，其他计量单位默认为空，用户不允许修改；业务操作中，各计量单位默认代入主计量单位。

（10）会计科目、凭证类别和外币设置。会计科目、凭证类别、外币设置与财务核算密切相关，也可在总账系统中进行设置和管理。我们将在后面的“总账系统的初始设置”中详细进行说明。

会计科目功能完成对会计科目的设立和管理，可以根据业务的需要方便地增加、插入、修改、查询、打印会计科目。

凭证类别功能可实现对记账凭证的分类。许多企业为了便于管理或登账，一般对记账凭证进行分类编制，但各企业的分类方法不尽相同，企业完全可以按照自己企业的需要对凭证进行分类。

外币设置功能进行外币及汇率信息的管理，是专为外币核算服务的。在外币核算中对汇率信息有特别要求的，要正确设置。

（11）结算方式和银行档案设置。结算方式和开户银行档案的基础信息设置与企业资金的结算和收付有关。

① 结算方式。用来建立和管理用户在经营活动中所涉及的结算方式。从【企业应用平台】—【基础设置】—【基础档案】—【收付结算】—【结算方式】进入设置窗口。单击【增加】按钮，输入结算方式编码、结算方式名称，选择是否票据管理。单击【保存】按钮，便可将本次增加或修改的内容保存。

② 付款条件。用于设置企业在生产经营过程中与往来单位协议规定的收、付款折扣优惠方法。付款条件也叫现金折扣，是指企业为了鼓励客户偿还贷款而允诺在一定期限内给予的规定的折扣优待。付款条件将主要在采购订单、销售订单、采购结算、销售结算、客户目录、供应商目录中引用。系统最多同时支持4个时间段的折扣优待。从【企业应用平台】—【基础设置】—【基础档案】—【收付结算】—【付款条件】进入设置窗口。单击【增加】按钮，在显示区增加一空行，输入编码、信用天数等项，单击【保存】按钮，便可将本次增加或修改的内容保存。

③ 银行档案。用来建立和管理企业在经营活动中所涉及的开户银行信息。系统支持多个开户行及账号的情况。从【企业应用平台】—【基础设置】—【基础档案】—【收付结算】—【银行档案】进入设置窗口。单击【增加】按钮，显示区增加一空白行，输入编码、银行账号、账户名称等项。单击【保存】按钮，便可将本次增加或修改的内容保存。

（12）其他设置。主要进行常用摘要和数据权限的设置。

① 常用摘要设置。在输入单据或凭证的过程中，因为业务的重复发生，经常会有许多摘要完全相同或大部分相同，如果将这些常用摘要存储起来，在输入单据或凭证时随时调用，必将大大提高业务处理效率。从【企业应用平台】—【基础设置】—【基础档案】—【其他】—【常用摘要】进入设置窗口。单击【增加】按钮，新增一条常用摘要，录入编号、摘要内容、相关科目，这些信息（数据）可任意设定并在调用后可以修改补充。如果某条常用摘要对应某科目，则可在“相关科目”处输入，那么，在填制凭证时，在调用常用摘要的同时，自动调入相关科目，提高凭证录入效率。

② 自定义项设置。系统为各类原始单据和常用基础信息设置了16个自定义项和10个自由项，这样可以让企业方便地设置一些特殊信息。16个自定义项包括10个文本型，4个数字型和2个日期型。从【企业应用平台】—【基础设置】—【基础档案】—【其他】—【自定义项】进入设置窗口。企业可根据实际情况自行设置。

3. 数据权限设置

数据权限设置包括数据级权限设置和金额级权限设置两个部分。用友ERP-U8系统提供三个层次的权限管理，即功能级权限管理、数据级权限管理和金额级权限管理，功能级权限在系统管理中设置，参见前文“系统管理”部分。在功能级权限分配之后才能进行数据级权限和金额级权限的设置。数据级权限和金额级权限在【企业应用平台】—【系统服务】—【权限】菜单下进行分配，下面我们分别进行说明。

（1）数据权限控制设置。数据权限控制设置是后面数据级权限设置的前提，选择进行权限设置的业务对象，设置在账套中对哪些业务对象进行数据权限设置，哪些不需要进行数据权限设置。

从【企业应用平台】—【系统服务】—【权限】—【数据权限控制设置】进入设置窗口。

数据权限的控制分为记录级和字段级两个层次，对应系统中的两个页签“记录级”和“字段级”。对于要控制数据权限的业务对象，在“是否控制”字段，选择“是”。这里设置选择的业务对象，将在后面“数据权限设置”中的“业务对象”中显示。

（2）数据级权限设置。本功能用于设置企业所要使用的档案或部分业务单据的数据级权限，包括记录权限分配和字段权限分配。必须在系统管理中定义角色或用户，并分配完功能级权限后才能在【数据权限分配】菜单下进行数据权限分配。企业根据实际情况自行分配即可。

（3）金额级权限设置。用于设置企业可使用的金额级别，对业务对象提供金额级权限设置：采购订单的金额审核额度、科目的制单金额额度。在设置这两个金额权限之前必须先设置对应的金额级别。

金额级权限控制中有三种情况不受控制：

- 调用常用凭证生成的凭证；
- 期末转账结转生成的凭证；
- 在外部系统生成的凭证，如果超出金额权限，保存凭证时不受限制。

4. 单据设置

在用友ERP-U8系统中，为描述和处理各种现实业务而设置的如采购订单、销售订单、收款单、付款单、出入库单等，称之为单据。不同的企业在不同的业务模块中需要使用各种不同的单据。即使在同一单位、同一种单据类型中，也会因为使用的仓库、部门或者用途不一样，需要不同的单据格式，所以系统提供对应同一种单据类型可以设置多个单据模板的功能，称为单据设计。

单据设计的内容是指设置各种单据类型的显示格式和打印格式，主要包括单据格式设计和单据编号设置。

（1）单据格式设置。主要是根据系统预置的单据模板，定义企业所需要的单据格式。单据格式设置分为显示单据格式设置和打印单据格式设置。通过单据属性、表头表体项目的设置，提供各系统使用单据的显示格式和打印格式。

从【企业应用平台】—【基础设置】—【单据设置】—【单据格式设置】进入设置窗口。

（2）单据编号设置。业务模块中使用的各种单据对于不同的企业需要不同编码方案，所以通过系统自动形成流水号的方式已经远远不能满足企业的需要。为了解决这个问题，系统提供了企业自己来设置各种单据类型的编码生成规则。“单据编号设置”有编号内容设置、对照表、查看流水号三个功能页签。

从【企业应用平台】—【基础设置】—【单据设置】—【单据编号设置】，进入设置窗口。

【思考与练习】

1. 什么是账套?
2. 用户权限设置如何完成?
3. 账套引入和输出如何控制?
4. 简述设置基础档案的内容及意义。
5. 按要求完成实验一。

实验一　系统管理及基本档案设置

实验目的

掌握企业在进行期初建账时，如何进行核算体系的建立及各项基础档案的设置。

实验任务

- 设置用户
- 建立账套
- 设置用户权限
- 账套数据的引入和输出
- 系统启用
- 设置基础档案

实验准备

- 安装配置用友ERP-U8软件V872版本，使之处于可用状态。
- 修改计算机系统日期为2012年1月1日。

实验资料

1. 企业基本情况

企业名称：泽诚有限公司（简称：泽诚公司），位于高新技术园区，属工业生产企业；邮编：000051，法定代表人：张山；纳税人识别号：6103376434239；企业开户银行：工商银行，账号：130126584898；

2. 泽诚公司采用以下会计政策和核算方法

（1）企业记账本位币为人民币。

（2）库存采用实际成本法核算，采用移动平均法计价。

（3）产品成本按品种法计算。

（4）固定资产折旧方法采用平均年限法（一），按月分类计提折旧。

（5）增值税税率17%，城市建设维护税税率7%，教育费附加率3%，企业所得税税率25%（企业所得税税率实行查账计征，按季预缴，年终汇算清缴）。

（6）损益结转采用账结法。

3. 系统管理

泽诚公司2012年1月1日起开始使用用友ERP-U8系统进行财务核算，建立核算账套所需信息如下。

（1）建立账套信息。

① 账套信息：账套号111。账套名称：泽诚公司，启用日期为2012年1月。

② 单位信息：单位名称为“泽诚公司”，单位简称为“ZCGS”，税号为6103376434239。

③ 核算类型如下。

- 企业类型：工业。
- 行业性质：2007新会计制度科目。
- 科目预置语言：中文简体。
- 账套主管：张光（也可在用户授权时指定）。
- 按行业性质预置科目。

④ 基础信息：存货、客户及供应商均分类，有外币核算。

⑤ 编码方案：

- 客户分类和供应商分类的编码方案为2；
- 科目编码的方案为4-2-2-2；
- 存货分类的编码方案为2-2-3-3；
- 收发类别的编码级次为1-1；
- 结算方式的编码方案为1-2；
- 其他编码项目保持不变。

说明：设置编码方案主要是为了以后分级核算、统计和管理打下基础。

⑥ 数据精度：保持系统默认设置。该企业对存货数量小数位、件数小数位、换算率小数位数和税率小数位均定为2位。

（2）系统启用。

- 账套建立后直接启用系统。
- 或者启动企业应用平台，以账套主管001张光身份进行注册后启用系统。
- 启用“总账”，启用日期为2012-01-01。
- 为方便基础档案中的银行信息设置，实验时建议启用 “网上银行”，启用日期为2012-01-01。

（3）用户及权限如下。

编号	姓名	口令	所属部门	权限
001	张光	001	财务部	账套主管的全部权限
002	李琳	002	财务部	除恢复记账前状态、结账外的所有总账系统的权限
003	王成	003	财务部	总账系统中出纳签字及出纳的所有权限
004	张强	004	财务部	公用目录设置、工资、固定资产管理所有权限
005	李霞	005	财务部	公用目录设置、应收、应付款管理所有权限

（4）数据备份。

● 设置自动备份计划。对111账套在每周五中午12：00进行账套备份，有效触发2小时，保留天数2天，备份文件的存放路径为D：\111账套备份。

● 手工备份。手工备份111账套，根据需要进行，建议每次实验课结束时备份，每个实验完成后备份。

4. 基础档案

定义各项基础档案（以001用户身份登录）。

（1）部门档案如下。

部门编码	部门名称	成立日期
1	生产部	2012年1月1日
101	生产一部	2012年1月1日
102	生产二部	2012年1月1日
2	工程部	2012年1月1日
3	采购部	2012年1月1日
301	采购一部	2012年1月1日
302	采购二部	2012年1月1日
4	业务部	2012年1月1日
401	业务一部	2012年1月1日
402	业务二部	2012年1月1日
5	财务部	2012年1月1日
6	仓储部	2012年1月1日
7	质检部	2012年1月1日
8	行政部	2012年1月1日

（2）人员档案如下。

部门编码	部门名称	人员		人员类别	性别	生效日期	业务或费用部门	是否业务员
101	生产一部	10001	王力	在职人员	男	2012-01-01	生产一部	否
102	生产二部	10002	李飞	在职人员	男	2012-01-01	生产二部	否
2	工程部	20001	张山	在职人员	男	2012-01-01	工程部	否
301	采购一部	30001	王平	在职人员	女	2012-01-01	采购部一部	是
302	采购二部	30002	张明	在职人员	男	2012-01-01	采购部二部	是
401	业务一部	40001	雷磊	在职人员	男	2012-01-01	业务一部	是
402	业务二部	40002	何亮	在职人员	男	2012-01-01	业务二部	是
5	财务部	50001	张光	在职人员	男	2012-01-01	财务部	否
5	财务部	50002	李琳	在职人员	女	2012-01-01	财务部	否
5	财务部	50003	王成	在职人员	男	2012-01-01	财务部	否
5	财务部	50004	张强	在职人员	男	2012-01-01	财务部	否
5	财务部	50005	李霞	在职人员	女	2012-01-01	财务部	否
6	仓储部	60001	马明	在职人员	男	2012-01-01	仓储部	否
7	质检部	70001	张童	在职人员	女	2012-01-01	质检部	否
8	行政部	80001	丁洋	在职人员	男	2012-01-01	行政部	否

（3）客户分类如下。

分类编码	分类名称
01	批发
02	零售
03	代销
04	其他

（4）客户档案如下。

客户编码	客户简称	所属分类	税 号	开户银行	账号	属性
0001	华明公司	批发	410003152	工行和平支行	101112	国内
0002	泽新工贸公司	批发	410109888	中行顺德路支行	108567	国内
0003	诚益德公司	其他	513000243	建行丛台支行	230158	国内
0004	明氏玛公司	代销	615452439	招行中山路支行	340763	国内

（5）供应商分类如下。

分类编码	分类名称
01	原料供应商
02	成品供应商
03	委外供应商
04	其他

（6）供应商档案如下。

供应商编码	供应商简称	所属分类	税号	属性
3001	中益公司	原料供应商	413546823	货物
3002	巨明公司	成品供应商	410821389	货物
3003	建明公司	成品供应商	514825735	货物
3004	泛广贸易公司	委外供应商	718478218	委外
3005	明德公司	其他	610488228	货物、服务

（7）存货分类如下。

分类编码	存货分类
01	原料
02	辅助材料
03	库存商品
04	应税劳务

（8）计量单位组如下。

分类编码	计量单位组名称	计量单位组名称
01	基本计量单位	无换算率组

（9）计量单位如下。

计量单位组	编码	计量单位
基本计量单位	01	个
	02	只
	03	台
	04	元

（10）存货档案如下。

存货编码	存货名称	所属分类	计量单位	税率	存货属性
001	甲材料	01	个	17%	外购、生产耗用
002	乙材料	01	个	17%	外购、生产耗用
003	A产品	03	台	17%	自制、内销
004	B产品	03	台	17%	自制、内销
005	C产品	03	台	17%	委外、内销
006	运输费	04	元	7%	应税劳务

（11）结算方式如下。

编码	结算方式
1	现金
2	支票
201	现金支票
202	转账支票
3	银行汇票

（12）银行档案如下。

银行编码	银行名称	个人账号长度	自动带出账号长度
05	工商银行	11	8

（13）本企业开户银行如下。

编码	银行账号	币种	开户银行
01	130126584898	RMB	工商银行中山路分理处

（14）外币核算情况如下。

币别代码	币别名称	记账汇率	汇率类型
USD	美元	6.25	固定汇率

实验要求

（1）按以上实验资料完成系统管理和基础档案设置的相关内容。

（2）账套备份。完成实验任务后在“D:\111备份账套”文件夹中新建“基础设置”文件夹，将账套输出至此文件夹。

（3）从“做什么，怎么做，为什么”的角度总结操作过程，撰写实验报告。

第5章 总账管理

【学习目标】

总账管理是会计信息系统最基本的功能模块，其功能可以满足凭证、账簿的基本管理，也可满足出纳管理、往来管理、辅助账等核算要求。

通过本章的学习掌握以下内容：

1. 理解总账系统业务流程；
2. 理解总账系统和其他系统的关联；
3. 理解总账系统的初始设置；
4. 掌握凭证处理和账簿管理的基本操作；
5. 掌握期末业务处理。

5.1 功能与结构

5.1.1 总账管理系统的主要功能

用友ERP-U8软件的总账系统适合各类企事业单位进行日常账务核算和会计处理工作。系统功能强大，通用性强，包含初始设置、日常业务管理、账簿处理、出纳业务管理、期末处理等基本功能，并能满足往来款管理、部门管理、项目核算等管理要求。总账系统的主要功能模块如图5-1所示。

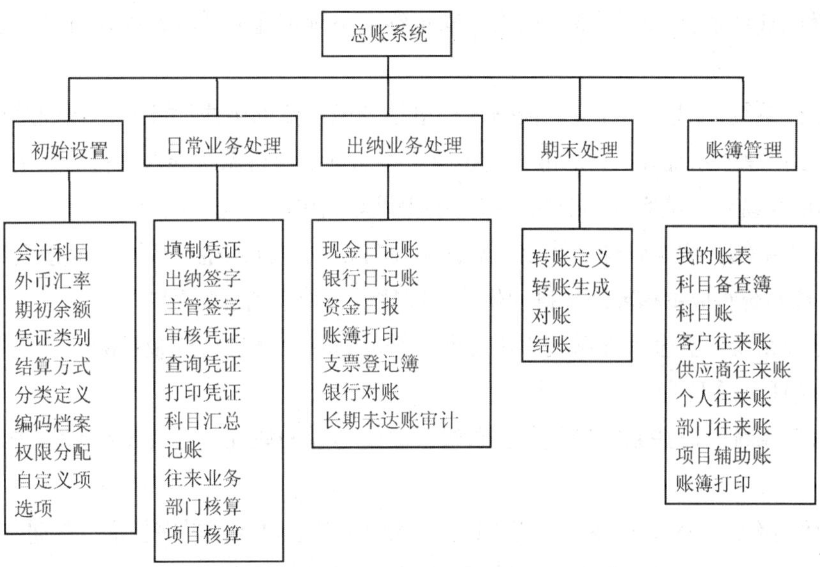

图5-1　总账系统功能结构图

5.1.2 总账系统与其他系统的关系

总账系统是用友ERP-U8软件中最重要的子系统，既可独立运行又可同其他子系统协同运转，与其他子系统相互传递有关的数据和凭证。总账系统与其他系统的关系如图5-2所示。

主要子系统数据传递说明如下。

- 应收管理系统：应收款管理系统中的所有凭证都传递到总账系统中，总账系统可从应收管理系统中引入期初余额，应收款管理系统与总账系统可以进行对账。
- 应付管理系统：应付款管理系统中的所有凭证都传递到总账系统中，总账系统可从应付管理系统中引入期初余额，应付款管理系统与总账可以进行对账。

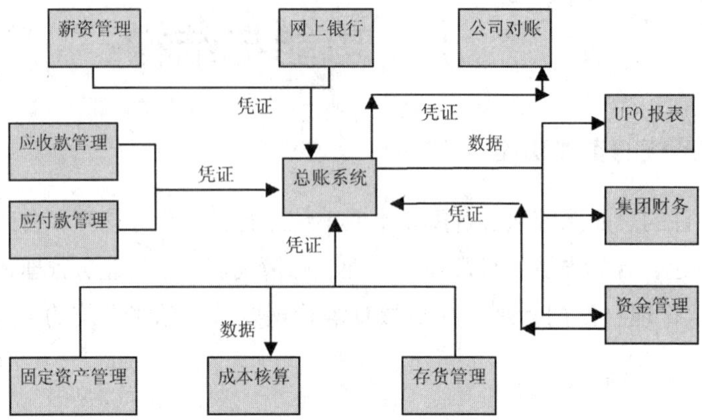

图5-2　总账系统与其他系统的关系图

- 固定资产管理系统：总账系统接收从固定资产系统传递的凭证，固定资产系统可与总账系统进行对账。
- 网上银行系统：网上银行系统根据各种单据等记账依据生成凭证并传输到总账系统，并能导出银行对账单供总账系统导入，总账系统也可直接从网上银行系统导入银行对账单。
- 公司对账系统：总账系统为公司对账系统提供对账单位的凭证记录。
- 成本核算系统：成本管理系统引用总账系统提供的应计入生产成本的间接费用或其他费用数据。成本管理系统将成本核算结果自动生成转账凭证，传递到总账系统。
- 资金管理系统：资金管理系统引用总账系统的科目余额进行资金预测，资金管理系统中的所有凭证可以传递到总账系统。
- 存货管理系统：总账系统接收从存货管理系统传递的凭证，存货系统与总账系统可以进行对账。
- 薪资管理系统：薪资管理系统将工资计提、分摊结果自动生成转账凭证，传递到总账系统。
- 集团财务系统：通过数据下发、数据接收和数据对照，集团财务系统可以从总账系统中抽取期初余额和凭证。
- UFO报表系统：总账系统为UFO报表系统提供财务数据生成财务报表及其他报表。

5.2 信息处理流程

总账系统的信息处理大致可分为初始设置、日常处理和期末处理三部分。按照是否是第一次使用总账系统，我们可以把总账系统的信息处理流程分为新用户处理流程和老用户处理流程两种。

5.2.1　新用户处理流程

企业第一次使用总账系统时，处理流程如图5-3所示。

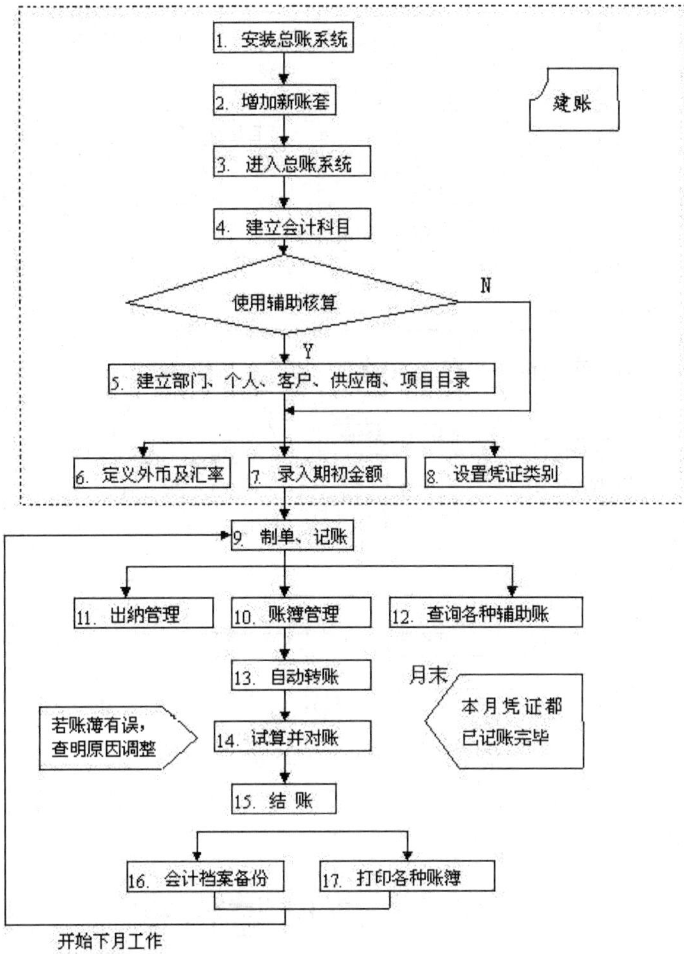

图5-3 新用户信息处理流程图

5.2.2 老用户处理流程

企业在第一年后继续使用总账系统时，处理流程如图5-4所示。

老用户的信息处理流程与新用户的信息处理流程的主要区别在于建账部分，老用户在使用总账系统之前，不需要再进行安装系统和初始化设置的操作，直接进入年度账的建立即可。当然，如果初始化设置中有需要调整和修改的地方，可以根据企业的情况在日常处理业务之前，进行变动。

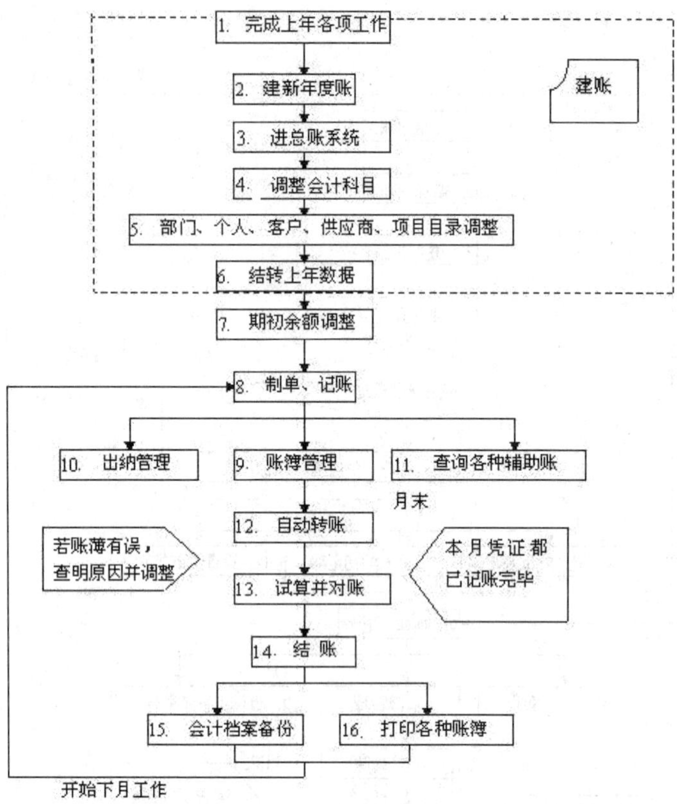

图5-4 老用户信息处理流程图

5.3 应用与管理

5.3.1 初始设置

1. 选项设置

选项设置功能用于确定总账系统的核算要求，设置的系统参数将决定总账系统的输入控制、处理方式、数据流向、输出格式等细节。许多参数以控制开关的形式提供，可以根据企业具体需要进行更改。一般情况下，参数设置后一般不能随意更改。因此，初次使用时应先正确设置系统参数。选择【业务工作】中的【总账】模块，单击主菜单【设置】下的【选项】，显示选项界面，如图5-5所示，单击“凭证”、“账簿”、“凭证打印”、“预算控制”、“权限”、“会计日历”、“其他”和“自定义项核算”页签，即可进行账簿选项的修改。

主要页签项目说明如下。

（1）凭证页签。选择“凭证”页签，显示设置信息，如图5-5所示。

● 制单序时控制：选择此项和“系统编号”，制单时凭证编号必须按日期顺序排列，即制单序时。如有特殊需要可将其改为不按序时制单。

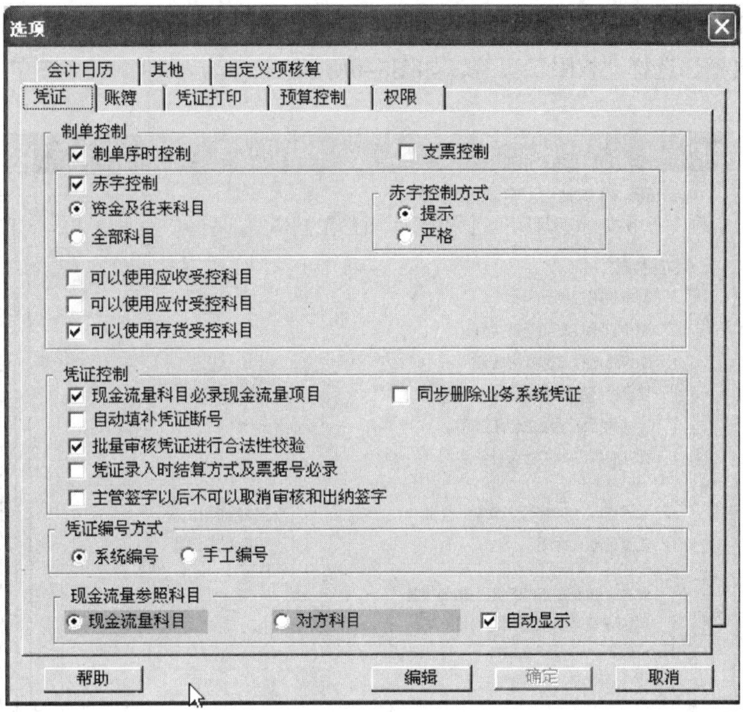

图5-5　设置选项

- 支票控制：若选择此项，在制单时使用银行科目编制凭证时，系统针对票据管理的结算方式进行登记，如果录入支票号在支票登记簿中已存，系统提供登记支票报销的功能；否则，系统提供登记支票登记簿的功能。
- 赤字控制：若选择了此项，在制单时，当“资金及往来科目”或“全部科目”的最新余额出现负数时，系统将予以提示。
- 可以使用应收受控科目：若科目为应收款管理系统的受控科目，为了防止重复制单，只允许应收系统使用此科目进行制单，总账系统是不能使用此科目制单的。所以如果希望在总账系统中也能使用这些科目填制凭证，则应选择此项。
- 可以使用应付受控科目：若科目为应付款管理系统的受控科目，为了防止重复制单，只允许应付系统使用此科目进行制单，总账系统是不能使用此科目制单的。所以如果希望在总账系统中也能使用这些科目填制凭证，则应选择此项。
- 可以使用存货受控科目：若科目为存货核算系统的受控科目，为了防止重复制单，只允许存货核算系统使用此科目进行制单，总账系统是不能使用此科目制单的。所以如果希望在总账系统中也能使用这些科目填制凭证，则应选择此项。
- 现金流量科目必录现金流量项目：选择此项后，在录入凭证时如果使用现金流量科目则必须输入现金流量项目及金额。
- 自动填补凭证断号：如果选择凭证编号方式为系统编号，则在新增凭证时，系统按凭证类别自动查询本月的第一个断号默认为本次新增凭证的凭证号。如无断号则为新号，与原编号规则一致。
- 凭证编号方式：系统在“填制凭证”功能中一般按照凭证类别按月自动编制凭证编号，即

“系统编号”，但有的企业需要系统允许在制单时手工录入凭证编号，即“手工编号”。

（2）权限页签。选择“权限”页签，如图5-6所示。

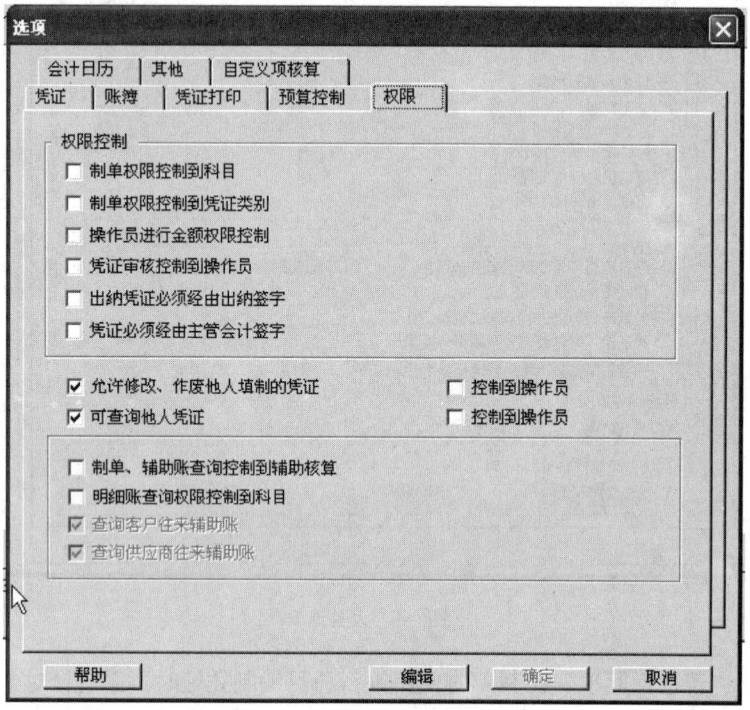

图5-6　权限页签

- 制单权限控制到科目：要在系统管理的“功能权限设置”中设置科目权限，再选择此项，权限设置有效。选择此项，则在制单时，操作员只能使用具有相应制单权限的科目制单。
- 制单权限控制到凭证类别：要在系统管理的“功能权限设置”中设置科目权限，再选择此项，权限设置才有效。选择此项，则在制单时，只显示此操作员有权限的凭证类别。同时在凭证类别参照中按人员的权限过滤出有权限的凭证类别。
- 凭证审核控制到操作员：只允许某操作员审核其本部门操作员填制的凭证，同时要在系统管理的“数据权限设置”中设置用户权限，再选择此项，权限设置才有效。
- 出纳凭证必须经由出纳签字：若要求现金、银行科目凭证必须由出纳人员核对签字后才能记账，则选择此项。
- 凭证必须经由主管会计签字：如要求所有凭证必须由主管签字后才能记账，则选择此项。
- 允许修改、作废他人填制的凭证：若选择了此项，在制单时可修改或作废别人填制的凭证，否则不能修改。如选择“控制到操作员”，则要在系统管理的“数据权限设置”中设置用户权限，再选择此项，权限设置才有效。选择此项，则在填制凭证时，操作员只能对相应人员的凭证进行修改或作废。

2. 外币设置

进行外币核算时的外币和汇率信息设置。外币设置是专为外币核算服务的。在此可以对本账套所使用的外币进行定义；在【填制凭证】中所用的汇率应先在此进行定义，以便制单时调用，减少录入汇率的次数和差错。对于使用固定汇率（即使用月初或年初汇率）作为记账汇率的用户，在填制每月的凭证前，应预先在此录入该月的记账汇率，否则在填制该月外币凭证时，将会出现汇率为零的错误，对于使用变动汇率（即使用当日汇率）作为记账汇率的企业，在填制当天的凭证前，应预先在此录入当天的记账汇率。对有外币核算的单位，设置外币和汇率是必要的步骤。

从【企业应用平台】—【基础设置】—【基础档案】—【财务】—【外币设置】进入设置窗口，如图5-7所示。

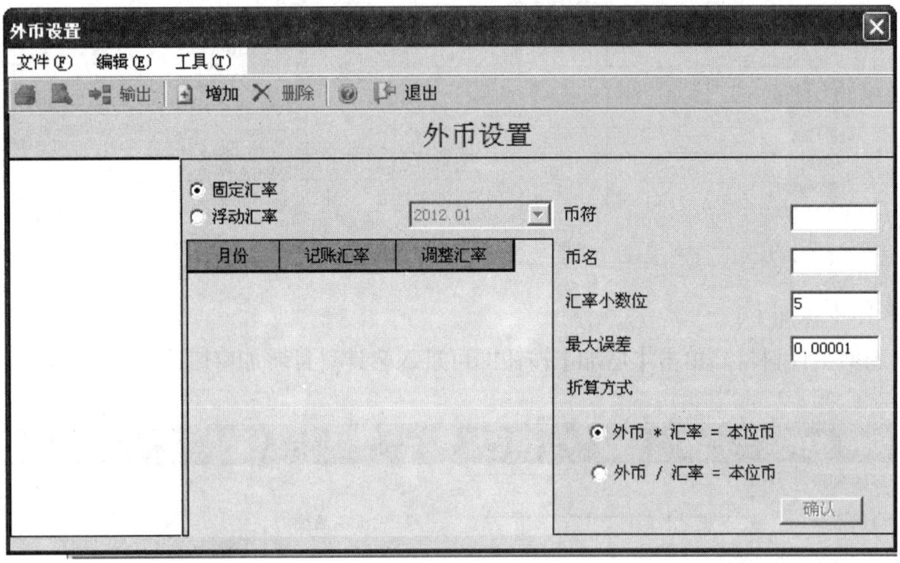

图5-7 外币设置窗口

单击【增加】按钮，输入币种和币名，输入汇率小数位及折算方式，选择固定汇率或浮动汇率，确认即可。

3. 会计科目设置

会计科目是填制会计凭证、登记会计账簿、编制会计报表的基础。会计科目是对会计对象具体内容分门别类进行核算所规定的项目。会计科目是一个完整的体系，它是区别于流水账的标志，是复式记账和分类核算的基础。会计科目设置的完整性影响着会计过程的顺利实施，会计科目设置的层次深度直接影响会计核算的详细、准确程度。除此之外，对于电算化系统会计科目的设置是用户应用系统的基础，它是实施各个会计手段的前提。因此，科目设置的完整性、详细程度对于整个财务电算化系统尤其重要，应在创建科目、科目属性描述、账户分类上为用户提供尽可能的方便和校验保障。

本功能完成对会计科目的设立和管理，企业可以根据业务的需要方便地增加、插入、修改、查询、打印会计科目。

从【企业应用平台】—【基础设置】—【基础档案】—【财务】—【会计科目】进入设置窗口，如图5-8所示。

图5-8　会计科目设置窗口

主要操作步骤如下。

（1）新增会计科目。单击【增加】按钮即可进入会计科目增加窗口，如图5-9所示。

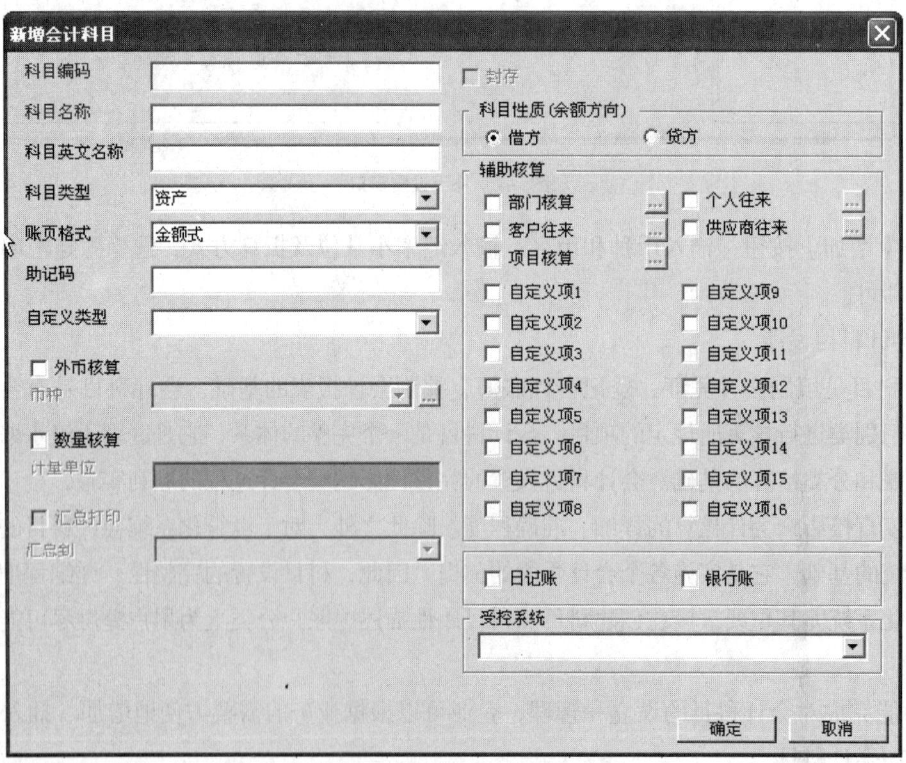

图5-9　新增会计科目窗口

主要内容说明如下。

● 科目编码：科目编码必须唯一，科目编码必须按其级次的先后次序建立；科目编码只能由数字（0–9）、英文字母（A–Z及a–z）及减号（–）、正斜杠（/）表示，其他字符（如空格等）禁止使用。

● 科目名称： 分为科目中文名称和科目英文名称，可以是汉字、英文字母或数字，可以是减号（–）、正斜杠（\），但不能输入其他字符。科目中文名称最多可输入20个汉字，科目英文名称最多可输入100个英文字母。

● 账页格式：用于定义该科目在账簿打印时的默认打印格式。系统提供了金额式、外币金额式、数量金额式、外币数量式四种账页格式供选择。

● 科目类型： 行业性质为企业时，科目类型分为资产、负债、所有者权益、成本、损益，没有成本类的企业可不设成本类；行业性质为行政单位或事业单位时，按新会计制度科目类型设置。

● 辅助核算：也叫辅助账类。用于说明本科目是否有其他核算要求，系统除完成一般的总账、明细账核算外，还提供以下几种专项核算功能供企业选用：部门核算、个人往来核算、客户往来核算、供应商往来核算、项目核算。

（2）修改会计科目。选择要修改的科目，单击【修改】按钮或双击该科目，即可进入会计科目修改界面，可以在此对需要修改的会计科目进行调整。单击【第一页】【前页】【后页】【最后页】找到下一个需要修改的科目，重复上述步骤即可。没有会计科目设置权的用户只能在此浏览科目的具体定义，而不能进行修改。

（3）删除会计科目。选择要修改的科目，单击【删除】按钮，删除选中的科目。但已使用的科目不能删除。

（4）指定会计科目。在【会计科目 】窗口，单击【编辑】菜单下的【指定科目】，显示指定科目窗口，如图5–10所示，用户在此用【全选】、【全删】、【单删】、【单选】按钮选择现金科目、银行存款科目和现金流量科目，选择完毕后，用鼠标单击【确认】按钮即可。

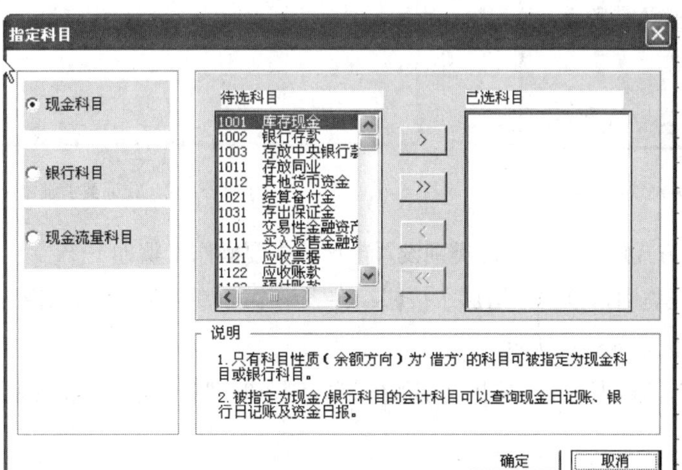

图5–10 指定科目窗口

● 指定的现金科目、银行存款科目供出纳管理使用。在查询现金、银行存款日记账前，必须指定现金、银行存款总账科目。

● 指定的现金流量科目供报表系统（UFO）形成现金流量表时的取数函数使用。在录入凭证时，对指定的现金流量科目，系统自动弹出窗口要求指定当前录入分录的现金流量项目。

4. 凭证类别设置

系统提供了凭证分类功能，用户可以按照本单位的需要对凭证进行分类设置。如果是第一次进入凭证类别设置，系统提供了几种常用分类方式供用户选择。

● 第一种分类方式：记账凭证；

● 第二种分类方式：收款、付款、转账凭证；

● 第三种分类方式：现金、银行、转账凭证；

● 第四种分类方式：现金收款、现金付款、银行收款、银行付款、转账凭证；

● 第五种分类方式：自定义凭证类别。

用户可按需要进行选择，选择完后，仍可进行修改。

当选择了分类方式后，则进入凭证类别设置，系统将按照所选的分类方式对凭证类别进行预置。从【企业应用平台】—【基础设置】—【基础档案】—【财务】—【凭证类别】进入凭证类别预置窗口，如图5-11所示。

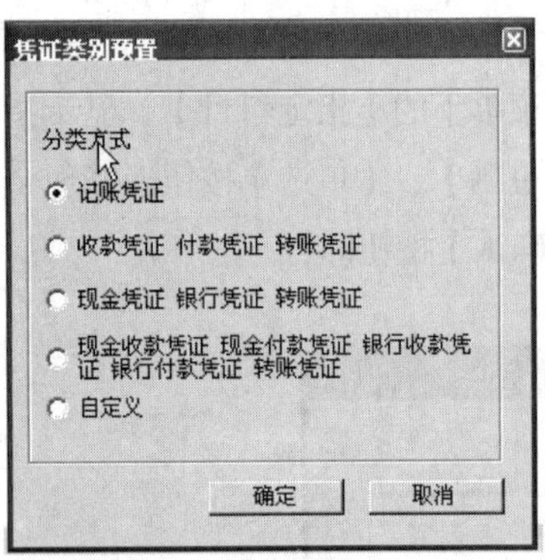

图5-11　凭证类别预置窗口

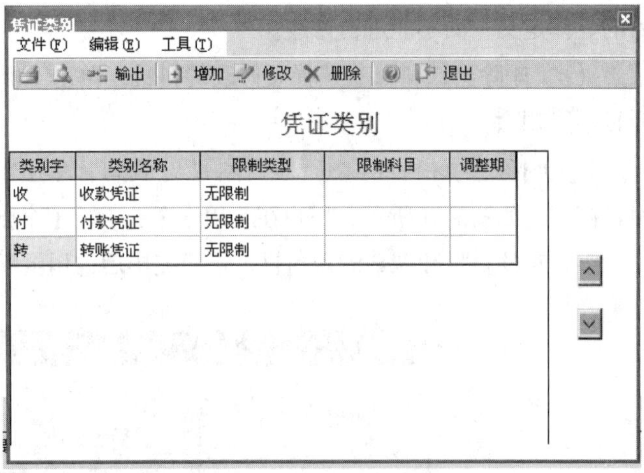

图5-12　凭证类别设置窗口

选择一种分类方式后，进入凭证类别设置窗口。主要操作步骤如下。

（1）增加凭证类别。单击【增加】按钮，在表格中新增的空白行中填写凭证类别字，凭证类别名称等栏目即可，如图5-12所示。

设置限制类型与限制科目。某些类别的凭证在制单时对科目有一定限制，这里，系统有七种限制类型供选择。

● 借方必有：制单时，此类凭证借方至少有一个限制科目发生。

● 贷方必有：制单时，此类凭证贷方至少有一个限制科目发生。

● 凭证必有：制单时，此类凭证无论借方还是贷方至少有一个限制科目发生。

- 凭证必无：制单时，此类凭证无论借方还是贷方不可有一个限制科目发生。
- 无限制：制单时，此类凭证可使用所有合法的科目。
- 借方必无：即金额发生在借方的科目集必须不包含借方必无科目。可在凭证保存时检查。
- 贷方必无：即金额发生在贷方的科目集必须不包含贷方必无科目。可在凭证保存时检查。

（2）修改凭证类别。将光标移到要修改的凭证类别上，用鼠标双击，即可进入修改状态。可实现对已定义凭证类别的修改。

（3）删除凭证类别。将光标移到要删除的凭证类别上，用鼠标单击【删除】按钮，即可删除当前凭证类别。已经使用的凭证类别不能删除，如选中了已使用的凭证类别，系统会在“凭证类别窗口”中显示“已使用”的红字标志。

5. 项目目录设置

企业在实际业务处理中会对多种类型的项目进行核算和管理，例如在建工程、对外投资、技术改造项目、项目成本管理、合同等。因此系统提供项目核算管理的功能。可以将具有相同特性的一类项目定义成一个项目大类。一个项目大类可以核算多个项目，为了便于管理，还可以对这些项目进行分类管理。可以将存货、成本对象、现金流量、项目成本等作为核算的项目分类。

使用项目核算与管理的首要步骤是设置项目档案，项目档案设置包括：增加或修改项目大类，定义项目核算科目、项目分类、项目栏目结构，并进行项目目录的维护。

从【用友ERP-U8企业应用平台】—【基础设置】—【基础档案】—【财务】—【项目目录】进入设置窗口，如图5-13所示。

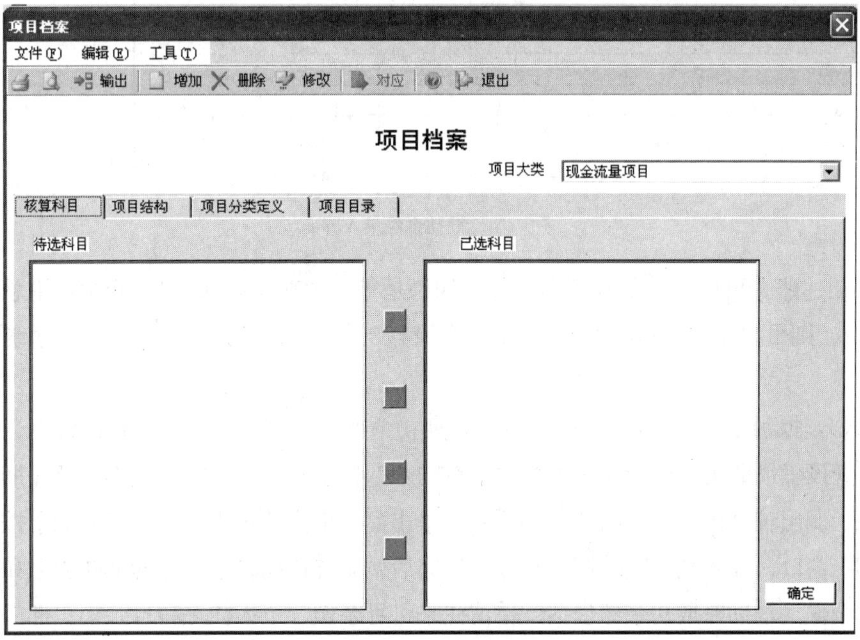

图5-13 项目档案设置窗口

在项目档案主界面的【增加】、【修改】、【删除】按钮是针对项目大类的操作。

在选定或新增项目大类后，就可以开始项目档案的设置。操作步骤如下：设置核算科目→设置项目结构→项目分类定义→项目目录维护。分别在项目档案窗口的四个页签下完成。

6. 输入期初数据

在开始使用总账系统时，为保证数据和业务核算的连续性，需要先将经过整理的各个会计科目的期初余额录入系统。输入期初数据一般包括输入基本科目期初数据和输入辅助科目期初数据。为确保输入数据的正确性，必须进行试算平衡，必要时还应根据实际情况调整余额方向。

（1）录入一般科目期初余额。录入没有辅助核算科目的余额时，只要求录入最末级科目的余额和累计发生数，窗口显示该行为白色，直接输入数据即可。有下级科目的，上级科目合计数行显示为灰色，不需要输入，其余额和累计发生数由系统自动计算得出。 如果某科目为数量、外币核算，可以录入期初数量、外币余额。但必须先录入本币余额，然后录入外币余额。

在【总账】模块，单击主菜单【设置】下的【期初余额】，显示的界面如图5-14所示。

图5-14 期初余额录入界面

若是年初建账，可以直接录入年初余额。如果是年中建账，比如是8月开始启用总账系统，建账月份为8月，则可以录入8月初的期初余额，以及1-8月的借、贷方累计发生额，系统自动计算年初余额。

（2）录入辅助核算科目期初余额。在录入期初余额时，若某科目涉及辅助核算，则系统会自动为该科目开设辅助账页。该行显示为黄色，在输入期初余额时，不能直接输入总账期初余额，必须双击该栏，调出辅助核算账，如图5-15所示。单击窗口上方菜单中的【往来明细】按钮，在“期初往来明细”窗口，输入辅助账的期初明细。输完后，系统自动将辅助账的期初数之和计为该科目的总账期初余额。辅助账期初余额包括：单位往来科目余额，个人往来科目余额，部门科目余额，项目科目余额。

图5-15 辅助账期初余额界面

（3）调整余额方向。一般情况下，系统默认资产类科目的科目性质为借方，负债及所有者权益类科目的科目性质为贷方。但是有一部分调整科目，如“坏账准备”、“累计折旧”等科目的余额方向与同类科目性质相反，那么就需要调整余额方向。单击【方向】按钮可修改科目的余额方向（即科目性质）。一般只能调整一级科目的余额方向，且在该科目及其下级科目尚未录入期初余额时进行调整。当一级科目方向调整后，其下级科目也随一级科目相应地调整方向。如果借贷方向不能改变，余额可用“-”表示。

（4）试算平衡。期初余额及累计发生额输入后，为保证初始数据的正确性，应依据“有借必有贷，借贷必相等”的原则进行各科目余额的试算平衡。单击窗口上方菜单中的【试算】按钮，系统自动进行平衡试算，如图5-16所示。如果借贷方余额不平衡，系统给出提示，应依次逐项进行检查、更正后，再次进行试算平衡，直至平衡为止。

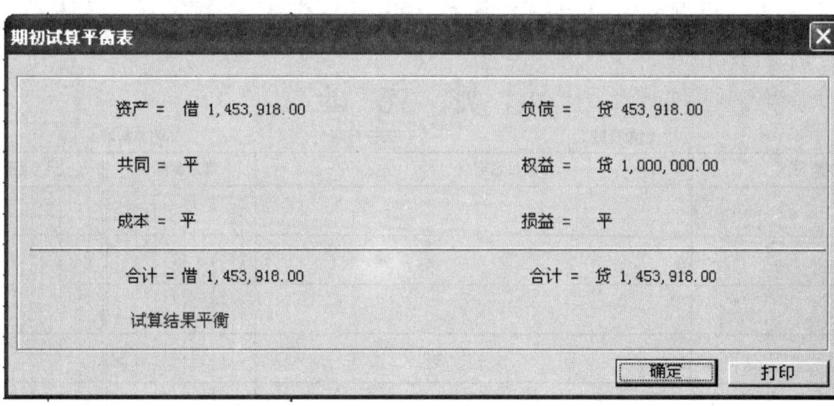

图5-16 期初试算平衡表

（5）对账。由于初次使用时对系统不太熟悉，可能在进行期初设置时形成一些不经意的修改，导致总账与辅助总账、总账与明细账核对有误。系统提供对期初余额进行对账的功能，可以及时做到账账核对，并可尽快修正错误的账务数据。单击窗口上方菜单中的【对账】按钮，可对当前期初余额进行对账。核对内容包括：

- 核对总账上下级；
- 核对总账与部门账；
- 核对总账与客户往来账；
- 核对总账与供应商往来账；

● 核对总账与个人往来账；

● 核对总账与项目账。

如果对账后发现有错误，可按【显示对账错误】按钮，系统将把对账中发现的问题列出来。

5.3.2 日常业务处理

1. 填制记账凭证

记账凭证是登记账簿的依据，在实行计算机处理账务后，电子账簿的准确性与完整性完全依赖于记账凭证，因而使用者要确保记账凭证输入的准确完整，在实际工作中，可直接在计算机上根据审核无误准予报销的原始凭证填制记账凭证（即前台处理），也可以先由人工制单而后集中输入（即后台处理），采用哪种方式应根据本企业实际情况，一般来说业务量不多或基础较好或使用网络版的用户可采用前台处理方式，而在第一年使用或人机并行阶段，则比较适合采用后台处理方式。

记账凭证是U8总账系统业务处理的起点，也是所有查询数据的最主要的一个来源。日常业务处理首先从填制凭证开始。选择【业务工作】中的【总账】模块，单击【凭证】菜单下的【填制凭证】，显示的窗口如图5-17所示。

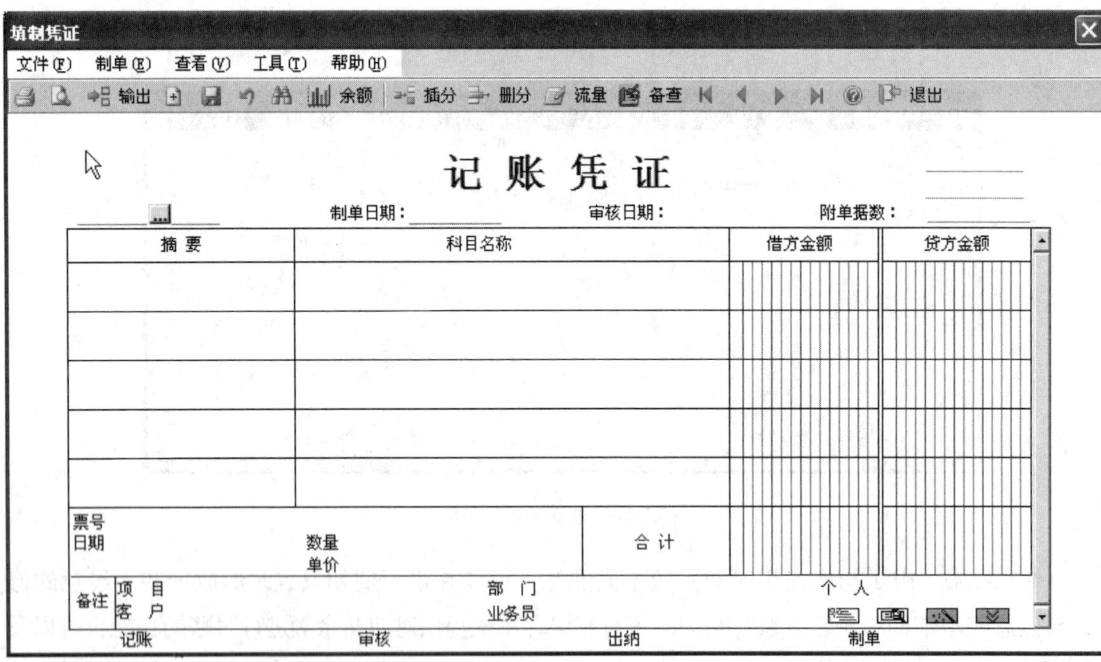

图5-17 填制凭证窗口

主要操作步骤如下。

（1）单击【增加】按钮或按[F5]键，增加一张新凭证。

（2）输入凭证类别字，也可以单击下拉按钮或按[F2]键，参照选择一个凭证类别，确定后按【Enter】键，系统将自动生成凭证编号。

（3）选项设置中选择了“自动编号”，则由系统按时间自动编号。否则，请手工编号。

（4）制单日期：进入系统时输入的操作日期默认为记账凭证的填制日期，可修改或单击下拉按钮参照输入。

（5）附单据数：输入原始单据张数。

（6）输入本张凭证的会计分录。每笔分录由摘要、会计科目、发生金额组成。输入凭证分录的摘要时，按[F2]或参照按钮可插入常用摘要，常用摘要的定义见前文“基础设置”部分。输入的会计科目应为末级科目，可按[F2]键或参照按钮参照录入。录入科目的借方或贷方本币发生额时，金额不能为零，但可以是红字，红字金额以负数形式输入。如果方向不符，可按空格键调整金额方向。若想放弃当前未完成的分录行的输入，可按【删行】按钮或【Ctrl+D】组合键删除当前分录行即可。

（7）当输入的科目为辅助核算时，系统根据科目属性要求输入相应的辅助信息。如部门、个人、项目、客户、供应商、数量、自定义项等。在这里录入的辅助信息将在凭证下方的备注中显示。如果需要对所录入的辅助项进行修改，可双击备注中要修改的项目，系统显示辅助信息录入窗口，可进行修改。

（8）若科目在“会计科目”中被指定为现金流量科目，或在凭证界面单击“流量”按钮，系统会显示“现金流量录入修改”窗口，单击【增加】按钮输入科目、现金流量项目及所对应的金额，即可完成录入和修改。

（9）当凭证全部录入完毕后，按【保存】按钮或[F6]键保存这张凭证，或单击【增加】按钮继续填制下一张凭证。

2. 查询凭证

在填制记账凭证过程中，可随时通过【上张】、【下张】按钮的选择功能对凭证进行查看，以便了解经济业务发生的情况，保证填制凭证的正确。也可通过查询凭证菜单进行凭证的查询。查询时应输入查询条件，便于系统进行筛选。凭证查询时单击【凭证】菜单下的【查询凭证】。

3. 修改凭证

记账凭证出错必然会影响系统的核算结果。凭证出现输入错误需要修改时，对于凭证输入后，未审核前或审核未通过的凭证，可在 “填制凭证”窗口直接进行修改。在总账系统中，对不同状态下的错误凭证有不同的修改方式。

- 对已经输入但未审核的记账凭证可以直接进行修改。
- 已经审核的凭证不能直接修改， 如果软件有取消审核的功能，可以先取消审核再修改。
- 已经记账的凭证不能直接修改，可以采用红字凭证冲销法或补充凭证法进行更正。
- 通过设置，操作员能修改自己或别人填制的凭证；但取消审核的操作必须由审核签字的操作员自己进行。

4. 作废/恢复凭证

进入填制凭证界面后，通过单击【首页】【上页】【下页】【末页】按钮翻页查找或单击菜单中的【查询】按钮输入条件，查找要作废的凭证。外部凭证不能在总账作废。

主要操作步骤如下。

（1）在填制凭证窗口，单击菜单【制单】下的【作废/恢复】，凭证左上角显示“作废”字样，表示已将该凭证作废。

（2）作废凭证仍保留凭证内容及凭证编号，只在凭证左上角显示“作废”字样。作废凭证不能修改，不能审核。在记账时，不对作废凭证作数据处理，相当于一张空凭证。在账簿查询时，也查不到作废凭证的数据。

（3）若当前凭证已作废，单击菜单【制单】下的【作废/恢复】，可取消作废标志，并将当前凭证恢复为有效凭证。

5. 删除凭证（整理凭证）

有些作废凭证不想保留，可以通过凭证整理功能将这些凭证彻底删除，并利用留下的空号对未记账凭证重新编号。

主要操作步骤如下。

（1）进入填制凭证窗口后，单击菜单【制单】下的【整理凭证】，显示的界面如图5-18所示。

（2）选择要整理的月份，显示作废凭证表窗口，如图5-19所示。

图5-18 凭证期间选择界面

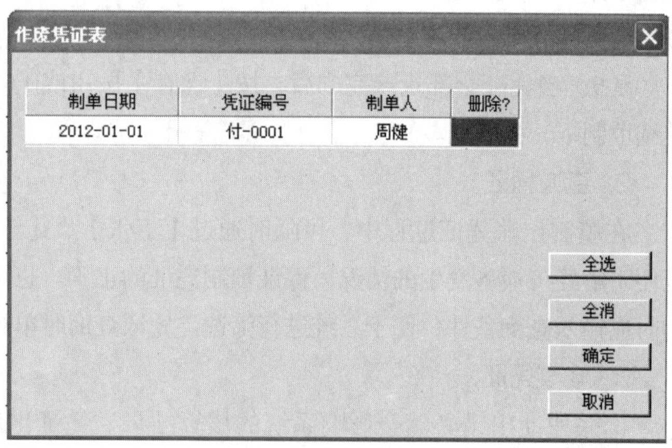

图5-19 作废凭证表窗口

（3）在“删除？”栏空白处，双击选择要删除的已作废凭证，系统显示“Y”字样，表示确认。按【确定】后，将这些凭证从数据库中彻底删除掉，并对剩下的凭证重新排号。系统出现如下界面，如图5-20所示。

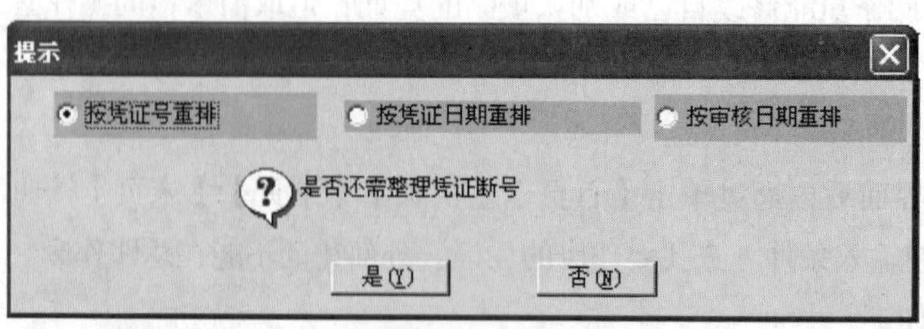

图5-20 提示窗口

（4）选择重排凭证号的方式。

6. 冲销凭证

进入填制凭证窗口后，用户可通过菜单【制单】下的【冲销凭证】制作红字冲销凭证。 输入要冲销的凭证所在月份、凭证类别和凭证号，系统自动制作一张红字冲销凭证，本功能用于自动冲销某张已记账的凭证。

7. 审核凭证

审核凭证是具有审核权限的操作员按照财会制度，对制单员填制的记账凭证进行检查核对，主要审核记账凭证是否与原始凭证相符，会计分录是否正确等。审查认为错误或有异议的凭证，应交制单人员修改后再审核，只有有审核权限的人才能使用本功能。经过审核后的记账凭证才能作为正式凭证记账。在总账系统中，审核凭证工作包括出纳签字、主管签字和审核员审核凭证三个环节。

（1）出纳签字。会计制单工作完成之后，如果该凭证是出纳凭证，且在系统【选项】中选择“出纳凭证必须由出纳签字”，则必须由出纳核对签字之后，该凭证才可记账。

出纳凭证由于涉及企业现金的收入与支出，应加强对出纳凭证的管理。出纳人员可通过出纳签字功能对制单员填制的带有现金银行科目的凭证进行检查核对，主要核对出纳凭证的出纳科目的金额是否正确。

主要操作步骤如下。

① 单击【凭证】下的【出纳签字】，进入“出纳签字”功能界面。

② 在选择条件窗口输入查询凭证的时间、凭证号、操作员、凭证的来源等条件，缩小查询范围，在大量凭证环境下可减少查询等待时间。

③ 输入出纳凭证的条件后，显示凭证一览表。

④ 按【确定】后，进入凭证窗口，单击【签字】即可。

⑤ 凭证一经签字，就不能被修改、删除，只有被取消签字后才可以进行修改或删除。

⑥ 取消签字只能由出纳本人取消。

（2）主管签字。为了加强企业的财务集中管理，加强对会计人员制单的审核，在许多企业中，常采用经主管会计签字后的凭证才有效的管理模式。U8总账系统提供“主管签字”的审核方式，即其他会计人员制作的凭证必须经主管签字才能记账。企业可根据实际需要决定是否要对凭证进行主管签字管理，若需要此功能，可在“选项”中选择“凭证必须经主管签字”。

单击【凭证】下的【主管签字】，进入“主管签字”功能界面。主管签字的操作步骤参见“出纳签字”部分。

主要操作提示如下。

- 已签字的凭证在凭证上显示为当前主管姓名加红色框；
- 签字人不能与制单人相同；
- 取消签字必须由主管本人取消；
- 凭证一经签字，就不能被修改、删除，只有被取消签字后才可以进行修改或删除。

（3）审核凭证。除了出纳签字和主管签字两种审核控制之外，U8总账系统还提供了由具有审核权限的操作员按照会计制度的规定对会计凭证进行审核的功能。主要对制单人员填制的记账凭证进行合法性审查。

单击【凭证】下的【审核凭证】，进入“审核凭证”功能界面，审核凭证的操作步骤参见“出纳签字”部分。

主要操作提示如下。

- 审核人和制单人不能是同一个人。
- 凭证一经审核，就不能被修改、删除，只有被取消审核签字后才可以进行修改或删除。
- 取消审核签字只能由审核人本人取消。
- 作废凭证不能被审核，也不能被标错。
- 已标错的凭证不能被审核，若想审核，需先取消标错后才能审核。

8. 科目汇总

企业可按条件对记账凭证进行汇总并生成科目汇总表。进行汇总的凭证可以是已记账凭证，也可是未记账凭证。通过科目汇总，有利于财务人员在未记账前及时了解企业当前的经营和财务信息。

主要操作步骤如下。

（1）单击菜单【凭证】下的【科目汇总】。

（2）选择要汇总记账凭证的会计月度、凭证类别、科目汇总级次、凭证号、制单人等汇总条件。

（3）系统根据设置的条件生成科目汇总表。

（4）屏幕上显示背景色的数据具有辅助核算功能，双击此行，或将光标移到要查询的专项明细的科目上，单击【专项】按钮，即可查看该科目的专项明细情况。

（5）当光标在科目汇总表的某一行上时，单击【详细】按钮，显示对方明细科目汇总表。

9. 记账处理

记账凭证经审核签字后，即可用来登记总账和明细账、日记账、部门账、往来账、项目账及备查账等。U8总账系统记账采用向导方式，使记账过程更加简明扼要。

主要操作步骤如下。

（1）单击【凭证】下【记账】，进入记账向导界面，如图5-21所示。

（2）窗口中列出大于结账月的第一个会计期间的未记账凭证范围清单。并同时列出其中的空号与已审核凭证范围，若编号不连续，则用逗号分开；若显示宽度不够，可拖动表头调整列宽查看。

（3）只有已审核的凭证才能记账，在记账范围栏中输入凭证编号或单击【全选】按钮选择本次记账范围。

（4）可以查看本次记账的记账报告，单击【记账报告】，显示所选凭证的汇总表及凭证总数，供用户进行核对，如图5-22所示。

（5）核对后单击【记账】按钮，系统开始登记有关的总账和明细账。记账完成后系统提示记账完毕。单击【确定】后系统自动显示记账报告，如图5-22所示。

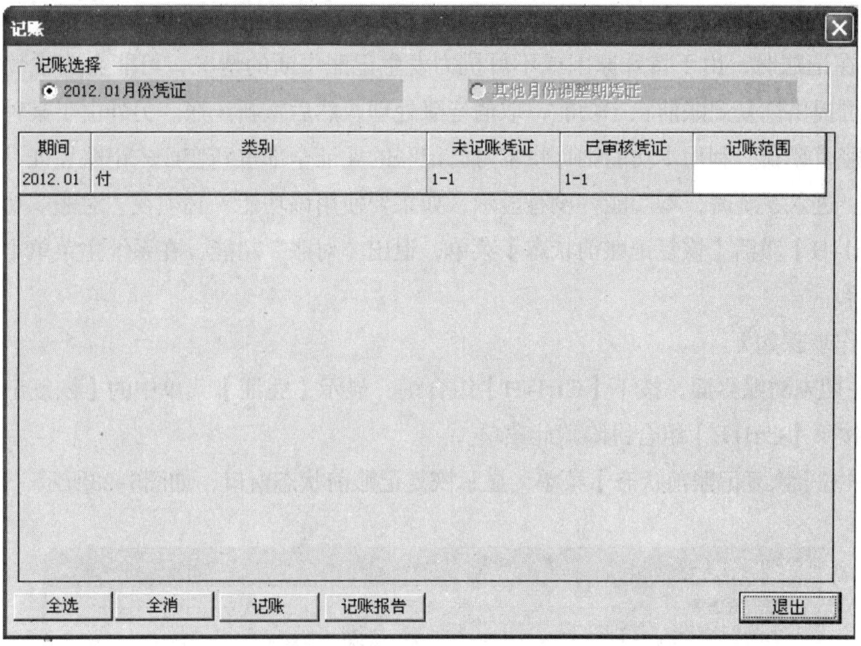

图5-21　记账向导界面

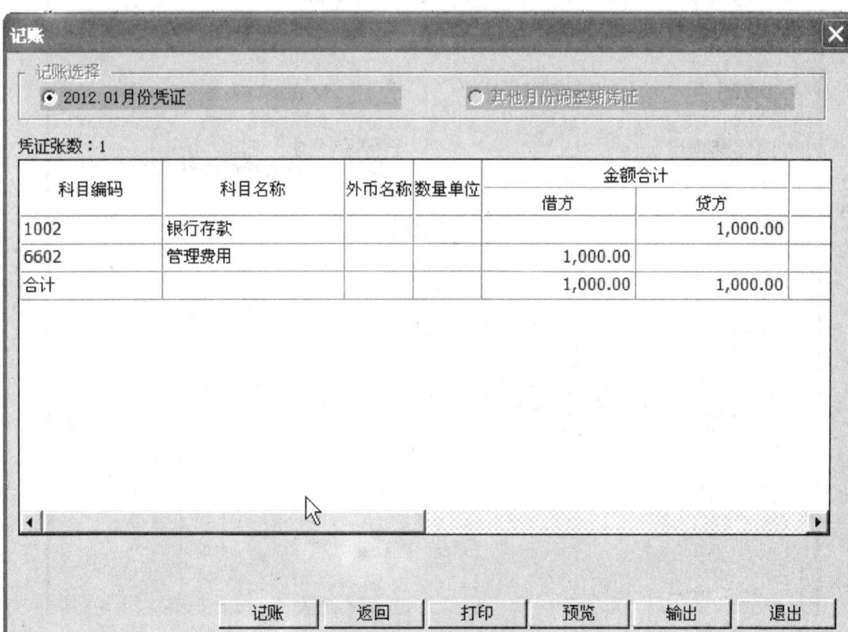

图5-22　记账报告

主要操作提示如下。

- 在记账过程中，不得中断退出。
- 在第一次记账时，若期初余额试算不平衡，系统将不允许记账。
- 所选范围内的凭证如有不平衡凭证，系统将列出错误凭证，并重选记账范围。

10. 取消记账处理

当系统在记账时，由于特殊原因或不可抗力发生记账中断的情况，可能会造成数据的丢失和毁损，系统可提供恢复记账前状态功能，取消记账处理，然后重新记账。另外由于某种原因，事后发现本月记账有错误，利用本功能则可将本月已记账的凭证全部重新变成未记账凭证，进行修改，然后再记账。进入系统时，本功能并没有显示，如果要使用该功能，必须在“对账”功能界面按下快捷键【Ctrl+H】激活【恢复记账前状态】菜单，退出“对账”功能，在系统主菜单【凭证】下则会显示该菜单。

主要操作步骤如下。

（1）在期末对账界面，按下【Ctrl+H】组合键，显示【凭证】菜单中的【恢复记账前状态】功能，再次按下【Ctrl+H】组合键隐藏此菜单。

（2）单击【恢复记账前状态】菜单，显示恢复记账前状态窗口，如图5-23所示。

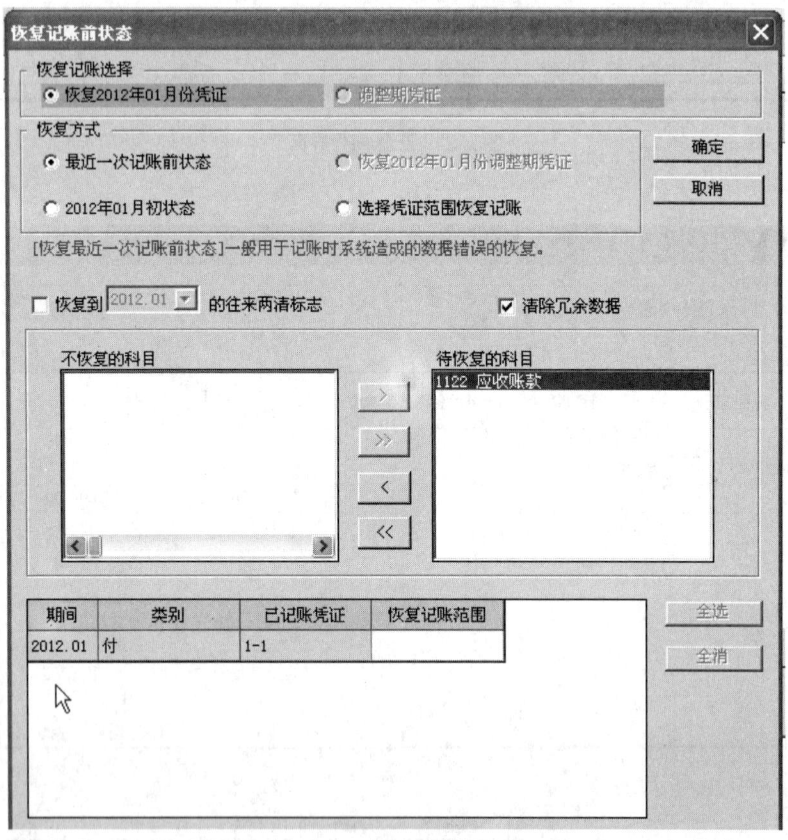

图5-23 恢复记账前状态窗口

（3）系统提供灵活的恢复方式，可以根据需要不恢复所有的会计科目，将需要恢复的科目从“不恢复的科目”选入“恢复的科目”，即可只恢复需要恢复的科目。

（4）已结账的月份，不能恢复记账前状态。

（5）只有账套主管才能恢复到月初的记账前状态。

5.3.3 出纳业务处理

为方便出纳人员完成出纳工作，U8总账系统专为出纳人员提供了一个出纳日常业务集成功能。主要功能有：查询及打印现金和银行日记账、资金日报表；在支票登记簿中登记支票；录入银行对账单；进行银行对账；输出余额调节表等。其中查询和打印功能将在后面的“账簿管理”部分详细进行说明。

出纳的主要日常业务处理就是银行对账工作，银行对账是货币资金管理的主要内容，是企业出纳员的最基本工作之一。企业的结算业务大部分要通过银行进行结算，但由于企业与银行的账务处理和入账时间不一致，往往会发生双方账面不一致的情况，即所谓“未达账项”。为了能够准确掌握银行存款的实际余额，了解实际可以动用的货币资金数额，防止记账发生差错，企业必须定期将银行存款日记账与银行出具的对账单进行核对，找出“未达账项”，并编制银行存款余额调节表，核销已达账项。

银行对账的主要流程如图5-24所示。

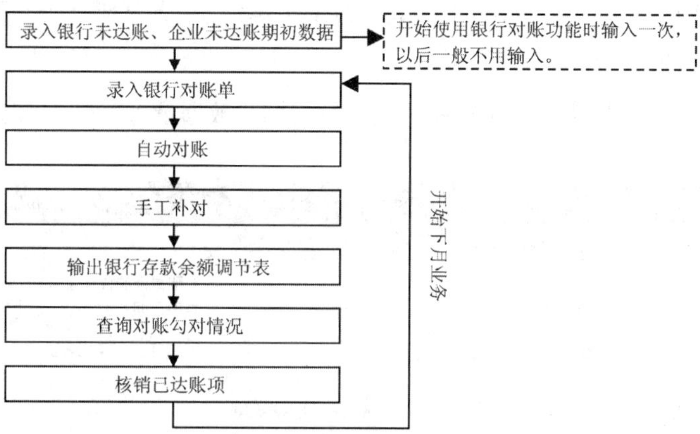

图5-24 银行对账流程图

1. 支票登记簿

在手工记账时，出纳人员通常建立支票领用登记簿，用来登记支票领用情况，为此本系统特为出纳人员提供了“支票登记簿”功能，以供其详细登记支票领用人、领用日期、支票用途、是否报销等情况。如果是外币科目支票登记时，这里显示外币金额。

使用该功能的前提如下。

- 结算方式设置中选择“票据结算”标志。
- 在【选项】菜单中选择“支票控制”。

主要操作步骤如下。

（1）双击【出纳】下的【支票登记簿】菜单。

（2）选择银行科目，输出显示该科目的支票登记簿。

（3）只有在“会计科目”中设置银行账的科目才能使用支票登记簿。

（4）当有人领用支票时，银行出纳员须进入【支票登记簿】功能单击【增加】按钮登记支票领用日期、领用部门、领用人、支票号、备注等。

（5）当支票支出后，经办人持原始单据（发票）到财务部门报销，会计人员据此填制记账凭证，当在系统中录入该凭证时，系统要求录入该支票的结算方式和支票号，在系统填制完成该凭证后，系统自动在支票登记簿中将该号支票写上报销日期，该号支票即为已报销。

（6）修改已登记的支票：将光标移到需要修改的数据项上直接修改。注意：已报销的支票不能进行修改。若想取消报销标志，只要将光标移到报销日期处，按空格键后删掉报销日期即可。

2. 录入银行对账期初数据

在使用银行对账功能之前，为确保银行对账的准确性，应首先将企业银行日记账和银行对账单的未达账项录入总账系统中。系统提供的“银行对账期初录入”功能是用于第一次使用银行对账功能块前录入日记账及对账单未达账项，在开始使用银行对账功能之后一般不再使用。

主要操作步骤如下。

（1）选择【出纳】下【银行对账】菜单，双击【银行对账期初录入】，显示的窗口如图5-25所示。

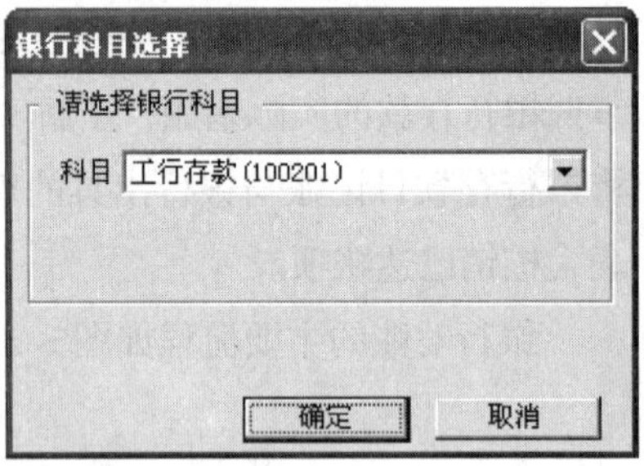

图5-25　银行科目选择窗口

（2）选择银行科目后按【确定】按钮，显示银行期初数据录入窗口，如图5-26所示。

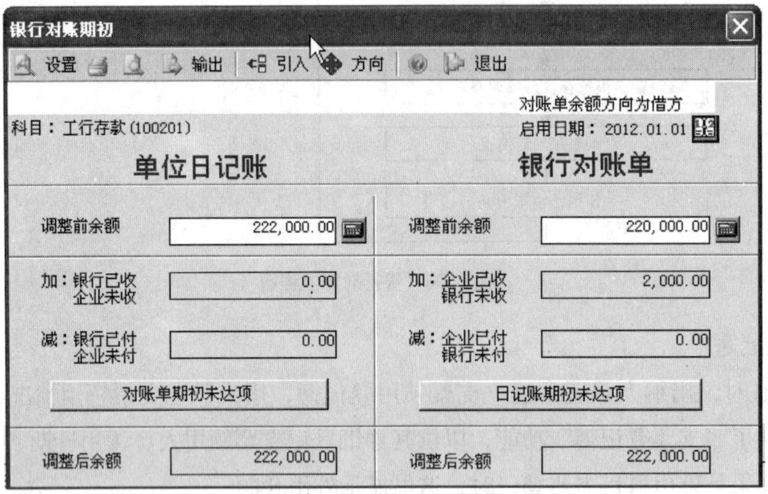

图5-26　银行对账期初数据录入窗口

（3）在启用日期处参照录入该银行账户的启用日期（启用日期应为使用银行对账功能前最近一次手工对账的截止日期）。

（4）录入单位日记账及银行对账单的调整前余额。

（5）单击【对账单期初未达项】和【日记账期初未达项】按钮，录入银行对账单及单位日记账期初未达项，系统将根据调整前余额及期初未达项自动计算出银行对账单与单位日记账的调整后余额。

3. 录入银行对账单

每次银行对账前，必须将银行提供的银行对账单输入系统，以便和系统内企业的日记账进行核对。“银行对账单”功能用于平时录入、查询和引入银行对账单单击【引入】按钮可从指定文件中引入银行对账单数据。

主要操作步骤如下。

（1）双击【银行对账单】，显示查询条件窗口。

（2）输入查询条件后显示银行对账单录入窗口，单击【增加】按钮，在对账单列表最后一行增加一空行后，手工录入或参照日历输入银行对账单日期、结算方式、票号和借、贷方金额等信息。系统自动计算余额，并按对账单日期顺序显示，如图5-27所示。

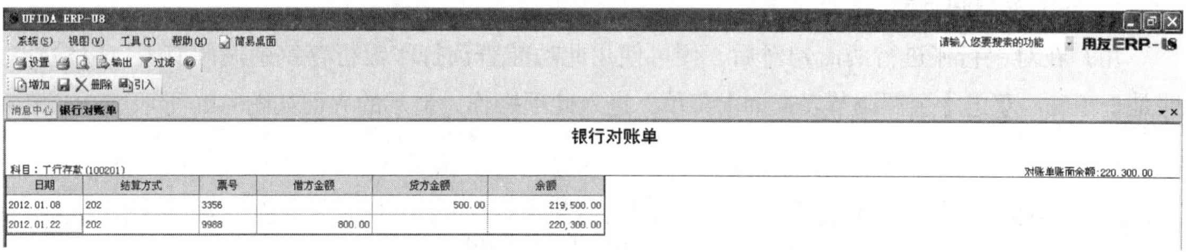

图5-27　银行对账单界面

4. 银行对账处理

银行对账处理采用自动对账与手工对账相结合的方式。自动对账是计算机根据对账依据自动进行核对、勾销，对于已核对的银行业务，系统将自动在银行存款日记账和银行对账单双方写上两清标志，并视为已达账项；对于在两清栏未写上两清符号的记录，系统则视其为未达账项。手工对账是对自动对账的补充。自动对账后，可能还有一些特殊的已达账没有对出来，而被视为未达账项；为了保证对账更加彻底、正确，可用手工对账来进行调整补充。

主要操作步骤如下。

（1）双击【银行对账】，在选择条件窗口输入条件，用户选择要进行对账的银行科目（账户）。若选择“显示已达账”选项则显示已两清勾对的单位日记账和银行对账单。

（2）对账界面，左边为单位日记账，右边为银行对账单，如图5-28所示。

（3）自动对账。单击【对账】按钮，显示自动对账界面。输入对账条件后，按【确定】按钮，系统开始按照用户设定的对账条件自动对账，对两清的记录标记“○”，且已两清的记录背景色为黄色。

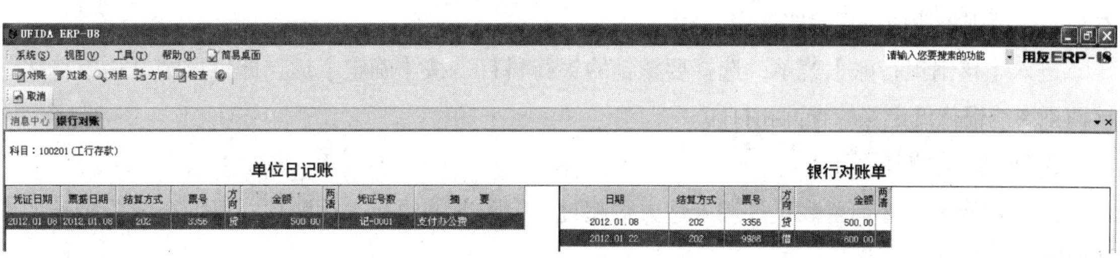

图5-28　银行对账界面

（4）手工对账。在单位日记账中选择要进行核对的记录，如果对账单中有记录同当前日记账相对应却未在自动对账中勾对，则在当前单位日记账的【两清】区双击鼠标左键，将当前单位日记账标上两清标记——“√”。相应地，双击银行对账单中对应的对账单的两清区，标上两清标记。如果在对账单中有两笔以上记录同日记账对应，则所有对应的对账单都应标上两清标记。将当前光标移到单位日记账中下一个未两清日记账上，重复前面的步骤，直到找出所有的已达账项为止。

（5）取消对账标志。系统提供两种取消对账标志的方式，自动及手动取消某一笔的对账标志。手动取消勾对：双击要取消对账标志业务的【两清】区即可。自动取消勾对：单击【取消】按钮，选择要进行反对账的期间，系统将自动对此期间已两清的银行账取消两清标志。

5. 输出余额调节表

用户在对银行账进行两清勾对后，便可使用此功能查询打印银行存款余额调节表，以检查对账是否正确。双击【余额调节表查询】菜单，进入此项操作，显示的界面如图5-29所示。

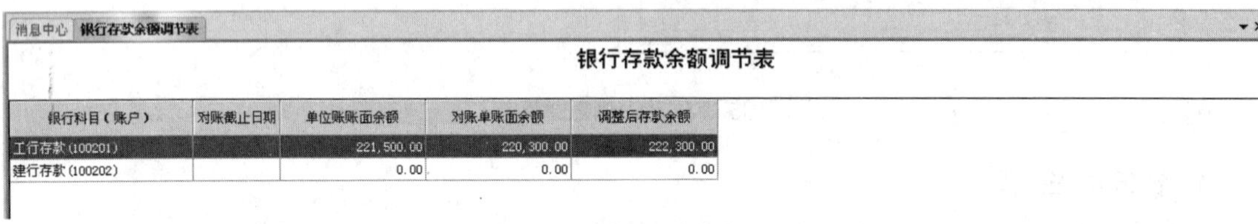

图5-29　银行存款余额调节表界面

如要查看某一项内容，单击查看按钮或双击该行，则可查看相应银行账户的银行存款余额调节表。

6. 查询对账勾对情况

用于查询单位日记账及银行对账单的对账结果。双击【查询对账勾对情况】菜单，进入此功能界面。输入查询条件后，显示查询结果。用户可以通过单击“银行对账单”、“单位日记账”页签切换显示对账情况。

7. 核销已达账项

通过上述对账的结果和对账明细情况的查询，确信对账准确后，可通过“核销银行账”功能删除用于对账的银行日记账已达账项和银行对账单已达账项。对于一般企业来说，在银行对账正确后，如果想将已达账删除并只保留未达账时，可使用本功能。如果银行对账不平衡时，请不要使用本功能，否则将造成以后对账错误。

进入【核销银行账】菜单，选择要核销的银行科目，按【确定】后，即可核销已达银行账。核销不影响银行日记账的查询和打印。

8. 长期未达账项审计

此项功能用于查询至截止日期未达天数超过一定天数的银行未达账项，以便企业分析长期未达原因，避免资金损失。

选择【长期未达账审计】菜单，显示查询条件窗口。在此录入查询的截止日期，及至截止日期未达天数的最少天数，完成后显示查询结果。

5.3.4 期末处理

期末处理是指在将本月所发生的经济业务全部登记入账后所要做的工作，主要包括计提、分摊、结转、对账和结账。

由于期末业务具有较强的规律性，通过事先定义和设置，U8软件可以快速处理这些业务，不仅减轻了会计人员的工作量，而且有利于加强财务核算的规范性。第一次使用本系统的用户进入系统后，应先执行转账定义功能，用户在定义完转账凭证后，在以后的各月只需调用【转账凭证生成】即可。但当某转账凭证的转账公式有变化时，需先在【转账定义】下修改转账凭证内容，然后再进行转账生成。

1. 转账定义

定义自动转账分录的过程是将凭证的摘要、会计科目、借贷方向以及金额计算方法存储起来的过程。系统提供八种转账功能的定义：自定义比例结转、自定义转账、对应结转设置、销售成本结转设置、售价（计划价）销售成本结转、汇兑损益结转设置、期间损益结转设置、费用摊销和预提设置。下面介绍几种主要的设置方法。

（1）自定义转账设置。自定义转账功能可以完成的转账业务主要有：

- “费用分配”的结转，如：工资分配等；
- “费用分摊”的结转，如：制造费用等；
- “税金计算”的结转，如：增值税等；
- “提取各项费用”的结转，如：提取福利费等；
- “部门核算”的结转；
- “项目核算”的结转；
- “个人核算”的结转；
- “客户核算”的结转；
- “供应商核算”的结转。

用户可以通过以上定义设置符合自己核算需要的转账业务。主要操作步骤如下。

① 选择【转账定义】菜单下的【自定义转账】，显示自动转账设置窗口。

② 单击【增加】按钮，可定义一张转账凭证，弹出凭证主要信息录入窗口。

③ 输入转账序号、转账说明和凭证类别，单击【确定】按钮开始定义转账凭证分录信息。

④ 单击窗口上方的【增行】按钮，定义录入每笔转账凭证分录的摘要、会计科目。

⑤ 当录入的科目是部门、项目、个人、客户、供应商和自定义核算科目时，可参照输入信息；对于非上述类型的科目，此处可以不输入。

⑥ 方向：输入转账数据发生的借贷方向。

⑦ 公式：单击下拉按钮可参照录入计算公式（对于初级用户，建议您通过参照录入公式；对于高级用户，若已熟练掌握转账公式，也可直接输入转账函数公式）。

⑧单击【保存】按钮，保存自定义转账设置。

（2）对应结转设置。对应结转不可仅进行两个科目一对一结转，还提供科目的一对多结转功能，对应结转的科目可为上级科目，但其下级科目的科目结构必须一致（明细科目相同），如有辅助核算，则两个科目的辅助账类也必须一一对应。对应结转功能只结转期末余额。如果想结转发生额，可在前面的自定义转账中设置。

主要操作步骤如下。

① 选择【转账定义】菜单下的【对应结转】，显示对应结转设置窗口。

② 单击【增加】按钮，输入编号（指该张转账凭证的代号）、凭证类别、转出科目。

③ 单击【增行】按钮，输入转入科目编码、名称、转入辅助和结转系数。（转入科目取值=转出科目取值×结转系数，若未输入系统默认为1。）

④ 单击【保存】按钮，保存自定义转账设置。

（3）期间损益结转设置。用于在一个会计期间终了将损益类科目的余额结转到本年利润科目中，从而及时反映企业利润的盈亏情况。主要是对于管理费用、销售费用、财务费用、销售收入、营业外收支等科目的结转。

损益科目结转表中将列出所有的损益科目。如果希望某损益科目参与期间损益的结转，则应填写相应的本年利润科目。损益科目结转表每一行中的损益科目的期末余额将转到该行的本年利润科目中去。损益科目结转表中的本年利润科目必须为末级科目，且为本年利润入账科目的下级科目。

主要操作步骤如下。

① 选择【转账定义】菜单下的【期间损益】，显示期间损益结转设置窗口。

② 表格上方的本年利润科目是本年利润的入账科目，可参照录入。如果本年利润科目又分为多个下级科目，则可在下面表格中录入，并与相应的损益科目对应。

③ 在下面的对应结转表中录入明细级的本年利润科目。

④ 单击【确定】按钮，保存期间损益结转设置。

2. 转账生成

在定义完转账凭证后，每月月末只需执行转账生成功能即可快速生成转账凭证。在此生成的转账凭证将自动追加到未记账凭证中去。

由于转账是按照已记账凭证的数据进行计算的，所以在进行月末转账工作之前，必须先将所有未记账凭证记账，否则，生成的转账凭证数据可能有误。如果使用了应收、应付系统，未选择“权限选项”中的“查询客户往来辅助账”或“查询供应商往来辅助账”，那么，总账系统中，不能按客户、供应商进行结转。结转凭证不受金额权限控制，不受辅助核算及辅助项内容的限制。

主要操作步骤如下。

（1）单击【转账生成】菜单，显示转账生成界面，如图5-30所示。选择要进行的转账工作（如：自定义转账、对应结转、期间损益结转等），选择要进行结转的月份，双击要结转的凭证（背景显示黄色，“是否结转”栏显示“Y”）。

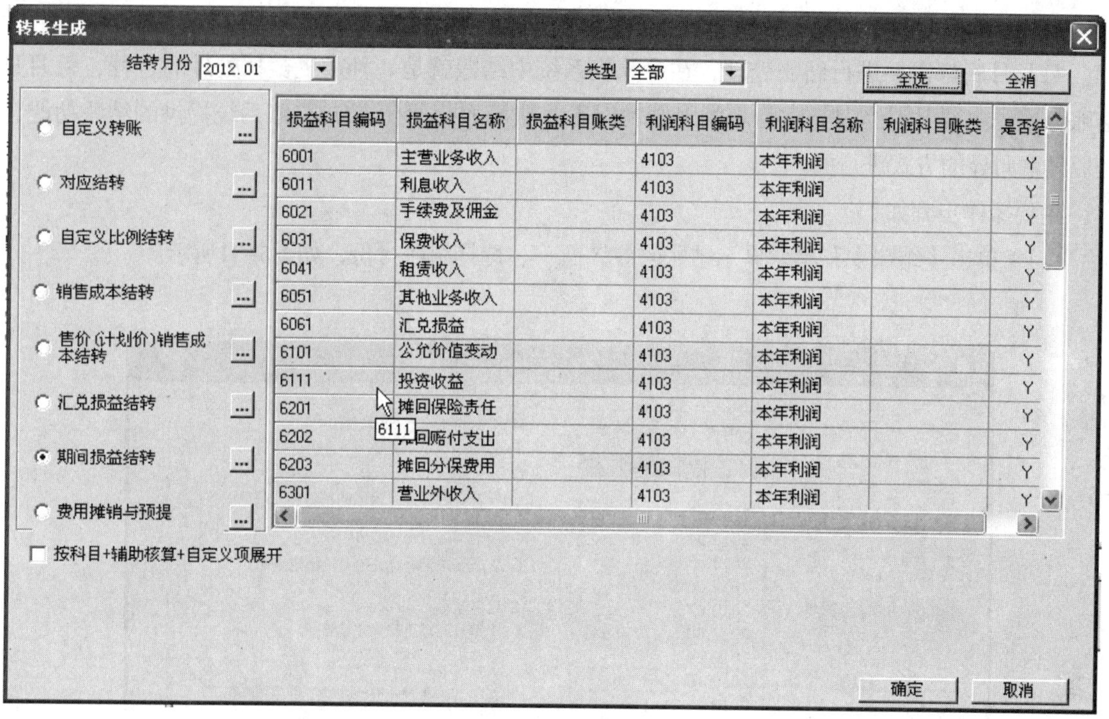

图5-30　转账生成界面

（2）选择完毕后，单击【确定】按钮。自定义结转时系统会要求输入结转比例和是否结转，再单击【确定】按钮，显示将要生成的凭证。其他结转则直接显示将要生成的转账凭证。

（3）当确定系统显示的凭证是希望生成的转账凭证时，按【保存】按钮将当前凭证追加到未记账凭证中。

3. 对账

对账是对账簿数据进行核对，以检查数据、记账是否正确，以及账簿是否平衡。它主要是通过核对总账与明细账、总账与辅助账数据来完成账账核对。为了保证账证相符、账账相符，应经常使用本功能进行对账，至少一个月一次，一般可在月末结账前进行。

主要操作步骤如下。

（1）单击【对账】菜单。

（2）选择核对内容：总账与明细账、总账与辅助账等。单击【选择】选择要进行对账的月份。

（3）选择是否检查科目档案辅助项与账务数据的一致性。

（4）单击【对账】按钮，系统开始自动对账。

（5）若对账结果为账账相符，则对账月份的对账结果处显示“正确”；若对账结果为账账不符，则对账月份的对账结果处显示“错误”，按【错误】显示“对账错误信息表”，可查看引起账账不符的原因。

（6）按【检查】按钮，检查凭证、明细账、总账及多辅助账各自数据的完整性。例如，凭证中是否有借必有贷，借贷必相等。

（7）按【试算】按钮，可以对各科目类别余额进行试算平衡。

4. 结账

每月月底都需要进行结账处理，在计算机系统中结账就是一种成批数据处理的过程，每月只结账一次，主要是对当月日常处理的限制和对下月账簿的初始化。U8总账系统提供的结账功能，是以结账向导的方式进行的。

主要操作步骤如下。

（1）单击【结账】菜单，显示结账向导界面一，选择结账月份，如图5-31所示。

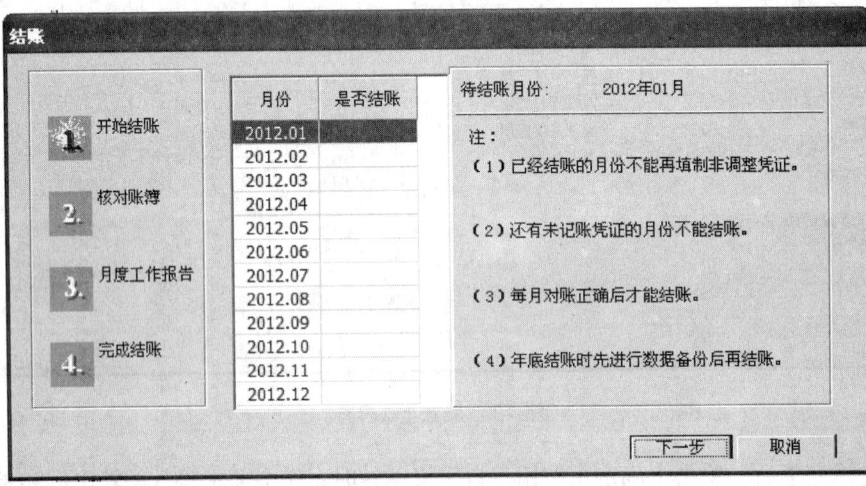

图5-31 结账向导界面一

（2）单击【下一步】，显示结账向导界面二——核对账簿，如图5-32所示。

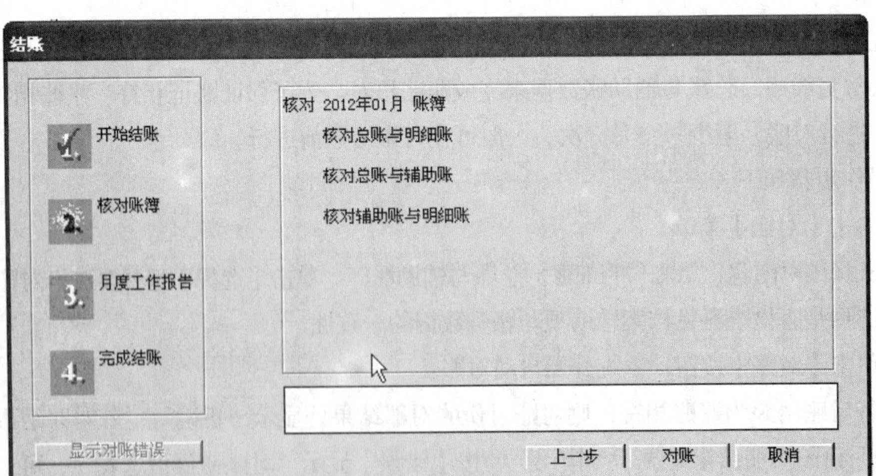

图5-32 核对账簿界面

（3）确认要核对的账簿，按【对账】按钮，系统对要结账的月份进行账账核对。

（4）单击【下一步】，显示结账向导界面三——月度工作报告，如图5-33所示。

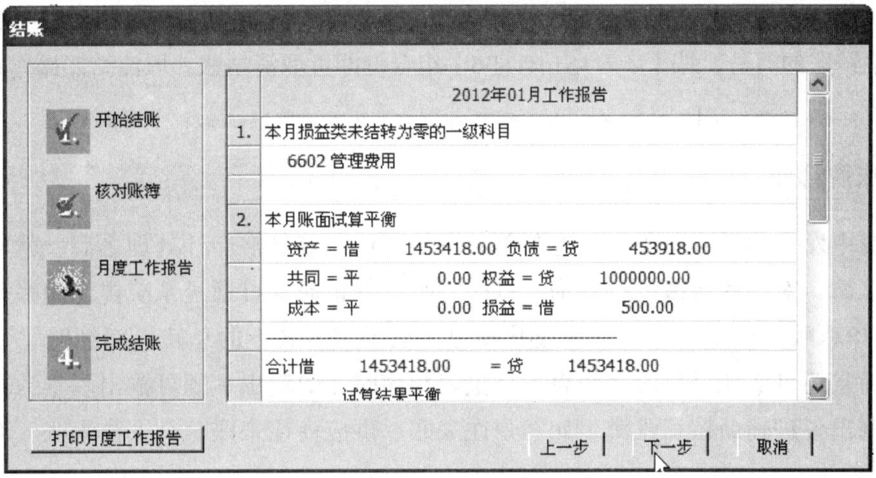

图5-33 月度工作报告界面

（5）查看工作报告后，用鼠标单击【下一步】，显示结账向导界面四——完成结账，如图5-34所示。按【结账】按钮，若符合结账要求，系统将进行结账，否则不予结账。可返回上一步月度工作报告，查看本月未完成工作。进行相应补充修改后，可再返回结账菜单，进行结账工作。

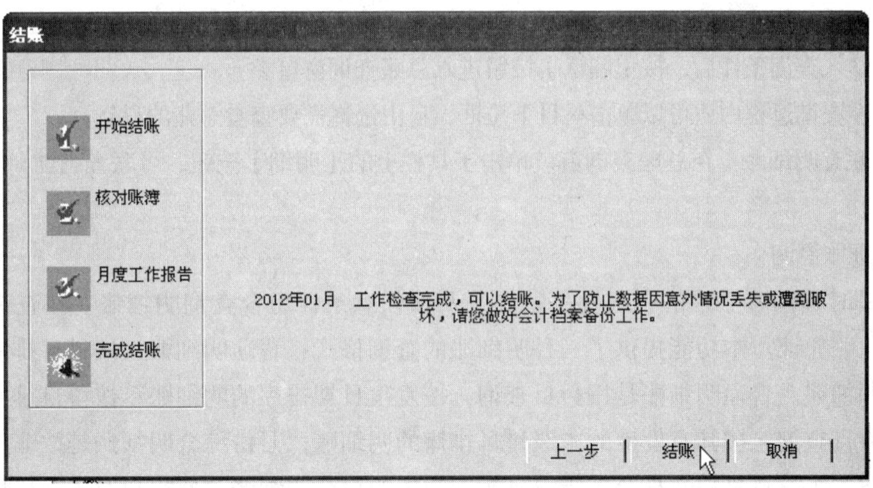

图5-34 完成结账界面

结账注意事项说明。

- 上月未结账，则本月不能记账，但可以填制、复核凭证。
- 本月还有未记账凭证时，则本月不能结账。
- 已结账月份不能再填制凭证。
- 若总账与明细账对账不符，则不能结账。
- 如果使用总账系统的同时还启用了其他如薪资管理、往来管理、固定资产管理等子系统，则需要这些子系统先结账，总账系统最后再结账。

当系统在结账时，有时会由于断电等特殊原因发生结账中断的情况，可能会造成数据的丢失和毁损，系统可提供取消结账功能，重新登录系统后，可重新结账。在结账向导界面一单击选择要取消结账的月份，按【Ctrl+Shift+F6】组合键即可取消结账。取消结账操作只能由账套主管来进行。

5.3.5 账簿管理

在企业中发生的经济业务，经过制单、审核、记账等日常会计处理之后，就可以生成正式的会计账簿。对这些账簿进行查询、打印、统计分析时，可通过系统提供的账簿管理功能来完成。U8总账系统中，不仅可生成并输出传统手工方式下的总账、明细账、多栏式账和日记账，而且还可实现科目的余额表、日报表和序时账的输出；既可输出基本的会计核算账簿，又可输出各种辅助核算账簿，如客户往来账、供应商往来账、个人往来账、部门账、项目账等。

1. 总账查询

总账查询不但可以查询各总分类账的年初余额、各月发生额合计和月末余额，而且还可联查下属所有级次明细分类账的年初余额、各月发生额合计和月末余额。

主要操作步骤如下。

（1）选择【账表】—【科目账】—【总账】菜单，显示总账查询条件窗口。

（2）可输入要查询的起止科目范围、科目级次、是否“包含未记账凭证”。

（3）输入查询条件后，按【确认】按钮进入总账查询窗口。

（4）在查询过程中，可以单击科目下拉框，自由选择需要查看总账的科目。

（5）联查明细账：在总账查询窗口单击工具栏上的【明细】按钮，可联查当前科目当前月份的明细账。

2. 明细账查询

用于平时查询各账户的明细发生情况，及按任意条件组合查询明细账。在查询过程中可以包含未记账凭证。本功能提供了三种明细账的查询格式：普通明细账、按科目排序明细账、月份综合明细账。普通明细账是按科目查询，按发生日期排序的明细账；按科目排序明细账是按非末级科目查询，按其有发生的末级科目排序的明细账；月份综合明细账是按非末级科目查询，包含非末级科目总账数据及末级科目明细数据的综合明细账，使用户对各级科目的数据关系一目了然。

主要操作步骤如下。

（1）选择【账表】—【科目账】—【明细账】菜单，在明细账查询条件窗口，输入要查询的科目起止范围、月份范围、是否“包含未记账凭证”。

（2）选择不同的排序方式，明细账以不同的排序形式显示输出。

（3）若想同时查看某月份末级科目的明细账及其上级科目的总账数据，则可选择“月份综合明细账”。

3. 日记账查询

用于查询库存现金和银行存款日记账，库存现金、银行存款科目必须在“会计科目”功能下的“指定科目”中预先指定。如要打印正式存档用的库存现金和银行存款日记账需要调用“打印现金日记账”和“打印银行存款日记账”功能进行打印。

主要操作步骤如下。

（1）选择【账表】—【科目账】—【日记账】菜单，显示日记账查询条件窗口，在条件窗口中选择科目范围、查询会计月份或查询会计日，显示日记账查询结果。

（2）双击某行或单击【凭证】按钮，可查看相应的凭证。单击【总账】按钮可查看现金科目的三栏式总账。单击【锁定】按钮则不可调整栏目列宽，单击【还原】按钮返回系统默认的列宽。单击【转换】按钮进行中英文科目名称转换。

【思考与练习】

1. 简述总账系统与其他系统的关系。
2. 描述会计科目设置的各项要求。
3. “选项”可以控制什么?
4. 总账系统中和凭证相关的业务处理环节包括哪些?
5. 期末转账如何实现?
6. 简述记账、对账、转账、结账的作用及其联系。
7. 总账系统不能结账的原因有哪些?
8. 按要求完成实验二和实验三。

实验二　总账初始化

实验目的

熟悉总账系统初始设置的主要内容和操作流程，掌握设置系统参数、增加和修改会计科目、核算项目、设置凭证类别、录入期初余额的操作。

实验任务

- 设置系统参数
- 增加、修改会计科目
- 设置项目档案
- 输入期初余额
- 设置凭证类别

实验准备

- 引入实验一“基础设置”账套备份数据
- 将计算机系统日期修改为2012年1月1日。

实验资料

总账初始化设置（以001用户身份登录）

1. 参数设置

- 制单序时控制
- 对资金及往来科目进行赤字控制，控制方式为“提示”
- 可以使用应收应付受控科目
- 不允许修改、作废他人填制的凭证
- 凭证号采用系统自动编号
- 出纳凭证必须经由出纳签字

2. 设置会计科目

在保留原有科目的基础上，增加、修改会计科目如下。

科目编码	科目名称	外币/单位	辅助账类型	余额方向	受控系统
1001	库存现金		指定科目	借	
1002	银行存款		指定科目	借	
100201	工行存款		指定科目	借	
100202	建行存款	美元	指定科目	借	
1121	应收票据		客户往来	借	应收款管理
1122	应收账款		客户往来	借	应收款管理
1123	预付账款		供应商往来	借	应付款管理
1221	其他应收款		个人往来	借	
1403	原材料				
140301	甲材料		数量（个）	借	
140302	乙材料		数量（个）	借	
1405	库存商品				
140501	A产品		数量（台）	借	
140502	B产品		数量（台）	借	
140503	C产品		数量（台）	借	
2201	应付票据		供应商往来	贷	应付款管理
2202	应付账款		供应商往来	贷	应付款管理
2203	预收账款		客户往来	贷	应收款管理
2221	应交税费				
222101	应交增值税			贷	
22210101	进项税额			贷	
22210102	已交税金			贷	
22210103	转出未交增值税			贷	
22210104	销项税额			贷	
222102	未交增值税			贷	

续表

科目编码	科目名称	外币/单位	辅助账类型	余额方向	受控系统
222103	应缴营业税			贷	
222104	应缴城建税			贷	
5001	生产成本				
500101	直接材料		项目核算	借	
500102	直接人工		项目核算	借	
500103	制造费用		项目核算	借	
5101	制造费用				
510101	工资		部门核算	借	
510102	福利费		部门核算	借	
510103	加班费		部门核算	借	
510104	折旧费		部门核算	借	
6001	主营业务收入				
600101	A产品		数量（台）	贷	
600102	B产品		数量（台）	贷	
600103	C产品		数量（台）	借	
6401	主营业务成本				
640101	A产品		数量（台）	借	
640102	B产品		数量（台）	借	
600103	C产品		数量（台）	借	
6601	销售费用				
660101	广告费				
6602	管理费用				
660201	工资		部门核算	借	
660202	福利费		部门核算	借	
660203	电话费		部门核算	借	
660204	折旧费		部门核算	借	
660205	办公费		部门核算	借	
660206	差旅费		部门核算	借	
660299	其他			借	
6603	财务费用				
660301	手续费			借	
660302	利息收入			借	
660303	利息支出			借	

3. 定义凭证类别

定义凭证类别为“记账凭证”。

4. 设置项目目录

增加项目大类。大类名称：“生产成本”。选择“普通项目”。项目级次：12。项目结构为默认值。

（1）选择核算科目：500101、500102、500103并单击【确认】按钮。

（2）项目分类：① 独立研发 ② 委托研发。

（3）项目目录（在维护中录入）： 101 A产品 独立研发。

102 B产品 独立研发

201 C产品 委托研发

5. 期初数据

（1）按下表录入会计科目余额。

科目编码	科目名称	外币/数量	汇率	方向	余额
1001	库存现金			借	30 000
100201	工行存款			借	60 000
100202	建行存款	28 800美元	6.25	借	180 000
1122	应收账款			借	157 600
1123	预付账款			借	20 000
1221	其他应收款			借	3 800
1231	坏账准备			贷	5 000
140301	甲材料	400		借	98 000
140302	乙材料	500		借	88 000
140501	A产品	50		借	200 000
140502	B产品	30		借	90 000
140502	C产品	20		借	80 000
1601	固定资产			借	1 112 500
1602	累计折旧			贷	184 607
1701	无形资产			借	300 000
2001	短期借款			贷	198 500
2202	应付账款			贷	276 850
4001	实收资本			贷	1 600 000
4002	资本公积			贷	173 443
500101	直接材料			借	1 500
500102	直接人工			借	15 000
500103	制造费用			借	2 000

（2）按下表录入1211原材料余额。

凭证号	名称	数量	方向	金额
	甲材料	400	借	98 000
	乙材料	500	借	88 000

（3）按下表录入1122应收账款明细余额表。

凭证号	客户单位名称	摘要	方向	金额
2011–12–13	华明公司	销售商品	借	99 600
2011–11–06	泽新工贸公司	销售商品	借	58 000

（4）按下表录入122101其他应收款——个人明细余额表。

凭证号	部门	职员	摘要	方向	金额
2011–12–01	采购一部	王平	出差借款	借	3 800

（5）按下表录入2202应付账款明细余额表。

凭证号	供应商单位名称	摘要	方向	金额
2011–12–10	中益公司	购买商品	贷	176 850
2011–11–01	巨明公司	购买商品	贷	100 000

（6）按下表录入2202预付账款明细余额表。

凭证号	供应商单位名称	摘要	方向	金额
2011–11–10	明德公司	购买商品预付款	借	20 000

项目目录期初余额都是项目B产品的余额。

注：期初余额录入时，白色的界面直接录入会计科目的数据；灰色的界面不需录入会计科目数据，是自动计算的；淡黄色的界面需双击录入相应辅助核算会计科目的明细余额。余额录入完成后，请试算平衡、对账。

实验要求

（1）按以上实验资料完成总账系统初始设置的相关内容。

（2）账套备份。完成实验任务后在“D:\111备份账套”文件夹中新建“总账初始化”文件夹，将账套输出至此文件夹。

（3）从“做什么，怎么做，为什么”的角度总结操作过程，撰写实验报告。

（4）考虑以下问题。当企业的物料和产品品种很多时，如何实现明细核算？有没有比设置明细科目更好的办法？

实验三　总账业务处理

实验目的

熟悉总账系统日常业务处理的主要内容和操作流程，掌握填制记账凭证、审核、记账、对账、转账、结账等日常处理、期末处理操作。

实验任务

- 填制凭证
- 出纳签字
- 主管签字
- 审核凭证
- 记账
- 期末处理
- 结账

实验准备

- 引入实验二“总账初始化”账套备份数据。
- 将计算机系统日期修改为2012年1月31日。

实验资料

1. 总账系统日常业务处理

（1）常用摘要如下。

摘要编码	摘要内容
01	购进库存商品
02	报销办公费用
03	固定资产计提折旧
04	销售商品

（2）填制凭证（以002身份登录）。

- 1月4日，从工行提取现金10 000元，用于日常费用开支。
- 1月5日，采购部王平报销差旅费3 600元，交还现金200元。
- 1月7日，业务一部支付电话费1 200元，以工行转账支票支付。票号：210。
- 1月10日，向明氏玛公司售出A产品25台，不含税单价5 000元/台，货款尚未收到（适用税率17%）。
- 1月13日，收到华明公司转账支票1张，金额99 600元，用以归还前欠货款。支票入工行账户。
- 1月19日，采购一部王平从中益公司购入甲材料100个，含税单价234元/个，货款暂欠，材料已验收入库（适用税率17%）。
- 1月20日，收到天山集团投资资金100 000美元，入建行美元账户。
- 1月22日，生产一部为生产A产品领用甲材料20个，用于A产品生产。（材料采用先进先出法

进行核算）

● 1月24日，购惠普打印机一台，价值2 852元，工行转账支票支付（票号342），打印机由财务部使用，使用年限5年，平均年限法计提折旧，净残值率3%。

● 1月25日，开出工行转账支票（票号343），支付业务一部当月广告费5 000元。

● 1月28日，为管理部门报销电话费用，其中财务部500元，仓储部600元，质检部800元，行政部400元。以现金支付。

● 1月29日，从建行美元账户售汇50 000美元，汇率6.25，所得人民币款项转入工行账户。

● 1月31日，收到工行转来的利息收入进账单一张，金额1 000元，款项工行已做处理。

（3）出纳签字（以003身份登录）。对当月相关凭证进行出纳签字，发现1号凭证的结算方式和票号信息未填。（现金支票，票号：XJ111）

（4）审核凭证（以001身份登录）。审核当月生成的记账凭证。

（5）记账（以001身份登录）。将上述所有凭证进行记账操作。

（6）记账后，发现1号凭证金额错误，应改为：从工行提取现金1 000元，用于日常费用开支。

2. 总账查询业务

查询下列账簿：

● 现金日记账

● 银行日记账（人民币、外币）

● 总账

● 余额表

● 明细账

● 序时账

● 多栏账

● 辅助账（客户往来、供应商往来、个人往来、部门、项目）

3. 总账期末业务处理

（1）自动转账处理。

① 自定义转账：2012年1月31日，计提短期借款利息，按短期借款期末余额的0.5%计提当月借款利息；（首先自定义转账定义，然后生成转账凭证，凭证审核、记账）

② 结转当期主营业务成本；（通过“销售成本结转”功能生成转账凭证，凭证审核、记账）

③ 期间损益结转：2012年1月31日，期间损益结转。（首先进行期间损益定义，然后生成转账凭证，再凭证审核、记账）

注：其中转账定义与转账生成以002的身份操作，其他审核、记账的操作员，同前面“日常业务处理”。

（2）对账。

（3）月末结账。

实验要求

（1）按以上实验资料完成总账业务处理的相关内容。

（2）账套备份。完成实验任务后在“D:\111备份账套”文件夹中新建“总账业务处理”文件夹，将账套输出至此文件夹。

（3）从“做什么，怎么做，为什么”的角度总结操作过程，撰写实验报告。

（4）回答以下问题。

- 在不同阶段发现记账凭证错误如何修改？
- 出纳需要对哪些凭证签字？
- 反结账和反记账功能应如何控制使用？

第6章 薪资管理

【学习目标】

薪资管理的功能包括企业薪资结算、薪资汇总、薪资费用分配、薪资发放管理、个人所得税核算、薪资统计分析等。

通过本章的学习掌握以下内容：

1. 理解薪资管理系统和其他系统的关联；
2. 理解工资账套、工资类别的作用；
3. 理解系统的初始设置；
4. 掌握工资计算公式的设置；
5. 掌握工资日常业务处理的过程和基本操作；
6. 掌握工资分摊设置和凭证生成；
7. 掌握个人所得税的计算；
8. 掌握系统结账要领。

薪资管理系统是用友ERP-U8的重要组成部分。它具有功能强大、设计周到、操作方便的特点，适用于各类企业、行政、事业与科研单位，并提供了同一企业采用多种工资核算类型的解决方案。

薪资管理系统可以根据企业的薪资制度、薪资结构设置企业的薪资标准体系，在发生人事变动或薪资标准调整时执行调资处理，记入员工薪资档案作为工资核算的依据；根据不同企业的需要设计工资项目、计算公式，更加方便地输入、修改各种工资数据和资料；自动计算、汇总工资数据，分摊工资、福利费等相关费用；进行月末、年末账务处理，并通过转账方式向总账系统传输会计凭证，向成本管理系统传输人工费用数据。

工资是企业在一定时间内支付给职工的劳动报酬，是企业进行各种费用计提的基础，也是直接影响产品核算成本的重要因素。因此，薪资管理是企业管理的重要组成部分。传统手工进行工资核算，需要占用核算人员大量的精力和时间，并且出错率比较高。采用薪资管理子系统进行工资核算可以有效提高工资核算的准确性，大大提高工作效率。

6.1 功能与结构

6.1.1 薪资管理系统的主要功能

薪资管理系统适用于各类企业、行政事业单位进行工资核算、工资发放、工资费用分摊、工资统计分析和个人所得税核算等。与总账系统联合使用，可以将工资凭证传输到总账系统中；与成本管理系统联合使用，可以为成本管理系统提供人员的人工费用。工资管理子系统的主要任务是正确计算职工工资，对职工工资总额实行计划管理，按工资的用途、部门进行汇总，并按一定的分配原则进行费用的计提和分配，同时，登录有关的总账和明细账。概括来说，薪资管理系统应具备以下主要功能，如图6-1所示。

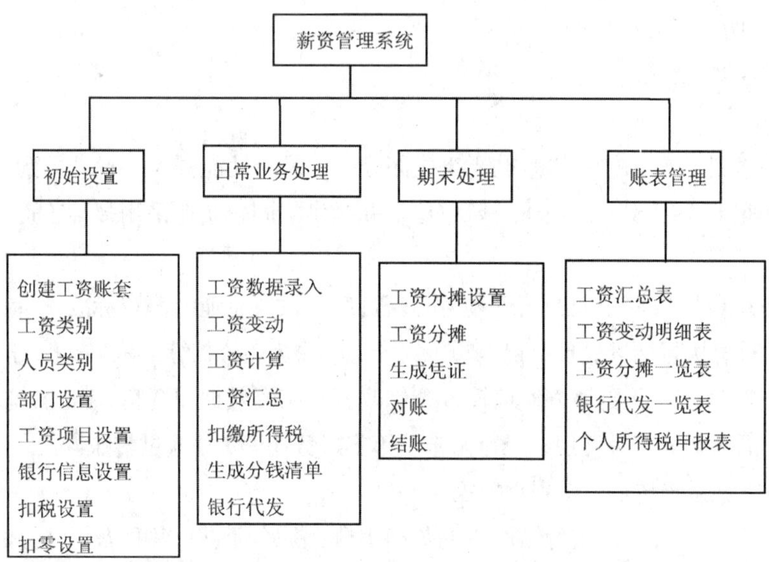

图6-1　薪资管理系统功能结构图

6.1.2 薪资管理系统与其他系统的关系

薪资核算是财务核算的一部分，其日常业务要通过记账凭证反映，薪资管理系统和总账系统主要是凭证传递的关系。工资计提、分摊的费用要通过制单的方式传递给总账系统进行处理。薪资管理系统与其他系统的关系如图6-2所示。

薪资管理系统与总账系统：薪资管理系统将工资计提、分摊结果自动生成转账凭证，传递到总账系统。

薪资管理系统与成本核算系统：薪资管理系统向成本核算系统传送人员的人工费用，成本核算系统向薪资管理系统提供计件工资标准。

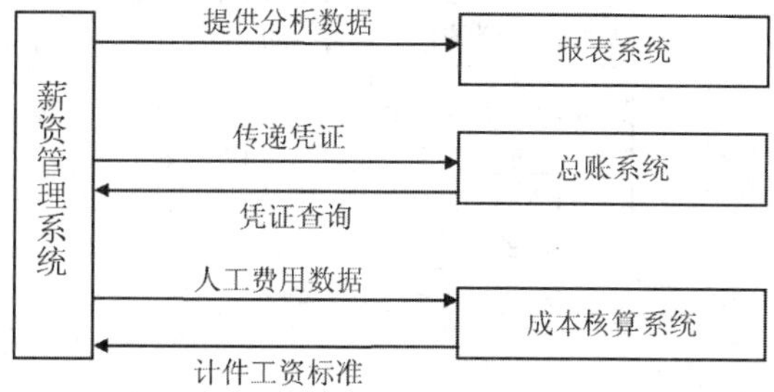

图6-2　薪资管理系统与其他系统的关系图

薪资管理系统与报表系统：薪资管理系统向报表系统传递报表分析数据。

6.2 信息处理流程

用友ERP—U8薪资管理系统可以提供两种工资核算解决方案：单类别工资核算和多类别工资核算。如果企业中所有人员的工资统一管理，而人员的工资项目、工资计算公式全部相同，则可按单类别工资核算方法建立薪资管理系统。如果企业按周或者一月多次发放工资，或者是有多种不同类别的人员，工资发放项目不尽相同，计算公式也不相同，但需进行统一的工资核算管理，则可按多类别工资核算方法建立薪资管理系统。

这两种方法的处理流程基本一致，都要按以下步骤进行：初始设置→日常业务处理→期末处理的信息处理。主要区别在于工资类别的设置和针对工资类别设置的工资项目和计算公式不同。单类别工资核算只设置一种工资类别，并且直接设置工资项目和工资计算公式。而多类别工资核算需要设置多种工资类别，并且针对每一种工资类别分别设置工资项目和工资计算公式。因此，下面的内容我们按照多类别工资核算进行说明，掌握了多类别工资核算的方法，单类别工资核算就很简单了。

需要特别说明的是，如果企业按周发放工资或一月发放多次工资，则工资核算方法的步骤与流程与多类别工资核算方法相同。

用友ERP－U8薪资管理系统可为以下工资核算形式提供解决方案。

- 所有人员统一工资核算的企业，使用单工资类别核算。
- 分别对在职人员、退休人员、离休人员进行核算的企业，可使用多工资类别核算。
- 分别对正式工、临时工进行核算的企业，可使用多工资类别核算。
- 每月进行多次工资发放，月末统一核算的企业，可使用多工资类别、多次发放核算。
- 企业有多个工厂，可以设置多个工资类别分别核算。
- 在不同地区有分支机构，而由总管机构统一进行工资核算的企业，可使用多工资类别核算。
- 高层管理人员可设置一个单独的工资类别核算。

薪资管理系统的主要信息处理流程如图6–3所示。

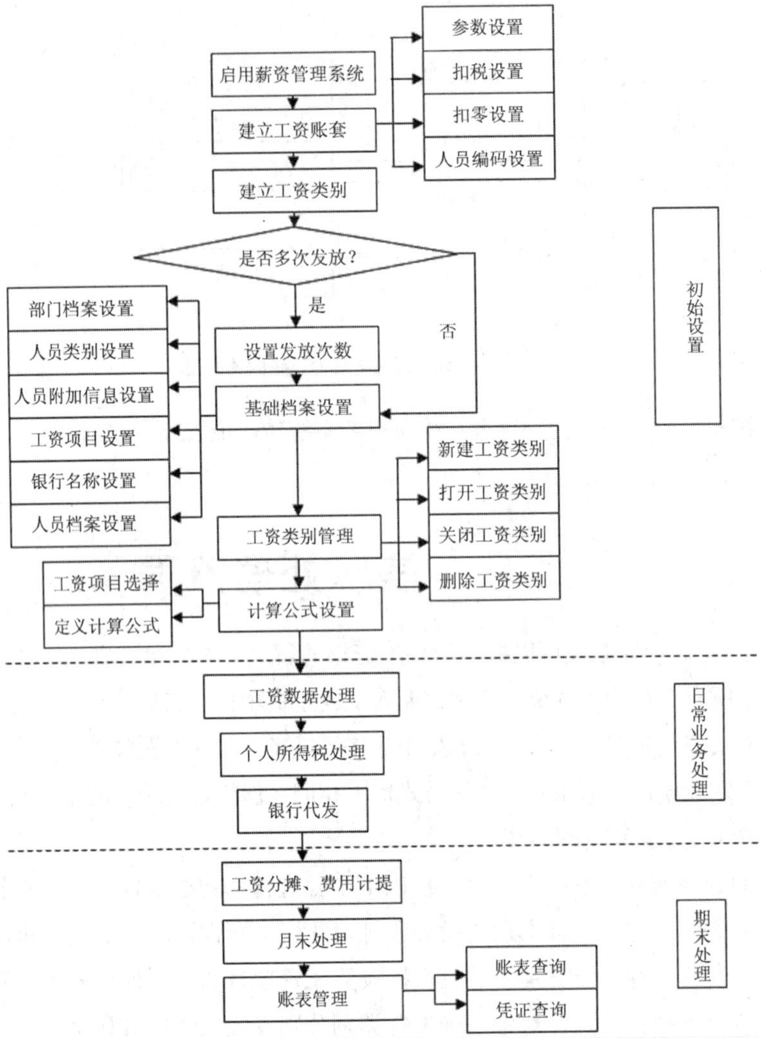

图6-3　薪资管理系统信息处理流程图

6.3 应用与管理

6.3.1 初始设置

1. 建立工资账套

建立工资账套是整个薪资管理正确运行的基础，将影响工资项目的设置和工资业务的具体处理方式。建立一个完整的账套，是系统正常运行的根本保证。可通过系统提供的建账向导，逐步完成整套薪资管理系统的建账工作。

选择【业务工作】—【人力资源】模块中的【薪资管理】子系统，当使用薪资管理系统时，如果所选择的账套为初次使用时，系统将自动进入建账向导窗口，如图6-4所示。系统提供的建账向导共分为四个步骤：参数设置、扣税设置、扣零设置、人员编码。

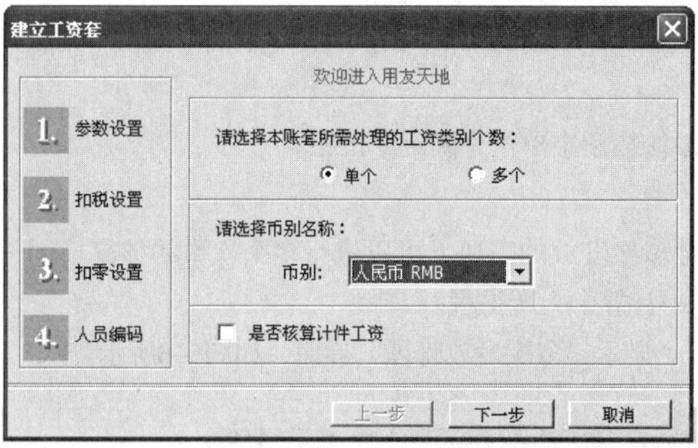

图6–4　建立工资套窗口

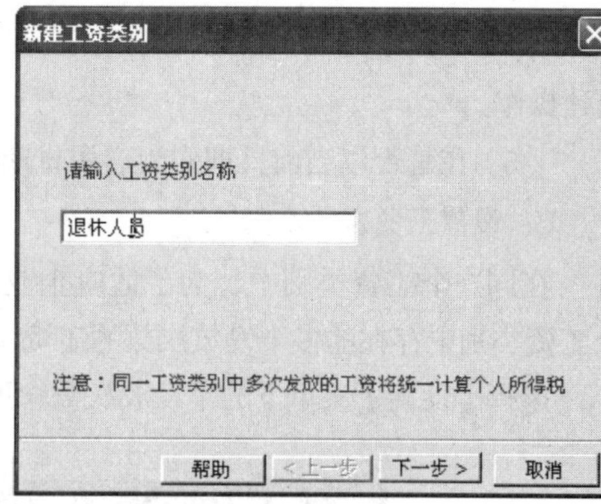

图6–5　新建工资类别窗口

（1）参数设置。选择本账套处理的工资类别个数；选择币种名称；确定是否核算计件工资，系统将根据此参数判断是否显示计件工资核算的相关信息。工资项目设置中会根据本参数判断是否显示“计件工资”项目；人员档案设置中会根据本参数判断是否显示“是否核算计件工资”选项。

（2）扣税设置。确定是否从工资中代扣个人所得税。若选择此项，工资核算时系统就会根据输入的税率自动计算个人所得税。

（3）扣零设置。确定是否进行扣零处理。若选择进行扣零处理，系统在计算工资时将依据所选择的扣零类型将零头扣下，并在积累成整数时补上。扣零的计算公式将由系统自动定义，不需设置。

（4）人员编码设置。本系统的人员编码与应用平台上基础设置中的人员编码保持一致。上述部分参数设置可以在【设置】菜单下的【选项】中进行设置、修改。

若当前账套已建立部门，则工资账套建立成功后，单击【确定】即可进入工资类别向导建立工资类别；但若尚未建立部门，用户应当退出新建工资类别界面，在建立部门后再运行【新建工资类别】功能，建立工资类别。

2. 建立工资类别

如果是单类别工资核算形式，则不需要此项操作。如果是多类别工资核算形式，才需要在此建立企业需要的工资类别。若当前账套为首次使用，在建立工资账套后，系统自动进入工资类别向导下的新建工资类别界面。也可在【工资类别】菜单下的【新建工资类别】中进入新建工资类别设置向导，如图6–5所示。

主要操作步骤如下。

（1）输入新建工资类别名称。工资类别名称最长不得超过15个汉字或30个字符。

（2）单击【下一步】按钮。

（3）选择新建工资类别所包含的部门。单击选中所要包含的部门。部门选择是指在某一工资类别下，选择该工资类别所包含的核算部门，为其他工资信息的输入做好准备。也可在【设置】菜单下的【部门设置】中进入“部门设置”窗口，进行部门的选择和取消。已使用的部门不能取消。在选中下级部门前，应先选中其上级部门。只有选中末级部门，才能进行人员数据的录入。

选中【选定下级部门】选项，表示如选中上级部门，则其所属的下级部门被全部选中。

单击【上一步】按钮，可返回上一级向导修改工资类别名称。

（4）单击【完成】按钮，则新工资类别建立成功并返回初始界面；单击【取消】按钮，则放弃新建操作。

（5）在是否以当前日期作为启用日期的系统提示中单击【确定】按钮。

3. 设置工资发放次数

在同一个工资类别中，为了适应企业薪金多次发放的需要，可以进行多个次数的核算。同一个工资类别中存在的多个发放次数的工资将统一计算个人所得税。

选择【设置】菜单下的【发放次数管理】，显示“多次发放管理”界面，如图6-6所示。

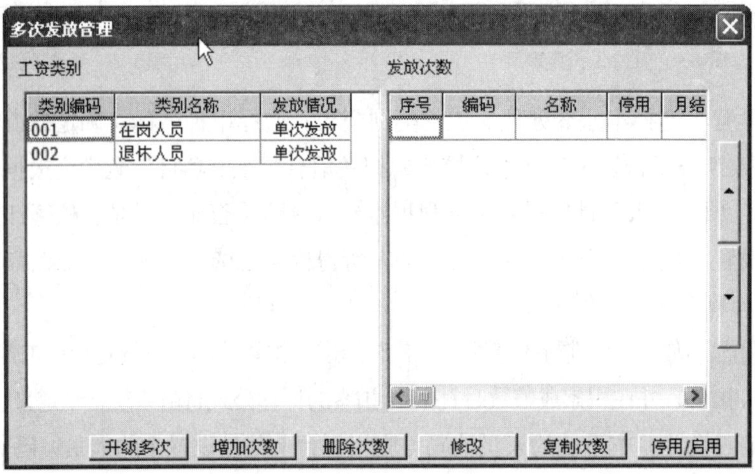

图6-6　多次发放管理界面

（1）升级为多次发放。

● 选中要升级为多次发放的工资类别。

● 单击【升级多次】按钮。

● 在增加的“本次发放名称”后的编辑框中输入发放次数的名称，单击【完成】按钮。

（2）新增发放次数。

● 选中多次发放的工资类别。

● 单击【新增次数】按钮。

● 在增加的“本次发放名称”后输入发放次数名称并单击【完成】按钮。

（3）复制发放次数。

如果新建发放次数的工资项目或工资数据等信息与本类别其他发放次数相同或相近时，可先将该次数下的相同信息复制过来。

● 先选中含有相关信息的发放次数。

● 单击【复制次数】按钮。

● 在弹出对话框中下拉选择要复制信息的发放次数编码，并在要复制的数据内容前的复选框里打勾，单击【确定】按钮即可。

（4）调整发放次数顺序。

对于多次发放的工资类别，可对该类别下的发放次数顺序进行调整：先选择多次发放的工资类别，再选择发放次数，通过单击右侧的▲、▼按钮调整发放顺序。

4. 设置基础档案

建立工资账套以后，要对整个薪资管理系统运行所需的一些基础信息进行设置，包括部门设置、人员类别设置、人员附加信息设置、工资项目设置、银行名称设置等。

（1）部门设置。设置部门档案是设置人员工资信息的基础，必须先设置部门编码方案，然后通过【基础设置】—【基础档案】—【部门档案】设置部门信息。参见前文“基础设置”部分，部门信息是共享数据，可以在其他子系统中共享使用。若在薪资管理系统中，必须打开某个工资类别，才可以进入【部门设置】菜单，系统显示属于本工资类别的各个部门。此时运行【部门设置】功能，可以进行某个部门的选择和取消操作。

（2）人员附加信息设置。除了人员档案中人员编号、人员姓名、所在部门、人员类别等这些基本信息外，企业为了进行人员管理可能还需要一些辅助管理信息，人员附加信息的设置就是设置附加信息的项目名称。本功能可用于增加人员信息，丰富人员档案的内容，便于对人员进行更加有效的管理。例如增加设置人员的性别、民族、婚否等信息项目。

选择【设置】菜单下的【人员附加信息设置】，进入“人员附加信息设置”窗口。

注意事项说明如下。

- 已使用过的人员附加信息不可删除，但可以修改。
- 当一个字段设置为“必输项”时，仅对以后增改人员档案时进行控制，以前已经存在的记录不做改变。
- 设置了与人员有基础对应关系的附加信息将对所有工资类别及发放次数中的人员附加信息有效。

（3）人员档案设置。人员档案的设置用于登记工资发放人员的姓名、职工编号、所在部门、人员类别等信息，设置人员档案有利于各部门对职工进行有效的管理。员工的增减变动都必须先在本功能中进行处理。人员档案的操作是针对于某个工资类别进行的，如果是多类别工资核算形式，则应先打开相应的工资类别，再进行人员档案的设置。人员档案也属于共享信息，可以选择使用前面基础设置中已经添加过的人员档案信息，如果想新增人员档案信息，也可在本项设置中进行。

选择【设置】菜单下的【人员档案】，显示“人员档案”列表，如图6-7所示。

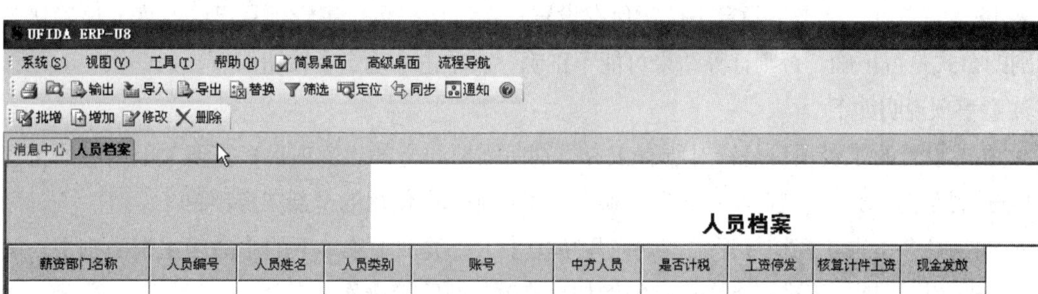

图6-7　人员档案列表

（4）工资项目设置。设置工资项目即定义工资项目的名称、类型、宽度，可根据需要自行设置工资项目。如：基本工资、岗位工资、伙食补贴、扣款合计等。

选择【设置】菜单下的【工资项目设置】，进入“工资项目设置”窗口，如图6-8所示。

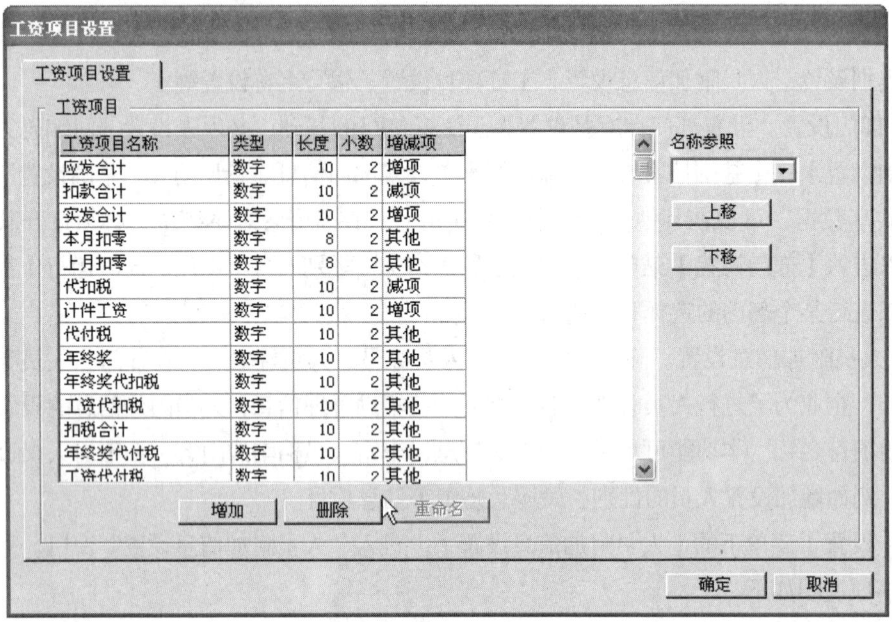

图6-8　工资项目设置窗口

主要操作步骤如下。

- 单击【增加】按钮，在工资项目列表末增加一空行。
- 直接输入工资项目或在“名称参照”中选择工资项目名称，并设置新建工资项目的类型、长度、小数位数和工资增减项。其中增项直接计入应发合计，减项直接计入扣款合计。若工资项目类型为字符型，则小数位不可用，增减项为其他。
- 利用界面上的向上、向下移动箭头可调整工资项目的排列顺序。
- “公式设置”页签可定义工资项目的计算公式。具体操作请参见下面的“设置计算公式”。注意如果人员档案中为空，则“公式设置”页签为灰色不可用状态。
- 若需继续设置新的工资项目，单击【增加】按钮新增一项目。
- 设置完毕后，单击【确定】按钮保存设置。系统会提示“工资项目已经改变，请确认各工资类别的公式是否正确，否则计算结果可能不正确”。单击【确定】按钮即可。

注意事项说明如下。

- 在此设置的工资项目是针对所有工资类别所需要的全部工资项目，需要关闭所有的工资类别，再进行操作。对于单工资类别而言，就是此工资账套所使用的全部工资项目。
- 如果是多类别工资核算形式，则应先单击【工资类别】菜单下的【关闭工资类别】，关闭当前使用的工资类别。再进行工资项目的增加、修改、删除等操作。
- 如果当前的状态是打开了某一种工资类别，则在【工资项目设置】窗口只能选择该工资类别需要使用的工资项目，而不能进行增加或修改工资项目的操作。

（5）银行名称设置。当企业发放工资采用银行代发形式时，需要确定银行的名称及账号的长度。银行名称设置可设置多个发放工资的银行，以适应不同的需要，例如，同一工资类别中的人员由于在不同的工作地点，需在不同的银行代发工资，或者不同的工资类别由不同的银行代发工资。

选择【设置】菜单下的【银行名称设置】，进入“银行名称设置”窗口。根据企业需要进行相关设置即可。

5. 工资类别管理

工资类别是指在同一套工资账中，根据不同情况而建立的工资数据管理类别。如某企业将正式员工和临时员工分设为两个工资类别，而这两个类别同时对应一套工资账。

（1）新建工资类别。若当前已打开一个工资类别，必须在关闭该工资类别后才可进行工资类别的新建工作。选择【工资类别】菜单下的【新建工资类别】，即可进入新建工资类别向导。【新建工资类别】的具体操作参见前文“初始设置”中的第2项“建立工资类别”的内容。

（2）打开工资类别。单击【工资类别】菜单下的【打开工资类别】，进入打开工资类别窗口，如图6-9所示。

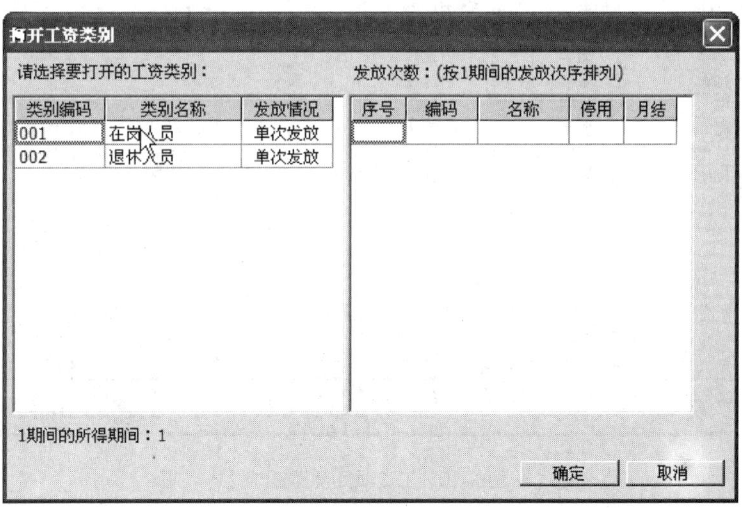

图6-9　打开工资类别窗口

选择要打开的工资类别，包含多个发放次数的再选择该类别下的具体发放次数，单击【确认】按钮即可。

打开工资类别列表界面只显示当前操作员有权限（薪资部门权限和工资项目权限）的工资类别。

（3）关闭工资类别。单击【工资类别】菜单下的【关闭工资类别】，即可关闭正在使用的工资类别及所有正在进行的操作。

（4）删除工资类别。若当前已打开一个工资类别，必须在关闭该工资类别后才可进行工资类别的删除工作。单击【工资类别】菜单下的【删除工资类别】，进入删除工资类别窗口。在列表中选择需要删除的工资类别，然后单击【确认】即可删除选中的工资类别。只有账套主管才可执行工资类别的删除操作。工资类别删除后数据不可恢复。

6. 设置计算公式

由于不同的工资类别，工资发放项目不尽相同，计算公式亦不相同，因此，在多类别工资核算的形式下，在进入某个工资类别后，应选择本工资类别所需的工资项目，并为此工资类别的工资项目设置计算公式。

（1）某工资类别下工资项目的选择。先打开某个工资类别，单击【设置】菜单下的【工资项目设置】，进入该工资类别的【工资项目设置】的窗口，如图6–10所示。注意此时的工资项目设置窗口比前面关闭工资类别时打开的工资项目设置窗口（也就是图6–8）多了一个“公式设置”页签。

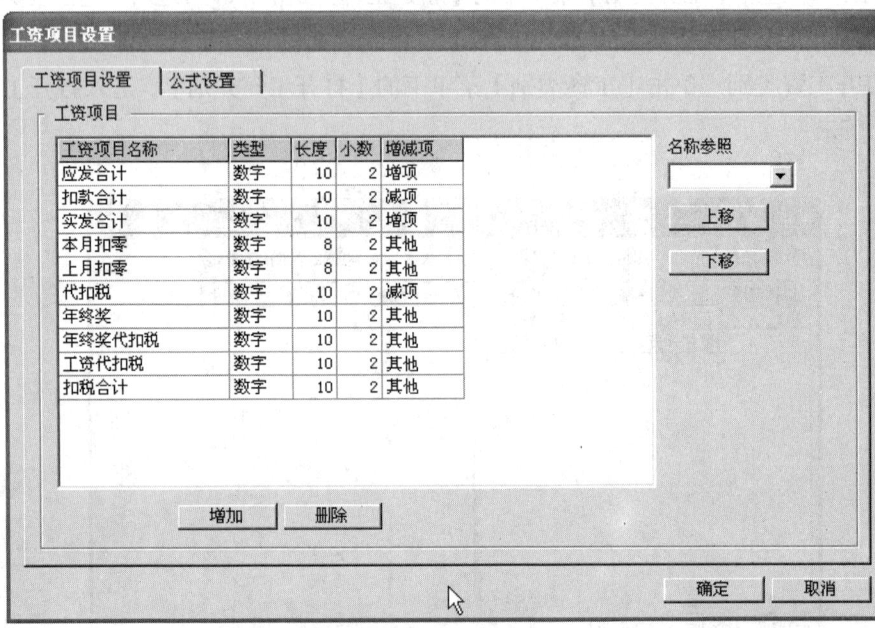

图6–10 工资项目设置窗口

单击【增加】按钮，在工资项目列表末增加一空行，并在“名称参照”中选择该工资类别需要的工资项目。这里只能选择前面已经设置好的工资项目，不可新增和修改。如果所需要的工资项目不存在，则要关闭本工资类别，然后在前面的工资项目设置中新增所需工资项目，再打开此工资类别进行选择。工资项目不能重复选择，项目一旦选择，即可进行公式定义。

（2）定义计算公式。定义工资项目的计算公式是指对工资核算生成的结果设置计算公式。设置计算公式可以直观地表示工资项目的实际运算过程，灵活地进行工资计算处理。

单击工资项目设置窗口中的“公式设置”选项卡可为工资项目定义计算公式，如图6–11所示。

主要操作步骤如下。

● 在下拉列表中选择需要设置计算公式的工资项目。

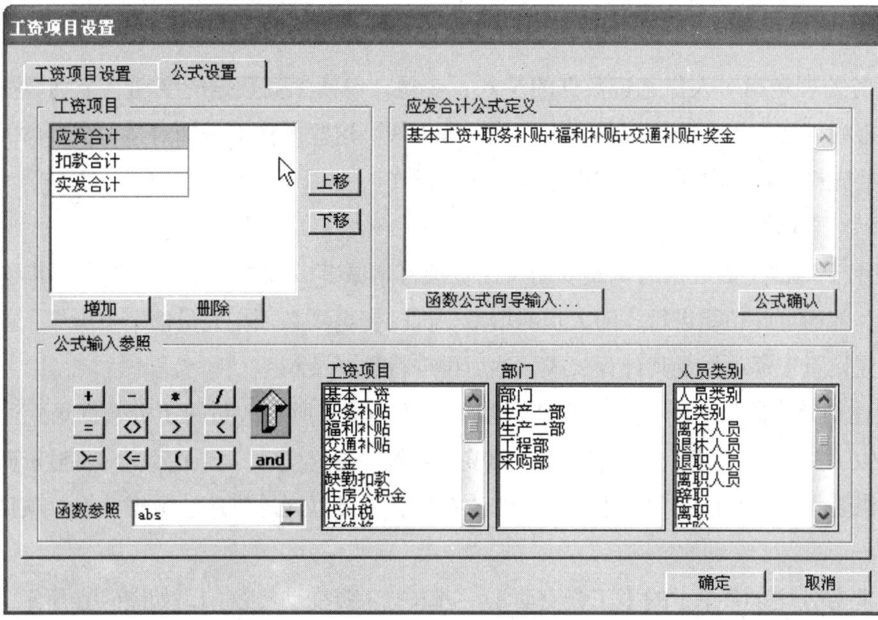

图6-11　公式设置界面

● 单击公式定义区，利用函数公式向导、公式输入参照、工资项目参照、工资人员档案项目、部门参照和人员类别参照编辑该工资项目的计算公式。另外，如果熟悉SQL语法和SQL函数，还可以定义符合SQL语法的计算公式（直接输入函数公式向导中没有列出的SQL函数）。

● 单击【确认】按钮，系统将对已设置公式进行合法性判断后保存。

● 用户可根据已设置的项目设置公式，相同的工资项目可以重复定义公式（即多次计算），但以最后的运行结果为准。利用移动箭头可调整计算公式的顺序。

注意事项说明如下。

● 定义工资项目计算公式要符合逻辑，系统将对公式进行合法性检查，不符合逻辑的系统将给出错误提示。

● 应发合计、扣款合计和实发合计公式不用设置。

● 工资项目中没有的项目不允许在公式中出现。

● 定义公式时要注意先后顺序，先得到的数据应先设置公式。应发合计、扣款合计和实发合计公式应是公式定义框的最后三个公式，并且实发合计的公式要在应发合计和扣款合计公式之后。可通过单击公式框的上下箭头调整计算公式顺序。如出现计算公式超长，可将所用到的工资项目名称缩短（减少字符数），或设置过渡项目。定义公式时可使用函数公式向导参照输入。

7. 选项设置

系统在建立新的工资账套后，如果由于业务的变更，发现一些工资参数与核算内容不符，可以在此进行工资账参数的调整，包括对以下参数的修改：扣零设置、扣税设置、参数设置、汇率调整。

选择【设置】菜单下的【选项】，进入“选项”窗口。单击【编辑】按钮即可对各种参数进行修改。

6.3.2　日常业务处理

日常业务处理是指对人员工资数据的录入、变动，包括工资数据的变动、个别数据修改、个人所得税的报税处理、工资分钱清单、银行代发等工作。这些操作都是针对某一个具体的工资类别的，所以需要先打开某一种工资类别再进行相应的操作。

1. 工资数据处理

本功能用于日常工资数据的调整变动及工资项目增减等。如平常水电费扣发、事病假扣发、奖金录入等，都通过此功能进行；而人员的增减、部门变更则必须在人员档案中操作。首次进入本功能前，需先设置工资项目及其计算公式，然后再进行数据录入。

完成上述初始设置后，第一次使用薪资管理系统必须将所有人员的工资数据录入计算机，平时如每月发生工资数据的变动也在此时进行调整。进入“工资变动”界面后，屏幕显示所有人员的所有项目可供查看。可直接在列表中录入、修改数据，也可以通过排序、数据替换、项目过滤等方法加快录入。

选择【业务处理】菜单下的【工资变动】，进入“工资变动”窗口，如图6–12所示。

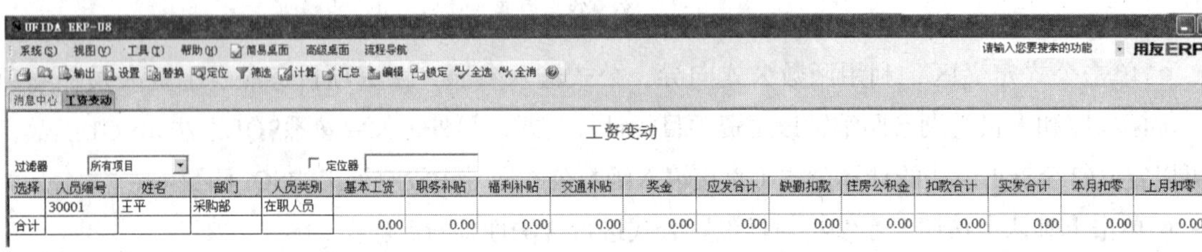

图6–12　工资变动窗口

（1）录入、修改工资数据。主要步骤如下。

① 在工资变动列表中选中需要编辑的人员所在行。

② 单击工具栏上的【编辑】按钮，或单击鼠标右键，在弹出的菜单中选择【页编辑】，进入页编辑窗口。

③ 双击需要编辑的项目所对应的内容栏，录入或修改当前人员的工资数据。

④ 这里只需输入没有进行公式定义的项目，其余各项由系统自动生成的公式计算。

⑤ 单击【保存】按钮保存数据。

⑥ 若需变更其他人员的工资数据，可单击【上一人】或【下一人】按钮找到需变更人员，然后重复步骤3至步骤5。

⑦ 单击【取消】按钮返回工资变动主界面。

（2）计算与汇总。在修改了某些数据，重新设置了计算公式，进行了数据替换或在个人所得税中执行了自动扣税等操作，必须调用“工资重算”和“工资汇总”功能对个人工资数据重新计算、汇总，以保证数据的正确性。如果工资变动后没有执行数据的计算和汇总，在退出“工资变动”窗口时，系统会提示是否进行工资计算和汇总。

单击鼠标右键，在弹出的菜单中选择【重新计算】，或单击工具栏上的【计算】按钮，计算工资数据。

单击鼠标右键，在弹出的菜单中选择【数据汇总】，或单击工具栏上的【汇总】按钮，汇总工资数据。

（3）排序。单击鼠标右键，在弹出的菜单中选择【排序】，并选择需排序的列及排序的方式。

● 按固定列排序（人员编号、人员姓名、部门）：按人员编号或按姓名或按部门进行升序或降序排列，有利于用户录入和查询工资数据。

● 按选择列排序：指除上述三个固定列以外，对选中的项目进行升序或降序排列，有利于用户录入和查询工资数据。

（4）工资数据替换。如果需按某个条件统一调整数据或者要对同一工资项目做统一变动，这时可使用数据替换功能。

单击工具栏上的【替换】按钮，进入数据替换窗口，设置替换条件后单击【确认】按钮。

2. 个人所得税处理

鉴于许多企事业单位计算职工工资薪金所得税工作量较大，本系统特提供个人所得税自动计算功能，用户只需自定义所得税率，系统自动计算个人所得税。这样既减轻了用户的工作负担，又提高了工作效率。同一工资类别下所有发放次数的工资统一计税；本期发放的以前所得期间的工资按所属期间计算本期应补缴的税额。

选择【业务处理】菜单下的【扣缴所得税】，首先进入“个人所得税申报模板”选择窗口，如图6-13所示。系统预置了多个地区的申报表模板，报表分为：个人信息登记表、扣缴个人所得税报告表和扣缴个人所得税汇总报告表。

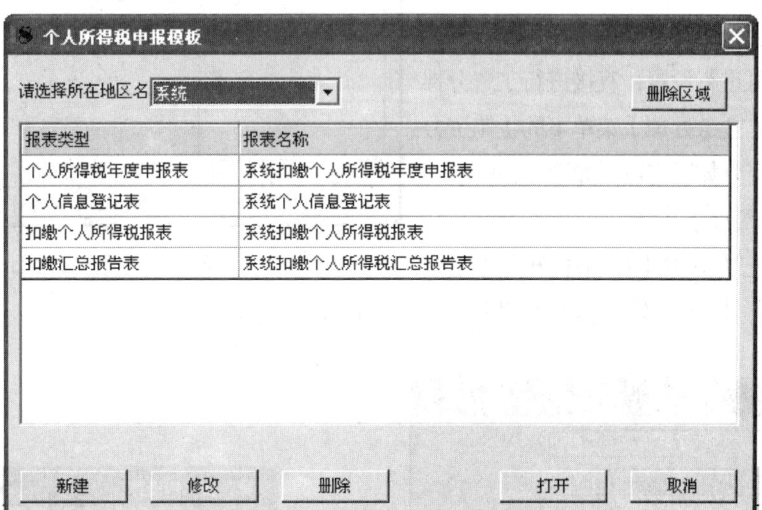

图6-13 个人所得税申报模板选择窗口

选择打开某一个报表类型，如扣缴个人所得税报表，设置申报表的过滤条件。单击【确定】按钮即可进入个人所得税扣缴申报表，如图6-14所示。

序号	纳税义务...	身份证照...	身份证号码	国家与地区	职业编码	所得项目	所得期间	收入额	免税收入额	允许扣除...	费用扣除...	准予扣除...	应纳税所...	税率	应扣税额	已扣税额	备注
1	王平	身份证					1	5300.00			2000.00		3300.00	15	370.00	370.00	
合计								5300.00			2000.00		3300.00		370.00	370.00	

图6–14　系统扣缴个人所得税报表

单击窗口上方的【税率】按钮，可以设置更改税率。

3. 银行代发

银行代发即由银行发放企业职工个人工资。目前许多单位发放工资时都采用银行卡方式。这种做法既减轻了财务部门发放工资的工作量，有效地避免了财务部门到银行提取大笔款项所承担的风险，又提高了对员工个人工资的保密程度。

选择【业务处理】菜单下的【银行代发】，系统要求选择部门范围。单击【确定】按钮后，如果是第一次运行【银行代发】功能，系统会自动弹出银行文件格式设置窗口。设置完成后，单击【确定】按钮，即可显示银行代发一览表。

6.3.3　期末处理

1. 工资分摊设置

首次使用工资分摊功能，应先进行工资分摊设置。所有与工资相关的费用及基金均需建立相应的分摊类型名称及分摊比例，如应付工资、应付福利费、工会经费等。以后再使用工资分摊功能，则不需要再进行设置，直接进行工资分摊操作即可。选择【业务处理】菜单下的【工资分摊】，进入“工资分摊”窗口，如图6–15所示。

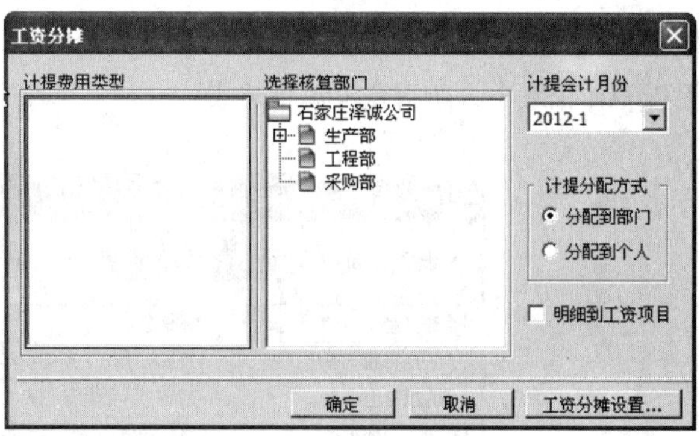

图6–15　工资分摊窗口

主要操作步骤如下。

（1）在【工资分摊】窗口中单击【工资分摊设置】按钮，进入“分摊类型设置”窗口，如图6–16所示。

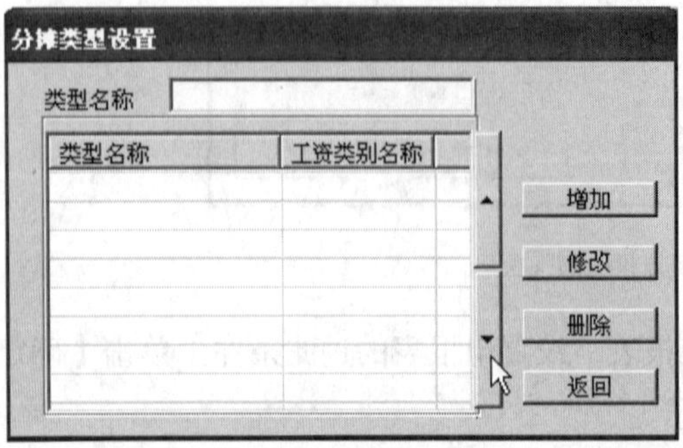

图6–16　分摊类型设置窗口

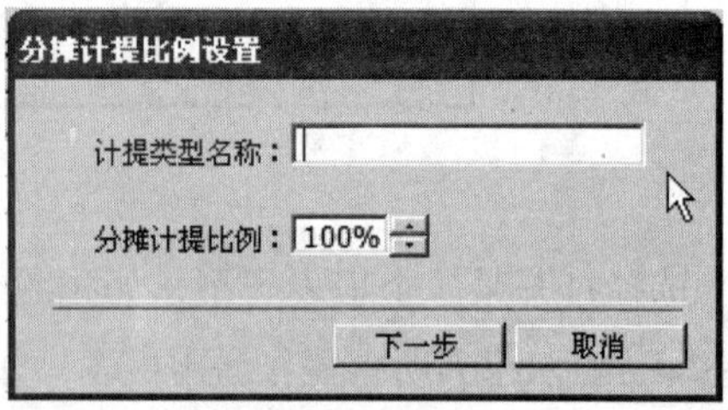

图6–17　分摊计提比例设置窗口

（2）单击【增加】按钮，新增一种工资分配计提类型，显示设置界面，如图6-17所示，输入计提类型名称和分摊计提比例。在“分摊类型设置”窗口，单击【修改】按钮可修改光标所在行的工资分配计提类型。单击【删除】按钮可删除光标所在行的工资分配计提类型。已分配计提的类型不能删除，最后一个类型不能删除。

（3）单击【下一步】按钮，进入分摊构成设置界面。

- 部门名称：选择部门，一次可选择多个部门。不同部门，相同人员类别可设置不同分摊科目。
- 人员类别：选择费用分配人员类别。
- 工资项目：对应选中的部门、人员类别，选择计提分配的工资项目。每个人员类别可选择多个计提分配的工资项目。工资项目包括本工资类别所有的增项、减项和其他项目。
- 借方科目：对应选中部门、人员类别的每个工资项目的借方科目。
- 贷方科目：对应选中部门、人员类别的每个工资项目的贷方科目。
- 项目大类：选择借贷方科目对应的项目大类。
- 项目：选择借贷方科目对应的项目大类中的具体核算项目。

（4）单击【完成】按钮，便可增加一个新的分摊类型。

2. 工资分摊

工资分摊是指财会部门根据工资费用分配表，将工资费用根据用途进行分配，并制作自动转账凭证，供总账系统记账处理之用。

主要操作步骤如下。

（1）选择【业务处理】菜单下的【工资分摊】，进入“工资分摊”窗口，如图6-18所示。

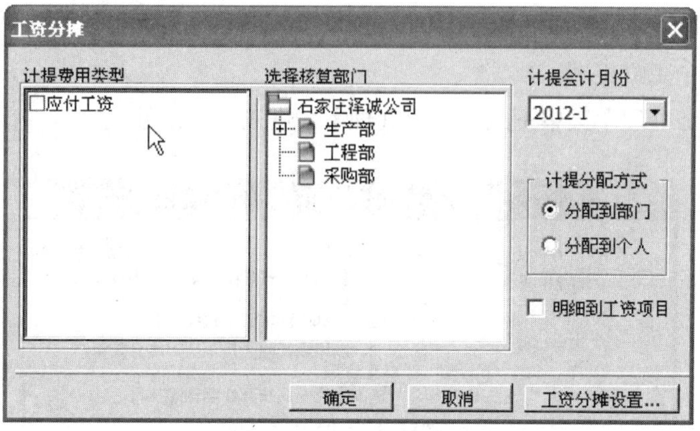

图6-18　工资分摊窗口

（2）若现有计提费用类型不能满足需求，可单击【工资分摊设置】进行工资类型、分摊计提比例和分摊构成的设置。

（3）选择参与本次费用分摊的计提费用类型、参与核算的部门以及计提月份、计提分配方式。

（4）确定是否明细到工资项目。若选中此项，则按工资项目明细列示分摊表格。

（5）单击【确定】按钮显示应付工资一览表。

3. 生成凭证

工资分配及费用分摊的结果最后应通过转账凭证的形式传递到总账。此处生成的转账凭证自动转入总账系统的未记账凭证库，记入总账。此张凭证既可在工资系统的“凭证查询”中查询，也可在总账系统的凭证库中查询。

在应付工资一览表界面的“类别”下拉框中选择需要生成凭证的分摊类型。

主要操作步骤如下。

（1）单击“应付工资一览表”窗口上方的【制单】按钮，或选择右键菜单【制单】，进入凭证填制窗口。

（2）选择凭证类别（转账）后，单击【保存】保存凭证。在界面左上角，系统将以红色字体显示已制单标记。

（3）批量制单：单击【批制】按钮，即可一次生成所有参与本次分摊的分摊类型所对应的凭证。

4. 月末处理

月末结转也就是结账工作，是将当月数据经过处理后结转至下月。每月工资数据处理完毕后均可进行月末结转。

由于在工资项目中，有的项目是变动的，即每月的数据均不相同，因此在每月进行工资的期末处理时，均需将其数据清为零，在以后的月份再重新输入当月的数据，此类项目即为清零项目。若不进行清零操作，则下月项目将完全继承当前月数据。

如当前工资类别启用审核控制，则所有数据都须经审核后才允许进行月末处理。

如果是多类别工资核算形式，当前工资类别结算完毕后，要再打开其他的工资类别分别进行月末结转。

主要操作步骤如下。

（1）打开某一个工资类别。

（2）选择【业务处理】菜单下的【月末处理】，进入“月末处理”窗口，如图6-19所示。

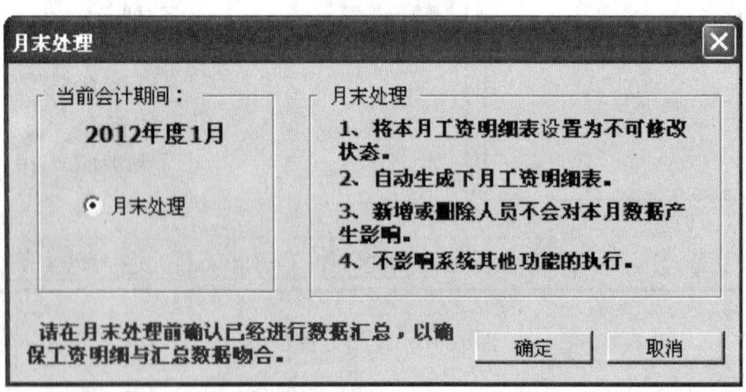

图6-19　月末处理窗口

（3）单击【确定】按钮，系统提示：“月末处理之后，本月工资将不许变动！继续月末处理吗？”单击【是】按钮，系统弹出窗口，如图6-20所示。

（4）如果选择“是”，则弹出“选择清零项目”窗口，如图6-21所示。完成后单击【确定】按钮，则继续进行月末结转。如果选择“否”，则直接进行月末结转。系统提示“月末处理完毕”。

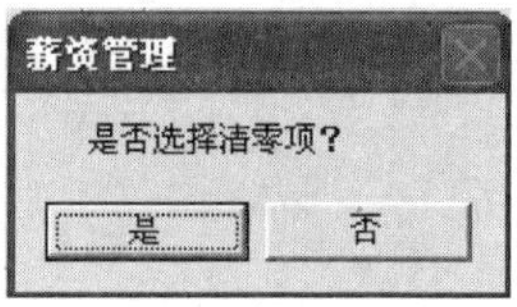

图6-20　薪资管理

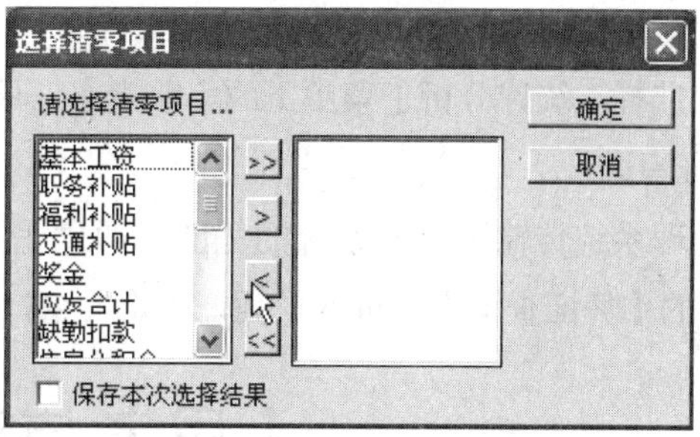

图6-21　选择清零项目窗口

注意事项说明如下。

- 月末结转只有在会计年度的1月至11月进行。
- 若本月工资数据未汇总，系统将不允许进行月末结转。
- 进行期末处理后，当月数据将不再允许变动。
- 月末结账后，对选择的需清零的工资项目，系统将予以保存，不用每月再重新选择。
- 月末处理功能只有主管人员才能执行。
- 在多次发放的工资类别下，各个发放次数的结账要按照“打开工资类别”界面中设置的顺序依次进行。同一个工资类别中必须将当月所有未停用的发放次数全部月结后，才能进行下月业务处理。

5. 反结账

在薪资管理系统进行了月末处理，也就是结账后，若发现还有一些业务或其他特殊原因需要在已结账月进行账务处理，此时需要使用反结账功能取消已结账标志。反结账操作需要登录已结账月的下一个月进行，而且只能由账套主管执行。

有下列情况之一，不允许反结账。

- 成本管理系统上月已结账。
- 总账系统上月已结账。
- 本月工资分摊、计提凭证传输到总账系统，如果总账系统已制单并记账，需做红字冲销凭证后，才能反结账；如果总账系统未做任何操作，只需删除此凭证即可。
- 如果凭证已经由出纳签字/主管签字，需取消出纳签字/主管签字，并删除该张凭证后，才能反结账。
- 必须在已结账月下月登录系统才能进行反结账操作。

6.3.4　账表管理

“我的账表”功能主要用于对工资管理系统中所有的报表进行管理，包括工资表和工资分析表两种报表类型。选择【统计分析】菜单下的【账表】，单击【我的账表】，进入“账表管理”窗口。

1. 工资表查询

工资表用于本月工资的发放和统计，本功能主要完成查询和打印各种工资表的工作。工资表包括工资发放签名表、工资发放条、工资卡、部门工资汇总表、人员类别工资汇总表等由系统提供的原始表。选择【统计分析】菜单下的【账表】，单击【工资表】，进入“工资表”窗口。

2. 凭证查询

薪资管理系统传输到总账系统的凭证，通过凭证查询来修改、删除和冲销等。选择【统计分析】菜单下的【凭证查询】，进入“凭证查询”窗口。

【思考与练习】

1. 简述薪资系统与其他系统的关系。
2. 什么是工资类别？其作用是什么？
3. 工资系统使用的基础档案有哪些？
4. 工资汇总的作用是什么？
5. 薪资系统生成的凭证包括哪些？
6. 薪资费用分摊如何实现？
7. 薪资系统账表包括哪些？如何生成和查询？
8. 按要求完成实验四。

实验四　薪资管理

实验目的

熟悉薪资管理系统初始设置和日常业务处理的主要内容和操作流程，掌握建立工资账套、工资类别、人员类别、设置工资项目、定义工资项目计算公式、工资核算和汇总、工资费用分摊和生成转账凭证、输出账表资料等操作方法。

实验任务

- 建立工资账套
- 基础设置
- 工资类别管理
- 设置在岗人员工资账套的工资项目
- 设置人员档案
- 设置计算公式
- 进行工资核算与管理
- 录入并计算1月份的工资数据
- 扣缴个人所得税
- 银行代发工资
- 分摊工资并生成转账凭证
- 月末处理

- 账表、凭证查询

实验准备

- 引入实验三“总账业务处理”备份数据。
- 将计算机系统日期修改为2012年2月1日。
- 以001身份登录“企业门户”中的“启用薪资管理系统”，启用日期：2012年2月1日。
- 由负责薪资管理的004用户以2012年2月1日登录“薪资管理”。

实验资料

泽诚有限公司从2012年2月1日起启用薪资管理系统进行会计处理。

1. 工资初始化

（1）启用工资系统。工资类别选择多类别，（建立“管理人员”、“生产人员”）；核算计件工资、扣税、扣零至元；银行代发，人员编码5位。

（2）工资类别。建立两个工资类别。

① 管理人员类别。所属部门为除了生产一部和生产二部以外的所有部门，启用日期为2012年2月1日。

② 生产人员类别。所属部门为生产一部、生产二部，启用日期为2012年2月1日。

（3）基础档案设置。

① 部门档案。

进入【设置】—【基础档案】—【机构人员】菜单，按下表录入部门档案。如果已经在基础档案设置中录入过，则现在不需再录入，但是若单独启用薪资管理系统需要在此录入部门档案。

部门编码	部门名称	成立日期
1	生产部	2012年2月1日
101	生产一部	2012年2月1日
102	生产二部	2012年2月1日
2	工程部	2012年2月1日
3	采购部	2012年2月1日
301	采购一部	2012年2月1日
302	采购二部	2012年2月1日
4	业务部	2012年2月1日
401	业务一部	2012年2月1日
402	业务二部	2012年2月1日
5	财务部	2012年2月1日
6	仓储部	2012年2月1日
7	质检部	2012年2月1日
8	行政部	2012年2月1日

② 人员档案。

A. 按下表设置管理人员类别人员档案。如果在总账系统中已经设置过人员档案，则在此只需使用“批增”功能，将已经设置的人员档案添加到薪资系统中即可，不需再重复设置。

部门编码	部门名称	人员		人员类别	性别	生效日期	业务或费用部门	是否业务员	银行名称	银行账号
2	工程部	20001	张山	在职人员	男	2012-01-01	工程部	否	工商银行	00000000201
301	采购一部	30001	王平	在职人员	女	2012-01-01	采购部一部	是	工商银行	00000000202
302	采购二部	30002	张明	在职人员	男	2012-01-01	采购部二部	是	工商银行	00000000203
401	业务一部	40001	雷磊	在职人员	男	2012-01-01	业务一部	是	工商银行	00000000204
402	业务二部	40002	何亮	在职人员	男	2012-01-01	业务二部	是	工商银行	00000000205
5	财务部	50001	张光	在职人员	男	2012-01-01	财务部	否	工商银行	00000000206
5	财务部	50002	李琳	在职人员	女	2012-01-01	财务部	否	工商银行	00000000207
5	财务部	50003	王成	在职人员	男	2012-01-01	财务部	否	工商银行	00000000208
5	财务部	50001	张强	在职人员	男	2012-01-01	财务部	否	工商银行	00000000209
5	财务部	50002	李霞	在职人员	女	2012-01-01	财务部	否	工商银行	00000000210
6	仓储部	60001	马明	在职人员	男	2012-01-01	仓储部	否	工商银行	00000000211
7	质检部	70001	张童	在职人员	女	2012-01-01	质检部	否	工商银行	00000000212
8	行政部	80001	丁洋	在职人员	女	2012-01-01	行政部	否	工商银行	00000000213

B. 按下表设置生产人员类别档案。

部门编码	部门名称	人员		人员类别	性别	生效日期	业务或费用部门	是否业务员	银行名称	银行账号
101	生产一部	10001	王力	在职人员	男	2012-01-01	生产一部	否	工商银行	00000000101
102	生产二部	10002	李飞	在职人员	男	2012-01-01	生产二部	否	工商银行	00000000102

③ 修改工资代发银行文件格式：需要进入某一具体工资类别再设置。银行模板：选择“中国工商银行”，其他信息默认即可。

④ 按下表设置工资项目。

工资项目	类型	长度	小数点	增减及其他
基本工资	数字	10	2	增项
岗位工资	数字	10	2	增项
岗位津贴	数字	10	2	增项
住房补贴	数字	8	2	增项
交补	数字	8	2	增项
加班费	数字	8	2	增项
应发合计	数字	10	2	增项
病假天数	数字	4		其他
病假扣款	数字	8	2	减项
事假天数	数字	4		其他
事假扣款	数字	8	2	减项
扣公积金	数字	8	2	减项
扣款合计	数字	8	2	减项
扣税基础	数字	8	2	其他
实发合计	数字	10	2	增项

A. 进入管理人员类别。进入【薪资管理】—【工资类别】—【打开工资类别】菜单选择“管理人员工资类别”后，在【系统菜单】—【设置】—【工资项目设置】菜单中设置工资项目及公式定义如下。

工资项目：选择所有工资项目（从右边“名称参照”的下拉菜单中选择）。

公式定义如下。

- 扣税基础 = 基本工资 + 岗位工资 + 岗位津贴 + 住房补贴+加班费
- 病假扣款 = 病假天数 × 5
- 事假扣款 = 事假天数 × 15

● 扣公积金=（基本工资＋岗位工资）×0.07

● 住房补贴=iff（部门=“仓储部”，500，iff（部门=“财务部”，400，iff（部门=“工程部”，600，300）））

● 交补=iff（人员类别=“在职人员”，30，0）

B. 进入生产人员类别。进入【薪资管理】—【工资类别】—【打开工资类别】菜单选择“生产人员工资类别”后，在【系统菜单】—【设置】—【工资项目设置】菜单中设置工资项目及公式定义如下。

工资项目：选择所有工资项目。

公式定义如下。

● 扣税基础＝基本工资＋岗位工资＋岗位津贴＋住房补贴

● 病假扣款＝病假天数×10

● 事假扣款＝事假天数×15

● 岗位津贴=iff（部门=“生产一部”，600，500）

● 扣公积金=（基本工资＋岗位工资）×0.07

● 住房补贴=iff（部门=“生产一部”，50，60）

● 交补= iff（人员类别=“在职人员”，50，0）

2. 工资业务处理

（1）人员工资数据录入（进入具体工资类别）

① 进入【系统菜单】—【工资类别】—【打开工资类别】菜单选择“管理人员工资类别”。

进入【系统菜单】—【业务处理】—【工资变动】中按下表录入管理人员类工资项目数据。

部门	姓名	基本工资	岗位工资	岗位津贴	住房补贴	交补	病假天数	病假扣款	事假天数	事假扣款
工程部	张山	2 800	290	320			4		2	
采购一部	王平	2 700	280	320			4		2	
采购二部	张明	2 800	290	320						
业务一部	雷磊	3 200	295	320			4			
业务二部	何亮	2 500	300	320					2	
财务部	张光	3 000	300	320						
财务部	李琳	2 500	290	320			3		2	
财务部	王成	2 400	280	320						
财务部	张强	2 300	280	320						
财务部	李霞	2 200	280	320						
仓储部	马明	2 300	295	320						
质检部	张童	2 800	295	320						
行政部	丁洋	2 300	280	320						

注：其他未列出工资项目为自动计算出来的，无需输入。

② 进入【系统菜单】—【工资类别】—【打开工资类别】菜单选择“生产人员工资类别”。进入【系统菜单】—【业务处理】—【工资变动】中录入生产人员类工资表如下。

姓名	基本工资	岗位工资	岗位津贴	住房补贴	交补	病假天数	病假扣款	事假天数	事假扣款
王力	3 200	500	600			1			
李飞	3 000	400	500					2	

注：其他未列出工资项目为自动计算出来的，不需输入。

（2）计算个人所得税（进入具体工资类别）。修改 “扣税基数”为3500元（在“选项”中修改）。计算个人所得税，然后到“工资变动”中重新计算工资项目。

（3）查询银行代发（进入具体工资类别）。

（4）打印工资报表（进入具体工资类别）。重算工资并打印工资表及工资条。

（5）汇总工资类别。

① 关闭所有工资类别后，进入【系统菜单】—【维护】—【工资类别汇总】菜单中，选择“管理人员”、“生产人员”两种工资类型汇总生成汇总工资类别。

② 选择“汇总工资类别”，进入【系统菜单】—【业务处理】—【工资变动】菜单，单击【汇总】按钮，先汇总一下工资数据。

③ 进入【系统菜单】—【业务处理】—【工资分摊】菜单下，进行工资分摊设置，按应发合计数计提应付工资和14%的应付福利费，再进行工资分摊，并生成相关凭证。

（6）月末处理。结账，将“病假天数”、“事假天数”、“病假扣款”、“事假扣款”、“计件工资”设为清零项。

注意：相关会计科目的部门核算要到总账中去设置。

实验要求：

（1）按以上实验资料完成薪资业务处理的相关内容。

（2）账套备份。完成实验任务后在“D:\111备份账套”文件夹中新建“工资”文件夹，将账套输出至此文件夹。

（3）从“做什么，怎么做，为什么”的角度总结操作过程，撰写实验报告。

（4）回答以下问题。

- 薪资管理系统生成的凭证有哪些？传递到哪里？
- 薪资汇总工资分摊的顺序是什么？

第7章 固定资产管理

【学习目标】

固定资产管理是企业资产管理的重要内容之一，固定资产管理系统的主要作用是完成企业固定资产日常业务的核算和管理，包括固定资产卡片管理、固定资产增减变动业务处理、计提折旧、固定资产账表管理等。

通过本章的学习掌握以下内容：

1. 理解固定资产管理系统的功能结构；
2. 理解固定资产管理系统和其他系统的关联；
3. 理解固定资产管理系统初始化的内容及作用；
4. 掌握系统的初始设置；
5. 掌握固定资产卡片录入和管理的基本操作；
6. 掌握固定资产增减变动业务处理；
7. 掌握折旧计提的条件及程序；
8. 理解固定资产管理系统对账；
9. 掌握系统制单；
10. 掌握系统结账要领。

固定资产是企业经营不可缺少的物资条件，是发展经济的物资技术基础。合理、有效地组织固定资产的核算工作，对于保证其安全性和完整性，并充分发挥其效能，保证再生产的资金来源都具有其重要的意义。

固定资产系统是一套用于各类企业和行政事业单位进行固定资产核算和管理的软件，能够帮助企业进行固定资产净值、累计折旧数据的动态管理，协助企业进行部分成本核算，协助设备管理部门做好固定资产管理工作。

ERP-U8中的固定资产管理系统的主要作用是完成企业固定资产日常业务的核算和管理，生成固定资产卡片，按月反映固定资产的增加、减少、原值变化及其他变动，并输出相应的增减变动明细账，按月自动计提折旧，生成折旧分配凭证，同时输出相关的报表和账簿。

7.1 功能与结构

7.1.1 固定资产系统的模块结构

固定资产系统适用于各类企业和行政事业单位，主要提供资产管理、折旧计算、统计分析等功能。其中资产管理主要包括原始设备的管理、新增资产的管理、资产减少的处理、资产变动的管理等，并提供资产评估及固定资产减值准备功能，支持折旧方法的变更；可按月自动计提折旧，生成折旧分配凭证，同时输出有关的报表和账簿。固定资产系统可用于进行固定资产总值、累计折旧数据的动态管理，协助设备管理部门做好固定资产实体的各项指标的管理、分析工作。固定资产系统功能模块结构如图7–1所示。

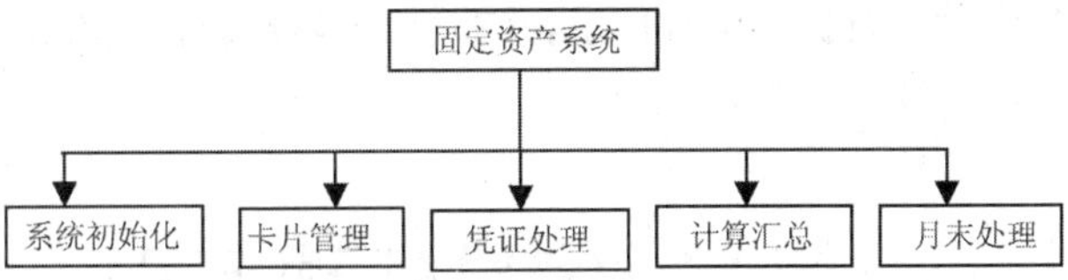

图7–1 固定资产系统功能模块结构

（1）系统初始设置。设置固定资产项目、屏幕输入格式、报表打印格式、固定资产分类、部门分类、计算公式、检验关系及自动转账项目等。

（2）卡片管理。设置固定资产卡片格式，对固定资产卡片进行存储和管理，使用者能灵活地进行增加、删除、修改、查询，按月汇总出分部门、分类别的固定资产汇总数、打印卡片汇总表等。

（3）凭证处理。输入、修改及删除固定资产增减变动记录。根据固定资产投资转入、购建、清理、报废等凭证自动进行固定资产增减变动的核算。自动更新固定资产卡片，登记固定资产明细账，按月汇总出分部门、分类别、分增减变动种类的汇总数据，并可生成增减变动汇总表和增减变动明细表。

（4）计算汇总。按照系统初始设置的运算关系进行运算，自动计算固定资产折旧、固定资产净值、生成计提折旧分配表等，并逐级汇总得到相应的固定资产报表等。

（5）月末处理。按照在系统初始化中设置的自动转账的方式，利用汇总运算所得到的分类汇总数据，自动编制转账凭证，并转到总账系统的临时记账凭证文件夹中。

7.1.2 固定资产管理系统与其他系统的关系

本系统与其他子系统的接口主要涉及的是总账系统。本系统资产增加（录入新卡片）、资产减少、卡片修改（涉及原值或累计折旧时）、资产评估（涉及原值或累计折旧变化时）、原值变动、累计折旧调整、计提减值准备调整、转回减值、准备调整、折旧分配都要将有关数据通过记账凭证的形式传输到总账系统，同时通过对账保持固定资产账目的平衡。固定资产管理系统与其他系统的关系，如图7–2所示。

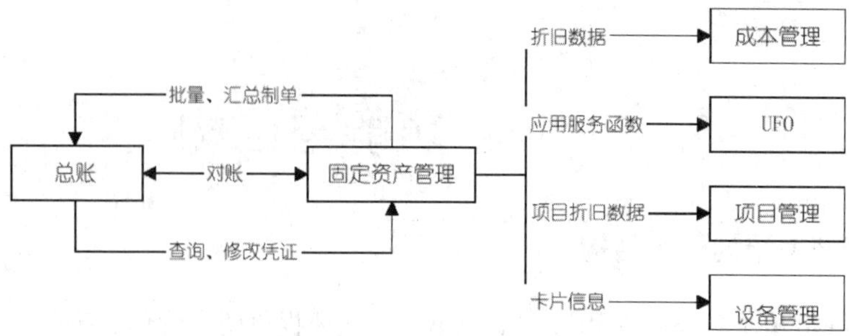

图7-2　固定资产管理系统与其他系统的关系

（1）与总账子系统接口：提供批量制单功能和汇总制单功能，提高效率；系统自动制作凭证，并传送到总账系统；提供传输到总账系统的凭证的查询功能；提供固定资产系统和总账的对账功能；本系统制作的凭证在本系统可修改和删除。

（2）与其他子系统接口：本系统为成本管理系统和UFO提供数据支持；向项目管理系统传递项目的折旧数据；向设备管理系统提供卡片信息；同时还可以从设备管理系统导入卡片信息。

7.2 信息处理流程

根据企业会计制度的规定，不同性质的企业固定资产的会计处理方法不同。本系统提供两种应用方案：一种是行政事业单位应用方案，该方案提供给所有固定资产一直都不计提折旧的使用者。这类使用者包括行政单位、部分事业单位、社会团体等。另一种是企业单位应用方案，该方案提供给按国家规定资产需要计提折旧的使用者。本教材所述内容主要涉及企业单位应用方案。

7.2.1 新用户操作流程

企业单位应用方案（整个账套计提折旧）的操作流程如图7-3所示。

1. 系统初始化

打开新建账套，第一步要做的工作是系统初始化，系统初始化是使用固定资产系统管理资产的首要操作，是根据您单位的具体情况，建立一个适合您需要的固定资产子账套的过程。

2. 基础设置

初始化工作完成后，进行基础设置操作。基础设置操作包括部门设置、卡片项目定义、卡片样式定义、折旧方法定义、类别设置、使用状况定义、增减方式定义等部分。

3. 原始卡片录入

原始卡片录入是把使用系统前的原始资料录入系统，以保持固定资产管理和核算的连续性和完整性。鉴于原始资料可能较多，在一个月内不一定能录入完毕，所以本系统的原始卡片录入不限于第一个月。也就是说，如果第一个月到月底原始资料没有录入完毕，则您可以有两种选择，一种是一直以该月日期登录，直到录入完毕，再进行下一步操作；另一种做法是，月底前在没有完成全部原始卡片录入的情况下，先进行下一步操作，以后各月继续录入。由于固定资产系统和其他系统的制约关系，本系统不结账，总账系统不能结账，所以只有在特殊情况下，才执行第二种做法。

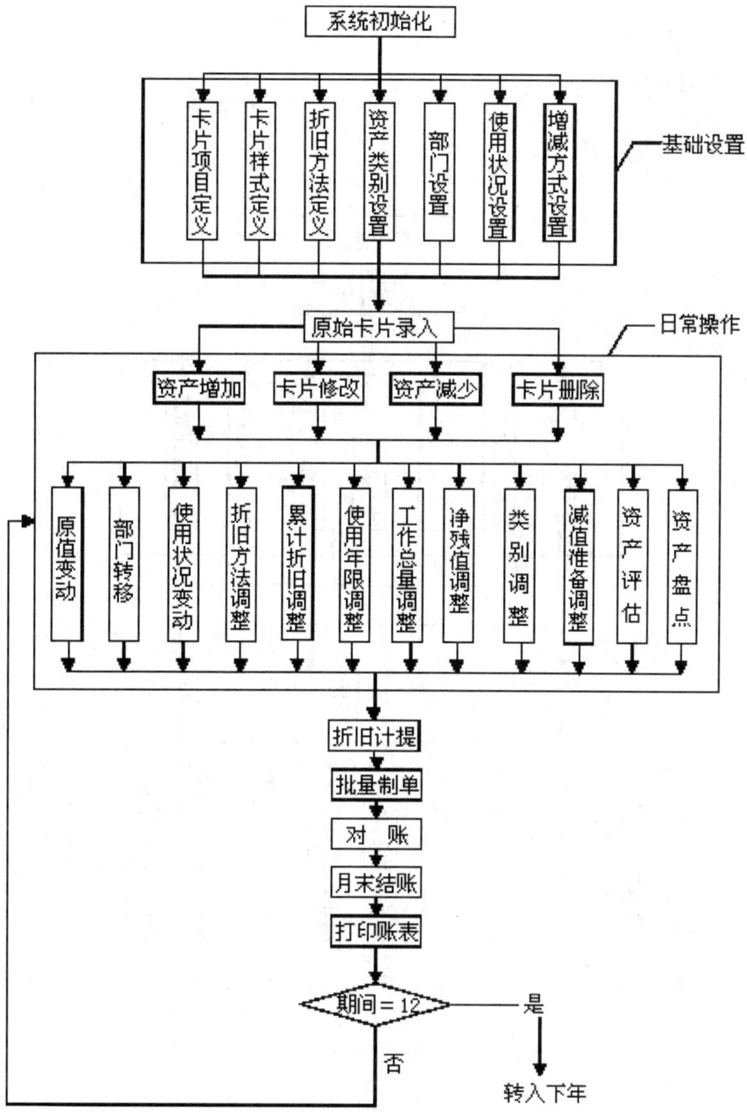

图7-3　固定资产管理系统新用户操作流程图

4. 日常操作

日常操作包括卡片操作和资产变动操作。卡片操作包括卡片录入（包括原始卡片资料和新增资产卡片）、卡片修改、卡片删除、资产减少、卡片查询、卡片打印几部分的操作。

资产变动操作时，因为资产发生原值变动、部门转移、使用状况调整、折旧方法调整、累计折旧调整、净残值（率）调整、工作总量调整、使用年限调整、 类别调整、计提减值准备、转回减值准备、资产评估，需制作变动单或评估单，因此资产变动操作主要是制作变动单和评估单的操作。

5. 月末处理

月末处理包括与相关系统的数据传送、对账、计提折旧、结账、查看及打印报表等操作。本年度最后一个会计期间月末结账后，该年的工作结束，开始以后各年的操作，以后各年的操作流程见老用户操作流程。

7.2.2 老用户操作流程

老用户操作流程如图7-4所示。

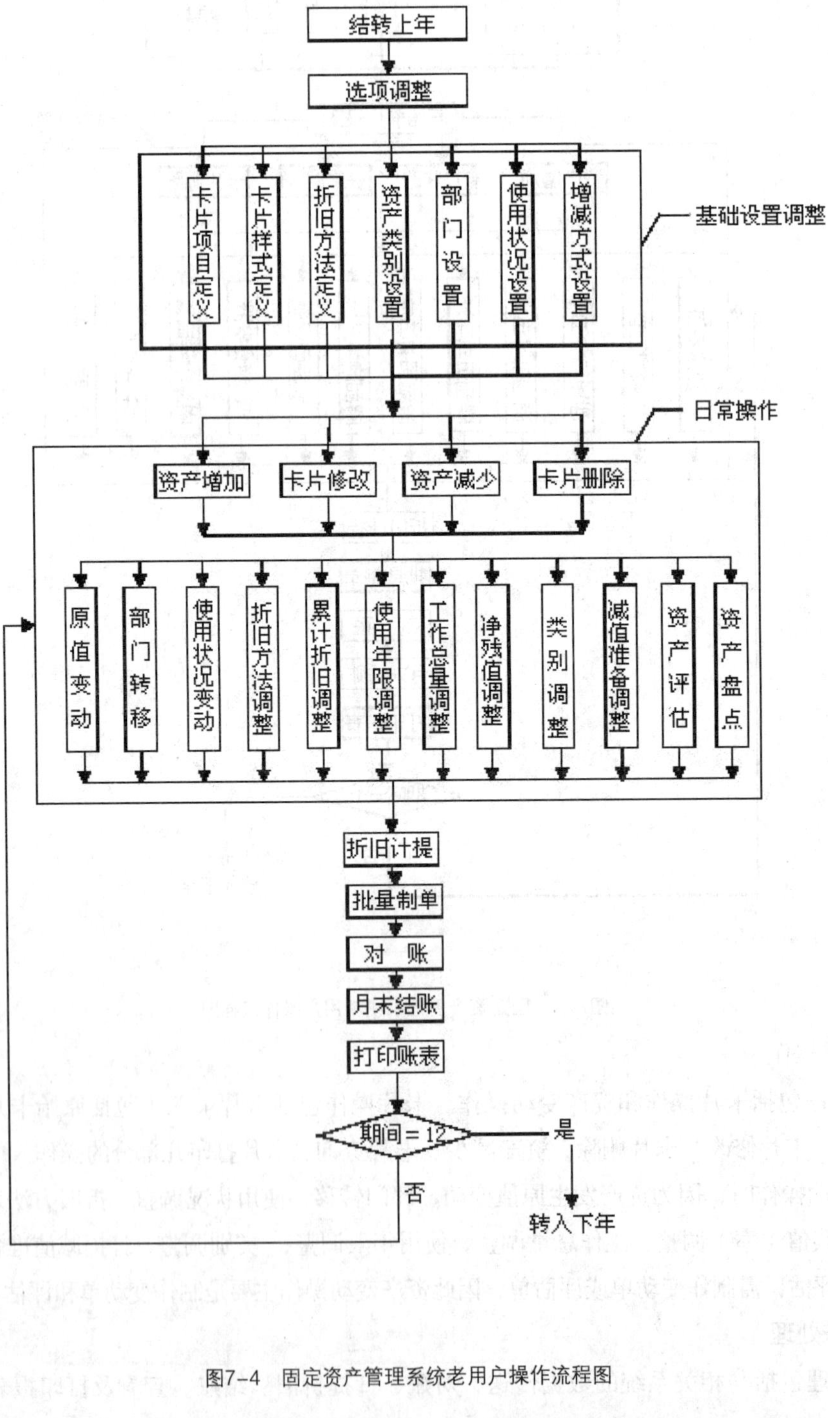

图7-4 固定资产管理系统老用户操作流程图

（1）结转上年。将上年的各项资料转入本年的账套，该部分操作在系统管理模块中完成。

（2）选项设置。对初始化的设置或系统的一些参数在年初可进行调整，详见第3章的“选项”部分。

（3）基础设置调整。 年初可对各项设置在系统允许的范围内进行调整，实际上这部分不是必要的步骤，也不是只能在年初进行，在建账当年也可调整。

（4）日常操作、月末处理、年末结转部分与建账当年的操作相同。

7.3 应用与管理

7.3.1 系统初始化

在新建账套初次使用固定资产系统时，如图7-5所示，系统会提示：“这是第一次打开此账套，还未进行过初始化，是否进行初始化？”

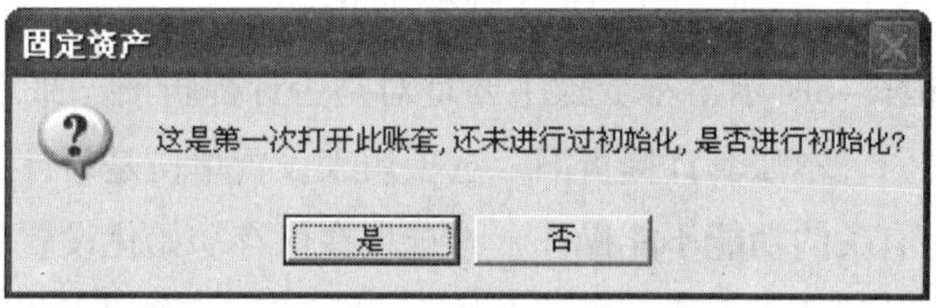

图7-5 固定资产初始化确认窗口

系统初始化是使用固定资产系统管理资产的首要操作，是根据您单位的具体情况，建立一个适合您需要的固定资产子账套的过程。设置的操作包括约定及说明、启用月份、折旧信息、编码方式、账务接口和完成设置六部分。固定资产初始化向导分为六个步骤。

（1）约定及说明。在进行初始化之前应认真阅读固定资产管理的基本原则，如图7-6所示。

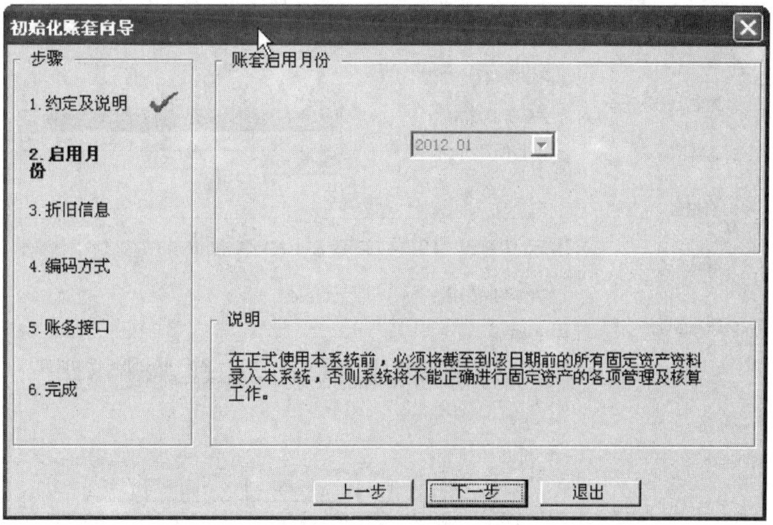

图7-6 初始化账套向导

（2）查看启用月份。查看本账套固定资产开始使用的年份和会计期间，启用日期只能查看不可修改。要录入系统的期初资料一般指截至该期间期初的资料。启用月份界面如图7-7所示。

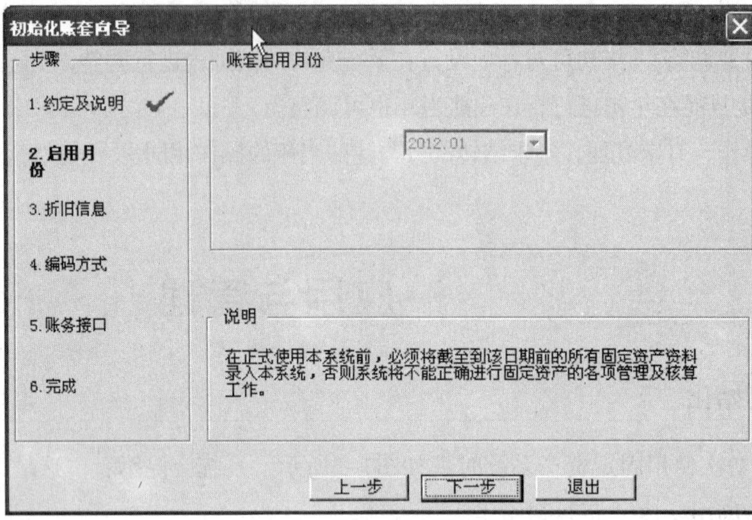

图7-7　启用月份界面

（3）折旧信息。如图7-8所示，本步骤主要是对是否计提折旧、采用何种折旧方法，以及折旧汇总分配周期进行设置。“本账套计提折旧”选项用来设置单位是否计提折旧，一旦确定本账套不提折旧，账套内与折旧有关的功能不能操作，该选项在保存初始化设置后不能修改，所以请您慎重选择。如果您选用企业单位应用方案，则请在该方框内打勾。在“主要折旧方法”栏内选择本系统常用的折旧方法，以便在资产类别新增设置时系统自动带出主要折旧方法以提高录入速度，以后可以修改。系统提供常用的六种方法：平均年限法（一）、平均年限法（二）、工作量法、年数总和法、双倍余额递减法（一）、双倍余额递减法（二）。另外也可以选择“不提折旧”。“折旧汇总分配周期”功能用于设置折旧汇总的周期。企业在实际计提折旧时，不一定每个月计提一次，可能因行业和自身情况的不同，每季度、半年或一年计提一次，所以系统提供该功能。

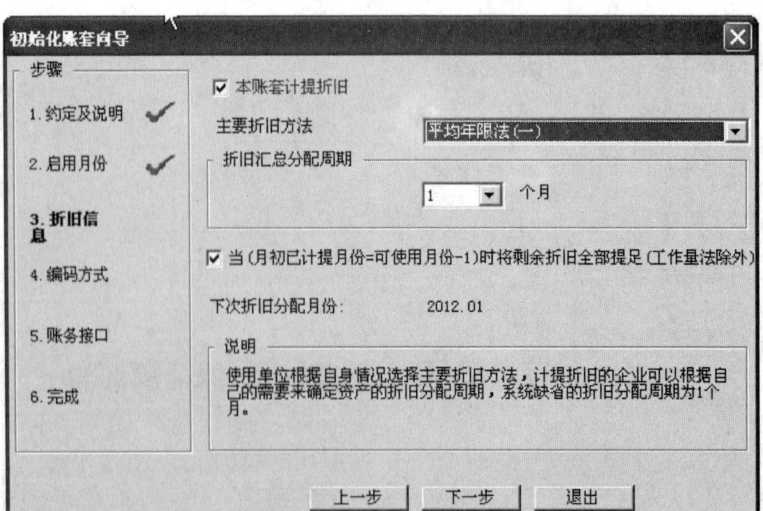

图7-8　折旧信息设置界面

（4）编码方式。如图7–9所示，本步骤主要对系统中资产类别的编码方式和固定资产编码方式进行设置。

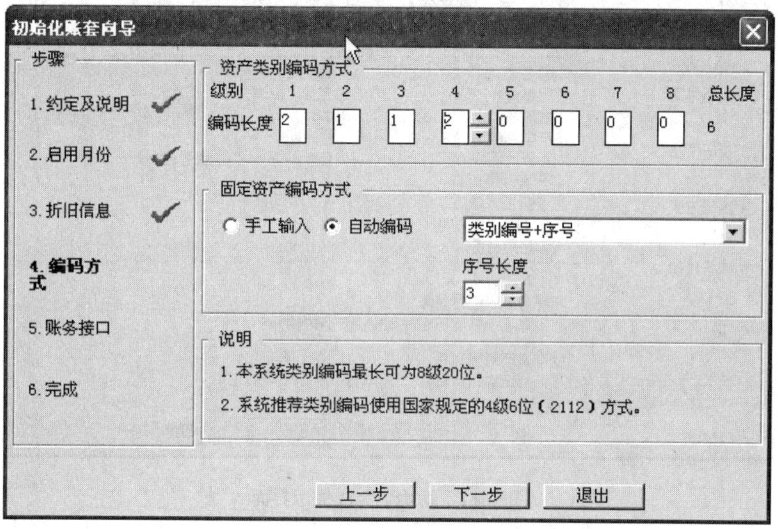

图7–9　编码方式设置界面

（5）账务接口。如图7–10所示，本步骤设置与总账系统的对账科目，并选择在对账不平的情况下是否允许固定资产月末结账。

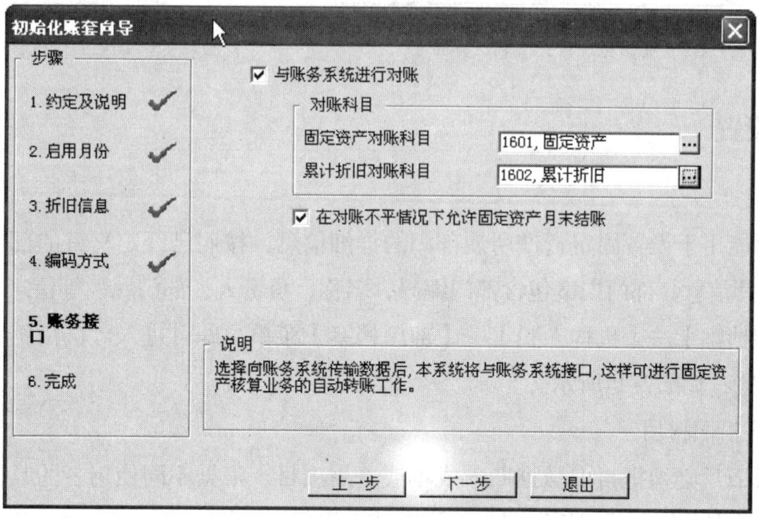

图7–10　账务接口设置界面

（6）初始化检查。上述初始化设置完成后，如图7–11所示的界面显示相关已定义内容，请仔细查看，如果确认无误可单击【完成】按钮保存。但请注意系统初始化中有些参数一旦设置完成，退出初始化向导后是不能修改的，如果要改，则只能通过“重新初始化”功能实现，重新初始化将清空您对该账套所做的一切工作。所以如果您觉得有些参数设置不能确定，则单击【上一步】按钮重新设置。确认无误后，再单击【完成】按钮保存、退出，退出后显示的窗口如图7–12、图7–13

所示，确认之后即完成初始化工作。

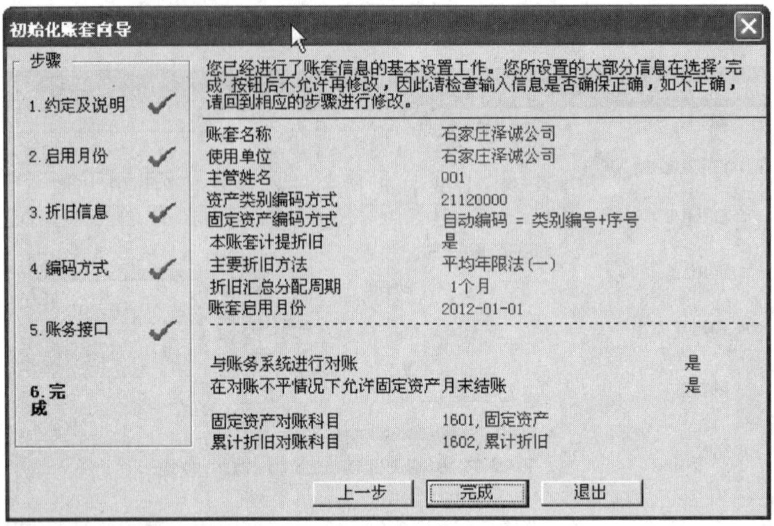

图7-11　初始化完成提示界面

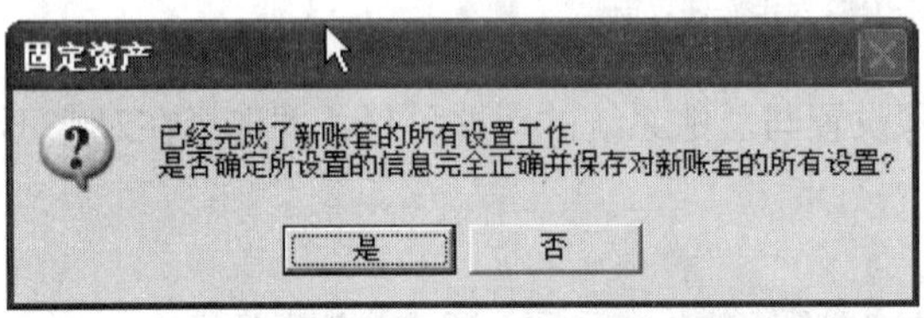

图7-12　初始化设置完成确认界面

图7-13　固定资产账套初始化完成界面

7.3.2　基础设置

1. 部门档案

部门档案功能用于设置固定资产所属部门的详细信息，按照已经定义好的部门编码级次原则输入部门编号及其信息。部门档案包含部门编码、名称、负责人、部门属性等信息。

选择【基础档案】—【机构人员】—【部门档案】菜单，即可进入“部门档案”界面，对相应的内容进行设置，如图7-14所示。

2. 部门对应折旧科目

资产计提折旧后必须把折旧数据归入成本或费用项目，根据不同使用者的具体情况，可按部门归集，也可按类别归集。部门折旧科目的设置就是为部门选择一个折旧科目，以便在录入卡片时自动显示折旧科目。在生成部门折旧分配表时，每一部门内按折旧科目汇总，从而制作记账凭证。具体操作方法如下。

（1）选择【设置】菜单下【部门对应折旧科目】子菜单，如图7-15所示。

（2）在界面左侧的部门目录树中选择要设置科目或要修改科目的部门，单击“列表视图”页签，即可查看该部门的编码、名称、上级名称和对应折旧科目等详细信息。

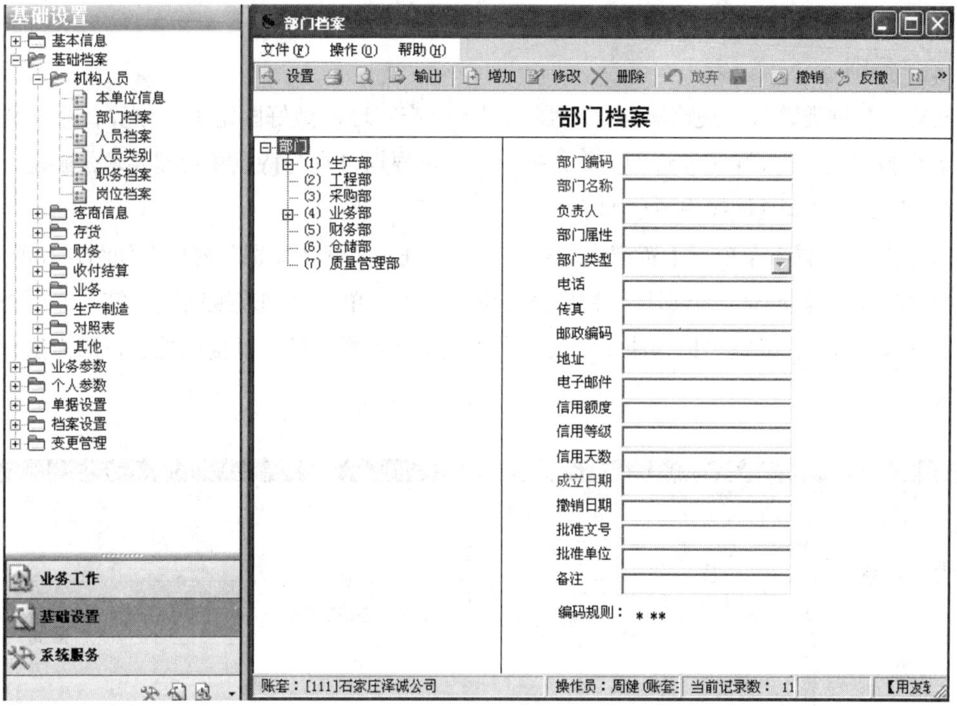

图7–14　部门档案界面

（3）单击【修改】按钮，可修改该部门的对应折旧科目。修改上级部门的折旧科目可以同步修改下级部门的折旧科目。

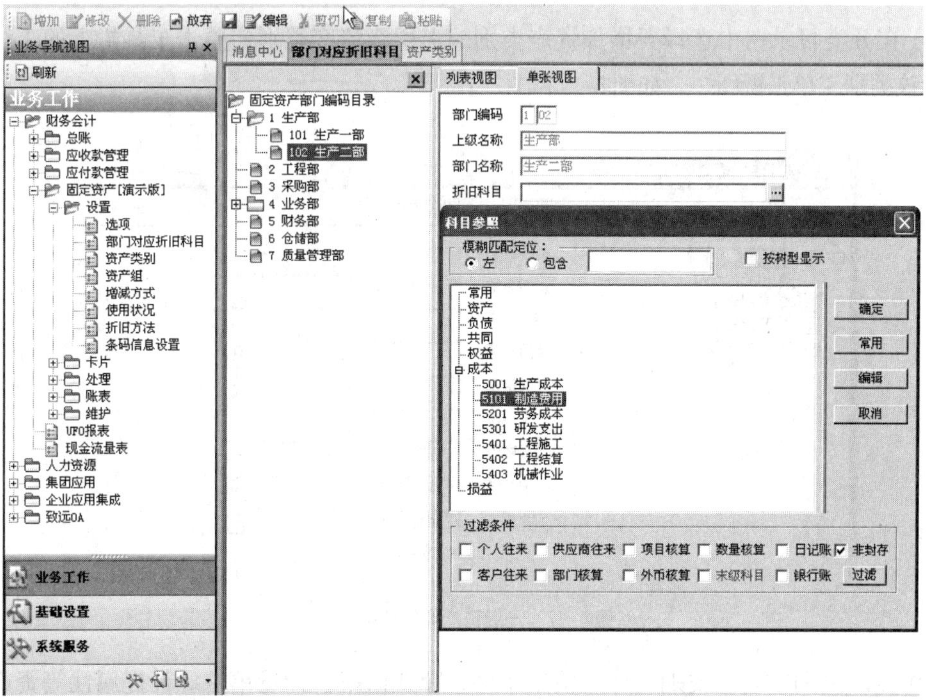

图7–15　折旧科目参照界面

注意：设置部门对应折旧科目时，必须选择末级会计科目。

3. 资产类别

固定资产的种类繁多，规格不一，要强化固定资产管理，做好固定资产核算，必须科学地设置固定资产分类，为核算和统计管理提供依据。企业可根据自身的特点和管理要求，确定一个较为合理的资产分类方法。具体操作方法如下。

（1）选择【设置】菜单下【资产类别】子菜单，进入“资产类别”窗口，如图7-16所示。

（2）在界面左侧的资产类别目录树中选择资产大类，单击“列表视图”页签，即可查看该资产类别的编码、名称、上级名称、使用年限、净残值率、计量单位、计提属性、折旧方法和卡片样式等信息。

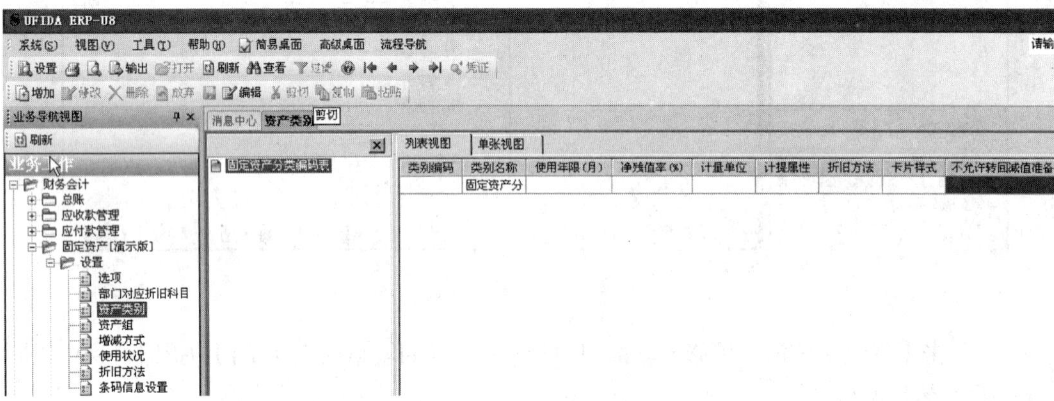

图7-16　资产类别窗口

（3）在分类目录树中选择要增加资产类别的上一级资产类别，单击工具栏上的【增加】按钮，显示该类别“单张视图”，如图7-17和图7-18所示。

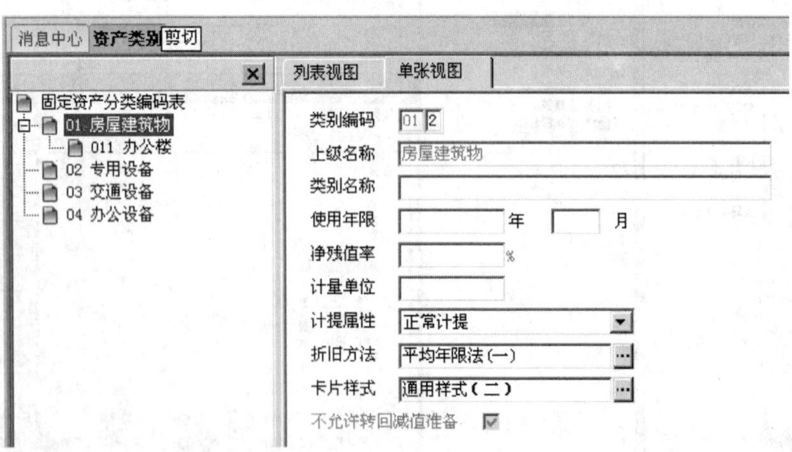

图7-17　一级资产类别单张视图

（4）输入类别编码、类别名称、使用年限、净残值率、计量单位、计提属性等资产类别信息。单击“保存”按钮保存设置。

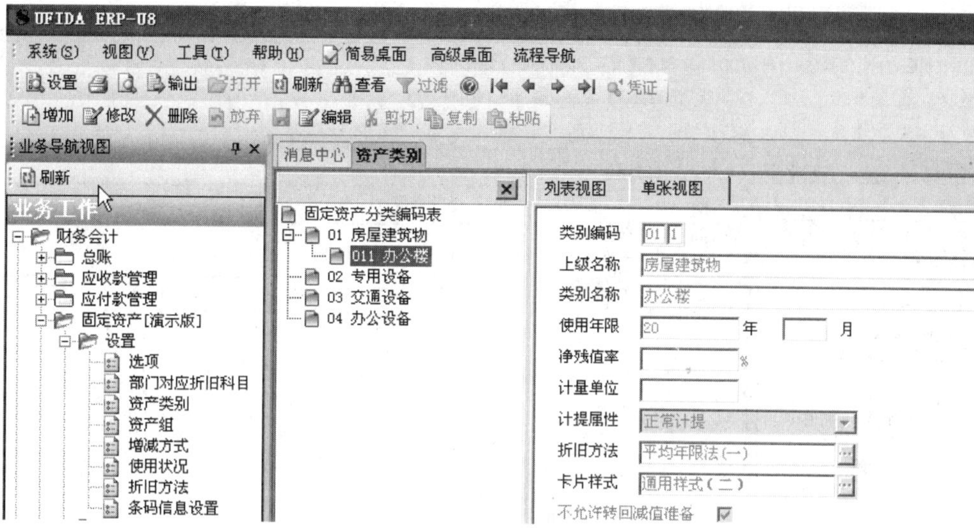

图7-18　二级资产类别单张视图

4. 资产组

资产组是企业可以认定的最小资产组合，区分的依据是可以产生独立的现金流入。比如我们可以把同一个生产线中的资产划分为一个资产组。资产组与固定资产类别不同，同一资产组中的资产可以分属不同的固定资产类别。在计提减值准备时企业有时需要以资产组为单位进行计提。企业可根据自身管理要求确定合理的资产组分类方法。具体操作方法如下。

（1）增加资产组。选择【设置】菜单下【资产组】子菜单，进入“资产组”窗口；在界面左侧的资产组目录树中选择资产组，单击“列表视图”页签，即可查看该资产组的编码、名称信息，如图7-19所示。

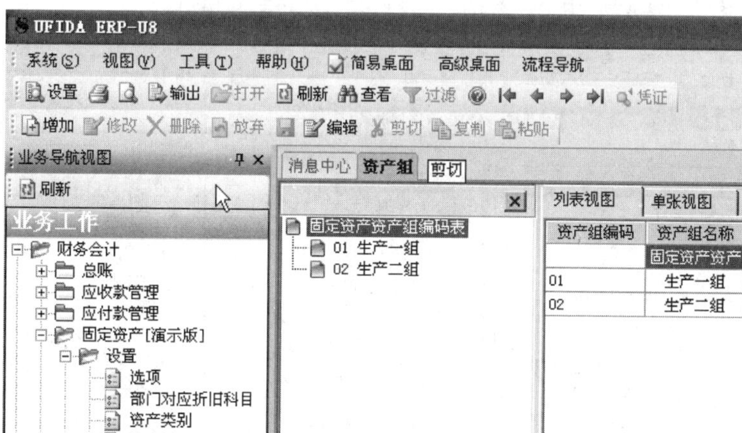

图7-19　资产组窗口

在分类目录树中选择要增加资产组的上一级资产组，单击工具栏上的【增加】按钮，显示该资产组“单张视图”，如图7-20所示。输入资产组编码、资产组名称信息，单击【保存】按钮保存设置。

（2）修改资产组。从资产组目录中选中要修改的资产组，单击【修改】按钮，修改资产组的内容。

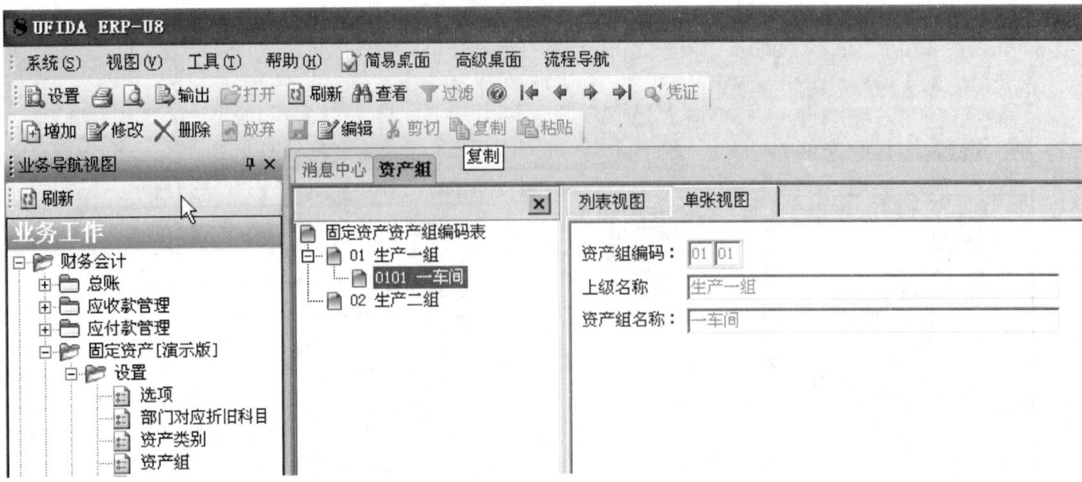

图7-20　资产组单张视图

（3）删除资产组。当认为一个资产组无需使用时可以从系统中删除。从资产组目录中选中要删除的资产组，单击【删除】按钮即可。

5. 增减方式

增减方式包括增加方式和减少方式两类。增加的方式主要有：直接购入、投资者投入、捐赠、盘盈、在建工程转入、融资租入。减少的方式主要有：出售、盘亏、投资转出、捐赠转出、报废、毁损、融资租出、拆分减少等。操作方法如下。

（1）选择【设置】菜单下【增减方式】子菜单，显示【增减方式】列表视图，如图7-21所示。

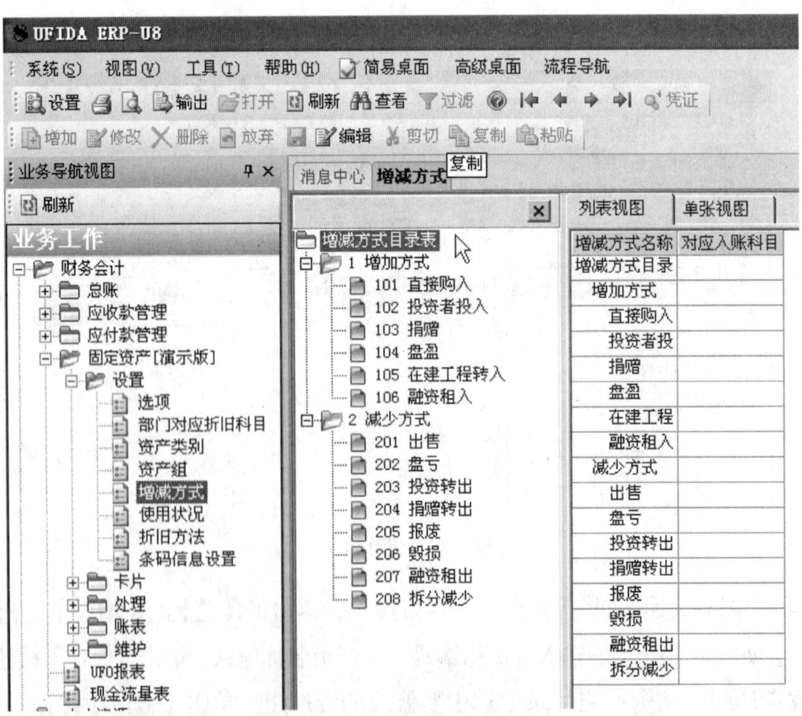

图7-21　增减方式列表视图

（2）选择要增加下级增减方式的上级，单击【增加】按钮，显示单张视图设置界面，如图7-22所示。输入“增减方式名称”和“对应入账科目”。如果要修改或删除增减方式，在列表视图界面，单击【修改】或【删除】按钮即可。

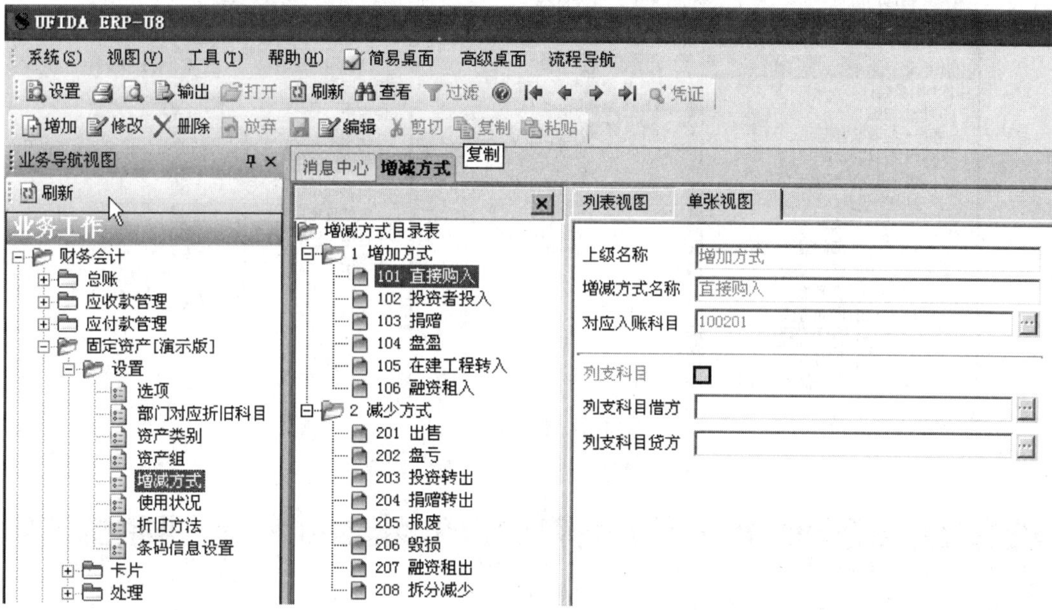

图7-22　增减方式单张视图

若在选项中选中“执行事业单位会计制度”，还可对增加方式是否使用列支科目进行选择，如选中“列支科目”，还要再确定具体的借贷方科目。

6. 使用状况

从固定资产核算和管理的角度，需要明确资产的使用状况，一方面可以正确地计算和计提折旧，另一方面便于统计固定资产的使用情况，提高资产的利用效率。

系统预置的使用状况如下。

- 使用中：在用、季节性停用、经营性出租、大修理停用
- 未使用
- 不需用

选择【设置】菜单下【使用状况】子菜单，进入“使用状况”窗口，如图7-23所示。具体操作与“增减方式”的操作类似。

7. 折旧方法

折旧方法设置是系统自动计算折旧的基础。系统给出了常用的七种方法：不提折旧、平均年限法（一）、平均年限法（二）、工作量法、年数总和法、双倍余额递减法（一）、双倍余额递减法（二），并列出了它们的折旧计算公式。这几种方法是系统设置的折旧方法，您只能选用，不能删除和修改。如果这几种方法不能满足您企业的需要，系统提供了定义功能，您可以定义自己合适的折旧方法的名称和计算公式。具体操作与“增减方式”的操作类似，如图7-24所示。

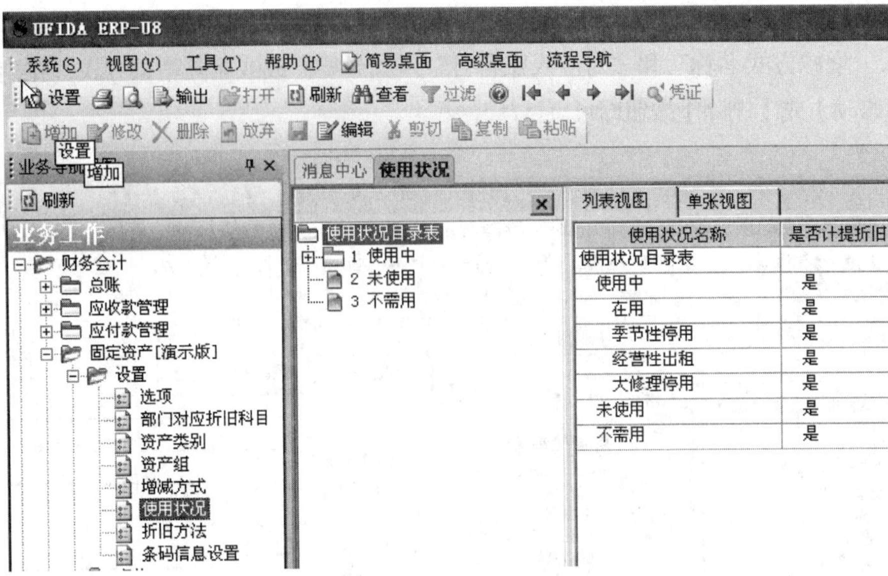

图7-23　使用状况窗口

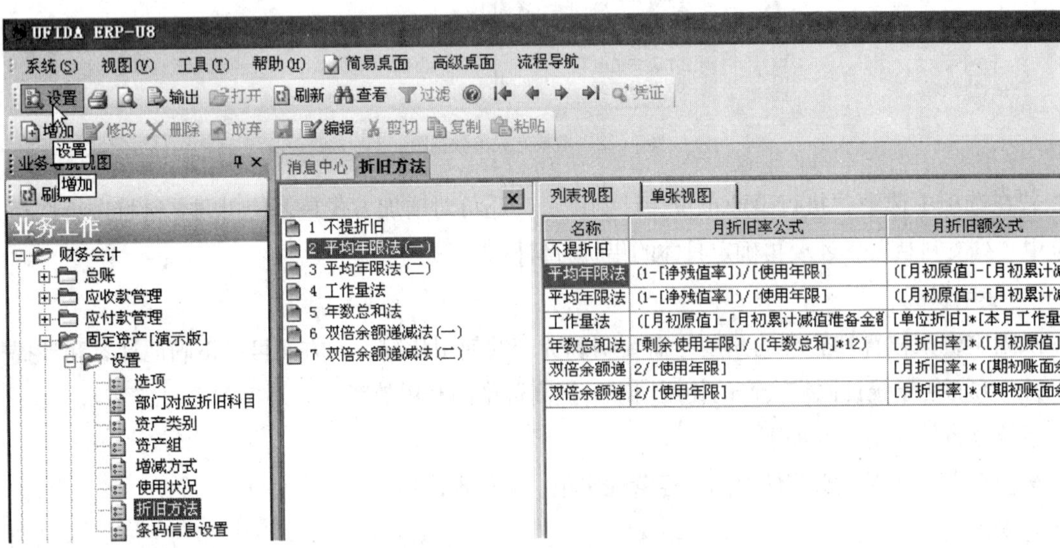

图7-24　折旧方法设置窗口

8. 卡片项目

卡片项目是固定资产卡片上要显示的用来记录资产资料的栏目，如原值、资产名称、使用年限、折旧方法等是卡片最基本的项目。用友固定资产系统给您提供了一些常用卡片必需的项目，称为系统项目，但这些项目不一定能满足您对资产特殊管理的需要，您可以通过卡片项目定义来定义您需要的项目，您定义的项目称为自定义项目，这两部分构成卡片项目目录。

（1）操作界面。选择【卡片】菜单下【卡片项目】子菜单，显示“卡片项目”列表，如图7-25所示。

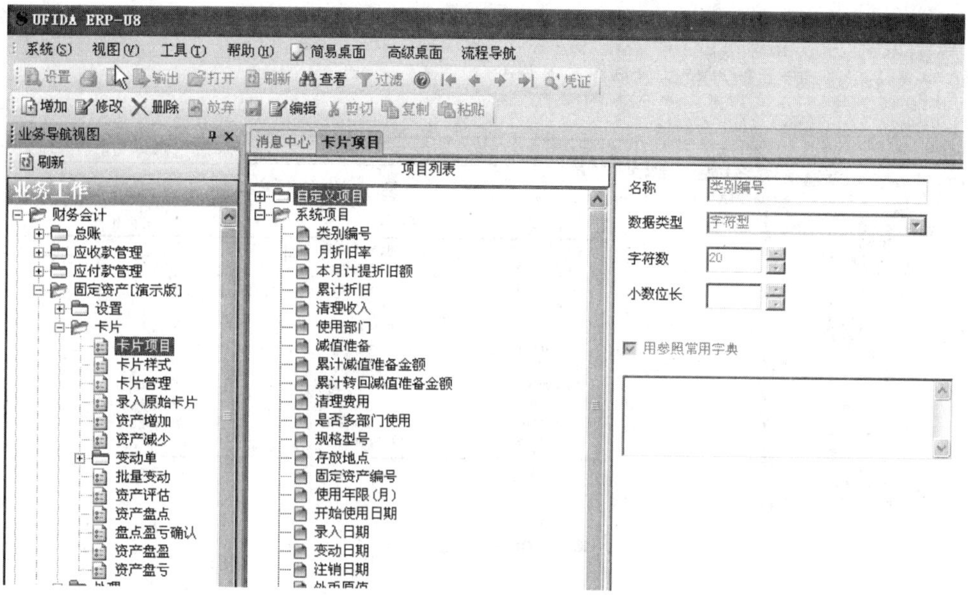

图7-25　卡片项目列表

（2）操作方法。

① 增加卡片项目。

● 单击【增加】按钮，增加自定义卡片项目。

● 输入卡片项目名称、数据类型、整数位长（字符数）、小数位长、是否参照常用字典、项目数据关系等。

● 选择定义“是否参照常用字典”，判断您所定义的项目在卡片和变动单输入时是否参照常用字典，如您所定义的项目的内容重复率较高，请选用参照字典，方便卡片输入。

● 单击【保存】或鼠标右键选择【保存】即可。

② 修改卡片项目。当发现卡片项目有误，或根据需要要修改卡片项目的各项内容时，可利用该功能实现。从卡片项目目录中选中要修改的卡片项目，单击【修改】按钮，进行修改后保存。

③ 删除卡片项目。当您认为一个项目没有用处时，可以把该项目从系统内删除。从卡片项目目录中选中要删除的项目，单击【删除】按钮即可。

9. 卡片样式

卡片样式指卡片的显示格式，包括格式（表格线、对齐形式、字体大小、字形等）、所包含的项目和项目的位置等。由于不同的企业使用的卡片样式可能不同，即使是同一企业内部对不同的资产也会由于管理的内容和侧重点而使用不同样式的卡片，所以本系统提供卡片样式自定义功能，充分体现了产品的灵活性。

为了方便操作，用户可以在已定义好的卡片样式中选择比较接近的样式，修改后另存为新建样式。新建卡片样式有两种途径。

（1）在卡片通用样式界面，如图7-26所示，选中一个卡片样式，单击【增加】按钮，如果要以当前卡片样式为基础建立新样式，确认后显示通用卡片样式，在通用卡片样式上修改，另外保存为新的卡片样式。

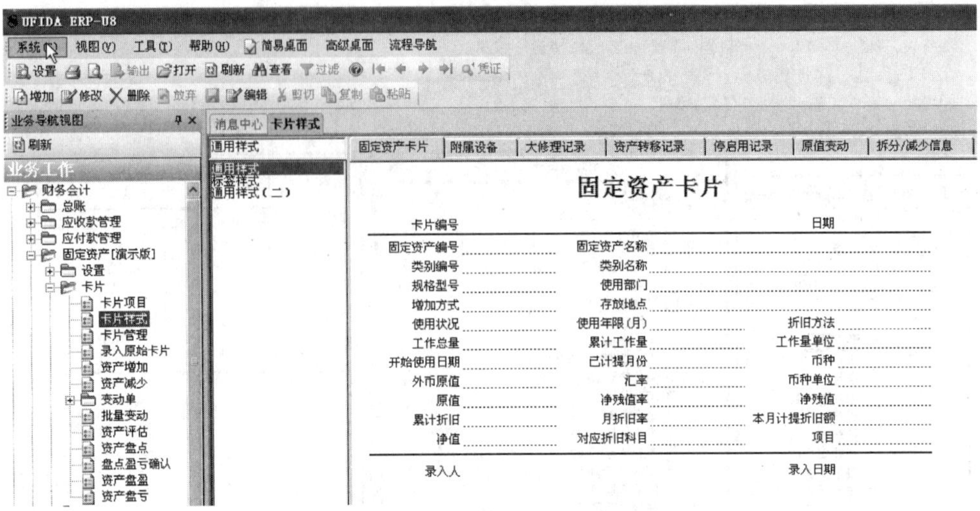

图7-26 卡片样式界面

（2）如果不以当前样式为基础，可在卡片样式参照中选择其他最相近的卡片样式修改后另存为新的卡片样式。

7.3.3 原始卡片录入

原始卡片指卡片所记录的资产开始使用日期的月份先于其录入系统的月份。在使用固定资产系统进行核算前，必须将原始卡片资料录入系统，保持历史资料的连续性。原始卡片的录入不限制必须在第一个期间结账前，任何时候都可以录入原始卡片。操作方法如下。

（1）从【卡片】菜单中选择【录入原始卡片】菜单，显示资产类别档案界面，如图7-27所示。

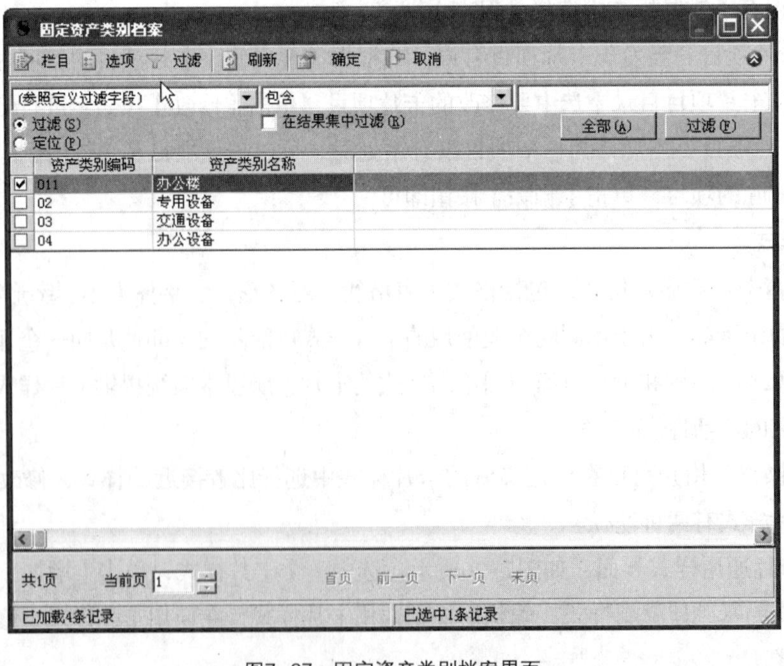

图7-27 固定资产类别档案界面

（2）选择要录入的卡片所属的资产类别。

（3）双击选中的资产类别或单击【确定】按钮，显示固定资产卡片录入界面，如图7-28所示，用户可在此录入或参照选择各项目的内容。

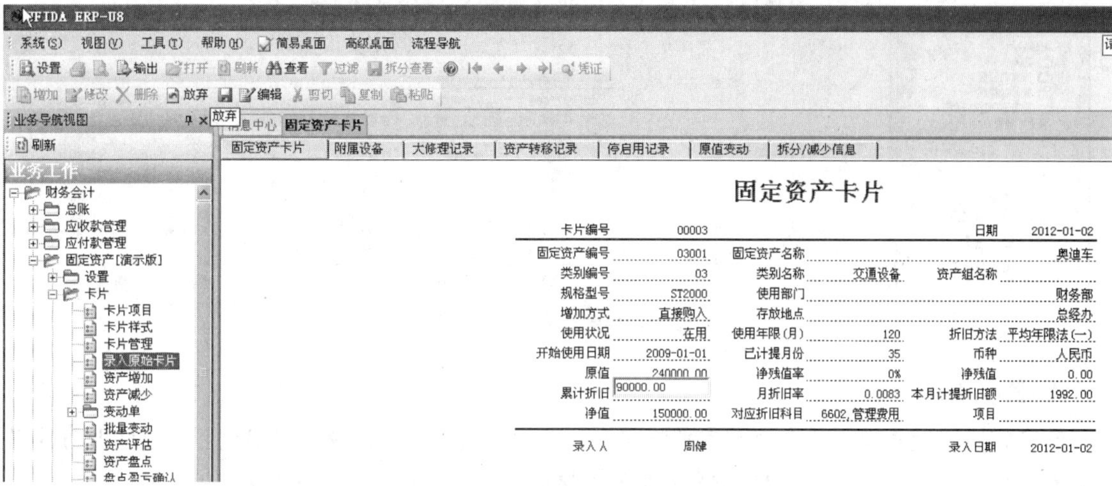

图7-28　固定资产卡片录入界面

（4）资产的主卡录入后，单击其他页签，输入附属设备和录入以前卡片发生的各种变动。附属页签上的信息只供参考，不参与计算。

（5）单击【保存】按钮后，录入的卡片保存入系统。

（6）先选择资产类别是为了确定卡片的样式。如果在查看一张卡片或刚完成录入一 张卡片的情况下，进行录入原始卡片操作，直接出现卡片界面，缺省的类别为该卡片的类别。

7.3.4 日常操作

1. 固定资产增加

资产增加操作也称为“新卡片录入”，与“原始卡片录入”相对应。在日常使用过程中，可能会购进或通过其他方式增加企业资产，该部分资产通过“资产增加”操作录入系统。资产通过哪种方式录入，在于资产的开始使用日期，只有当开始使用日期的期间与录入的期间相等时，才能通过“资产增加”录入。操作方法如下。

（1）选择【卡片】菜单下的【资产增加】，首先进入资产类别选择界面。

（2）选择要录入的卡片所属的资产类别，单击【确认】按钮，进入新增资产卡片录入窗口，如图7-29所示。

录入或参照选择各项目的内容，资产增加的录入日期不能修改。资产的主卡录入后，单击其他选项卡，输入附属设备及其他信息。附属页签上的信息只供参考，不参与计算。

（3）单击【保存】按钮，保存录入的卡片。

由于是资产的增加，该资产需要入账，因此可执行制单功能。制单有两种选择，即时制单和批量制单。如果在初始设置时选择了即时制单，那么在执行资产增加、减少或者变动时会自动跳出凭证窗口。如果没有选择即时制单，也可以在以后进行批量制单。

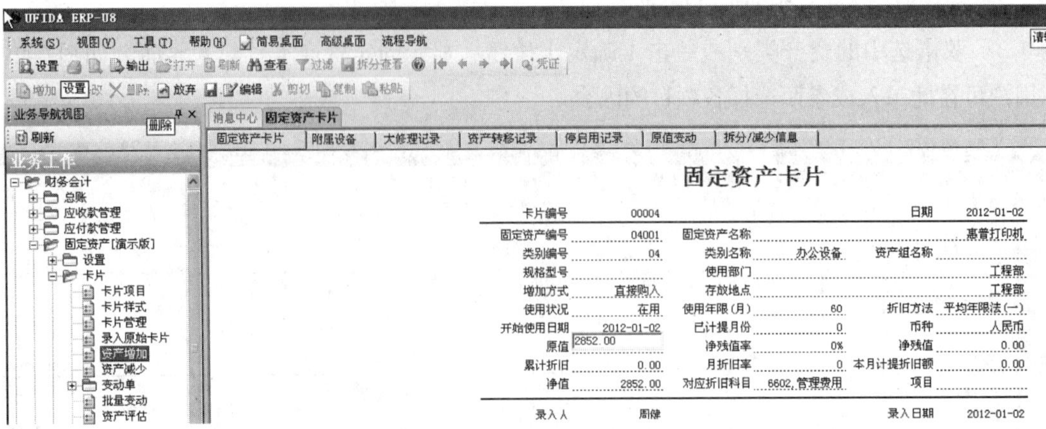

图7-29　新增资产卡片录入窗口

2. 资产减少

资产在使用过程中，总会由于各种原因，如毁损、出售、盘亏等，退出企业，这些业务的操作称为“资产减少”。本系统提供资产减少的批量操作，为同时清理一批资产提供方便。

（1）资产减少的操作步骤如下。

① 选择【卡片】菜单下的【资产减少】。

② 选择要减少的资产。如果要减少的资产较少或没有共同点，则通过输入卡片编号或资产编号，然后单击【增加】，将资产添加到资产减少表中。如果要减少的资产较多并且有共同点，则可通过【条件】功能，将符合该条件集合的资产挑选出来进行减少操作。

③ 在表内输入资产减少的信息：减少日期、减少方式、清理收入、清理费用、清理原因。若清理收入和费用尚不清楚，可以以后在该卡片附表的“清理信息”中输入。

④ 单击【确定】按钮，完成该（批）资产的减少操作。

（2）撤销已减少资产：撤销已减少资产即资产减少的恢复，这是一个纠错的功能，只有当月减少的资产可以通过本功能恢复，也就是说通过资产减少的资产只能在减少的当月进行恢复。

● 方法一：从卡片管理列表中，选择“已减少资产”，选中要恢复的资产，左侧菜单【卡片】菜单下会增加【撤销减少】，单击该按钮，可以撤销该资产的减少操作。

● 方法二：在卡片管理列表中，选择“已减少资产”，在显示出的已减少资产列表中，选中要恢复的资产，单击工具栏中的【撤销减少】，可以恢复该资产。

3. 部门转移

资产在使用过程中，因内部调配而发生部门变动时，可通过“部门转移”功能来实现。操作步骤如下。

（1）选择【卡片】菜单，单击【变动单】下的【部门转移】菜单，或在当前变动单的下拉列表中选择“部门转移”，显示部门转移变动单界面，如图7-30所示。

（2）输入卡片编号或资产编号，系统自动显示资产的名称、开始使用日期、规格型号、变动前部门、存放地点。

（3）参照选择或输入变动后的使用部门和新的存放地点。

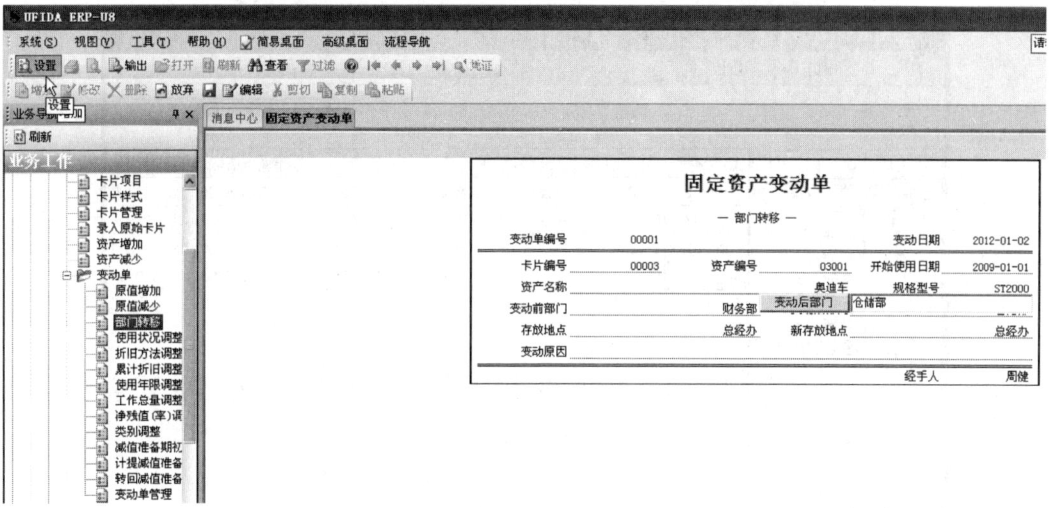

图7-30 固定资产变动单

（4）输入变动原因。

（5）单击【保存】完成变动单操作。卡片上相应的项目（使用部门、存放地点）会根据变动单而自动改变。

4. 计提折旧

自动计提折旧是固定资产系统的主要功能之一。系统每期计提折旧一次，根据录入系统的资料自动计算每项资产的折旧，并自动生成折旧分配表，然后制作记账凭证，将本期的折旧费用自动登账。执行此功能后，系统将自动计提各个资产当期的折旧额，并将当期的折旧额自动累加到累计折旧项目。

（1）操作方法。选择【处理】菜单下的【计提本月折旧】子菜单，如图7-31所示，系统开始计提折旧。计提折旧工作完成后，系统提示“是否要查看折旧清单”，您可选择“是”直接查看折旧清单，如图7-32所示。

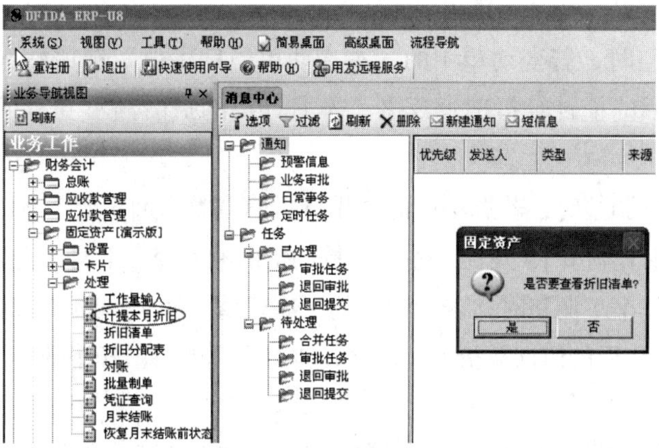

图7-31 计提本月折旧界面

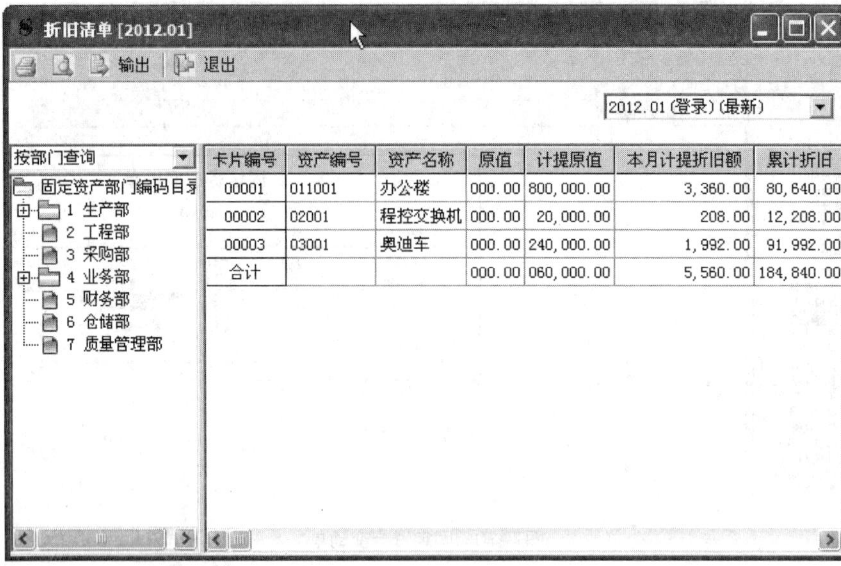

图7-32　折旧清单

（2）折旧计提和分配的基本原则。系统在折旧计提和分配时将遵循以下基本原则。

● 若选项中的“新增资产当月计提折旧”选项被选中，则本月计提新增资产的折旧；反之，本月不计提新增资产的折旧，下月计提。

● 按系统提供的直线法计算折旧时是以净值作为计提原值，以剩余使用年限为计提年限计算折旧。

● 本系统影响折旧计算的因素包括：原值变动、累计折旧调整、净残值（率）调整、折旧方法调整、使用年限调整、使用状况调整、工作总量调整、减值准备期初、计提减值准备调整、转回减值准备调整。

● 本系统发生与折旧计算有关的变动后，以前修改的月折旧额或单位折旧的继承值无效；如加速折旧法在变动生效的当期以净值为计提原值，以剩余使用年限为计提年限计算折旧；平均年限法还以原公式计算。

● 当发生原值调整时，若变动单中的“本变动单当期生效”选项被选中，则该变动单本月计提的折旧额按变化后的值计算折旧；反之，本月计提的折旧额不变，下月按变化后的值计算折旧。

● 当发生累计折旧调整时，若选项中的“累计折旧调整当期生效”选项被选中，则本月计提的折旧额按变化后的值计算折旧；反之，本月计提的折旧额不变，下月按变化后的值计算折旧。

● 当发生净残值（率）调整时，若选项中的“净残值（率）调整当期生效”选项被选中，则本月计提的折旧额按变化后的值计算折旧；反之，本月计提的折旧额不变，下月按变化后的值计算折旧。

● 折旧方法调整、使用年限调整、工作总量调整、减值准备期初当月按调整后的值计算折旧。

● 使用状况调整、计提减值准备调整、转回减值准备调整本月计提的折旧额不变，下月按变化后的值计算折旧。

● 本系统各种变动后计算折旧采用未来适用法，不自动调整以前的累计折旧，采用追溯调整法的企业只能手工调整累计折旧。

● 折旧分配时部门转移和类别调整当月计提的折旧分配，分配到变动后部门和类别。

● 报表统计时将当月折旧和计提原值汇总到变动后的部门和类别。

如果选项中“当月初使用月份=使用年限×12–1时是否将折旧提足”的选择结果是“是”，则除工作量法外，本月月折旧额=净值–净残值，并且不能手工修改；如果选项中“当月初使用月份=使用年限×12–1时是否将折旧提足”的选择结果是“否”，则该月不提足，并且可手工修改，但如果以后各月按照公式计算的月折旧率或折旧额是负数时，认为公式无效，令月折旧率=0，月折旧额=净值–净残值。

5. 制单

制单有两种选择，即时制单和批量制单，如果在初始设置时选择了即时制单，那么在执行资产增加、减少或者变动时会自动跳出凭证窗口。如果选择批量制单，操作方法如下。

（1）单击“批量制单”，进入“批量制单”窗口，选中“制单选择”页签，单击【全选】，那么选择栏中即出现“Y”的标记，如图7–33所示。

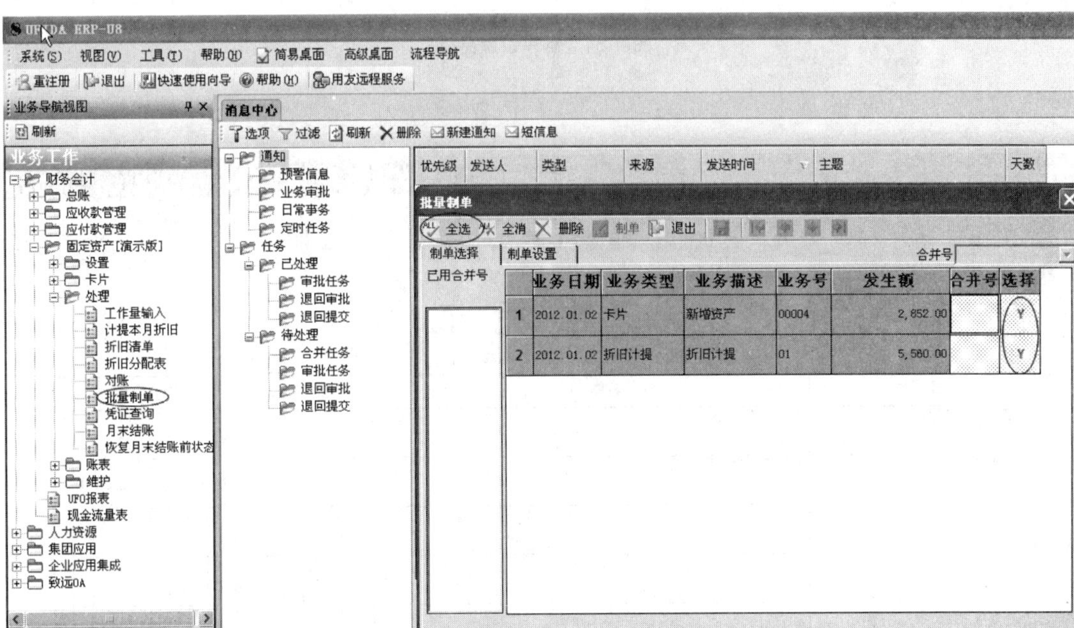

图7–33　批量制单窗口

（2）选中“制单设置”，我们可以对凭证进行详细设置，如图7–34所示。设置完毕，单击【制单】。

（3）在“填制凭证”界面输入凭证字号，检查无误后，单击【保存】按钮，制单完成，如图7-35所示。

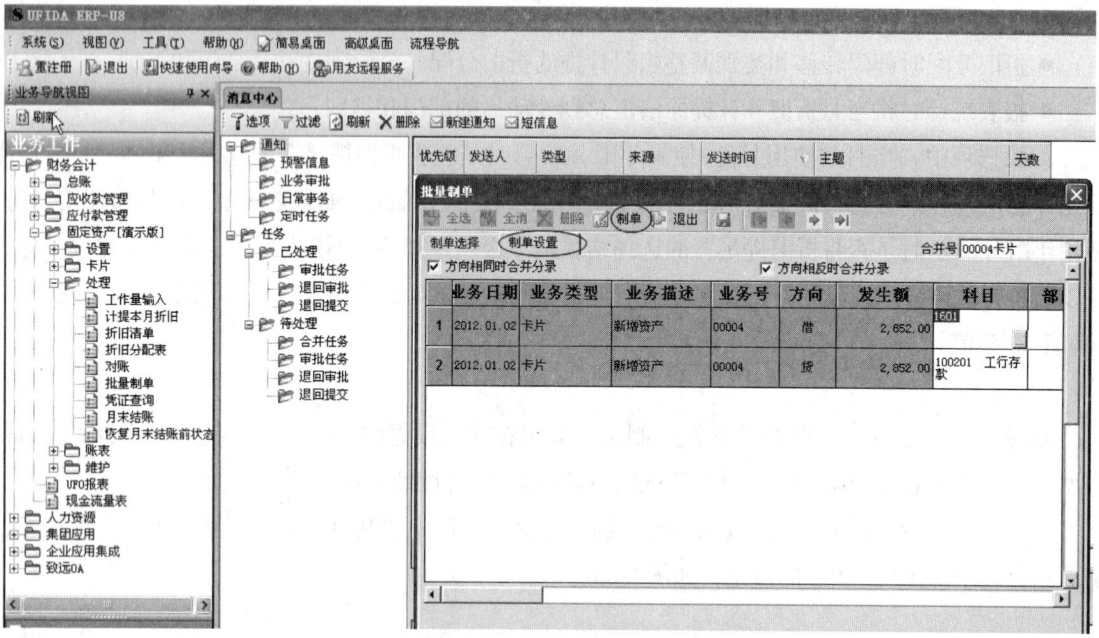

图7-34　制单设置窗口

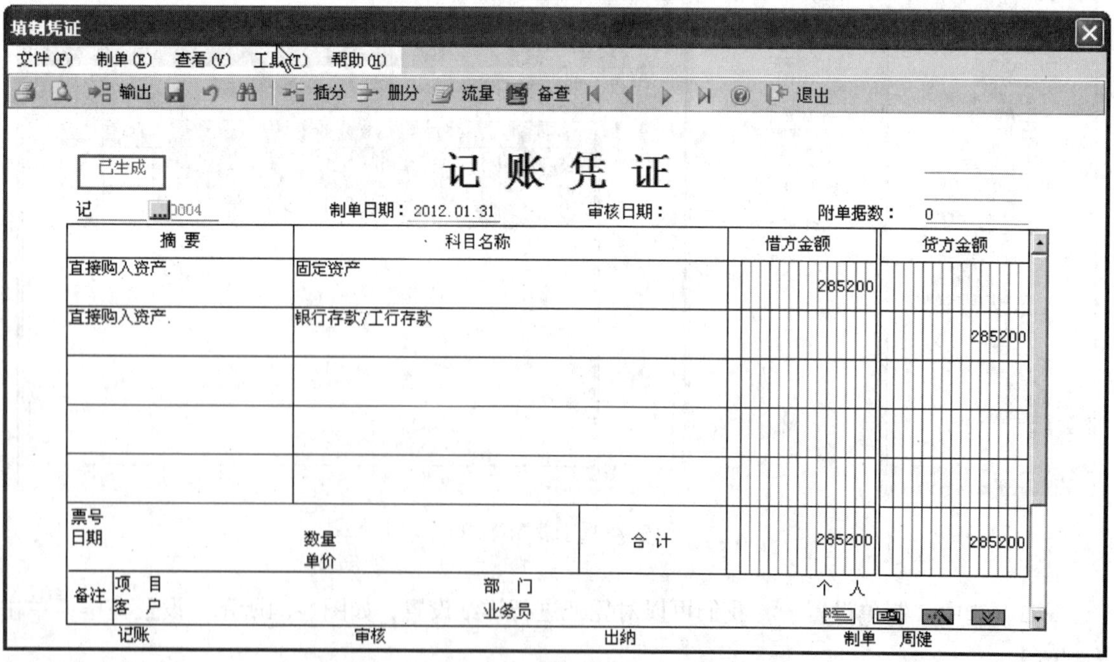

图7-35　填制凭证界面

7.3.5 月末处理

1. 对账

系统在运行过程中，应保证本系统管理的固定资产的价值和总账系统中固定资产科目的数值相等。要核对两个系统的资产价值是否相等，可以通过执行本系统提供的对账功能实现。对账操作不限制执行的时间，任何时候均可进行对账。系统在执行月末结账时自动对账一次，给出对账结果，并根据初始化或选项中的选择确定不平情况下是否允许结账。只有系统初始化时或在选项中选择了“与总账对账”，本功能才可操作。

操作方法：从【处理】菜单中选择【对账】，系统自动进行一系列的处理，直至对账完成。

2. 月末结账

固定资产系统月末结账每月进行一次，结账后当期的数据不能修改。12月月底结账时系统要求完成本年应制单业务，也就是说必须保证批量制单表是空的才能结账。

操作方法：从【处理】菜单中选择【月末结账】，系统自动进行一系列的处理，直至结账完成。

结账完成后，系统会提示系统的可操作日期已转成下一期间的日期，只有用下一期间的日期登录，才可对账套进行操作。

3. 恢复月末结账

恢复月末结账前状态，又称“反结账”，是本系统提供的一个纠错功能。由于结账后不能修改结账前的数据，如果由于某种原因，结账后发现结账前的操作有误，就可使用此功能将数据恢复到结账前状态，从而就能修改错误了。操作方法如下。

（1）以要恢复的月份登录，如要恢复到6月月底，则以6月份登录。

（2）从【处理】菜单中单击【恢复月末结账前状态】，屏幕显示提示信息，提醒要恢复到登录月末结转前状态，单击【是】按钮，系统即执行本操作，并提示最新可修改日期。

【思考与练习】

1. 简述固定资产管理系统与其他系统的关系。
2. 固定资产管理系统的基础档案有哪些？
3. 原始卡片指的是什么？
4. 如何实现与总账系统对账？对账不平的原因有哪些？
5. 在系统中计提折旧如何实现？
6. 系统生成的凭证包括哪些？
7. 按要求完成实验五。

实验五　固定资产管理

实验目的

熟悉固定资产系统初始设置和日常业务处理的主要内容和操作流程，掌握建立固定资产账套、基础信息设置、录入和修改固定资产卡片、增减固定资产、计提固定资产折旧、对账、结账。

实验任务

- 建立固定资产账套。
- 设置基础信息。
- 录入固定资产卡片。
- 修改固定资产卡片。
- 增加固定资产。
- 计提固定资产折旧。
- 减少固定资产。
- 凭证查询。
- 对账、结账和反结账。
- 账表查询。

实验准备

- 引入实验三“总账业务处理”账套备份数据。
- 将计算机系统日期修改为2012年2月1日。
- 以001身份登录“企业门户”中的“启用固定资产系统”，启用日期：2012年2月1日。
- 由负责固定资产的004用户以2012年2月1日登录“固定资产”。

实验资料

1. 固定资产初始化

（1）启用固定资产系统。

- 主要折旧方法：平均年限法（一）。
- 折旧分配周期为1个月。
- 资产类别编码长度：2-1-1-2。
- 固定资产编码方式：自动编号（类别编号+序号，序号长度3位）。
- 与总账系统进行对账的科目：1601固定资产 1602累计折旧。
- 对账不符不允许结账。

（2）基础设置。

- 选项修改。业务发生后立即制单，月末结账前一定要完成制单登账业务；并录入固定资产缺省入账科目“1601”、累计折旧缺省入账科目“1602”。
- 固定资产类别：01.房屋建筑物；02.专用设备；03.交通设备；04.办公设备。
- 使用状况：默认系统设置。
- 增减方式：默认系统设置。

● 部门对应折旧科目如下。

部门	折旧科目
101生产一部	510104
102生产二部	510104
2 工程部	660204
301采购一部	660204
302采购二部	660204
401业务一部	660204
402业务二部	660204
501财务部	660204
6 仓储部	660204
7 质检部	660204
8 行政部	660204

（3）录入原始卡片如下。

名称	类别	规格	部门	使用年限	开始使用日期	原值	累计折旧	残值率
办公楼	01	2000平方	多部门	40年	2008-01-01	800 000	76 000	5%
程控交换机	02	IBM	生产二部	8年	2008-01-01	20 000	9 700	3%
奥迪车	03	A6	财务部	10年	2009-01-01	240 000	68 400	5%
A设备	04	AXING	采购一部	5年	2009-01-01	4 000	2 304	4%
B设备	04	AXING	生产一部	5年	2009-01-01	4 000	2 304	4%
电脑	04	联想	业务二部	5年	2009-01-01	4 500	2 619	3%
服务器	04	HP	生产二部	5年	2009-01-01	24 000	13 968	3%
服务器	04	HP	生产一部	5年	2009-01-01	16 000	9 312	3%
打印机	04	HP	财务部	5年	2012-01-24	2 852	0	3%
合计						1 115 352	184 607	

注：原始卡片增加方式，均为“直接购入”，使用状况均为“在用”，各卡片均使用“平均年限法（一）”。

办公楼各部门的使用比例为：工程部“10%”，财务部“10%”，仓储部“10%”，生产一部“40%”，生产二部“30%”。

2. 固定资产日常业务处理

（1）2月2日，购进笔记本电脑一台，价值为8 000元，工行转账支票支付（票号589），型号LX400，属于办公设备，业务二部使用，使用年限5年，净残值率5%，平均年限法（一）。

（2）2月14日，因使用情况发生变化，将程控交换机从生产二部转交到生产一部。

（3）2月20日，根据企业需要，A设备的折旧方法由“平均年限法（一）”更改为“工作量法”，工作总量为60 000小时，累计工作量为40 000小时。

（4）2月26日，因设备故障需维修，将卡片B设备使用状况由“在用”修改为“大修理停用”。

（5）2月27日，由于使用故障，业务二部使用的联想电脑做报废处理，残值收入现金200元。

3. 计提折旧

（1）计提折旧。在【处理】—【计提本月折旧】菜单中进行操作，并生成相关凭证。

（2）当月28日将奥迪车出售，收回78 000元，转账工行支票结算，并生成相关凭证。

（3）查询原值及累计折旧一览表。

4. 结账

2月29日结账。注意：相关会计科目的部门核算要到总账中去设置，期初余额也需要到总账中去录入；结账时，应先把总账中的凭证审核、记账后，固定资产系统才能结账。

5. 查询

查询当月固定资产业务凭证，查询价值结构分析表。

实验要求

（1）按以上实验资料完成固定资产业务处理的相关内容。

（2）账套备份。完成实验任务后在“D:\111备份账套”文件夹中新建“固定资产”文件夹，将账套输出至此文件夹。

（3）从“做什么，怎么做，为什么”的角度总结操作过程，撰写实验报告。

（4）回答以下问题。

- 固定资产系统生成的凭证传递到哪里？
- 固定资产系统生成的凭证有错误如何修改？
- 固定资产系统对账是核对什么？

第8章 应收款管理

【学习目标】

应收款管理系统主要对应收账款、预收账款、应收票据进行详细核算和管理，可帮助企业追踪与客户的往来款项，提供详细的应收、收款及余额情况，并可进行账龄分析。

通过本章的学习应掌握以下内容：

1. 了解应收款管理的基本内容；
2. 了解系统中各种原始单据的用途；
3. 了解系统初始化的各项内容及作用；
4. 掌握应收单据处理、收款单据处理；
5. 掌握应收票据管理；
6. 能够办理凭证生成业务；
7. 能够办理坏账处理业务；
8. 能够办理期末处理业务；
9. 能够办理相关账表的生成和输出。

应收款管理系统通过发票、其他应收单、收款单等单据的录入，对企业的往来账款进行综合管理，及时、准确地提供客户的往来账款余额资料，提供各种分析报表，如账龄分析、周转分析、欠款分析、坏账分析、回款分析等报表，帮助企业合理地进行资金调配，提高资金使用效率。

根据对客户往来款项核算和管理的程度不同，系统提供了应收账款核算模型“详细核算”和“简单核算”客户往来款项两种应用方案。

如果企业的销售业务及应收款核算与管理业务比较复杂，或者需要追踪每一笔业务的应收款和收款等情况，或者需要将应收款核算到产品一级，那么可以选择“详细核算”方案。该方案能够帮助用户了解每一客户每笔业务详细的应收、收款及余额情况，并进行账龄分析，加强对客户及往来款项的管理，使用户能够依据每一客户的具体情况，实施不同的收款策略。

如果企业应收账款业务并不十分复杂，或者现销业务很多，则可以选择“简单核算”应用方案。在该方案中，应收系统只是连接总账与业务系统的一座桥梁，即只是对销售系统生成的发票进行审核并生成凭证传递到总账系统，而不能对发票进行其他的处理，也不能对往来明细进行实时查询、分析。此时，往来明细只能在总账中进行简单的查询。

具体采用哪一种方案，可在应收系统中通过设置系统选项“应收账款核算模型”进行设置。本节后续内容均以“详细核算”应用方案为标准展开。

8.1 功能与结构

8.1.1 应收款管理系统功能模块

应收款系统主要进行企业与客户往来账款的核算与管理。在应收款系统中，以销售发票、费用单、其他应收单等原始单据为依据，记录销售业务及其他业务所形成的往来款项，处理应收款项的收回、坏账、转账等情况；提供票据处理的功能，实现对应收票据的管理。

应收管理系统“详细核算”方案主要提供了设置、日常处理、单据查询、账表管理、其他处理等功能，如图8-1所示。

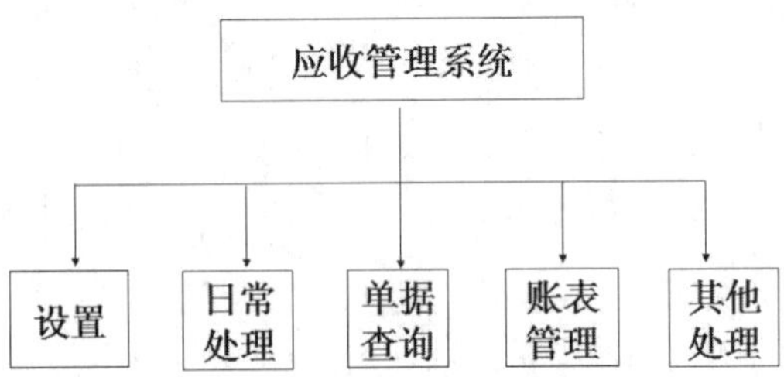

图8-1 应收款管理系统功能模块图

1. 设置

“设置”模块供用户结合企业管理要求进行的参数设置是整个系统运行的基础。系统提供了系统参数的定义功能；提供单据类型设置、账龄区间设置和坏账初始设置，为各种应收款业务的日常处理及统计分析做准备；提供期初余额的录入，保证数据的完整性与连续性。

2. 日常处理

“日常处理”模块提供应收单据、收款单据的录入、处理、核销、转账、汇兑损益、制单等功能。

3. 单据查询

“单据查询”模块可实现各类单据、详细核销信息、报警信息、凭证等内容的查询。

4. 账表管理

“账表管理”模块提供总账表、余额表、明细账等多种账表的查询功能及应收账款分析、收款账龄分析、欠款分析等统计分析功能。

5. 其他处理

“其他处理”模块提供远程数据传递功能，以及对核销、转账等处理进行恢复的功能，以便用户进行修改和月末结账等操作。

8.1.2 应收款管理系统与其他系统的关系

在应收款管理系统（以下简称“应收系统”）核算应收账款，主要与总账系统、销售系统、合同管理系统、应付系统等系统有接口，如图8-2所示。

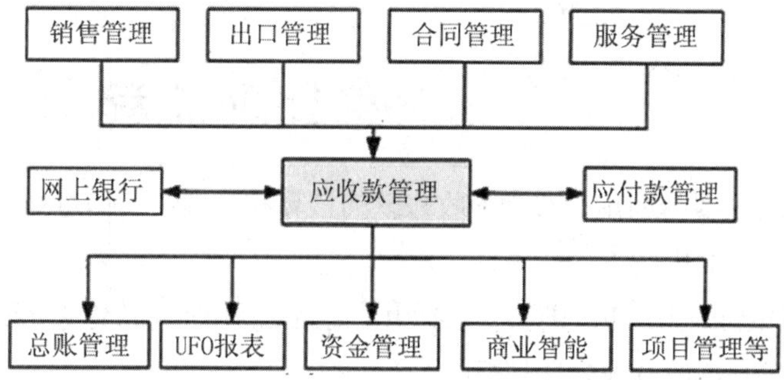

图8-2 应收账款管理系统与其他系统的关系

1. 合同管理

生效以后的应收类合同结算单可以将余额转入应收系统，在应收系统进行审核、收款、核销；应收系统可以查询合同管理系统中生效的应收类合同结算单。

2. 销售管理

复核以后的销售发票在应收系统进行审核、记账、收款、核销，已经现收的销售发票可以在应收系统进行记账、制单；应收系统可以查询出销售系统中已经出库但还没有开票的实际应收信息和未复核的发票。

3. 出口管理

审批后的出口发票传入应收系统，在应收系统进行审核、记账、收款、核销、制单等操作。审批后的信用证可以在应收系统做押汇和结汇处理，押汇、结汇生成的收款单经审核后，如果有手续费和利息，则同时形成出口的费用单传递给出口系统。

4. 服务管理

服务结算单保存后自动传入应收系统，在应收系统进行审核、记账、收款、核销、制单等后续处理。应收系统可对已经保存的服务结算单进行查询。

5. 网上银行

网上银行系统可向应收/付款管理系统导出已经有确认支付标记但未制单的付款单和收款明细；应收/付款管理系统也可向网上银行系统导出已审核的付款单。所有相关单据全部由应收/付款管理系统生成凭证传到总账系统。

6. 总账

所有凭证均应该传递到总账系统中，可以将结算方式为票据管理的付款单登记到总账系统的支票登记簿中。

7. 应付款管理

应收、应付之间可以相互对冲；应收票据背书时可以冲应付账款。

8. UFO

应收系统向UFO系统提供各种应用函数。

9. 客户关系管理、项目管理、资金管理、商业智能等

应收系统向客户关系管理、项目管理、资金管理、U8商业智能分析系统等提供各种数据，以便进行分析。

8.2 信息处理流程

应收账款管理系统主要帮助用户实现应收账款的核算和管理，其信息处理流程如图8-3所示。此系统的功能主要包括如下几点。

- 根据输入的单据记录应收款项的形成，包括由于商品交易和非商品交易所形成的所有应收项目。
- 帮助处理应收项目的收款及转账情况。
- 对应收票据进行记录和管理。
- 对应收项目的处理过程生成凭证，并向总账系统传递。
- 对外币业务及汇兑损益进行处理。
- 根据提供的条件，进行各种查询及分析。

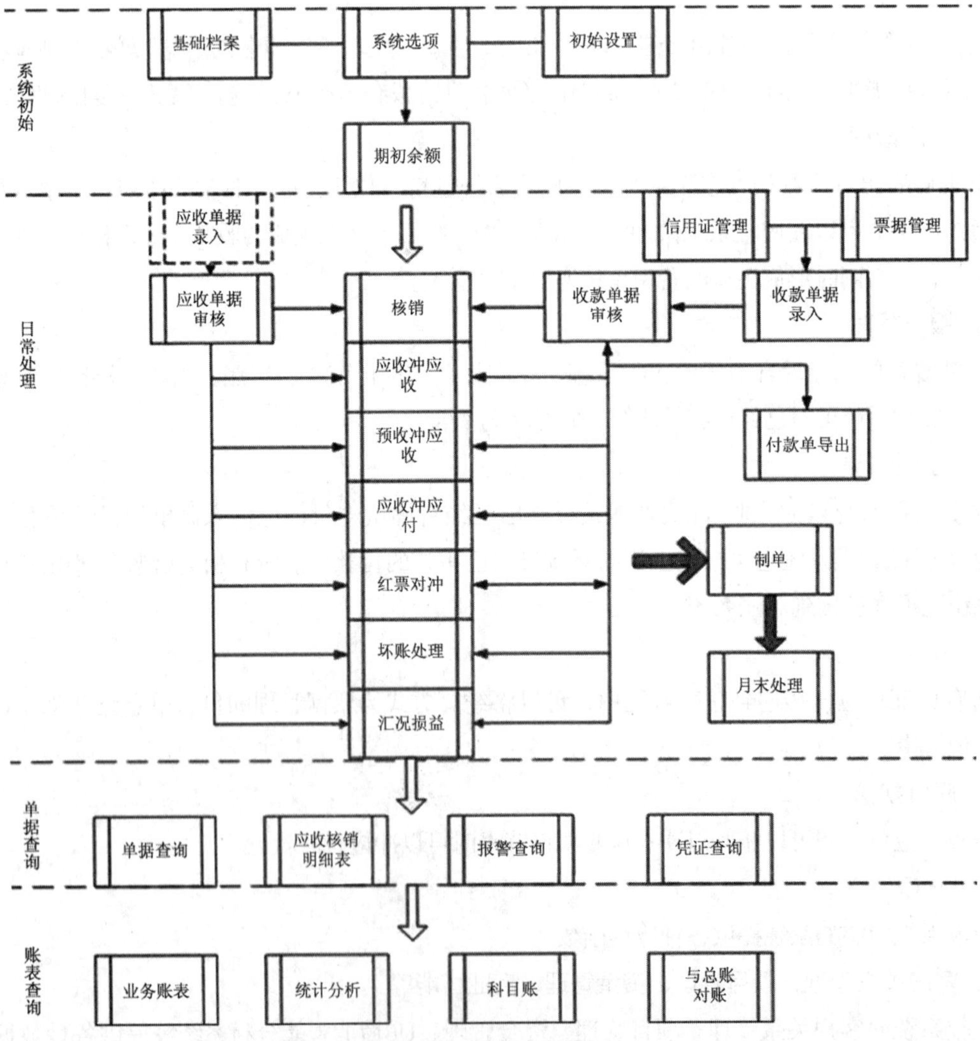

图8-3　应收款管理系统详细核算信息处理流程

8.3 应用与管理

本部分将按照应收款管理系统的“系统初始化→日常业务处理→其他处理→账表查询”流程，由始至终通过例子及图片进行详细的介绍。

8.3.1 应收款管理系统初始化

系统初始化是指手工记账和计算机记账的交接过程。在启动应收款管理系统后、进行应收业务处理前，要根据企业核算要求和实际业务情况进行有关的设置。其主要内容包括：选项设置、初始设置、基础档案、单据设计、期初余额。系统初始化设置流程如图8–4所示。

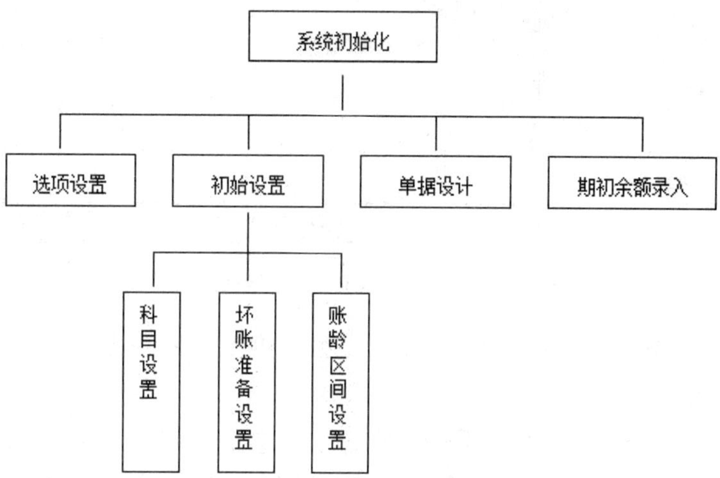

图8–4 系统初始化设置流程

1. 选项设置

系统参数是一个系统的灵魂，它将影响整个账套的使用效果，有些选项在系统使用后就不能修改，所以事先要结合本单位实际情况，进行慎重选择。系统选项分为常规选项、凭证选项、核销规则、权限与预警。参数设置在【设置】中的【选项】下进行，如图8–5所示。

（1）常规选项设置。

● 单据审核日期的依据。系统提供两种确认单据审核日期的依据，即单据日期和业务日期。如果选择单据日期，则在单据处理功能中进行单据审核时，自动将单据的审核日期（即入账日期）记为该单据的单据日期。如果选择业务日期，则在单据处理功能中进行单据审核时，自动将单据的审核日期（即入账日期）记为当前业务日期（即登录日期）。

● 汇兑损益方式。系统提供两种汇兑损益的计算方式，即外币余额结清时计算和月末处理两种方式。

外币余额结清时计算：仅当某种外币余额结清时才计算汇兑损益。在计算汇兑损益时，界面中仅显示外币余额为0且本币余额不为0的外币单据。

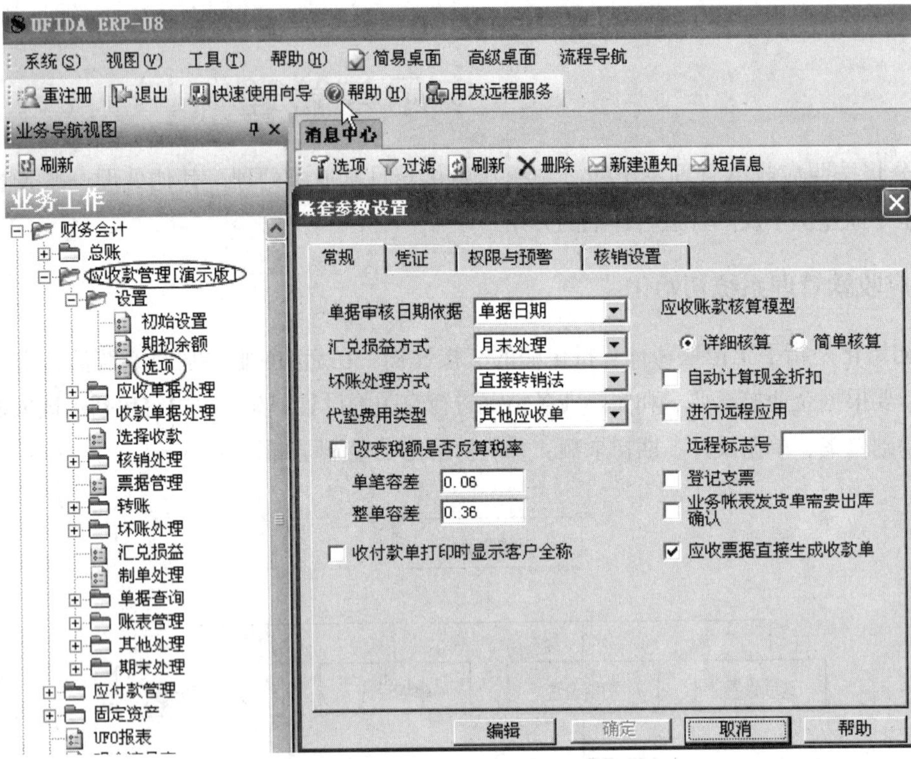

图8-5　应收款管理系统常规选项设置界面

月末处理：每个月末计算汇兑损益。在计算汇兑损益时，界面中显示所有外币余额不为0或者本币余额不为0的外币单据。

● 坏账处理方式。系统提供两种坏账处理的方式，即备抵法和直接转销法。如果选择备抵法，还应该选择具体的方法，系统提供了三种备抵的方法：应收余额百分比法、销售收入百分比法、账龄分析法。这三种方法需要在初始设置中录入坏账准备期初余额和计提比例或输入账龄区间等，并在坏账处理中进行后续处理。

● 代垫费用类型。代垫费用类型解决从销售系统传递的代垫费用单在应收系统用何种单据类型进行接收的功能。系统默认为其他应收单，用户也可在初始设置中的单据类型设置中自行定义单据类型，如定义代垫费用应收单，然后在系统选项“代垫费用类型”中进行选择。

● 应收账款核算模型。系统提供两种应收系统的核算模型：简单核算、详细核算。用户可以自行选择。

● 是否自动计算现金折扣。系统提供自动计算现金折扣和不自动计算现金折扣两种方式。

● 是否进行远程应用。如果用户选择了进行远程应用，则系统在后续处理中提供远程传输收付款单的功能。如果用户选择了不进行远程应用，则系统在后续处理中将不提供远程传输收付款单的功能，也不需要填上远程标识号。

● 是否登记支票。选择登记支票，则系统自动将具有票据管理结算方式的付款单登记支票登记簿。若不选择登记支票，用户也可以通过付款单上的“登记”按钮，进行手工登记。

该选项首先需要在总账系统选项中选择“支票控制”。

（2）凭证参数设置。

在图8-5中的界面单击“凭证”页签，进入凭证参数设置界面，如图8-6所示。

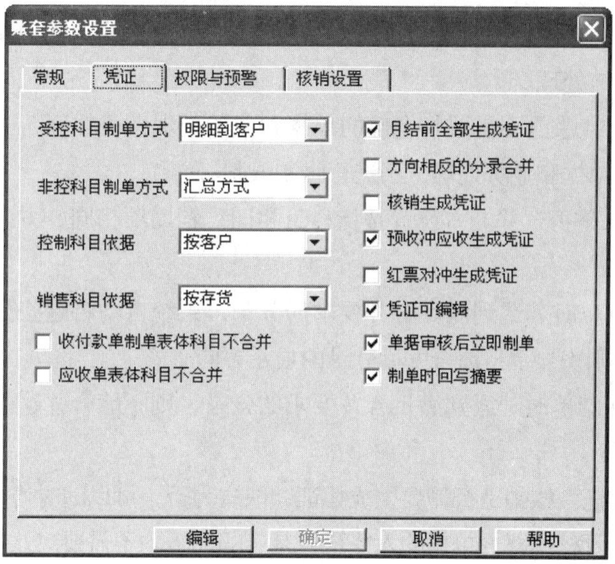

图8-6　凭证参数设置界面

凭证参数说明如下。

● 受控科目制单方式。有两种受控科目的制单方式供选择：明细到客户、明细到单据。

明细到客户：当将一个客户的多张单据合并生成一张凭证时，如果核算这多张单据的控制科目相同，系统将自动将其合并成一条分录。

明细到单据：当将一个客户的多张单据合并生成一张凭证时，系统会将每一笔业务形成一条分录。

● 非受控科目制单方式。非受控科目有三种制单方式供用户选择：明细到客户、明细到单据、汇总制单。

明细到客户：当将一个客户的多张单据合并生成一张凭证时，如果核算这多笔业务的非受控科目相同，且其所带辅助核算项目也相同，则系统会将其合并成一条分录。

明细到单据：当将一个客户的多张单据合并生成一张凭证时，系统会将每一笔业务形成一条分录。

汇总制单：当将多个客户的多张单据合并生成一张凭证时，如果核算这多张单据的非受控科目相同，且其所带辅助核算项目也相同，则系统会将其合并成一条分录。

● 控制科目依据。控制科目在应收系统中是指所有带有客户往来辅助核算的科目。系统提供几种设置控制科目的依据，即按客户分类，按客户、按地区、按销售类型、按存货分类，存货等。

● 销售科目依据。系统提供了两种设置存货销售科目的依据，即按存货分类和按存货设置销售科目。

按存货分类：存货分类是指根据存货的属性对存货所划分的大类。

按存货：如果存货种类不多，可以直接针对不同的存货设置不同的销售科目。

● 月末结账前是否全部生成凭证。在账套使用过程中可以修改该选项。如果选择了月末结账前需要将全部的单据和业务处理生成凭证，则在进行月末结账时将检查截至结账月是否有未制单的单据和业务处理。若有，系统将提示不能进行本次月结处理，但可以详细查看这些记录；若没有，才可以继续进行本次月结处理。

如果选择了在月末结账前不需要将全部的单据和业务处理生成凭证，则在月结时只是允许查询截至结账月的未制单单据和业务处理，不进行强制限制。

● 方向相反的分录是否合并。本设置是指科目相同、辅助项相同、方向相反的凭证分录是否合并。

选择合并，则在制单时若遇到满足合并要求的分录，系统自动将这些分录合并成一条，根据在哪边显示为正数的原则来显示当前合并后分录的显示方向。

选择不合并，则在制单时若遇到满足合并要求的分录，则不能合并这些分录，还是根据原样显示在凭证中。

● 核销是否生成凭证。核销是否需要生成凭证，缺省为否，可以随时修改。

选择“否”时，不管核销双方单据的入账科目是否相同，均不需要对这些记录进行制单。

选择“是”，则需要判断核销双方的单据当时的入账科目是否相同，不相同时，需要生成一张调整凭证。

● 预收冲应收是否生成凭证。系统缺省选择需要生成凭证，该选项可以随时修改。

选择“是”，则对于预收冲应收业务，当预收、应收科目不相同时，系统生成一张转账凭证。

选择“否”，则对于预收冲应收业务，不管预收、应收科目是否相同，均不生成凭证。

● 红票对冲是否生成凭证。若用户在系统选项中选择红票对冲生成凭证，则对于红票对冲处理，当对冲单据所对应的受控科目不相同时，系统生成一张转账凭证。

选择需要生成凭证的情况下，月末结账时，将对红票对冲处理分别进行有无需要生成凭证的记录的检查。

选择不生成凭证，则对于红票对冲处理，不管对冲单据所对应的受控科目是否相同，均不生成凭证。

● 凭证是否可编辑。系统默认的选项是凭证生成后仍可进行编辑，选项为空；如果对该选项进行标记，则意味着生成的凭证不可编辑。

● 单据审核后是否立即制单。默认选择为“是”，表示所有单据审核或业务处理后需要提示是否立即生成凭证。

选择为“否”，则表示所有单据审核或业务处理后不再提示是否立即生成凭证。

● 收付款单制单表体科目不合并。

默认为不选择此项，表示收付款单制单时要依据制单的业务规则进行合并。

选择此项，则表示收付款单制单时表体科目无论是否科目相同、辅助项相同，制单时均不合并。

● 应收单制单表体科目不合并。

默认为不选择此项，表示应收单制单时要依据制单的业务规则进行合并。

选择此项，则表示应收单制单时表体科目无论是否科目相同、辅助项相同，制单时均不合并。

（3）权限与预警参数设置。

在图8-5的界面单击“权限与预警”页签，进入设置界面，如图8-7所示。权限与预警参数说明如下。

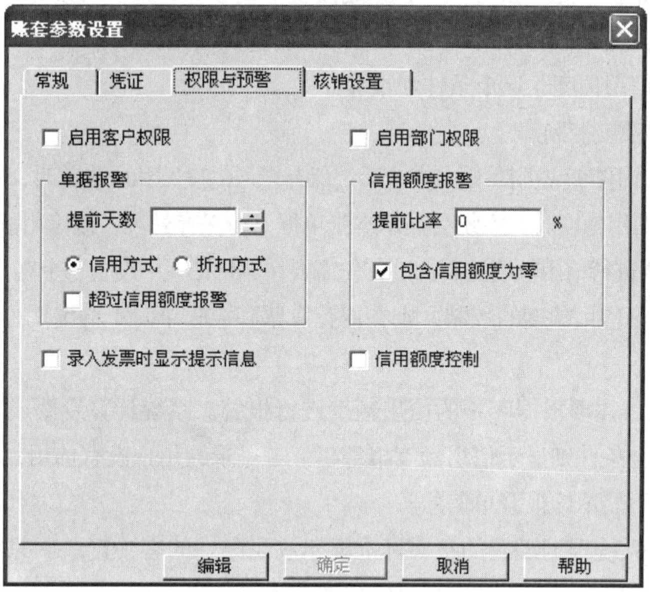

图8-7　权限与预警参数设置界面

① 是否启用客户权限。只有在【企业门户控制台】——【数据权限控制设置】下对客户进行记录级数据权限控制时，该选项才可设置；账套参数中对客户的记录级权限不进行控制时，应收款管理系统不对客户进行数据权限控制。

● 选择启用：则在所有的单据录入、处理、查询中均需要根据该用户的相关客户数据权限进行限制。操作员只能录入、处理、查询有权限的客户的数据；对于没有权限的数据，操作员无权处理与查询。通过该功能，企业可加强客户管理的力度，提高数据的安全性。

● 选择不启用：则在所有的单据录入、处理、查询中均不需要根据该用户的相关客户数据权限进行限制。

② 是否启用部门权限。只有在【企业门户控制台】——【数据权限控制设置】下对部门进行记录级数据权限控制时，该选项才可设置；账套参数中对部门的记录级权限不进行控制时，应收款管理系统不对部门进行数据权限控制。

● 选择启用，则在所有的单据录入、处理、查询中均需要根据该用户的相关部门数据权限进行限制。操作员只能录入、处理、查询有权限的部门的数据；对于没有权限的数据，操作员无权处理与查询。通过该功能，企业可加强部门管理的力度，提高数据的保密性。

● 选择不启用，则在所有的处理、查询中均不需要根据该用户的相关部门数据权限进行限制。系统缺省不需要进行部门数据权限控制，该选项可以随时修改。

③ 录入发票时是否显示提示信息。在账套使用过程中，用户可以修改该参数。如果选择了显示提示信息，则在录入发票时，系统会显示该客户的信用额度余额以及最后的交易情况。如果想提高录入的速度，在录入发票时，可以选择不提示任何信息。

④ 单据报警。

- 如果选择了根据信用方式报警，则还需要设置报警的提前天数。
- 如果选择了根据折扣方式自动报警，则还需要设置报警的提前天数。
- 如果选择了超过信用额度报警，则在满足上述设置的单据报警条件的同时，还需满足“该客户已超过其设置的信用额度”这个条件才报警。

⑤ 是否进行信用额度控制。

如果选择了进行信用额度控制，则在应收系统保存录入的发票和应收单时，当票面金额+应收借方余额-应收贷方余额>信用额度时，系统会提示本张单据不予保存处理。该信用额度取自客户档案中的信用额度。若用户需要进行信用额度控制，则首先需要在客户档案中设置每个客户的信用额度。

如果选择了不进行信用额度的控制，则在保存发票和应收单时不会出现控制信息。

⑥ 信用额度报警。

用户可以选择是否需要根据客户的信用额度进行报警。系统计算发票或应收单的信用比例是否达到报警条件，符合条件则显示信用额度报警单。若登录的用户没有信用额度报警单查看权限，就算设置了报警，也不显示该报警单信息。

当选择报警时，系统根据设置的报警标准显示满足条件的客户记录。只要该客户的信用比率小于或等于设置的提前比率，就对该客户进行报警处理。

（4）核销设置。在图8-5所示界面单击“核销设置”页签，进入核销设置界面，如图8-8所示。

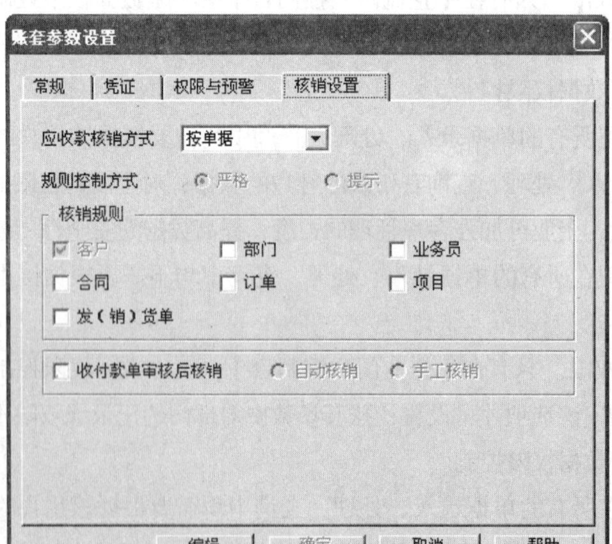

图8-8　核销设置界面

① 应收款核销方式。系统提供两种应收款核销方式：按单据或按产品核销。

● 按单据核销：系统将满足条件的未结算单据全部列出，由用户选择要结算的单据，根据选择的单据进行核销。

● 按产品核销：系统将满足条件的未结算单据按存货列出，由用户选择要结算的存货，根据选择的存货进行核销。

② 规则控制方式。

● 默认为“严格”，如果选择严格的控制方式，则核销时严格按照选择的核销规则进行核销，如不符合核销规则，则不能完成核销操作。

● 选择“提示”，则核销时不符合核销规则，系统会提示，由用户选择是否完成核销操作。

③ 核销规则。

● “核销规则”默认为按客户核销。可供选择的有：按客户、部门、业务员、订单、合同、项目、发（销）货单核销。

● “收付款单审核后核销”选项默认为不选择，表示收付款单审核后不立即进行核销操作。如果选择自动核销，则表示收付款单审核后立即进行自动核销操作；选择手工核销，则表示收付款单审核后，立即进入手工核销界面，由用户手工完成核销。

2. 初始设置

（1）设置科目。由于本系统业务类型较固定，生成的凭证类型也较固定，为了简化凭证生成操作，可以在此处将各业务类型凭证中的常用科目预先设置好。

单击【设置】—【初始设置】菜单，如图8-9所示，单击【设置科目】进入科目设置界面。其下级各项科目设置说明如下。

● 基本科目设置。可以在此定义应收系统凭证制单所需要的基本科目。应收科目、预收科目、销售收入科目、税金科目等。若未在单据中指定科目，且在“控制科目设置与产品科目设置”中没有设置明细科目，则系统制单依据制单规则取基本科目设置中的科目设置。

● 控制科目设置。在此进行应收科目、预收科目的设置。依据在系统选项中的“控制科目依据”选项而显示设置依据。可按客户分类，客户、地区分类，销售类型、存货分类，存货进行控制科目的设置。若单据上有科目，则制单时取单据上科目；若无，则系统依据单据上的客户信息在制单时自动带出控制科目。若控制科目没有输入，则系统取基本科目设置中的应收、预收科目。

● 产品科目设置。在此进行销售收入科目、应交增值税科目、销售退回科目的设置。依据用户在系统初始化中的“销售科目依据”选项而显示设置依据。可按存货分类、存货进行产品科目的设置。若单据上有科目，则制单时取单据上科目；若无，则系统依据单据上的存货信息在制单时自动带出产品销售收入科目、税金科目等。 若产品科目没有输入，则系统取基本科目设置中的销售收入、税金科目。如果按存货分类进行科目设置，则可按存货分类+税率进行科目的设置。

● 结算方式科目设置。在此进行结算方式、币种、科目的设置。对于现结的发票及收付款单，若单据上有科目，则制单时取单据上科目；若无，则系统依据单据上的结算方式查找对应的结算科目，系统制单时自动带出。若未输入，则用户需手工输入凭证科目。

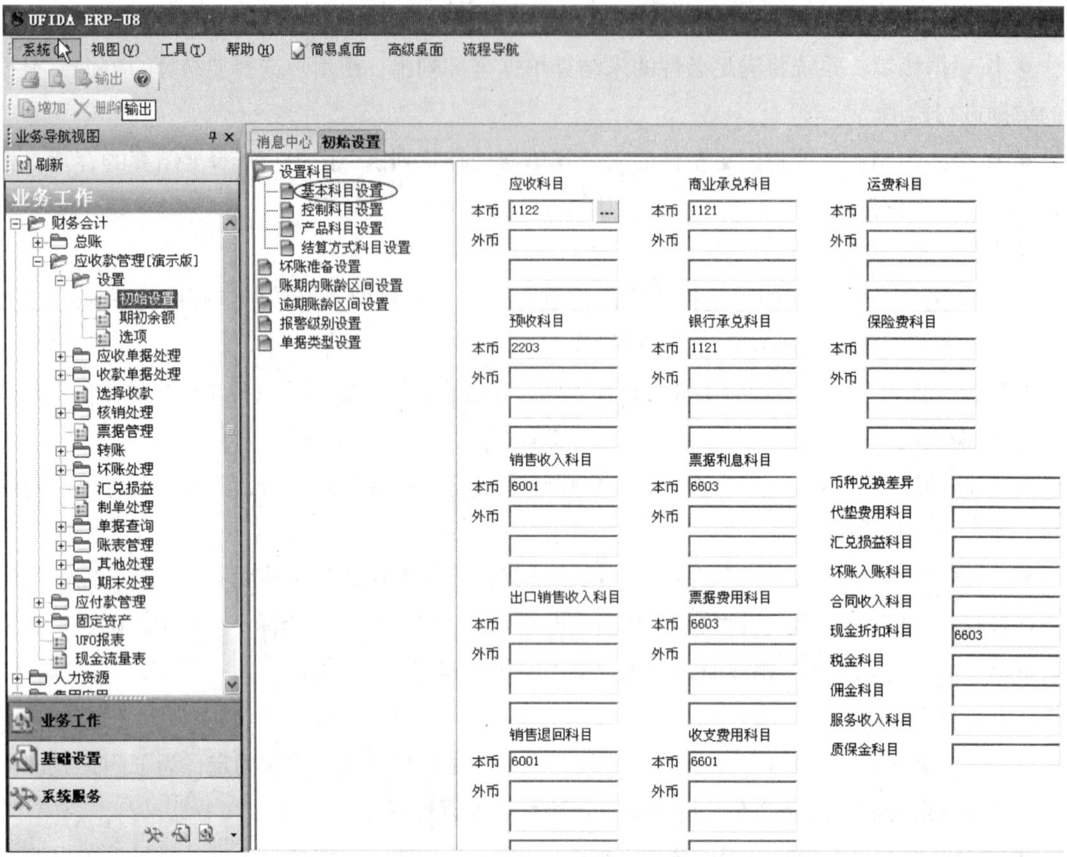

图8-9　初始设置的科目设置界面

（2）坏账准备设置。坏账初始设置是指用户定义本系统内计提坏账准备比率和设置坏账准备期初余额的功能。其作用是系统根据用户的应收账款进行计提坏账准备。企业应于期末针对不包含应收票据的应收款项计提坏账准备，其基本方法包括销售收入百分比法、期末应收账款余额百分比法、应收账款账龄百分比法等。用户可以在此设置计提坏账准备的方法和计提的有关参数。

在图8-9所示界面中，单击【坏账准备设置】进入设置界面，如图8-10所示。

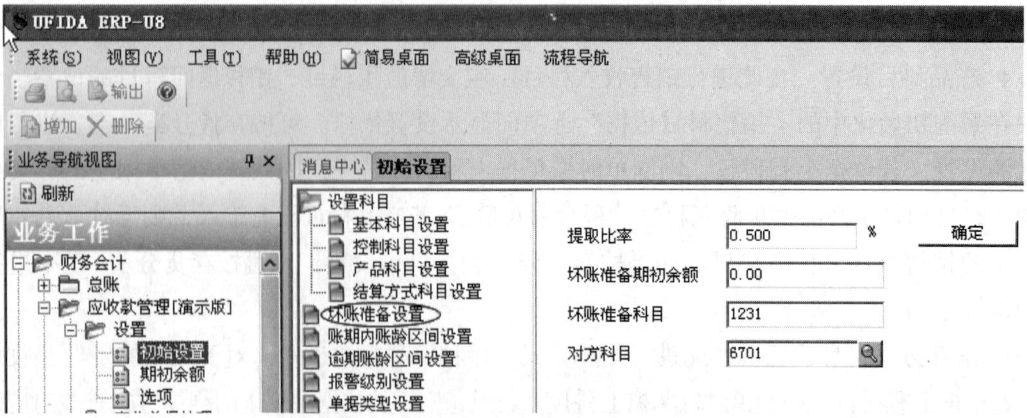

图8-10　初始设置的坏账准备设置界面

坏账初始设置根据应收系统选项中所设置的坏账处理方式的不同而处理不同。如果选项中选择了备抵法中的某一种方法，就需要在这个界面进行设置。

如果选择的是销售收入百分比法，则需要用户录入坏账准备期初余额和坏账计提比率。

如果选择的是应收余额百分比法，则需用户录入坏账准备期初余额和坏账计提比率。

如果选择的是账龄分析法，则需用户录入坏账准备期初余额、选择账龄区间方案、针对账龄区间方案录入相应账龄区间的坏账计提比率。

（3）账期内账龄区间设置。账期内账龄区间设置是指用户定义账期内应收账款或收款时间间隔的功能，其作用是便于用户根据自己定义的收款时间间隔，进行账期内应收账款或收款的账龄查询和账龄分析，清楚地了解在一定期间内所发生的应收款、收款情况。

（4）逾期t账龄区间设置。逾期账龄区间设置是指用户定义逾期应收账款或收款时间间隔的功能，其作用是便于用户根据自己定义的收款时间间隔，进行逾期应收账款或收款的账龄查询和账龄分析，清楚地了解在一定期间内所发生的应收款、收款情况。

（5）报警级别设置。用户可以通过对报警级别的设置，将客户按照客户欠款余额与其授信额度的比例分为不同的类型，以便于掌握各个客户的信用情况。

（6）单据类型设置。单据类型设置是指用户将自己的往来业务与单据类型建立对应关系，达到快速处理业务以及进行分类汇总、查询、分析的效果。

3. 单据设计

单据设计主要有两部分功能，一是进行操作员显示模板的定义；二是进行操作员打印模板的定义。

单据模板设置是指用户可依据自己的往来业务要求设计自己的单据模板，即操作员可与单据模板一一对应，其主要作用是可以充分利用操作员在单据模板设置中所建立的自定义单据模板，使单据更加符合操作员的需要。

4. 期初余额录入

通过期初余额录入功能，用户可将正式启用账套前的所有应收业务数据录入系统中，作为期初建账的数据，系统即可对其进行管理。这样既保证了数据的连续性，又保证了数据的完整性。

录入期初余额，包括处理未结算的发票和应收单、预收款单、应收票据等。这些期初数据必须是账套启用会计期间前的数据。期初余额录入后，可与总账系统进行对账。在日常业务中，可对期初发票、应收单、预收款、票据、合同结算单进行后续的核销、转账处理。在应收业务账表中可以查询期初数据。

（1）增加期初余额。

① 选择【设置】菜单下的【期初余额】项，单击【确认】按钮，进入期初余额查询界面，如图8–11所示。选好查询条件后，显示期初余额明细表。

② 单击【增加】按钮，选择单据名称、单据类型和方向，如图8–12所示。再单击【确定】按钮，即会出现该类型单据的界面，如图8–13所示。

③ 可以输入有关栏目。按【取消】按钮，系统会取消刚才的操作。

④ 输入各种类型单据的期初余额后，按【保存】按钮，即可保存用户所进行的操作。继续增加，重复以上几步。也可以单击【复制】按钮，将当前单据复制到新增单据上再进行修改。

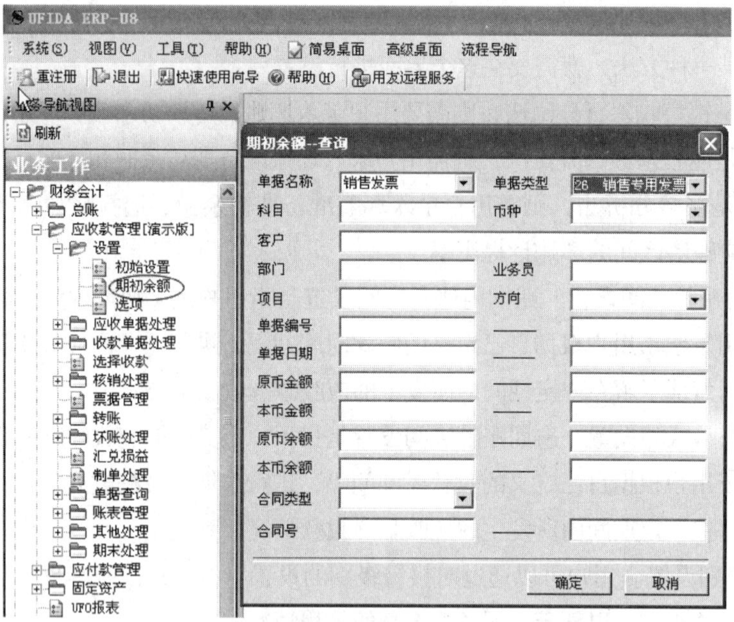

图8-11 期初余额查询界面

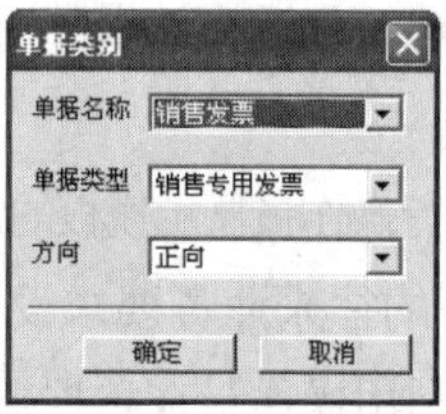

图8-12 选择单据类别窗口

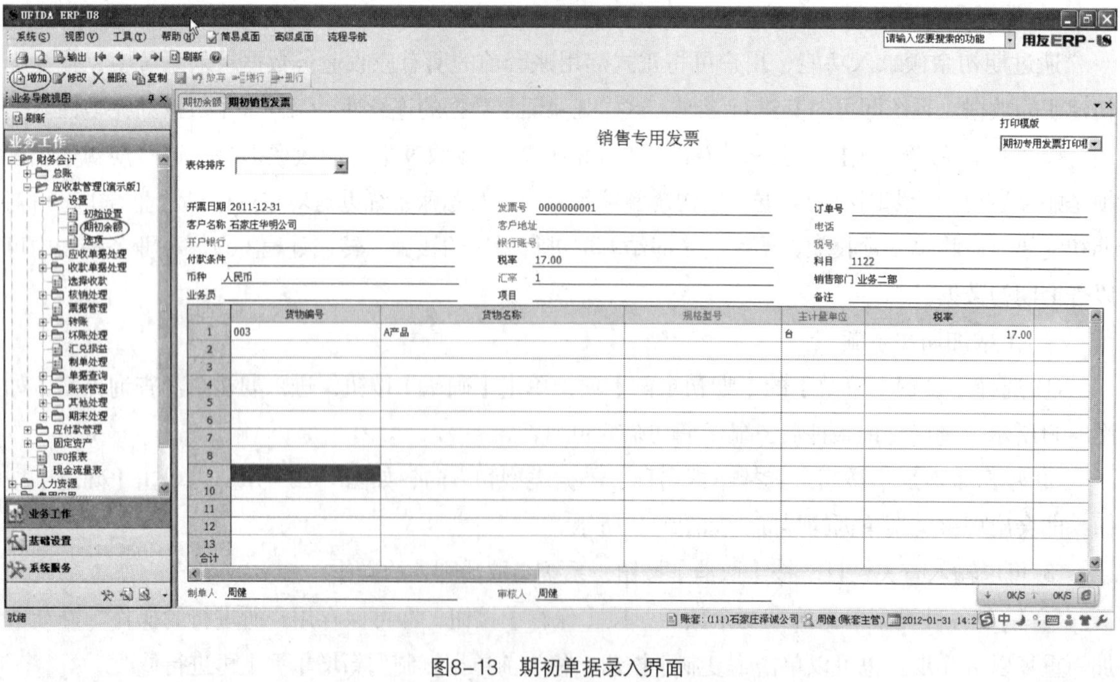

图8-13 期初单据录入界面

（2）修改期初余额。如果当前在期初余额主界面，则首先选中要修改的单据，然后双击鼠标，则可以进入该单据的界面。

进入某张单据界面后，单击【修改】按钮，修改当前单据。

修改完成后，单击【保存】按钮，保存当前修改；单击【放弃】按钮，取消此次修改。

（3）删除期初余额。如果当前在期初余额主界面，则首先选中要删除的单据，然后单击【删除】按钮，则可以进入该单据的删除界面。

如果当前已经处于某张单据的界面，则可以直接单击【删除】按钮，删除当前单据。

（4）查询期初余额。在期初余额主界面中单击【过滤】按钮。输入查询条件后，单击【确认】按钮，系统会将满足条件的数据全部列示出来。用户可查看某个客户的期初余额，或者查看某个科目的期初余额。

（5）单据定位。在期初余额主界面中单击【定位】按钮。输入定位条件后，单击【确认】按钮，系统会将光标定位在满足条件的第一条记录上。

（6）期初余额排序。在期初余额主界面中单击任一列，可进行该列的升序或降序排列。

（7）联查单据。联查单据有两种方法：一是将光标定位在需要查询的单据记录上，单击【单据】按钮，即可显示该单据卡片；二是双击需要查询的单据记录，即可显示该单据卡片。

（8）与总账对账。在期初余额主界面中单击【对账】按钮。屏幕上列示出应收款管理系统各控制科目与总账的对账结果。

8.3.2 应收款日常业务处理

日常处理模块是应收款系统的重要组成部分，能够方便用户进行经常性的应收业务处理工作。日常业务模块主要是完成企业日常的应收款、收款业务录入，应收款、收款业务核销，应收并账、汇兑损益及坏账的处理，及时记录应收、收款业务的发生，为查询和分析往来业务提供完整、正确的资料，加强对往来款项的监督管理，提高工作效率。

1. 应收单据处理

- 手工处理：企业销售货物给客户，给客户开具增值税票、普通发票及其所附清单等原始销售票据，或企业因非销售业务而应收取客户款项而开具的应收款单据。
- 系统处理：在系统中填制销售发票、出口发票、应收单，统称为应收单据。应收单据录入是本系统处理应收业务的起点。

（1）应收单据录入。销售发票与应收单是应收款系统日常核算的原始单据。如果应收款系统与销售管理系统集成使用，销售发票和代垫费用在销售管理系统中录入，在应收款系统中可对这些单据进行查询、核销、制单等操作。此时，应收款系统需要录入的只限于应收单。如果没有使用销售系统，则所有发票和应收单均需在应收系统中录入。

① 销售发票的录入。

操作方法：单击【应收单据处理】—【应收单据录入】，选择新增单据的单据名称“销售发票”，单击【增加】按钮，即可进行销售发票的录入，如图8-14所示。

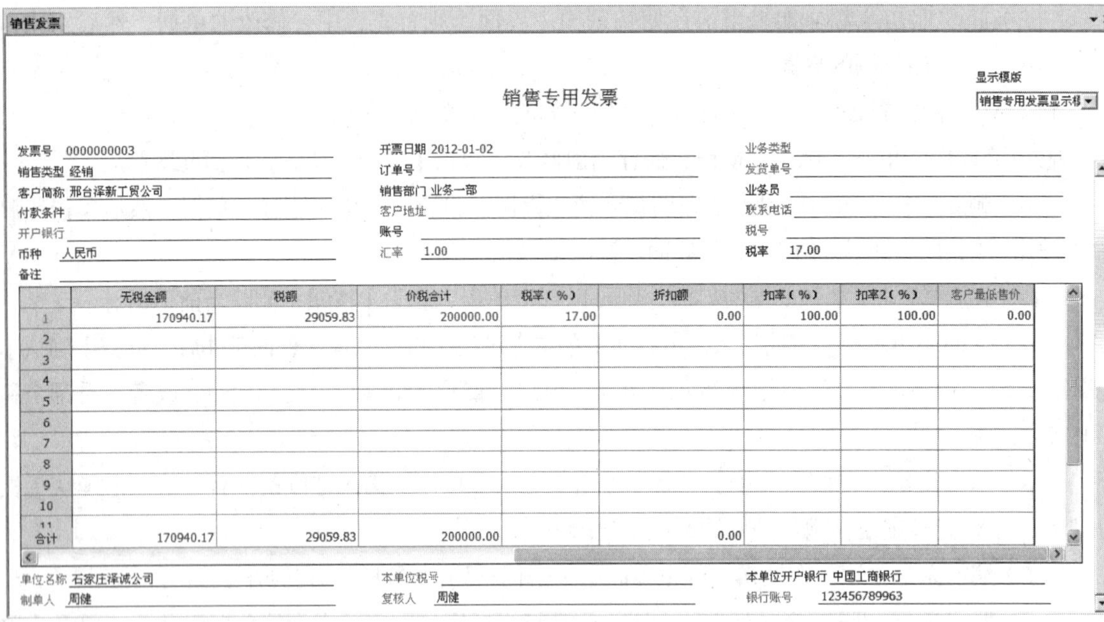

图8-14　销售发票的录入窗口

操作说明如下。

● 增加销售发票。没有启用销售管理系统，则在应收管理系统【应收单据录入】下录入销售发票，依据原始发票上的项目进行录入。若遇到系统没有提供的项目，用户可以通过【自定义项】进行项目的添加。若系统提供的单据格式不符合用户的要求，用户可以通过【单据设计】将单据进行修改。如果录入的是红字发票，则在【应收单据录入】单据类别中选择方向为负的发票。

● 修改销售发票。如果没有启用销售系统，若用户发现销售发票写错了，则可以在应收管理系统【应收单据录入】下对销售发票进行修改，除单据的名称和类型不能进行修改外，其他的可修改。如果启用销售系统，从销售系统传递的销售发票不允许在应收款管理系统中修改，用户需要在销售管理系统中对销售发票取消复核后进行修改。

● 删除销售发票。如果没有启用销售系统，发现录入的发票作废，用户可以在应收管理系统【应收单据录入】下把录入的销售发票删除。

● 启用销售系统。从销售系统传递的销售发票不允许在应收管理系统中删除，用户需要在销售管理系统中对销售发票取消复核后进行删除。单据删除后不能恢复。

② 应收单录入。无论是否启用销售系统，非销售业务形成的应收单都在应收系统中录入应收单据中，除销售发票外，伴随销售业务产生的代垫费用形成的应收款也是在销售系统启用的情况下，在销售系统录入，并传递给应收系统。在系统选项中，可选择用哪种应收单来接收代垫费用的信息。若没有启用销售系统，则伴随销售业务的产生，代垫费由应收款系统进行录入。

操作方法如下。

● 单击【应收单据处理】—【应收单据录入】。

● 选择新增单据的单据名称“应收单”，单击【确定】按钮，如图8-15所示。

● 单击【增加】按钮，即可录入应收单，录入窗口如图8-16所示。

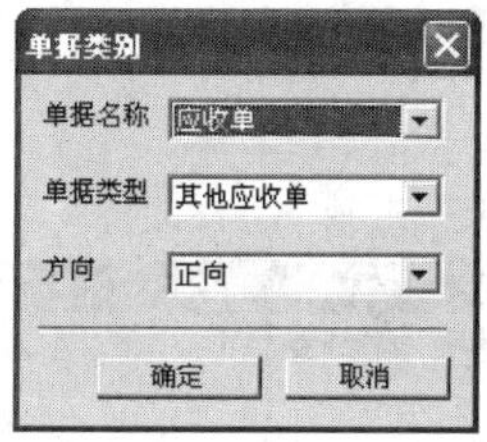

图8-15 应收单据录入类别窗口

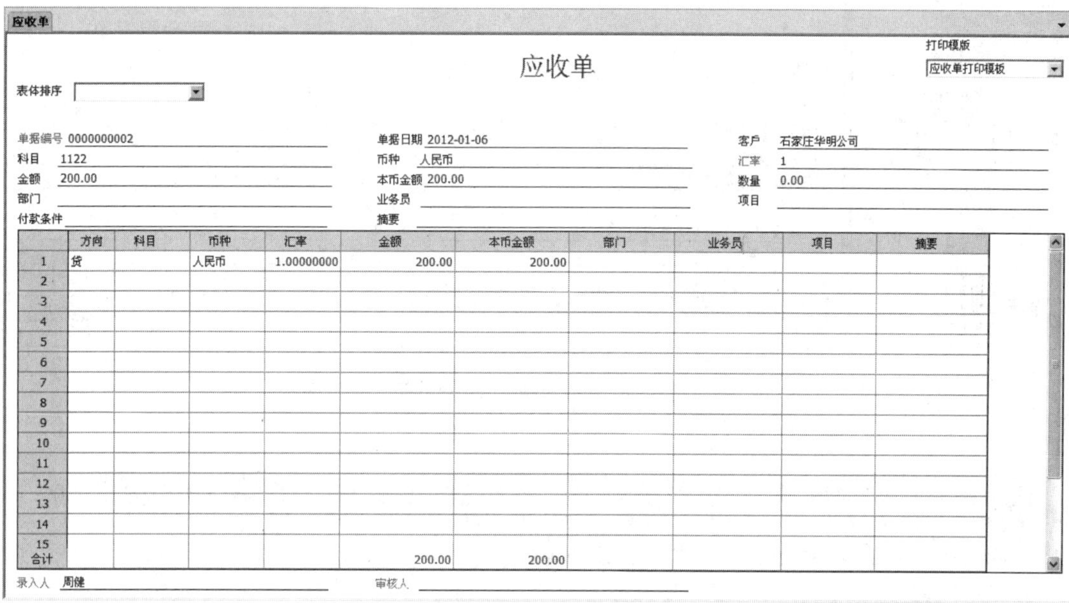

图8-16 应收单据录入窗口

在此，我们不仅可以增加应收单，还可以进行修改应收单、删除应收单等操作。

（2）应收单据审核。应收单据的审核是指把应收单据进行记账，并在单据上填上审核日期、审核人的过程。已审核的应收单据不允许修改及删除。

在销售系统中增加的发票也在应收款管理系统中审核入账；在销售系统中录入的发票若未经复核，则不能在应收款管理系统中审核。

已经审核过的单据不能进行重复审核；未经审核的单据不能进行弃审处理。已经做过后续处理（如核销、转账、坏账、汇兑损益等）的单据不能进行弃审处理。

系统对审核提供单张审核、自动批审、手工批审等功能，以提高工作效率。

① 单张审核。只需要找到要确认的发票和应收单，单击【审核】按钮即可。审核界面如图8-17所示。对于本系统录入的应收单据，可以在【应收单据录入】下录入单据后，直接进行审核。对于从销售系统传递的应收单据，用户可以在【应收单据审核】下进行审核。在【应收单据审核】下也可以对应收系统录入的应收单据进行审核。

② 自动批审。用鼠标单击【应收单据处理】下的【应收单据审核】按钮，系统显示查询条件框。输入查询条件后，用户可以单击【批审】按钮，系统根据当前的过滤条件将符合条件的未

审核单据全部进行后台的一次性审核处理，批审完成后，系统提交审核报告，如图8-18、图8-19所示。

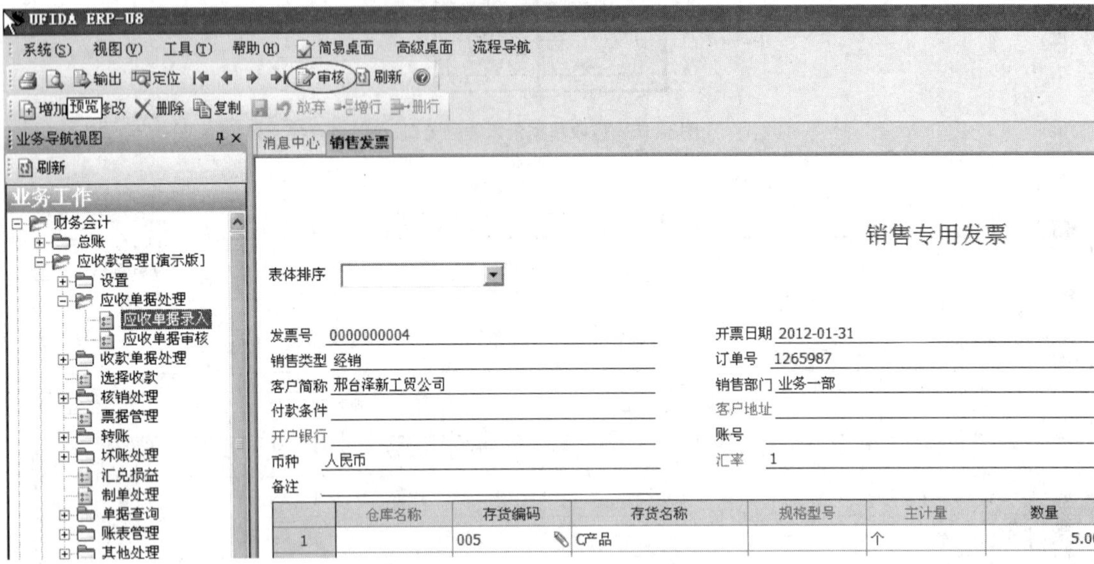

图8-17 应收单据单张审核界面

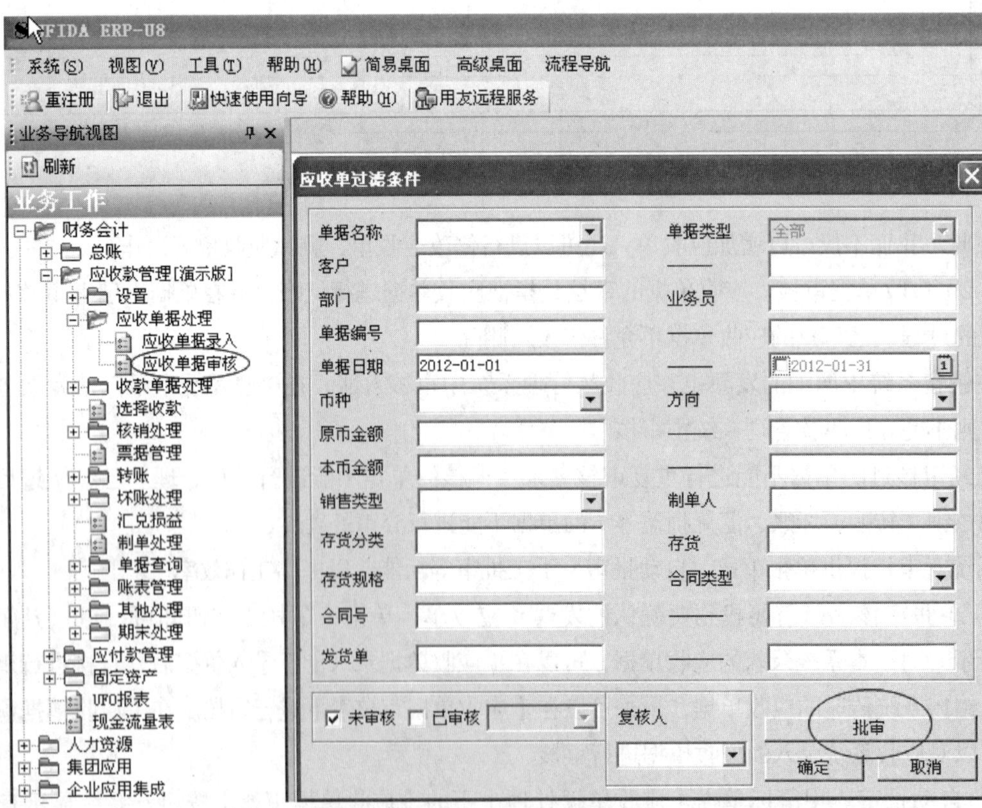

图8-18 应收单据自动批审界面

图8-19　应收单据自动批审报告界面

③ 手工批审。用户也可在输入过滤条件后，进入单据列表界面进行选择。在选择标志一栏里，双击鼠标打对勾，然后单击工具栏中的【审核】按钮，表示要将该张单据审核。用户也可以单击【全选】按钮，将所有的单据全部选中；单击【全消】取消所做的选择。

选择单据后，单击【审核】按钮，将当前选中的单据进行全部审核，如图8-20所示。

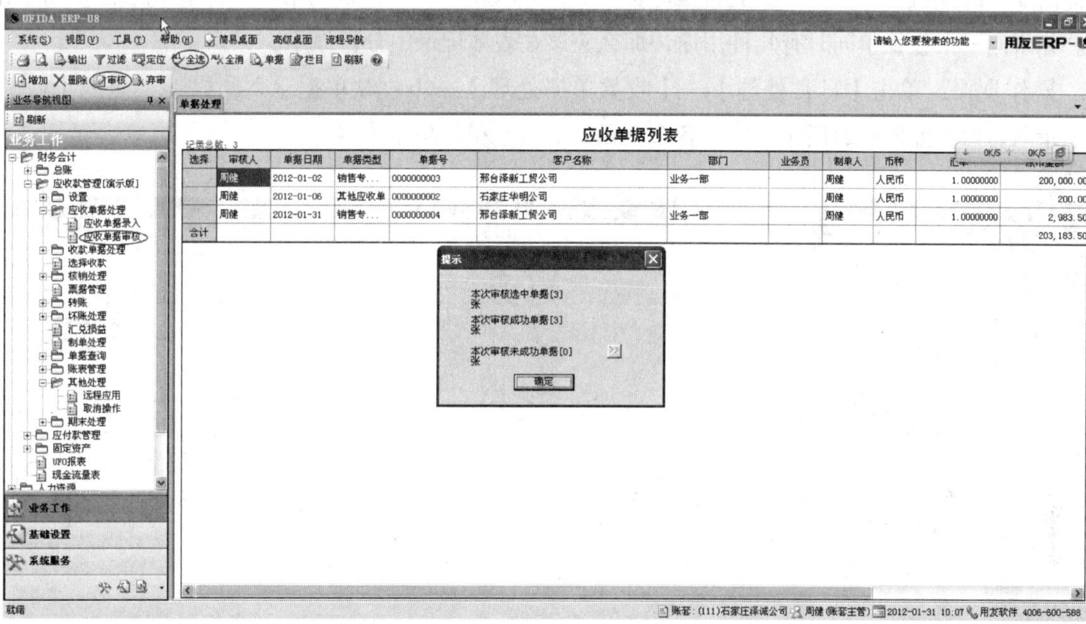

图8-20　应收单据手工批审界面

④ 取消审核。

手工处理：在实际业务中，会发生一些输入错误或者一些正在进行的业务因某种原因而改变，企业会计需要根据不同的情形进行调整记账。

系统处理：系统对这方面的处理是通过取消审核功能，将此笔业务信息从应收明细账中抹去，同时清空审核人和审核日期，回到未审核的状态。此时，用户可以根据实际情况，对该应收单据进行修改或删除。

操作方法如下。

（1）用鼠标单击【应收单据处理】下的【应收单据审核】按钮，系统显示查询条件框，如图8-18所示。

（2）输入查询条件后，单击【确定】按钮，显示应收单据列表，如图8-20所示。

（3）选择单据后，单击【弃审】按钮，将当前选中的单据取消审核。

2. 收款单据处理

收款单据处理主要是对结算单据（收款单、付款单即红字收款单）进行管理，包括收款单、付款单的录入以及单张结算单的核销。应收款系统的收款单用来记录企业所收到的客户款项，款项性质包括应收款、预收款、其他费用等。其中，应收款、预收款性质的收款单将与发票、应收单、付款单进行核销勾对。应收款系统的付款单用来记录发生销售退货时，企业开具的退付给客户的款项。该付款单可与应收、预收性质的收款单，红字应收单，红字发票进行核销。

（1）收款单据录入。收款单据录入是将已收到的客户款项或退回客户的款项录入应收款系统，包括收款单与付款单（即红字收款单）的录入。

① 录入收款单。收到客户款项时，该款项有三种可能用途：一是客户结算所欠货款；二是客户提前支付的预付款；三是用于支付其他费用。在应收款系统中，系统用款项类型来区别不同的用途。如果同一张收款单同时有几种用途，那么应该在表体记录中分行显示。

操作步骤：单击【日常处理】—【收款单据处理】—【收款单据录入】按钮，进入【收款单】录入窗口，如图8-21所示。输入各个项目，录入完毕后单击【保存】。

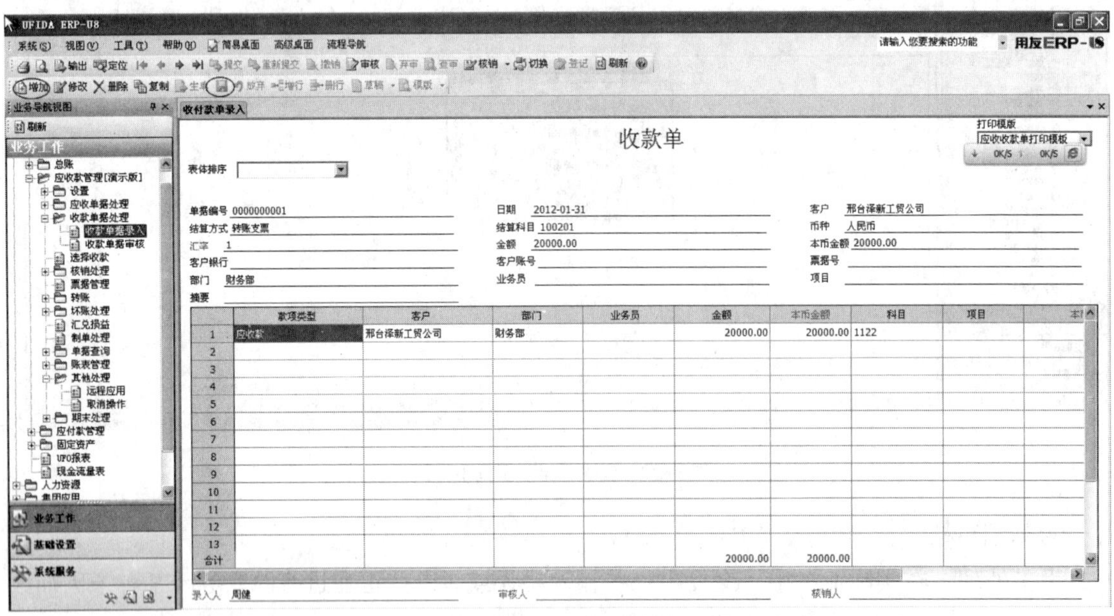

图8-21 收款单录入界面

若要对单据进行修改、删除、审核、制单等处理，具体操作同应收单据录入。

② 代付款的处理。有时，收到客户的一笔款项，但该款项中包括为另外一个单位代付的货款。在应收账款系统中有两种处理方式：一是将代付的款项单独录入一张收款单，将付款单位直接记录为另外一个单位，金额为代付金额；二是将付款单位仍然记录为该单位，但通过在收款单中输入代付客户的功能处理代付款业务。这种方式的好处是既可以保留该笔付款业务的原始信息，又可以处理同时代多个单位付款的情况。下面以第二种处理方式为例，介绍代付款的处理。

操作步骤如下。

- 在收款单据录入界面输入一张收款单，表头客户输入付款单位信息，表头金额为总金额。
- 在表体中，输入此笔收款单中代付客户的名称及代付金额，如图8-22所示。

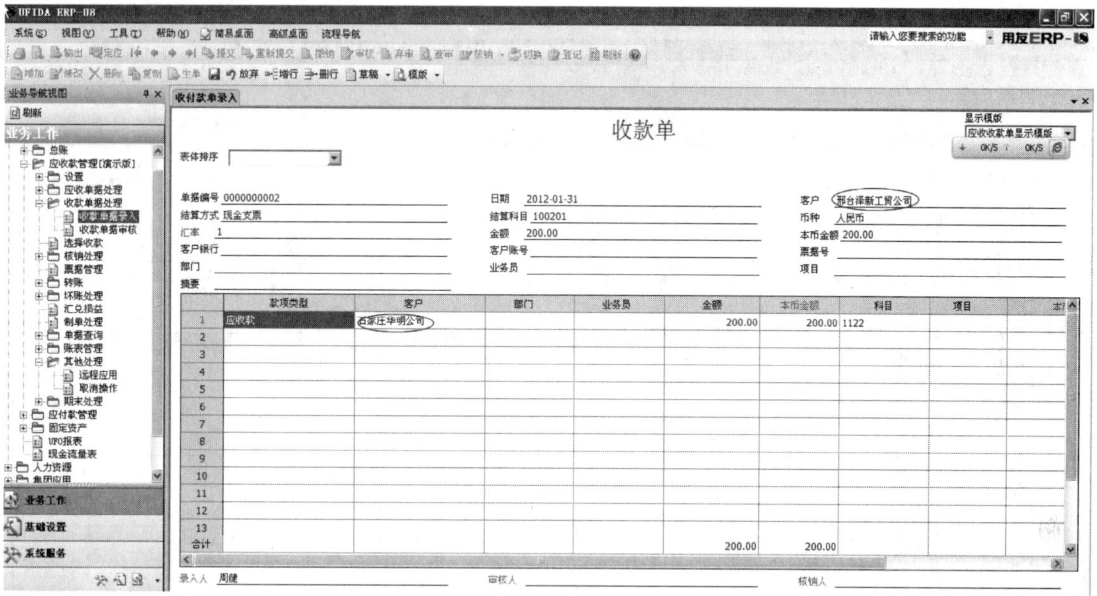

图8-22　代付款的处理界面

- 单击【核销】，输入过滤条件，即可对付款单位进行核销，也可在核销界面右上角切换成代付单位，进行核销，如图8-23所示。

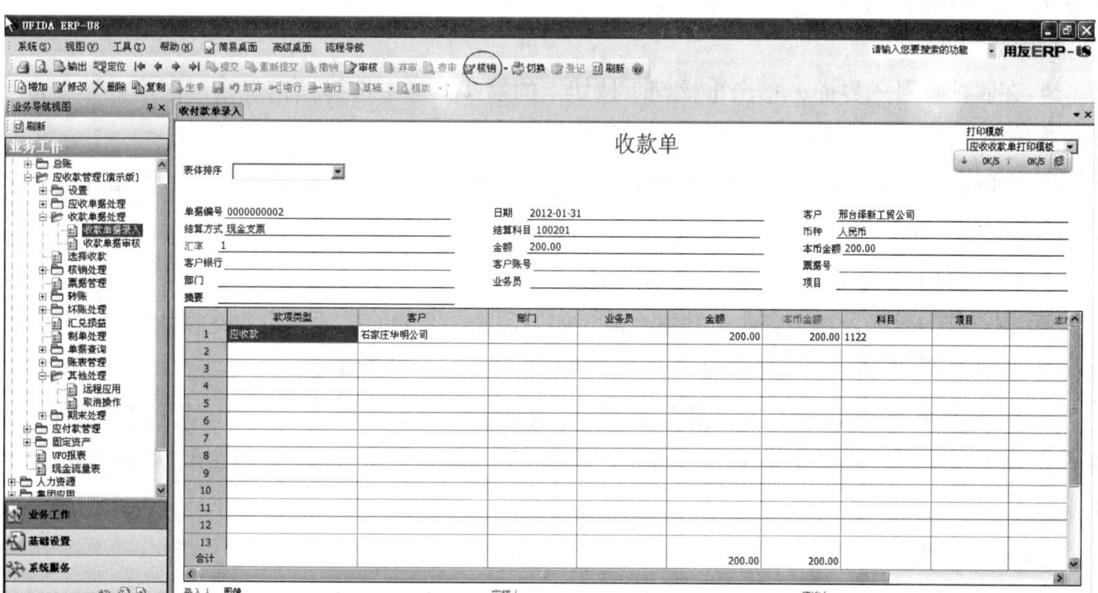

图8-23　代付款的核销界面

③ 录入付款单。付款单用来记录发生销售退货时，企业开具的退付给客户的款项。该付款单可与应收、预收性质的收款单、红字应收单、红字发票进行核销。

在收款单录入界面，单击【切换】按钮，可以在收款与付款单之间进行切换，就可以录入付款单了，如图8-24所示。

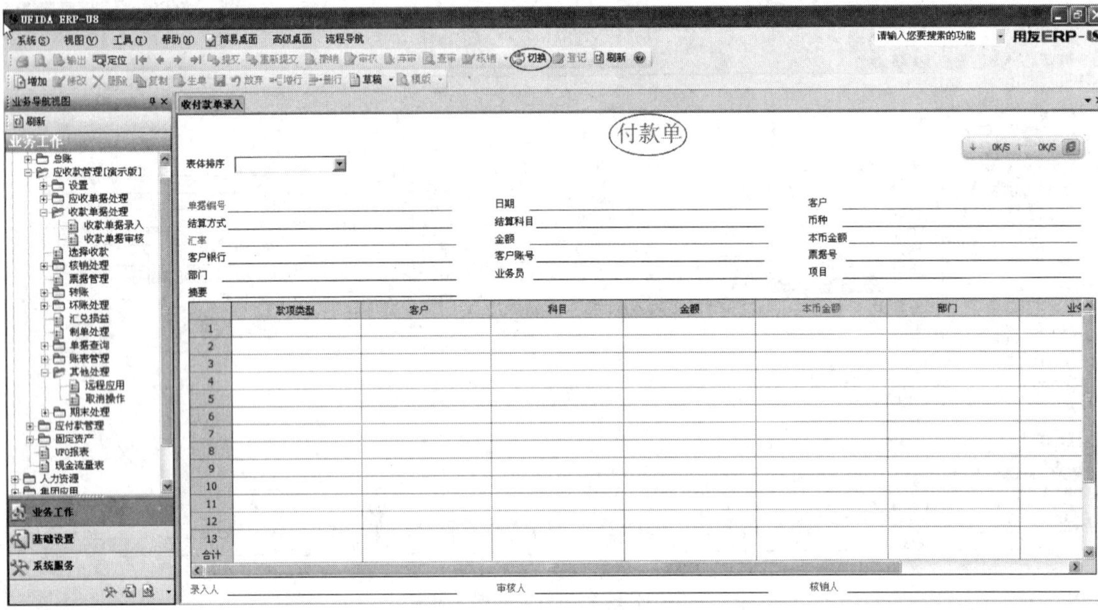

图8-24 付款单的录入界面

④ 核销处理。在收款单录入界面执行单据审核后，可以直接进行核销处理，也可以在【日常处理】—【核销处理】下进行核销。

操作步骤如下。

- 在收款单录入界面，单击【核销】按钮下的箭头，从中选择核销规则“同币种”，进入“单据核销”窗口。
- 窗口上方显示收款信息，窗口下方显示应收信息。在要核销的单据的“本次结算金额”栏输入本次结算金额。
- 单击【保存】按钮，完成本次核销操作。

⑤ 预收款的录入。在销售业务发生之前，如果预收了客户的款项，也要在收款单据录入界面进行处理。以后可通过“预收冲应收”、“核销处理”功能使用此笔预收款。

（2）收款单据审核。在“结算单”界面中，系统提供手工审核、自动批审的功能。结算单列表界面中显示的单据包括全部已审核、未审核的收（付）款单，可以进行结算单的增加、修改、删除等操作。

3. 核销处理

核销处理是指日常进行的收款核销应收款的工作。单据核销的作用是解决收回客户款项后核销该客商应收款的处理，建立收款与应收款的核销记录，监督应收款及时核销，加强往来款项的管理。

系统提供单张核销、自动核销和手工核销三种核销方式，单张核销已在前文“结算单处理”

中介绍过，这里介绍后两种情况。

（1）手工核销。主要步骤如下。

① 在收款单据录入界面中录入收款单，审核，退出。

② 单击【日常处理】—【核销处理】—【手工核销】，如图8-25所示。打开“核销条件”对话框，如图8-26所示。

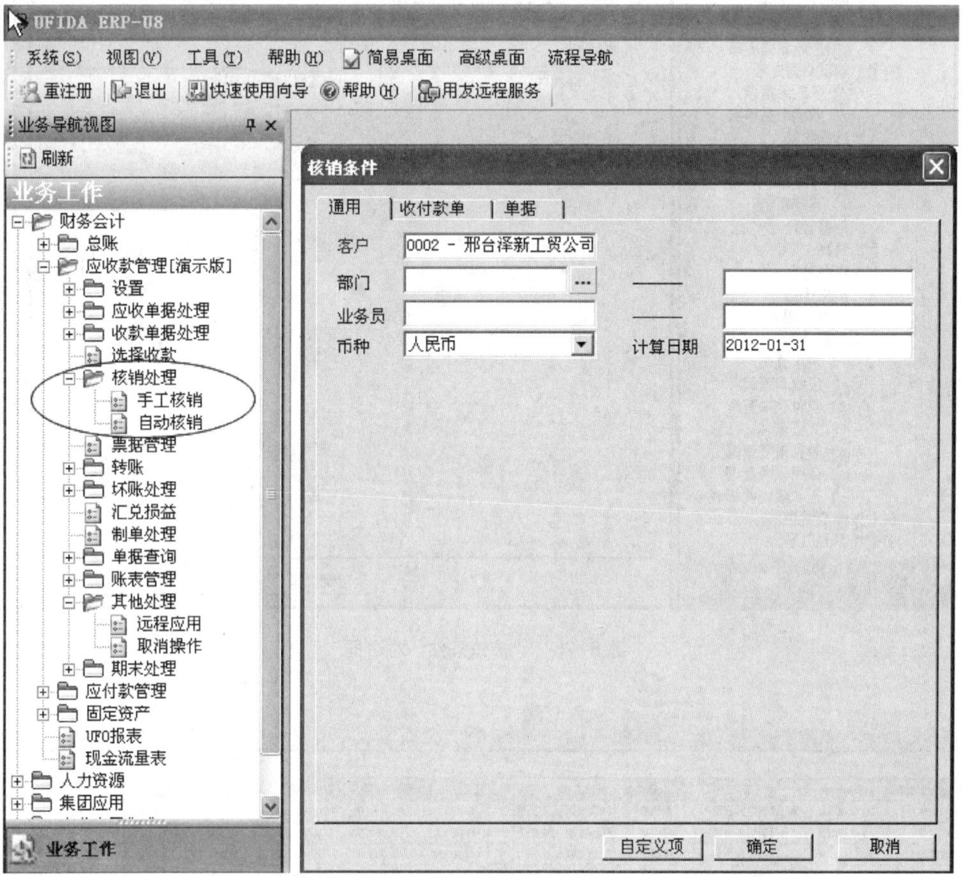

图8-25 核销处理界面

③ 选择客户，输入结算单和被核销单据过滤条件，单击【确定】按钮，进入单据核销窗口，如图8-27所示。

④ 窗口上方列表显示该客户可以核销的结算单记录，下方列表显示该客户符合核销条件的对应单据。在要核销的单据的“本次结算金额”栏输入本次结算金额。

⑤ 单击【保存】按钮，完成本次核销操作。

（2）自动核销。操作步骤如下。

① 单击【日常处理】—【核销处理】—【自动核销】，打开“核销条件”对话框。

② 输入过滤条件，单击【确定】按钮，系统进行自动核销，并显示自动核销进度条。

③ 核销完成后，系统提交“自动核销报告”，显示已核销的情况和未核销的原因。

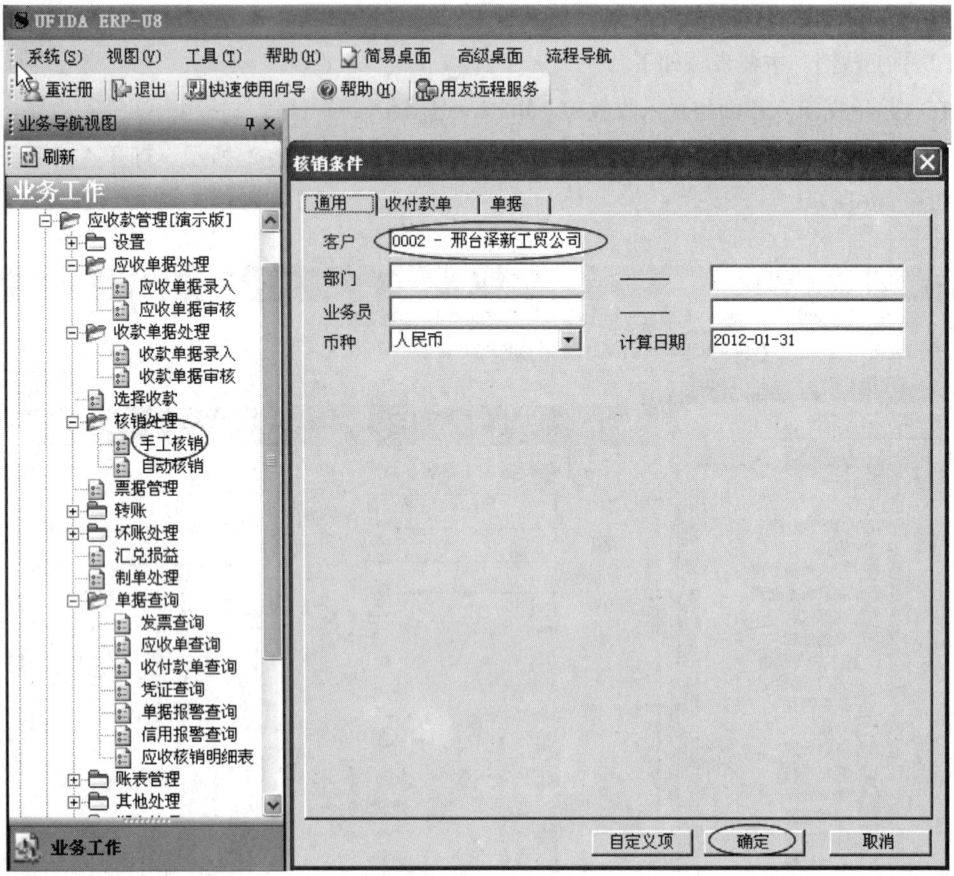

图8-26 “核销条件”对话框

单据核销

单据日期	单据类型	单据编号	客户	款项类型	结算方式	币种	汇率	原币金额	原币余额	本次结算金额	订单号
2012-01-31	收款单	0000000001	邢台泽新工贸公司	应收款	转账支票	人民币	1.00000000	20,000.00	20,000.00	20,000.00	
2012-01-31	收款单	0000000003	邢台泽新工贸公司	应收款	转账支票	人民币	1.00000000	9,360.00	9,360.00	9,360.00	
2012-01-31	收款单	0000000004	邢台泽新工贸公司	应收款	现金支票	人民币	1.00000000	2,983.00	2,983.00	2,983.00	
合计								32,343.00	32,343.00	32,343.00	

单据日期	单据类型	单据编号	到期日	客户	币种	原币金额	原币余额	可享受折扣	本次折扣	本次结算	订单号
2011-11-08	其他应收单	0000000001	2011-11-08	邢台泽新工贸公司	人民币	1,000.00	1,000.00	0.00			
2011-11-06	销售专...	0000000002	2011-11-06	邢台泽新工贸公司	人民币	9,360.00	9,360.00	0.00	0.00	9,360.00	
2012-01-02	销售专...	0000000003	2012-01-02	邢台泽新工贸公司	人民币	200,000.00	200,000.00	0.00	0.00	20,000.00	
2012-01-31	销售专...	0000000004	2012-01-31	邢台泽新工贸公司	人民币	2,983.50	2,983.50	0.00	0.00	2,983.00	
合计						213,343.50	213,343.50	0.00		32,343.00	

图8-27 单据核销窗口

4. 付款单导出

付款单导出主要是完成付款单与网上银行的导出处理。不管是应收系统导出给网上银行的单据，还是网上银行导出给应收系统的单据，均只能在应收系统进行制单。对于一张付款单来说，只能单向导入或导出，即不允许一张单据进行循环导入或导出。可以从应收系统导出给网上银行的付款单只能是未审核过的；导出后，在网上银行未确认支付前，应收系统不能对这张付款单进行任何处理。

操作步骤如下。

（1）用鼠标单击【日常处理】菜单下【付款单导出】，即可进入付款单导出过滤界面。

（2）输入过滤条件，单击【确定】按钮，进入付款单单据列表界面。

（3）进入付款单单据列表界面后，用户可以单击【全选】、【全消】按钮来将列表中的记录全部打上选择标志或取消选择标志。也可在付款单导出列表中选择需要导出的单据，在选择栏中打上“Y”标记。

（4）单击【导出】按钮，即可进行导出处理，将当前打有选择标志的单据导出到网上银行中。系统提交导出结果报告，显示导出成功记录数和导出失败记录数，用户可单击按钮，分别将导出成功和不成功的单据按单据明细记录展开，显示导出不成功的原因。单击【关闭】按钮，即可关闭导出结果界面。

5. 票据管理

票据管理主要是对商业承兑汇票和银行承兑汇票进行日常的业务处理，所有涉及票据的收入、结算、贴现、背书、转出、计息等处理都应该在票据管理中进行。

（1）增加票据。

操作步骤如下。

① 单击【日常处理】—【票据管理】，打开“票据查询”对话框，单击【确定】按钮，进入“票据管理”窗口。

② 录入票据内容。单击【确定】按钮，保存票据。

注意事项提示如下。

- 保存一张票据的结果是系统自动增加了一张收款单。依据票据生成的收款单不能进行修改。
- 商业承兑汇票不能有承兑银行。银行承兑汇票必须有承兑银行。

（2）修改票据。发现已录入的票据有错，可以利用系统提供的修改功能修改票据内容。

（3）票据贴现。票据贴现是指持票人因急需资金，将未到期的承兑汇票背书后转让给银行，贴给银行一定利息后收取剩余票款的业务活动。

操作步骤如下。

① 用鼠标单击【日常处理】菜单下的【票据管理】按钮，弹出“票据查询”对话框，输入各种条件后，单击【确定】按钮，进入票据管理功能。

② 选中一张票据，然后单击工具条上的【贴现】按钮，就可以对当前的票据进行贴现处理。

（4）票据背书。当无法支付其他单位的欠款时，可以将自己拥有的票据背书，冲减自己的应付款。

操作步骤如下。

① 在票据管理列表中，单击需要背书的票据行，单击【背书】按钮，打开“票据背书”对话框。

② 选择背书方式。进行背书处理时，只能且必须从系统提供的背书方式中选择其中一种。可选择的内容有：冲销应付账款、其他。系统缺省选择“其他”。

③ 直接输入或参照输入背书日期。背书日期应晚于已经结账月，早于、等于当前业务月。

④ 背书金额是背书票据所冲抵的现金金额，可以直接输入。

⑤ 选择被背书单位。

⑥ 如果背书金额大于票据余额，系统自动将其差额作为利息，不能修改；如果背书金额小于票据余额，系统自动将其差额作为费用，不能修改。

⑦ 如果背书方式为“其他”，则应输入票据背书时所对应的相关科目，也可以为空。

⑧ 单击【确定】按钮，系统会自动将相应的信息写入票据登记簿中。如果被背书单位是供应商，系统会调出该供应商所有背书日期之前未结算完的单据以供核销。

注意事项提示如下。

- 票据背书后，将不能再对其进行其他处理。
- 当背书方式为“冲销应付账款”时，如果背书金额大于应付账款，则将剩余金额记为供应商的预付款，并结清该张票据。

（5）票据转出。当票据到期而承兑单位无力付款时，应该将应收票据转入应收账款。

操作步骤如下。

① 在票据管理窗口选择要转出的票据，单击【转出】按钮，打开“票据转出”对话框。

② 输入转出金额。

③ 如果转出金额大于票据余额，系统自动将其差额作为利息，不能修改；如果转出金额小于票据余额，系统自动将其差额作为费用，不能修改。

④ 选择票据转为应收款的单据类型及应收单科目。

⑤ 单击【确定】按钮，就可以对当前的票据进行转出处理。输入完毕后，按【确定】按钮，可保存前述的操作。

注意事项提示如下。

- 票据执行转出后，系统自动生成已审核的一张“应收单”。
- 票据转出后，不能再进行其他与票据相关的处理。

（6）票据计息。票据分为带息票据和不带息票据。如果票据是一张带息票据，需要对其进行计息处理。进行票据计息时，只需输入“计息日期”，利息金额由系统自动计算得出，确认后，系统会自动把结果保存在票据登记簿中。

操作步骤如下。

① 用鼠标单击【日常处理】菜单下的【票据管理】，弹出“票据查询”对话框，输入各种条件后，单击【确定】按钮，进入票据管理主界面。

② 选中一张票据，然后单击工具条上的【计息】按钮，就可以对当前的票据进行计息处理。

③ 分别选择所需的计息金额、开始计息日期和截止计息日期，进行票据计息。

④ 输入完毕后，单击【确定】按钮，可保存前述的操作，系统会自动把结果保存在票据登记簿中。

（7）票据结算。票据结算是指票据兑现。当票据到期、持票收款时，执行票据结算处理。进行票据结算时，结算金额不是票据余额，而是通过结算实际收到的现金等。

操作步骤如下。

① 用鼠标单击【日常处理】菜单下的【票据管理】，弹出“票据查询”对话框，输入各种条件后，单击【确定】按钮，进入票据管理主界面。

② 选中一张票据，然后单击工具条上的【结算】按钮，就可以对当前的票据进行结算处理。

③ 输入完毕后，单击【确定】按钮，可保存前述的操作。

6. 转账处理

（1）应收冲应收。是指将一家客户的应收款转到另一家客户中。通过应收冲应收功能，将应收账款在客户之间进行转入、转出，实现应收业务的调整，解决应收款业务在不同客户间入错户或合并户问题。

操作步骤如下。

① 单击【日常处理】—【转账】—【应收冲应收】，打开“应收冲应收”对话框，如图8-28所示。

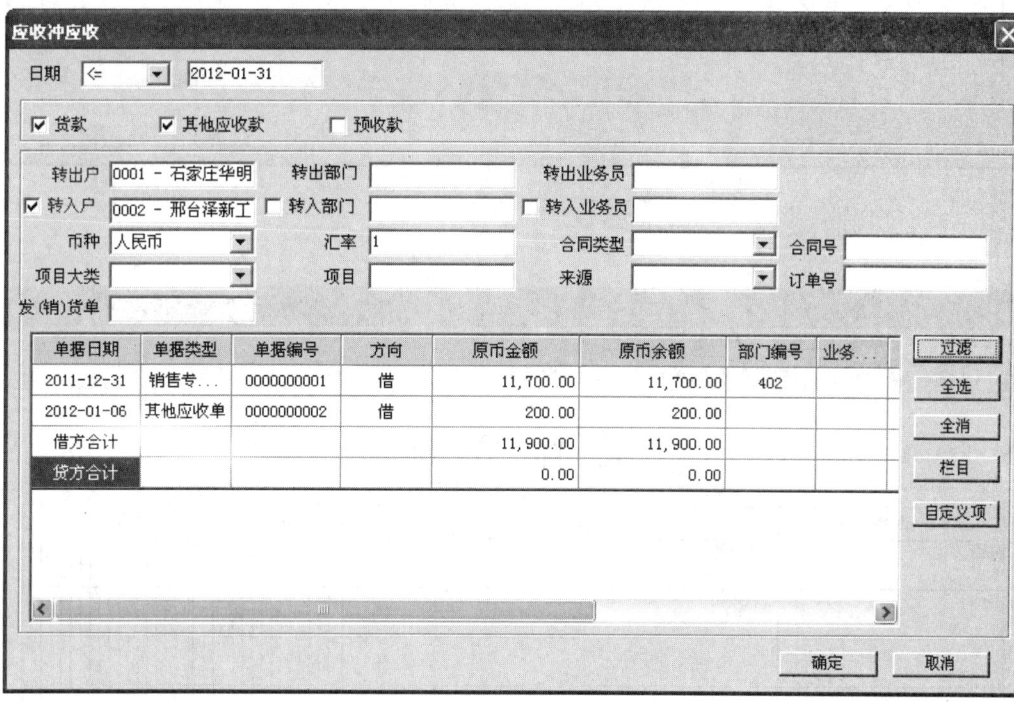

图8-28 应收冲应收窗口之一

② 在货款、其他应收款和预收款复选框中选择需要处理的单据。

③ 输入转出户、转入户等过滤条件，单击【过滤】按钮，系统将该转出户所有满足条件的单据全部列出。

④ 手工输入并账金额，确认。

⑤ 系统提示“是否立即制单”，如图8-29所示。选择“是”，系统自动生成凭证，如图8-30所示。

注意事项提示如下。

- 每一笔应收款的转账金额不能大于其金额。
- 每次只能选择一个转入单位。

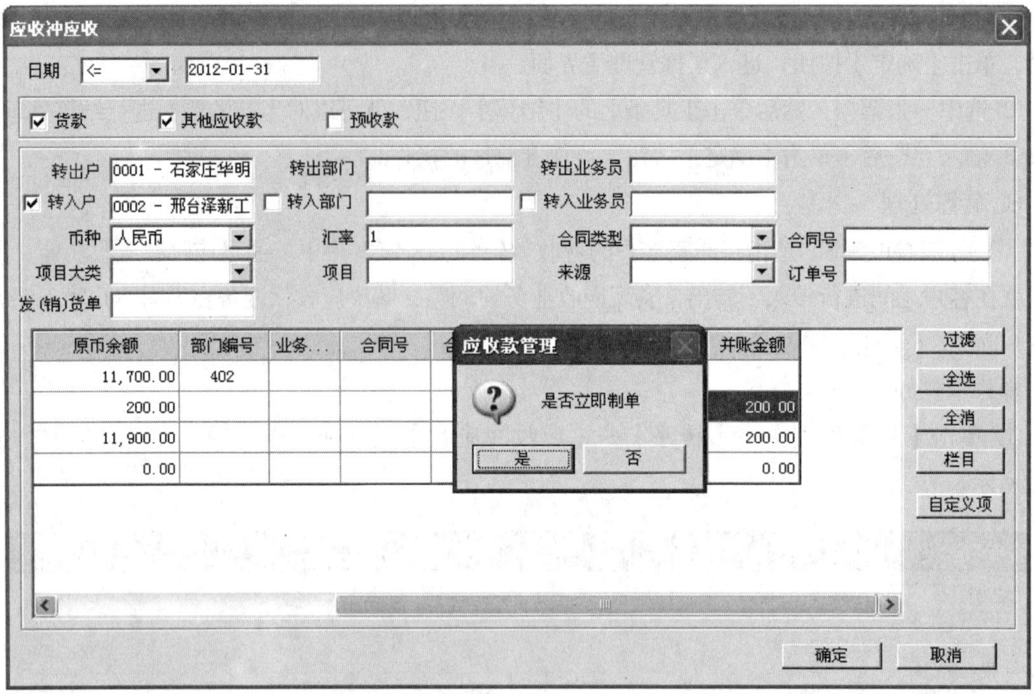

图8-29　应收冲应收窗口之二

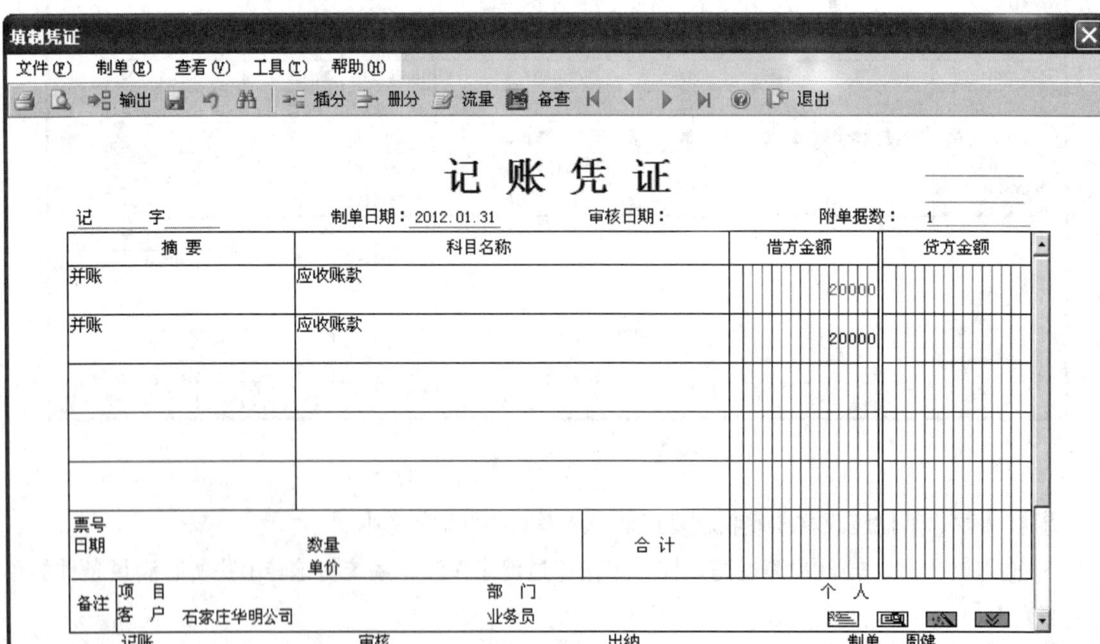

图8-30　应收冲应收窗口之三

（2）预收冲应收。通过预收冲应收处理客户的预收款与该客户应收欠款之间的核销业务。操作步骤如下。

① 单击【日常处理】—【转账】—【预收冲应收】，打开“预收冲应收”对话框。

② 可以直接输入转账总金额后单击【自动转账】按钮，系统自动根据过滤条件进行成批的预收冲抵应收款工作。

③ 也可以选择客户，在“预收款”页签中单击【过滤】按钮，系统将该客户所有满足条件的预收款的日期、结算方式、金额等项目列出。可以在转账金额一栏里输入每一笔预收款的转账金额。

④ 单击“应收款”页签，系统将过滤出该客户所有满足条件的应收款的记录，按照单据类型、单据编号、单据日期、单据金额、转账金额等项目列出。可以在“转账金额”一栏里输入每一笔应收款的转账金额。

⑤ 上述两个页签均可以通过输入转账总金额，单击【分摊】按钮，达到自动分摊该转账总金额到具体单据上的目的，且分摊好的各单据转账金额允许修改。

注意事项提示如下。

● 每一笔应收款的转账金额不能大于其余额。

● 应收款的转账金额合计应该等于预收款的转账金额合计。

● 无论是手工输入的单据转账金额，还是自动分摊填入的转账金额，均不能大于该单据的余额。

● 此处所说的“预收款”是指结算单表体款项类型为“预收款”的记录。

● 如果是红字预收款和红字应收单进行冲销，要把过滤条件中的“类型”选为“付款单”。

（3）应收冲应付。用客户的应收账款来冲抵供应商的应付款项。系统通过应收冲应付功能，将应收款业务在客户和供应商之间进行转账，实现应收业务的调整，解决应收债权与应付债务的冲抵。

操作步骤如下。

① 单击【日常处理】—【转账】—【应收冲应付】，打开“应收冲应付”对话框。

② 如果需要用应收款冲抵应付款，则选中“应收冲应付”；选择“预收冲预付”，则可选择预收款冲抵预付款操作；如果需要用红字应收单冲销红字应付单，则可以将“负单据”复选框选中。

③ 单击“应收”页签，输入过滤条件，直接输入或者用鼠标单击右边的日期参照框参照输入转账的日期，转账的日期要晚于结账的日期，早于或等于当前的业务日期。

④ 单击“应付”页签，输入过滤条件，系统将该供应商所有满足条件的应付款的单据类型、单据编号、日期、金额等项目全部列出，可以在转账金额一栏里输入每一笔应付款的转账金额。

（4）红票对冲。红票对冲可实现客户的红字应收单据与其蓝字应收单据、收款单与付款单之间进行冲抵的操作。系统提供两种处理方式：自动对冲和手工对冲。

① 自动对冲：可同时对多个客户依据红冲规则进行红票对冲，提高红票对冲的效率。自动红票对冲显示进度条，并提交自动红冲报告，用户可了解自动红冲的完成情况及失败原因。

操作步骤如下。

● 选择【日常处理】菜单下【转账】—【红票对冲】—【自动对冲】。

● 输入进行红票对冲的过滤条件，如日期、客户、币种。

● 输入后，单击【确定】按钮，进行自动对冲。自动对冲时显示进度条，显示自动对冲进程，执行完毕后，显示自动红冲报告，显示红冲金额或错误原因。

● 用户可以单击【确定】按钮，保存此次对冲。单击【取消】按钮，取消此次对冲。

② 手工对冲：只能对一个客户进行红票对冲，可自行选择红票对冲的单据，提高红票对冲的灵活性。手工红票对冲时采用红蓝上下两个列表形式显示，红票记录全部采用红色显示，蓝票记录全部用黑色显示。

操作步骤如下。

- 选择【日常处理】菜单下【转账】—【红票对冲】—【手工对冲】。
- 输入需要进行红票对冲的客户、币种、方向。
- 输入红票过滤条件、蓝票过滤条件后，单击【确定】按钮，屏幕会显示该客户所有满足条件的红字及蓝字单据。
- 系统自动将红票原币余额带入红票的对冲金额中，用户可修改，但对冲金额不能大于原币余额。
- 用户可在冲销单据中输入对冲金额，单击【保存】按钮，保存对冲操作。用户也可通过单击【分摊】按钮，将红票金额依据蓝字单据顺序分摊到对冲金额中，蓝字单据顺序可通过单击【栏目】—【蓝票】进行列表顺序的设置，单击【保存】按钮，保存对冲操作。

7. 坏账处理

坏账处理是指系统提供的计提应收坏账准备处理、坏账发生后的处理、坏账收回后的处理等功能。坏账处理的作用是系统自动计提应收款的坏账准备，当坏账发生时，即可进行坏账核销；当被核销坏账又收回时，即可进行相应处理。

进行坏账处理之前，应做好如下准备工作：首先在系统选项中选择坏账处理方式，然后在初始设置中设置坏账准备参数。

（1）计提坏账准备。企业应于期末分析各项应收款项的可收回性，并预计可能产生的坏账损失。对预计可能发生的坏账损失，计提坏账准备。企业计提坏账准备的方法由企业自行确定。系统为用户提供了几种备选的坏账处理方式，即应收余额百分比法、销售余额百分比法、账龄分析法和直接转销法。

企业应当依据以往的经验、债务单位的实际情况制定计提坏账准备的政策，明确计提坏账准备的范围、提取方法、账龄的划分和提取比例。

以采用应收账款百分比法为例，操作步骤如下。

① 单击【日常处理】—【坏账处理】—【计提坏账准备】。

② 系统自动算出当年度应收账款余额，并根据计提比率计算出本次计提金额。

③ 如果确认此次计提成功，则单击【确定】按钮。确认后，本年度将不能再次计提坏账准备，并且不能修改坏账参数。不经确定退出，则此次操作无效。

（2）坏账发生。坏账发生是在应收款项不能收回时进行的坏账确认操作。用户通过本功能可以选定发生坏账的应收业务单据，确定一定期间内应收款发生的坏账，便于及时用坏账准备进行冲销，避免应收款长期呆滞的现象。

操作步骤如下。

① 选择【坏账处理】—【坏账发生】，打开“坏账发生”对话框，如图8-31所示。

② 输入客户信息后，单击【确定】按钮，进入坏账发生单据明细界面，如图8-32所示。

③ 在明细界面“本次发生坏账金额”栏中直接输入本次坏账发生金额。本次坏账发生金额只能小于等于单据余额。

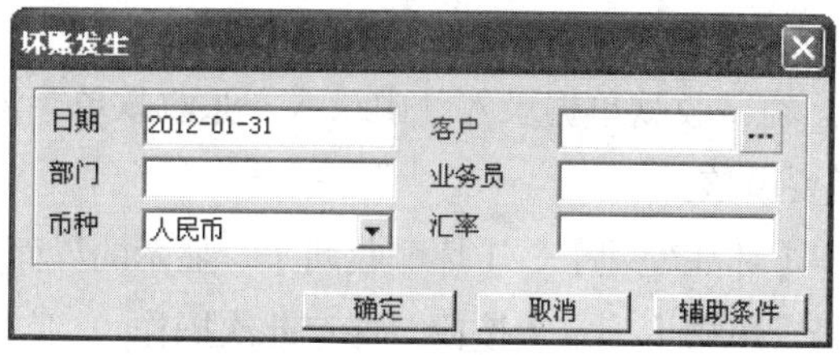

图8-31 坏账发生对话框

发生坏账损失

坏账发生单据明细

单据类型	单据编号	单据日期	合同号	合同名称	到期日	余额	部门	业务员	本次发生坏账金额
销售专用发票	0000000001	2011-12-31			2011-12-31	11,700.00	业务二部		2000
合　计						11,700.00			2,000.00

图8-32 坏账发生单据明细界面

④ 单击【全选】，系统将明细单据中的余额自动带入“本次发生坏账金额”，也可单击【全消】按钮，将本次发生坏账金额清空。

⑤ 输入完成后，单击【确定】按钮，对所选的发票进行坏账处理，执行记账功能。在合计行中自动显示所有记录的各项数值型栏目合计。系统自动将已经输入本次发生坏账金额的单据一一记入应收明细账中，如图8-33所示。

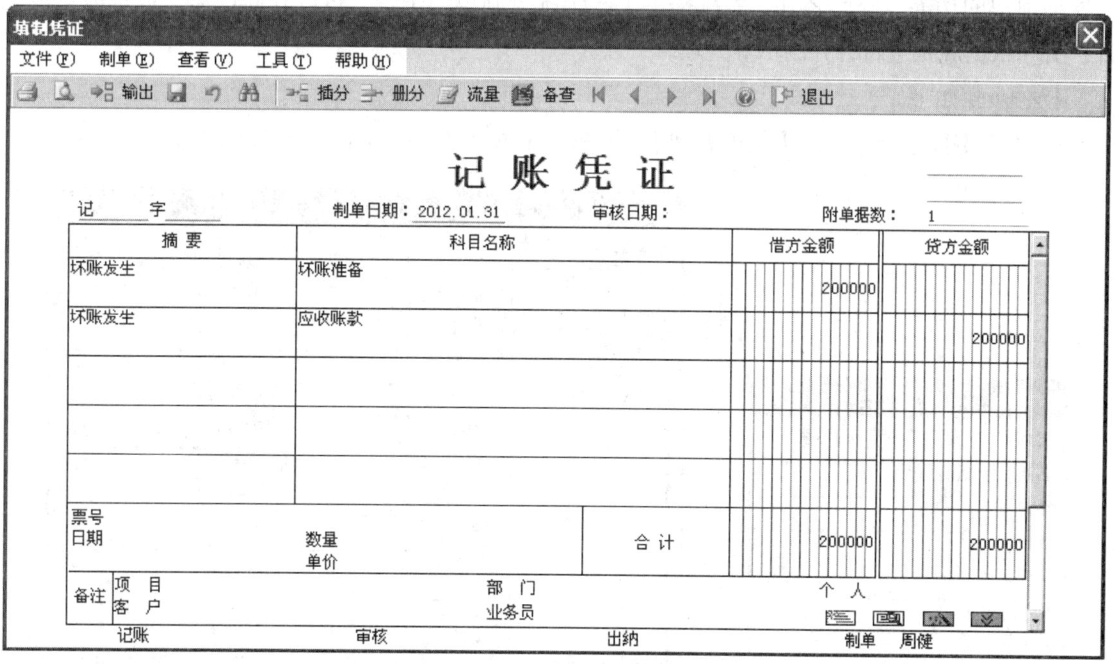

图8-33 记账凭证界面

（3）坏账收回。坏账收回是指系统提供的对已确定为坏账后又被收回的应收款进行业务处理的功能。

操作步骤如下。

① 当收回一笔坏账时，在“收款单据录入”中录入一张收款单，该收款单的金额即为收回的坏账的金额。该收款单不需要审核。

② 选择【日常处理】—【坏账处理】—【坏账收回】，显示的界面如图8-34所示。

③ 选择客户、结算单号，单击【确定】按钮，保存此次操作。

注意事项提示如下。

● 在录入一笔坏账收回的款项时，应该注意不要把该客户的其他的收款业务与该笔坏账收回业务录入到同一张收款单中。

● 坏账收回制单不受系统选项中“方向相反分录是否合并”选项控制。

（4）坏账查询。坏账查询是指系统提供的对系统内进行坏账处理过程和处理结果的查询功能。通过坏账查询功能查询一定期间内发生的坏账业务处理情况及处理结果，可以加强对坏账的监督。

操作步骤如下。

① 选择【坏账处理】菜单下【坏账查询】项。

② 屏幕会显示坏账的发生和坏账的收回情况。

③ 如果用户想了解详细的信息，可以单击【详细】按钮，详细查看每一笔坏账发生的情况和收回的情况。

8. 制单处理

制单即生成凭证，并将凭证传递至总账系统。应收款管理系统在各个业务处理过程中都提供了实时制单的功能；除此之外，系统提供了一个统一制单的平台，可以在此快速、成批地生成凭证，并可依据规则进行合并制单等处理。

操作步骤如下。

① 选择【日常处理】—【制单处理】，打开“制单查询”对话框，如图8-35所示。

图8-34 坏账收回确认窗口

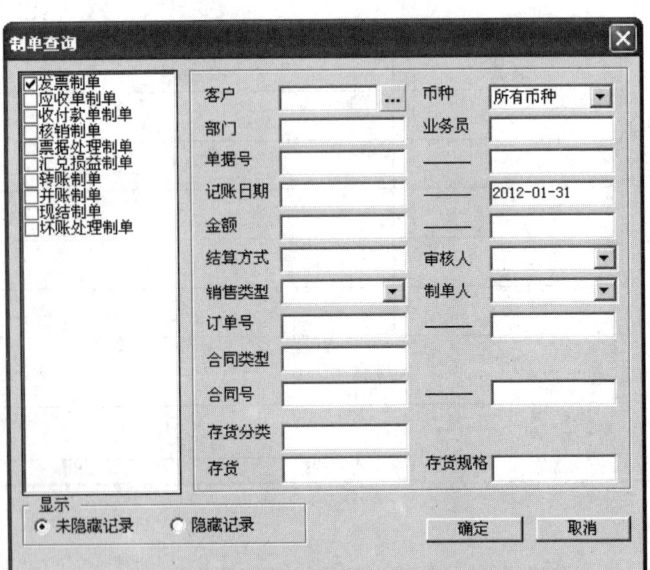

图8-35 制单处理界面之一

② 选择“制单类型”，制单类型包括发票制单、应收单制单、结算单制单、核销制单、票据处理制单、汇兑损益制单、转账制单、并账制单、现结制单、坏账处理制单。

③ 输入完查询条件，单击【确定】按钮，系统会将符合条件的未制单、已经记账的单据全部列出，如图8-36所示。

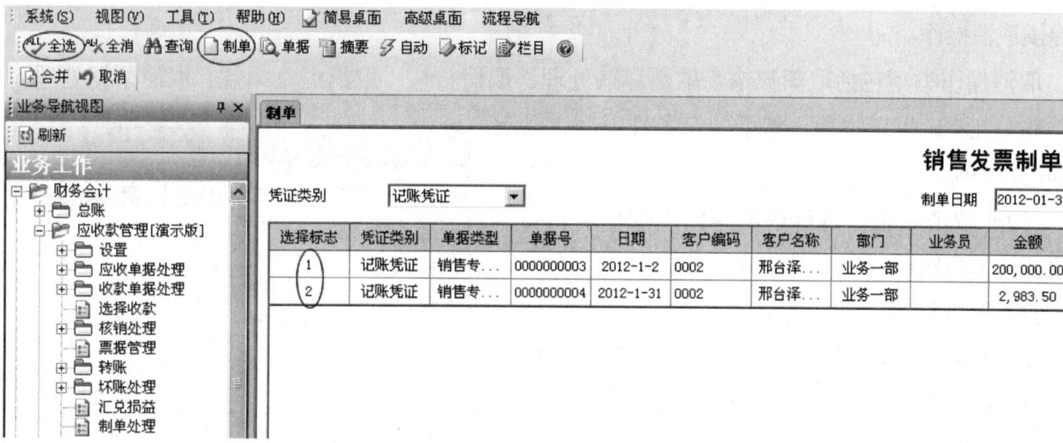

图8-36 制单处理界面之二

④ 选择“凭证类别”，输入制单日期，并在“凭证类别”栏目处，用下拉框为每一个制单类型设置一个默认的凭证类别。可以在凭证中修改该类别。

⑤ 选中某一记录，单击【单据】按钮，即可显示该条记录所对应的单据卡片形式。若该条记录所对应的单据有多条，则先显示这些单据记录的列表形式，双击可以打开成卡片形式。

⑥ 在单据的“选择”标志栏对需要制单的单据进行选择；或单击【全选】，选择所有单据制单。

⑦ 选择完所有的条件后，单击【制单】按钮，进入凭证界面。

⑧ 检查各项内容无误后，单击【保存】按钮，凭证左上角显示“已生成”，表明将当前凭证传递到总账系统。

⑨ 生成的凭证摘要默认为单据备注。如果单据没有备注信息，则以业务类型为凭证摘要。用户可以对凭证摘要的构成进行设置：单击【摘要】按钮进入摘要设置界面，即可对各种制单类型的摘要进行设置。

注意事项提示如下。

● 可以增加、删除分录，但增加、删除的分录科目不能为受控科目，系统生成的分录不允许删除。用户可以修改科目、项目、部门、个人、制单日期、摘要、凭证类别、附单据数等栏目。

● 金额由系统自动生成，不能对此进行修改。但允许用户对非受控科目分录进行金额的修改。

● 当按单据制单时，自动取单据中相应的备注内容填充摘要，如果没有备注内容，则按当前单据类型或处理内容填充摘要；当按发票制单时，取发票类型及摘要作为凭证摘要内容。摘要允许修改。

● 用鼠标单击【保存】按钮，可以将当前凭证传递到总账系统。

8.3.3 其他处理——取消操作

在应收账款各个业务处理环节，都可能由于各种各样的原因造成操作失误。为方便修改，系统提供取消操作功能。

取消操作类型包括取消核销、取消坏账处理、取消转账、取消汇兑损益、取消票据处理、取消并账等几类。取消操作一般受一定条件限制，以下分别进行说明。

（1）取消核销。各种取消操作步骤基本相同，以取消核销为例说明。

操作步骤如下。

① 选择【其他处理】—【取消操作】，打开“取消操作条件”对话框，如图8-37所示。

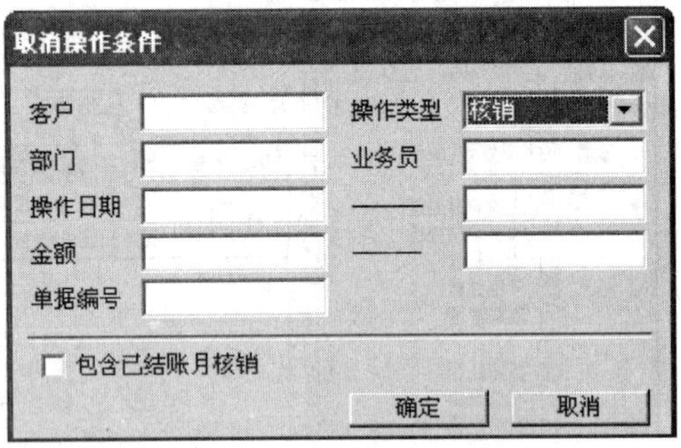

图8-37 取消操作条件对话框

② 输入各项条件，在“操作类型”下拉框中选择“核销”，进入“取消操作”窗口，系统将满足条件的收款单列出。

③ 在单据的“选择标志”一栏里双击鼠标，或单击【全选】选择所有单据；如果在有标记的一栏里双击鼠标，即取消选择。

④ 选择完成后，单击【确定】按钮，保存此次操作。

提示：如果核销已经制单，应先删除其对应的凭证，再进行恢复。

（2）取消票据处理。已经进行了票据处理，在以下情况下不能恢复。

● 如果票据在处理后已经制单，应先删除其对应的凭证，再进行恢复。

● 票据转出后所生成的应收单如果已经进行了核销等处理，则不能恢复。

● 票据背书的对象如果是应付账款系统的供应商，且应付账款系统该月份已经结账，也不能恢复。

● 票据计息和票据结算后，如果又进行了其他处理，例如已生成凭证，也不能恢复。

（3）取消坏账处理、转账处理、汇兑损益处理。

已经进行了坏账处理、转账处理、汇兑损益处理，在以下情况下不能恢复。

● 如果处理日期在已经结账的月份内，不能被恢复。

● 如果该处理已经制单，应先删除其对应的凭证，再进行恢复。

8.3.4 期末处理

1. 月末结账

如果用户确认本月的各项处理已经结束，用户可以选择执行月末结账功能。当用户执行了月末结账功能后，该月将不能再进行任何处理。

操作步骤如下。

（1）用鼠标单击【期末处理】菜单下的【月末结账】，显示如图8-38所示的窗口。

（2）用鼠标双击需要结账月份，然后单击【下一步】按钮，系统即进行结账。

2. 取消月结

本功能帮助用户取消最近月份的结账状态。

操作步骤如下。

- 单击【期末处理】—【取消月结】。
- 选择需要取消结账月份，双击结账标志一栏，单击【确定】按钮，执行取消结账功能。

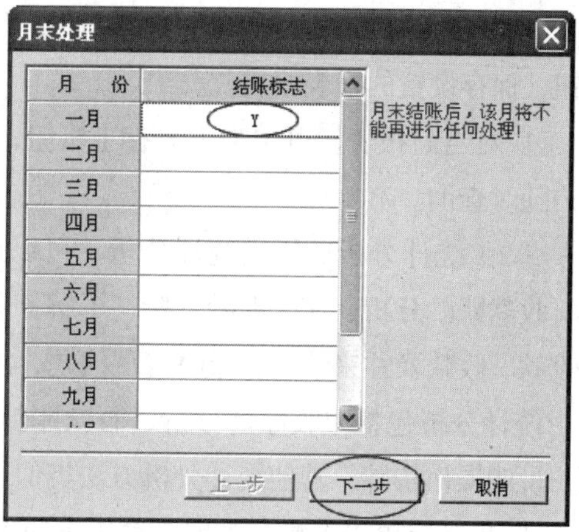

图8-38 月末结账窗口

8.3.5 账表查询

1. 单据查询

应收系统提供对发票、应收单、结算单、凭证等的查询。在查询列表中，系统提供自定义显示栏目、排序等功能。进行单据查询时，若启用客户、部门数据权限控制时，则在查询单据时只能查询有权限的单据。

操作方法如下。

（1）进入单据列表界面，单击【查询】按钮，可以重新输入查询条件。

（2）进入单据列表界面，单击【单据】按钮，查看当前光标所在记录行的单据。

（3）进入单据列表界面，单击【凭证】按钮，查看当前光标所在记录行的凭证。

（4）进入单据列表界面，单击【详细】按钮，查看当前光标所在记录行的详细核销情况。

（5）进入单据列表界面，单击【栏目】按钮，可以设置当前查询列表的显示栏目、栏目顺序、栏目名称、排序方式，且可以保存当前设置的内容。

（6）进入单据列表界面，单击【打印】、【预览】按钮，单据列表界面中提供打印、预览功能。

2. 账表查询

（1）业务账表查询。通过业务账表查询，可以及时了解一定期间内期初应收款结存汇总情况，应收款发生，收款发生的汇总情况、累计情况及期末应收款结存汇总情况；还可以了解各个客户期初应收款结存明细情况，应收款发生，收款发生的明细情况、累计情况及期末应收款结存明细情况，及时发现问题，加强对往来款项的监督管理。下面以业务总账查询为例，说明操作步骤，其他查询方法类似。

① 用鼠标单击系统主菜单中【账表管理】—【业务账表】—【业务总账】，屏幕显示业务总账查询条件窗口。

② 条件选择完成后，用鼠标单击【查询】按钮，屏幕显示业务总账查询结果。输出格式包括金额式、数量金额式、数量外币式和外币金额式。

③ 单击【格式】按钮，用户可以设置业务总账的显示和打印格式。设置后，可单击【保存】按钮，保存设置的报表格式。

④ 对当前报表，可单击【另存】按钮，输入另存的报表名，将其保存在【我的账簿】中，供用户随时查询。

（2）统计分析。通过统计分析，可以按用户定义的账龄区间进行一定期间内应收款账龄分析、收款账龄分析、往来账龄分析，了解各个客户应收款周转天数、周转率，了解各个账龄区间内应收款、收款及往来情况，及时发现问题，加强对往来款项动态的监督管理。

统计分析包括应收账龄分析、收款账龄分析、欠款分析、收款预测。下面以应收账龄分析为例，说明操作步骤，其他统计分析方法类似。

① 用鼠标单击【账表管理】菜单下的【统计分析】，选择【应收账龄分析】项，屏幕会出现查询条件界面。

② 输入条件后，单击【确定】按钮，查询结果按所选的条件列示。

③ 在查询结果显示界面，用户可对账表进行相关操作。

④ 单击工具条上的【查询】，可以调出条件输入界面，重新输入查询条件。

⑤ 单击【比率】按钮，可以查看到比率的信息；再次单击该按钮，隐去比率信息。

⑥ 按照单据进行账龄分析时，单击【单据】按钮，可以联查到当前单据。单据界面中提供打印、预览功能。

⑦ 单击【详细】按钮，查看明细对象的信息。再次单击【详细】按钮，则隐去明细对象信息。

⑧ 单击【连打】按钮，可对当前报表进行连续打印。

（3）科目账查询。科目账查询包括科目明细账、科目余额表的查询。下面以科目明细账查询为例，说明操作步骤。

① 用鼠标单击【统计分析】菜单下【科目账表查询】，选择【科目明细账】，屏幕会出现查询条件界面。

② 输入完条件后，单击【确定】按钮，查询结果按所选的月份列示。

③ 在查询结果显示界面，用户可对账表进行相关操作。

【思考与练习】

1. 简述应收款管理系统与总账系统在应收款项管理上有何不同。
2. 简述系统初始化的具体内容和用途。
3. 红字单据何时使用？
4. 说明坏账处理的操作程序。
5. 票据管理的具体功能包括哪些？
6. 应收款项核销的意义何在？
7. 按要求完成实验六。

实验六 应收款管理

实验目的

通过上机实验，使学生熟悉应收款管理系统的运行过程，掌握应收款管理系统初始设置、日常业务处理、期末处理及账表查询等操作技能，理解应收款管理系统与总账系统的票据传递关系，以及应收款管理系统与其他子系统的联系。

实验任务

- 设置基础信息
- 应收款管理日常业务处理
- 期末处理
- 账表查询

实验准备

- 引入实验三“总账业务处理”的账套备份数据。
- 将计算机系统日期修改为2012年2月1日。
- 以001身份登录“企业门户”中的“启用应收款管理系统”，启用日期：2012年2月1日。
- 由负责往来管理的005用户以2012年2月1日登录“应收系统”。

实验资料

1. 应收款系统初始化

（1）应收款系统参数设置（在“选项”中设置）如下。

控制参数	参数设置
应收款核销方式	按单据
单据审核日期依据	单据日期
坏账处理方式	应收余额百分比法
代垫费用类型	其他应收单
应收账款核算模型	详细核算
受控科目制单方式	明细到客户
非受控科目制单方式	汇总方式
控制科目依据	按客户
销售科目依据	按存货
月末结账前是否全部制单	是
预收冲应收是否生成凭证	是
是否启用客户权限	否
是否根据单据自动报警	否
是否根据信用额度自动报警	否

（2）科目设置如下。

科目类别	设置方式
基本科目设置	应收科目（本币）：1122 预收科目（本币）：2203 应交增值税科目：22210104 银行承兑科目：1121 商业承兑科目：1121 现金折扣科目：660301 票据利息科目：660303 票据费用科目：660303 收支费用：6601
结算方式科目设置	现金结算：币种：人民币；科目：1001 汇票结算：币种：人民币；科目：100201 现金支票结算：币种：人民币；科目：100201 转账支票结算：币种：人民币；科目：100201

（3）坏账准备设置如下。

控制参数	参数设置
提取比例	0.5%
坏账准备期初余额	5000
坏账准备科目	1231
对方科目	6701（资产减值损失）

（4）账期内账龄区间设置如下。

序号	起止天数	总天数
01	1～30	30
02	31～60	60
03	61～90	90
04	91以上	

（5）期初余额设置。泽诚公司2012年2月应收期初余额如下。

单据名称	方向	开票日期	票号	客户名称	销售部门	科目编码	货物名称	数量	价税合计
销售专用发票	正	2012-1-10	78987	明氏玛公司	业务一部	1122	A产品	25	146250
销售专用发票	正	2011-11-06	78988	泽新工贸公司	业务一部	1122	B产品	15	58000

（6）销售类型设置如下。

01 现销，02赊销。

（7）收发类别设置如下。

1销售出库，2购买入库，3其他出库，4其他入库。

2. 应收系统的日常业务处理

2月泽诚公司发生了如下业务。（填制完成各种单据后，应审核单据后再做其他业务处理）

（1）2月15日，业务一部向“华明公司”销售“A产品”5台，无税单价为4 500元，增值税率为17%（销售专用发票号码：56789），尚未支付货款。

（2）2月16日，业务二部向“诚益德公司”销售“A产品”2台，无税单价为4 400元，增值税率为17%（销售专用发票号码：23948），尚未支付货款。

（3）2月18日，业务一部向“明氏玛公司”销售“A产品”2台，无税单价为4 200元，增值税率为17%（销售专用发票号码：23949），对方当即全额现金付款。（直接填制收款单即可）

（4）2月19日，业务一部向“明氏玛公司”销售“B产品”2台，无税单价为3 500元，增值税率为17%（销售专用发票号码：23950）。以转账支票代垫运费120元，尚未支付货款。

（5）2月22日，发现2012年2月19日所填制的向“明氏玛公司”销售“B产品”2台的销售专用发票中，无税单价应为3 550元，增值税率为17%（销售专用发票号码：23950）。

（6）2月24日，华明公司以转账支票（支票号2938）支付2012年2月15日5台“A产品”的货款。

（7）2月27日，经三方同意，将2月19日形成的应向明氏玛公司收取的货税款及代垫运费款转为向华明公司的应收账款。

（8）2月28日，将泽新工贸公司的应收账款58 000元转为坏账。

（9）2月29日，收到银行通知（电汇），收回已作为坏账处理的应向泽新工贸公司收取的应收账款。（先做收款处理，再做坏账收回处理）

3. 应收系统的账表查询及其他处理

（1）查询2月份填制的所有销售专用发票。

（2）查询2月份所有的收付款单据。

（3）应收账龄分析。

（4）查询业务总账。

（5）查询科目明细账。

（6）业务制单。

4. 核销处理

将华明公司收款和应收款进行核销处理。

5. 结账

完成2月份结账。

实验要求

（1）按以上实验资料完成应收款业务处理的相关内容。

（2）账套备份。完成实验任务后在“D:\111备份账套”文件夹中新建“应收款管理”文件夹，将账套输出至此文件夹。

（3）从“做什么，怎么做，为什么”的角度总结操作过程，撰写实验报告。

（4）回答以下问题。

- 应收款系统中期初余额录入的作用是什么?
- 应收款系统与总账对账是核对什么?
- 应收款核销的作用何在?
- 含税单价和不含税单价如何转换?

第9章 应付款管理

【学习目标】

应付款管理系统主要进行对应付账款、预付账款、应付票据的详细核算和管理。应付款管理帮助企业追踪与供应商的往来款项，提供详细的应付、预付、付款及余额情况，并可进行账龄分析。

通过本章的学习应掌握以下内容：

1. 了解应付款管理的基本内容；
2. 了解系统中各种原始单据的用途；
3. 了解系统初始化的各项内容及作用；
4. 掌握应付单据处理、付款单据处理；
5. 掌握应付票据管理；
6. 能够办理凭证生成业务；
7. 能够办理期末处理业务；
8. 能够办理相关账表的生成和输出。

应付款管理系统通过发票、其他应付单、付款单等单据的录入，对企业的往来账款进行综合管理，及时、准确地提供供应商的往来账款余额资料，提供各种分析报表，帮助用户合理地进行资金的调配，提高资金的使用效率。

根据对供应商往来款项核算和管理的程度不同，系统提供了应付款的“详细核算”和“简单核算”两种应用方案。应付款详细核算即应付账款在应付系统进行核算，包括记录应付账款的形成及偿还的全过程；简单核算即应付账款在总账系统进行核算制单，在应付款管理系统进行查询。

若用户的采购业务及应付账款业务繁多，或者需要追踪每一笔业务的应付款、付款等情况；或者需要将应付款核算到产品一级，那么可以选择“详细核算”方案，即在应付款管理系统中核算并管理往来供应商的款项。该方案能够帮助用户了解每一个供应商每笔业务详细的应付情况、付款情况及余额情况，并进行账龄分析，进行供应商及往来款项的管理，根据供应商的具体情况，制订付款方案。

如果用户的采购业务及应付款核算业务比较简单，或者现结业务较多，可选择在总账系统核算并管理往来供应商款项。

具体选择哪一种方案，可在应付款管理系统中通过设置系统选项“应付账款核算模型”进行设置。本节后续内容均以“详细核算”应用方案为标准展开。

9.1 功能与结构

9.1.1 应付账款管理系统功能模块

应付账款管理系统（以下简称“应付系统”）“详细核算”方案主要提供了设置、日常处理、单据查询、账表管理、其他处理等功能，如图9-1所示。

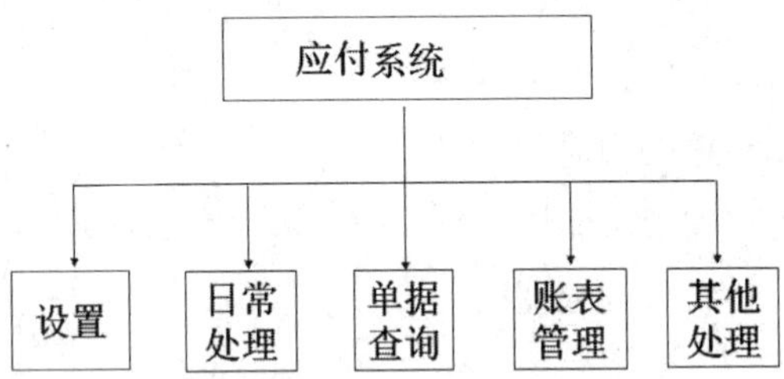

图9-1　应付系统功能模块图

1. 设置

“设置”模块提供系统参数的定义功能，用户结合企业管理要求进行的参数设置，是整个系统运行的基础；提供单据类型设置、账龄区间的设置功能，为各种应付付款业务的日常处理及统计分析做准备；提供期初余额的录入功能，保证数据的完整性与连续性。

2. 日常处理

“日常处理”模块提供应付单据、付款单据的录入、审核、核销、转账、汇兑损益、制单等功能。

3. 单据查询

“单据查询”模块提供单据查询的功能，可以进行各类单据、详细核销信息、报警信息、凭证等内容的查询。

4. 账表管理

“账表管理”模块提供总账表、余额表、明细账等多种账表查询功能，还提供应付账龄分析、付款账龄分析、欠款分析等统计分析功能。

5. 其他处理

“其他处理”模块提供进行远程数据传递的功能，还提供对核销、转账等处理进行恢复的功能，以便进行修改和月末结账等操作。

9.1.2 应付系统与其他系统的关系

“详细核算”方案即在应付系统核算应付账款，主要与总账系统、采购系统、委外管理、合同管理系统、应收系统、网上银行、存货核算等系统有接口，如图9-2所示。

（1）合同管理。生效以后的应付类合同结算单可以将余额转入应付系统，在应付系统进行审核、付款、核销；应付系统可以查询合同管理系统中生效的应付类合同结算单。

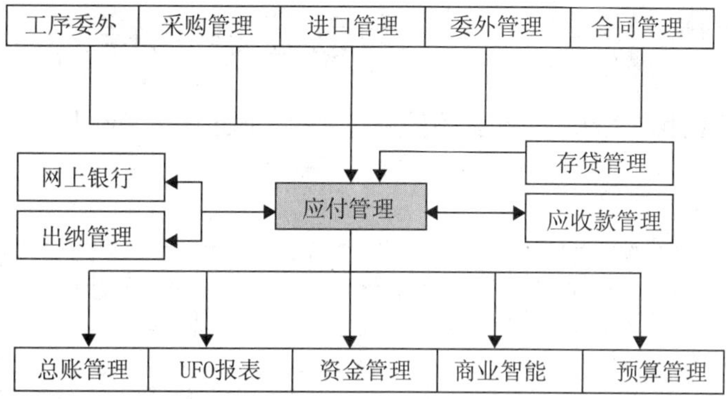

图9-2　应付管理系统与其他系统的关系

（2）采购管理。在采购管理系统录入的发票可以在应付系统中进行审核、制单、核销，已经现付的采购发票可以在应付系统中进行记账、制单；应付系统可以查询采购系统中已经入库、但还没有结算的实际应付信息和未复核的发票。

（3）委外管理。在委外管理系统录入的发票可以在应付系统中进行审核、制单、核销，已经现付的委外发票可以在应付系统中进行记账、制单；应付系统可以查询委外系统中已经入库、但还没有结算的实际应付信息和未复核的发票。

（4）工序委外。在工序委外系统录入的发票可以在应付系统中进行审核、制单、核销，已经现付的工序委外发票可以在应付系统中进行记账、制单。

（5）进口管理。在进口管理系统录入的发票可以在应付系统中进行审核、制单、核销。

（6）总账。所有凭证都传递到总账系统中，结算方式为票据管理的付款单可登记到总账系统的支票登记簿中。

（7）应收款管理。应收款、应付款之间可以相互对冲；应收票据背书时可以对冲应付账款。

（8）UFO报表。应付系统向UFO系统提供各种应用函数。

（9）网上银行。网上银行系统可向应付系统导出已经有确认支付标记、但未制单的付款单；应付系统也可向网上银行系统导出未审核的付款单。所有相关单据全部由应付系统生成凭证传到总账系统。

（10）存货核算。存货核算系统中对采购结算单制单时，需要将凭证信息回填到所涉及的采购发票和付款单上，应付系统对于这些单据不需要进行重复制单，但能查询出科目账；若应付系统先对这些单据制单了，存货核算系统同样不需要进行重复制单。

（11）出纳管理。应付系统启用付款申请业务，出纳管理系统可对已审核的付款申请单进行支付，生成应付系统的付款单；应付系统不启用付款申请业务，出纳管理可对付款单进行支付。

（12）预算管理。如果应付系统启用付款申请业务，可将付款申请的数据传递给预算管理进行控制。

（13）资金管理、商业智能等。应付系统向资金管理、U8商业智能分析系统等提供各种数据，以便进行分析。

9.2 信息处理流程

详细核算主要帮助用户实现应付账款的核算和管理，通过图9-3可以看出系统的功能主要包括如下几点。

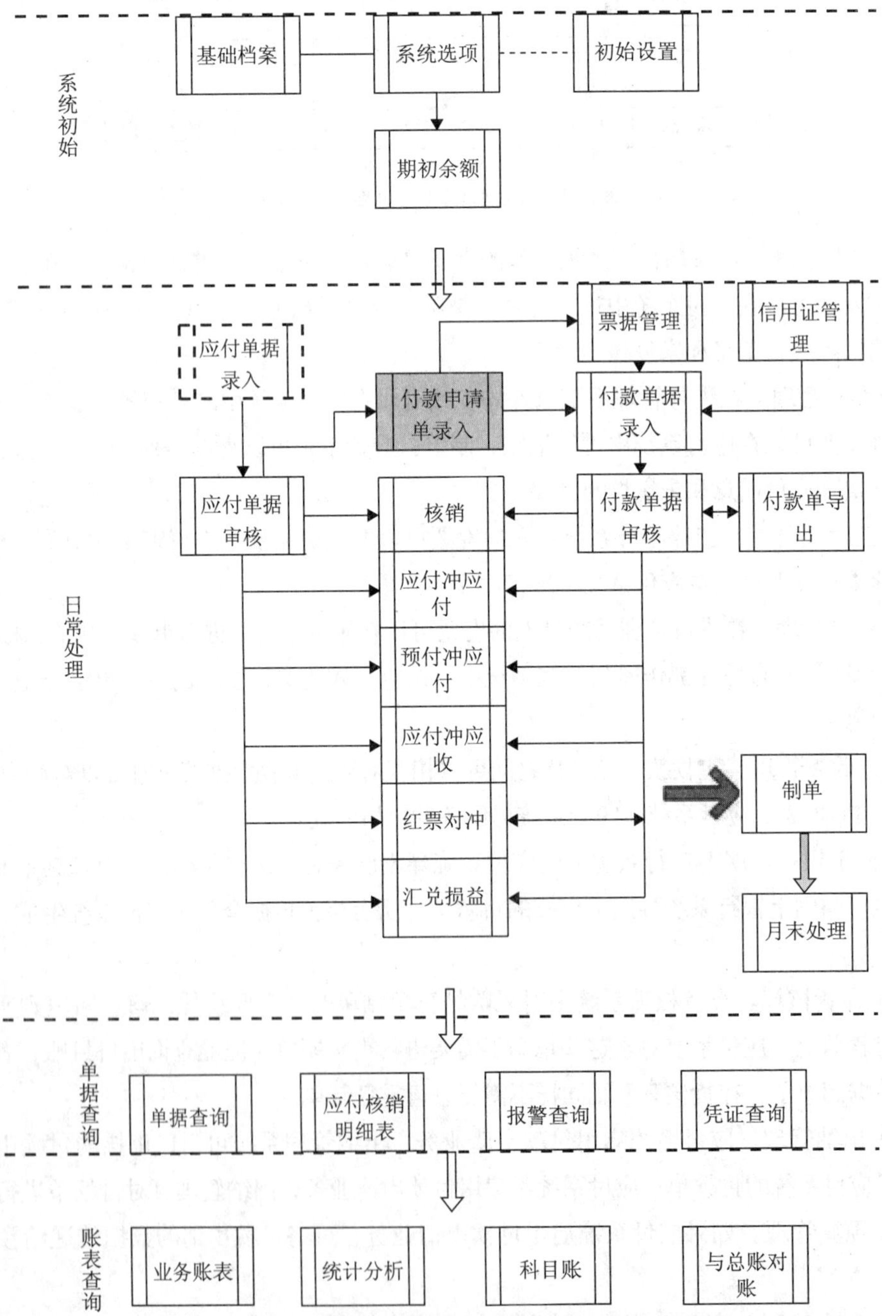

图9-3　应付账款管理系统详细核算信息处理流程

● 根据输入的单据记录应付款项的形成，包括由于商品交易和非商品交易所形成的所有应付项目。

● 帮助处理应付项目的付款及转账。

● 对应付票据进行记录和管理。

● 对应付项目的处理过程生成凭证，并向总账系统传递。

● 对外币业务及汇兑损益进行处理。

● 根据所提供的条件，进行各种查询及分析。

9.3 应用与管理

应付系统大部分的操作与应收系统的操作类似。

9.3.1 应付系统初始化

系统初始化是指手工记账和计算机记账系统的交接过程。在启动应付系统后，进行正常应付业务前，根据核算要求和实际的业务情况进行有关设置。其中主要内容包括：选项设置、初始设置、基础档案、单据设计、期初余额。初始化设置流程如图9–4所示。

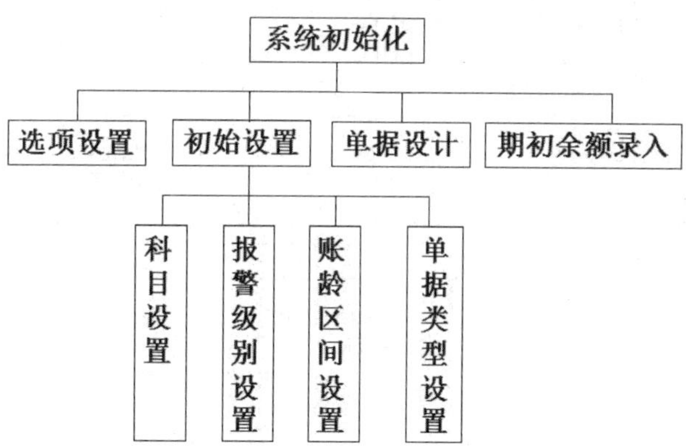

图9–4 应付系统初始化设置流程

1. 选项设置

系统参数是一个系统的灵魂，将影响整个账套的使用效果。有些选项在系统使用后就不能修改，所以在选择时要结合本单位的实际情况慎重选择。系统选项分为常规选项、凭证选项、核销规则和权限、预警。参数设置在【设置】中的【选项】下进行，如图9–5所示（账套参数设置每个页面的具体内容请参考应收系统的参数设置）。

2. 初始设置

（1）设置科目。由于本系统业务类型较固定，生成的凭证类型也较固定，为了简化凭证生成操作，可以在此处将各业务类型凭证中的常用科目预先设置好。图9–6所示的是基本科目设置的界面。除了设置基本科目以外，系统还提供了控制科目设置、产品科目设置及结算方式科目设置。

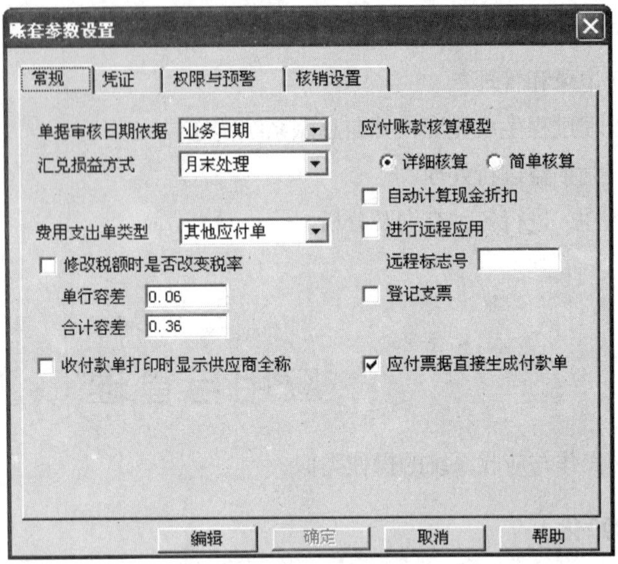

图9-5　应付款系统的选项设置界面

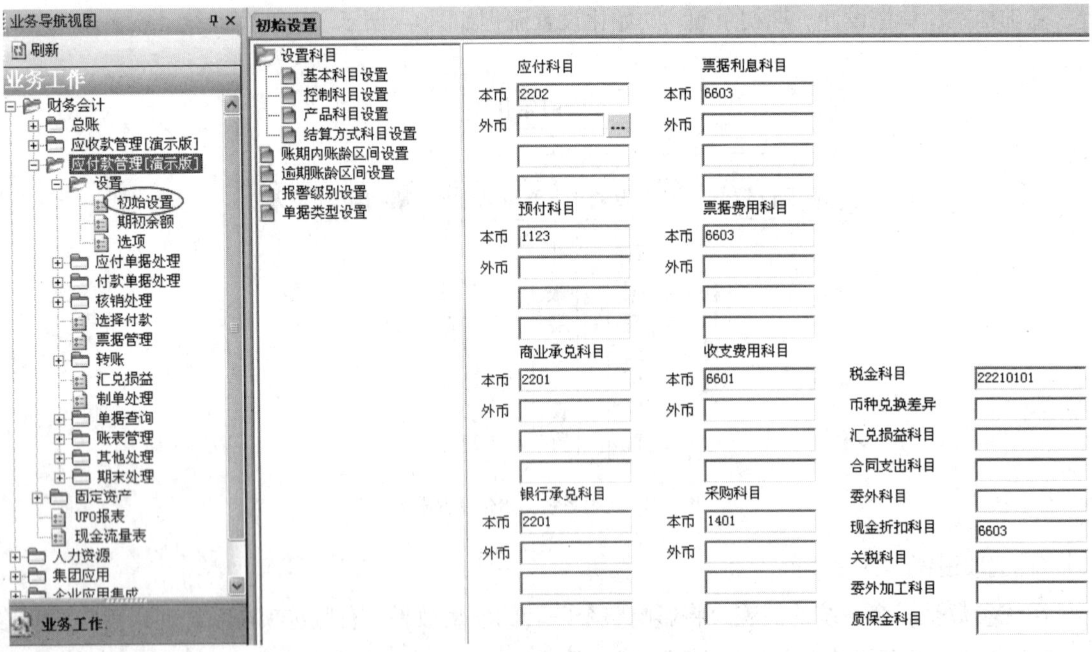

图9-6　初始设置的科目设置界面

（2）账期内账龄区间设置。账期内账龄区间设置是指用户定义应付账款或付款时间间隔的功能，其作用是便于用户根据自己定义的付款时间间隔，进行账期内应付账款或付款的账龄查询和账龄分析，清楚地了解在一定期间内所发生的应付款、付款情况。

（3）逾期账龄区间设置。逾期账龄区间设置是指用户定义应付账款或付款时间间隔的功能，其作用是便于用户根据自己定义的付款时间间隔，进行逾期应付账款或付款的账龄查询和账龄分析，清楚地了解在一定期间内所发生的应付款、付款情况。

（4）报警级别设置。报警级别的设置将供应商按照供应商欠款余额与其授信额度的比例分为不同的类型，以便于掌握各个供应商的信用情况。

（5）单据类型设置。系统提供了发票和应付单两大类型单据。只能增加应付单的类型，应付单中的“其他应付单”为系统默认类型，用户不能删除、修改。发票的类型是固定的，不能修改、删除。不能删除已经使用过的单据类型。

3. 单据设计

单据设计主要有两部分功能，一是进行操作员显示模板的定义；二是进行操作员打印模板表头、表体项目的定义。

4. 期初余额录入

通过期初余额录入功能，用户可将正式启用账套前的所有应付业务数据录入系统中，作为期初建账的数据，系统即可对其进行管理，这样既保证了数据的连续性，又保证了数据的完整性。

当初次使用本系统时，要将上期未处理完的单据都录入到本系统，以便于以后的处理。当用户进入第二年度处理时，系统自动将上年度未处理完的单据转为下一年度的期初余额。在下一年度的第一个会计期间里，可以进行期初余额的调整。

（1）增加期初余额 。选择【设置】菜单下的【期初余额】，单击【确定】按钮，进入期初余额增加界面，如图9–7所示。

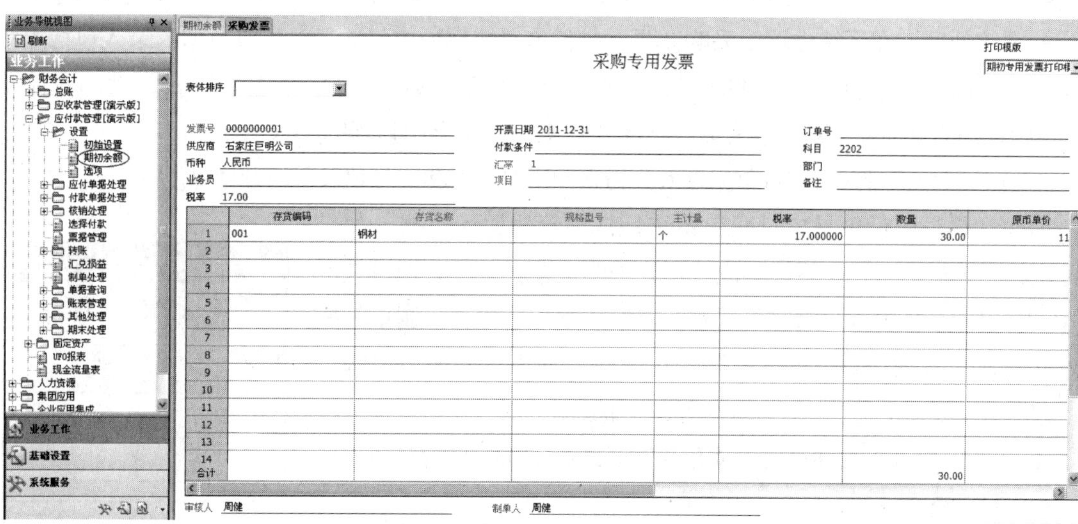

图9–7　增加期初余额界面

（2）修改期初余额 。如果当前在期初余额主界面，则首先选中要修改的单据，然后双击鼠标，进入该单据的界面。当进入某张单据界面后，单击【修改】按钮，修改当前单据。修改完成后，单击【保存】按钮，保存当前修改；单击【放弃】按钮，取消此次修改。

（3）删除期初余额。如果当前在期初余额主界面，则首先选中要删除的单据，然后单击【删除】按钮，则可以进入该单据的删除界面。

如果当前已经处于某张单据的界面，则可以直接单击【删除】按钮，删除当前单据。

（4）查询期初余额。在期初余额主界面中单击【过滤】按钮。输入查询的条件后，单击【确定】按钮，系统会将满足条件的数据全部列示出来。

（5）单据定位。在期初余额主界面中单击【定位】按钮。输入定位的条件后，单击【确定】按钮，系统会将光标定位在满足条件的第一条记录上。

（6）期初余额排序。在期初余额主界面中单击任一列，可进行该列的升序或降序排列。

（7）联查单据。联查单据有两种方法：一是将光标定位在需要查询的单据记录上，单击【单据】按钮，即可显示该单据卡片；二是双击需要查询的单据记录，即可显示该单据卡片。

（8）与总账对账。在期初余额主界面中单击【对账】按钮。屏幕中列出的是应付系统的各控制科目与总账的对账情况。

9.3.2 应付账款日常业务处理

日常处理模块是应付系统的重要组成部分，能够方便用户进行经常性的应付业务处理工作。日常业务模块主要完成企业日常的应付款、付款业务录入，应付款、付款业务核销，应付并账，汇兑损益计算，通过及时记录应付、付款业务的发生，为查询和分析往来业务提供完整、准确的资料，加强对往来款项的监督管理，提高工作效率。

1. 应付单据处理

- 手工处理：企业向供应商购买材料或接受劳务，取得供应商开具的进项发票及发票清单。
- 系统处理：在系统中填制采购发票、应付单，统称为应付单据。应付单据的录入包括应付单的录入和采购发票的录入。应付单是记录非采购业务所形成的应付款情况的单据；采购发票是从供货单位取得的进项发票及发票清单。应付单据录入是本系统处理的起点。

（1）应付单据录入。应付单据录入分为采购发票录入和应付单录入两种情况。

采购发票与应付单是应付账款系统日常核算的原始单据。如果应付账款系统与采购管理系统集成使用，采购发票在采购管理系统中录入，在应付系统中可对这些单据进行审核、查询、核销、制单等操作。此时应付系统需要录入的只限于应付单。如果没有使用采购系统，则所有发票和应付单均需在应付系统中录入。

① 采购发票录入。如果没有使用采购系统，则所有发票和应付单均需在应付系统中录入。

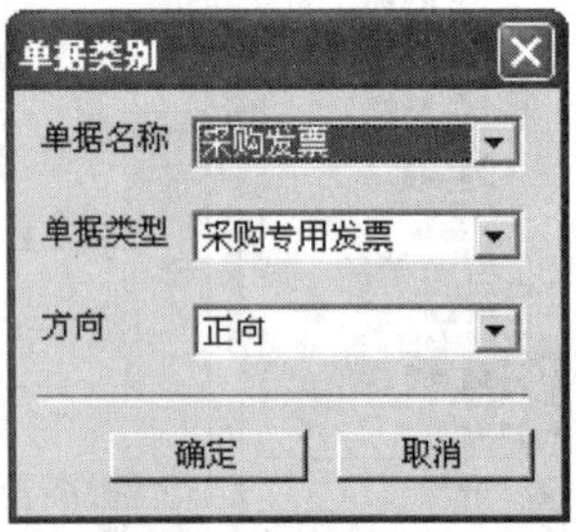

图9-8 增加采购发票界面之一

单击【应付单据处理】—【应付单据录入】，显示窗口如图9-8所示。选择新增单据的单据名称——采购发票，单击【确定】按钮，即可进行采购发票的录入，录入窗口如图9-9所示。

在此环节，系统除了提供增加采购发票功能之外，还提供了修改采购发票、删除采购发票等功能。

② 应付单录入。无论是否启用采购系统，非采购业务形成的应付单都在应付系统中录入。

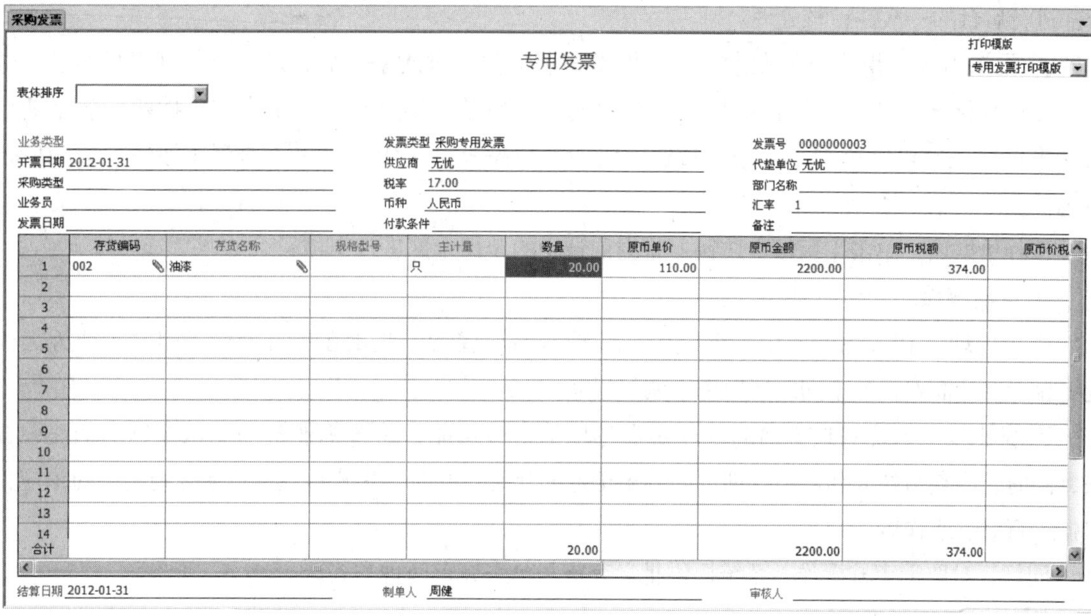

图9-9　增加采购发票界面之二

单击【应付单据处理】—【应付单据录入】，选择新增单据的单据名称——应付单，单击【增加】按钮，即可录入应付单。系统除了提供增加应付单功能以外，还提供了修改应付单、删除应付单等相关功能。

（2）应付单据审核。应付单据的审核即对应付单据进行记账，并在单据上填上审核日期、审核人的过程。

单击【应付单据处理】—【应付单据审核】，输入过滤条件，系统显示界面如图9-10所示。

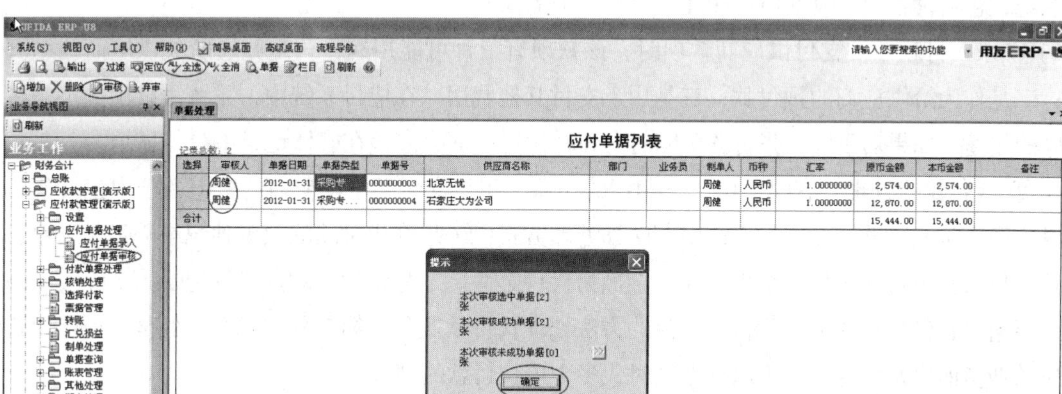

图9-10　应付单据处理

① 单张审核。用户也可在输入过滤条件后，进入单据列表界面，选择需要审核的记录，单击工具栏中的【单据】按钮，显示该单据，单击【审核】按钮，审核单据。

② 自动批审。用鼠标单击【应付单据处理】下的【应付单据审核】，系统显示查询条件框。输入查询条件后，用户可以单击【批审】按钮，系统根据当前的过滤条件将符合条件的未审核单据

全部进行后台的一次性审核处理。

③ 批量审核。用户也可在【应付单据审核】下输入过滤条件后，进入单据列表界面进行选择。在选择标志一栏里，双击鼠标或者打对勾，然后单击工具栏中的【审核】按钮，表示要审核该张单据。也可以单击【全选】按钮，将所有单据全部选中；单击【全消】按钮，取消所做的选择。

选择单据后，单击【审核】按钮，将当前选中的单据全部进行审核。

④ 取消审核。

手工处理：在实际业务中，会发生一些输入错误或者一些正在进行的业务因某种原因而改变，企业会计需要根据不同的情形进行调整记账。

系统处理：系统对这方面的处理是通过取消审核功能，将此笔业务信息从应付明细账中抹去，同时，清空审核人和审核日期，回到未记账的状态，此时，用户可以根据实际情况，对该应付单据进行修改或作废。

同样，对取消审核操作，系统提供批量弃审和单张弃审两种方式。

2. 付款单据处理

付款单据处理主要是对结算单据（在应付系统中结算单包括付款单、收款单即红字付款单）进行管理，包括付款单、收款单的录入与审核，以及单张结算单的核销。应付系统的付款单用来记录企业支付给供应商的款项，款项性质包括应付款、预付款、其他费用等。其中，应付款、预付款性质的付款单将与发票、应付单、进行核销勾对，其他费用性质的付款则直接计入费用，不能冲销应付账款。应付系统收款单用来记录发生采购退货时，供应商给企业开具的退付款项。该收款单可与应付、预付性质的付款单、红字应付单、红字发票进行核销。

（1）付款单据录入。付款单据录入是将已支付的供应商款项或供应商退回的款项，录入到应付系统，包括付款单与收款单（即红字付款单）的录入。

① 录入付款单。支付供应商款项时，该款项有三种可能用途：一是归还所欠供应商的结算货款；二是作为给供应商的预付款；三是用于支付其他费用。在应付系统中，系统用款项类型来区别不同的用途。如果对于同一张付款单同时有几种用途，那么应该在表体记录中分行显示。

② 代付款的处理。有时，由于三角债的关系，用于支付某个供应商的一笔款项中包括代另一个供应商支付的货款。在应付系统中有两种处理方式：一是将代付的款项单独记录一张付款单，将付款单位直接记录为另外一个供应商，金额为代付金额。二是将付款对象仍然记录为实际收款的单位，但通过在付款单中输入代付供应商的方法处理代付款业务。第二种方式的好处是既可以保留该笔付款业务的原始信息，又可以处理同时代多个单位付款的情况。

③ 录入收款单。收款单用来记录发生采购退货时，供应商给企业开具的退付款项。该收款单可与应付、预付性质的付款单、红字应付单、红字发票进行核销。在付款单录入界面，单击【切换】，可以在付款单与收款单之间进行切换。

④ 核销处理。在付款单录入界面执行单据审核后，可以直接进行核销处理，也可以在“日常处理”“核销处理”下进行核销。

⑤ 预付款的录入。在采购业务发生之前，如果预付给供应商款项，也要在“付款单据录入”

中处理。以后可通过“预付冲应付”、“核销处理”功能使用此笔预付款。

（2）付款单据审核。在结算单界面中，系统提供手工审核、自动批审的功能。结算单列表界面中显示的单据包括全部已审核、未审核的付（收）款单，可以进行结算单的增加、修改、删除等操作。

3. 核销处理

核销处理是指日常进行的付款核销应付款的工作。单据核销的作用是处理付款核销应付款，建立付款与应付款的核销记录，监督应付款的及时核销，加强往来款项的管理。

系统提供单张核销、自动核销和手工核销三种核销方式。单张核销已在前文“付款单处理”中介绍过，这里再介绍后两种情况。

（1）手工核销。

① 在“付款单据录入”中录入付款单，审核，退出。

② 单击【日常处理】—【核销处理】—【手工核销】，打开“核销条件”对话框。

③ 选择供应商“河北第三制药厂”，输入结算单和被核销单据过滤条件，单击【确定】按钮，进入单据核销窗口，如图9-11所示。

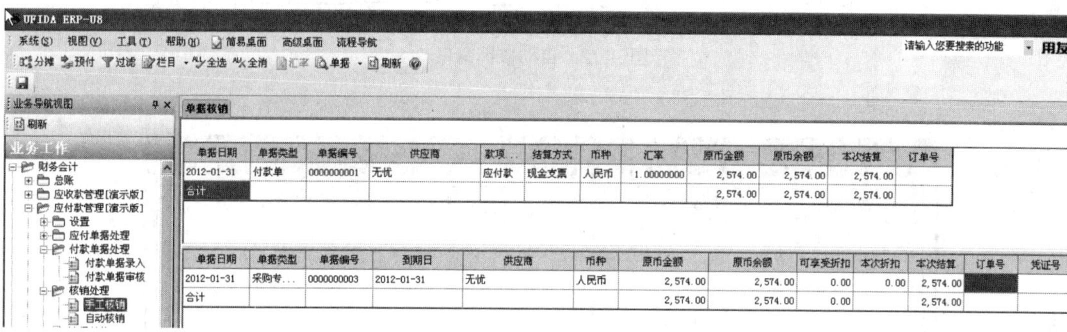

图9-11　手工核销窗口

④ 窗口上方列表显示该供应商可以核销的结算单记录，下方列表显示该供应商符合核销条件的对应单据。在要核销的单据的“本次结算金额”栏输入本次结算金额。

⑤ 单击【保存】，完成本次核销操作。

（2）自动核销。

① 单击【日常处理】—【核销处理】—【自动核销】，打开“核销条件”对话框，如图9-12所示。

② 输入过滤条件，单击【确定】按钮，系统进行自动核销，并显示自动核销进度条。

③ 核销完成后，系统提交“自动核销报告”，显示已核销的情况和未核销的原因，如图9-13所示。

注意事项提示如下。

- 自动核销可对多个供应商进行核销处理，依据核销规则对供应商单据进行核销处理。
- 自动核销允许在取消操作中按供应商进行分别取消核销处理。

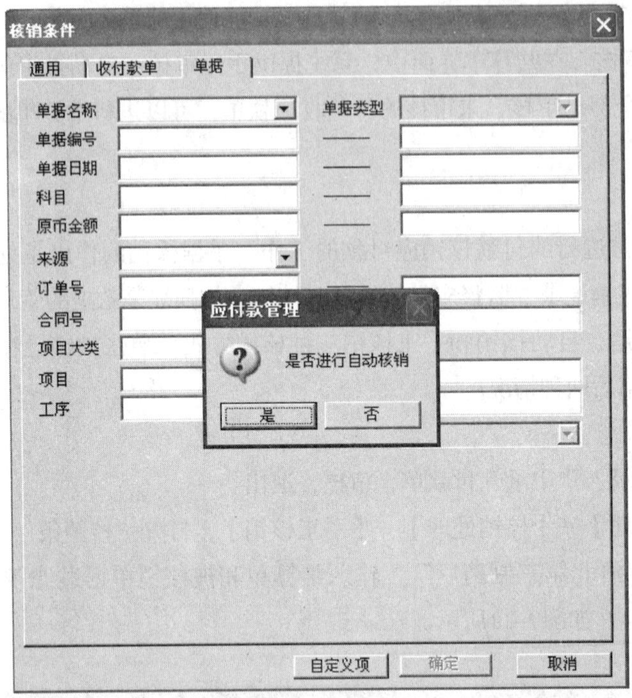

图9-12　自动核销窗口

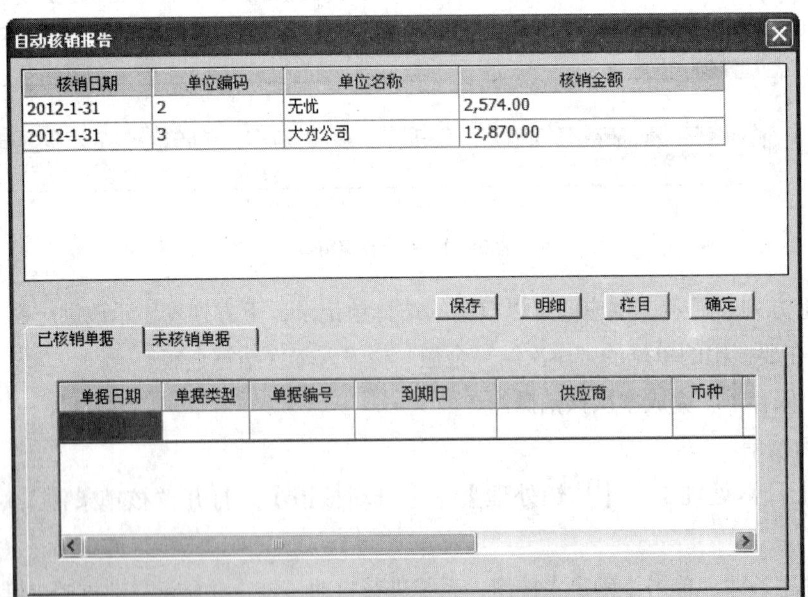

图9-13　自动核销报告

4．付款单导出

付款单导出主要完成付款单与网上银行的导出处理。

操作步骤如下。

① 单击【日常处理】—【付款单导出】，打开“付款单导出”对话框。

② 输入过滤条件，单击【确定】按钮，进入付款单导出列表界面。

③ 在付款单列表界面，可以通过【全选】、【全消】按钮将列表中的记录全部打上选择标志或取消选择标志；也可在付款单导出列表中选择需要导出的单据，在选择栏中打上“Y”标记。

④ 单击【导出】按钮，即可进行导出处理，将当前打有选择标志的单据导出到网上银行。系统提交导出结果报告，显示导出成功记录数和导出失败记录数，用户可单击左右箭头标志，分别将导出成功和不成功的单据按单据明细记录展开，显示导出不成功的原因。

注意事项提示如下。

- 不管是应付系统导出给网上银行的单据，还是网上银行导出给应付系统的单据，均只能在应付系统进行制单。
- 对于一张付款单来说，只能单向导入（出），即不允许一张单据进行循环导入（出）。
- 可以从应付系统导出到网上银行的付款单只能是未审核过的；导出后，在网上银行未确认支付前，应付系统不能对这张付款单进行任何处理，除非在网上银行单据处理中把这张付款单删掉。

5. 票据管理

票据管理主要是对商业承兑汇票和银行承兑汇票进行日常的业务处理，所有涉及票据的开具、结算、转出、计息等日常票据处理都在票据管理中进行。

（1）增加票据。

操作步骤如下。

① 单击【日常处理】—【票据管理】，打开“票据查询”对话框，如图9-14所示。选择后单击【确定】按钮，进入“票据管理”窗口，如图9-15所示。

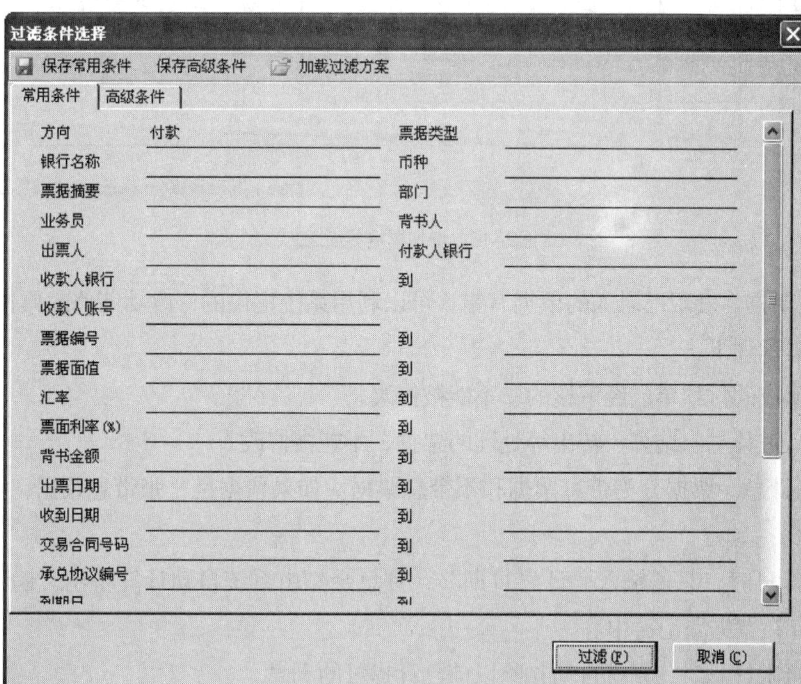

图9-14　增加票据界面之一

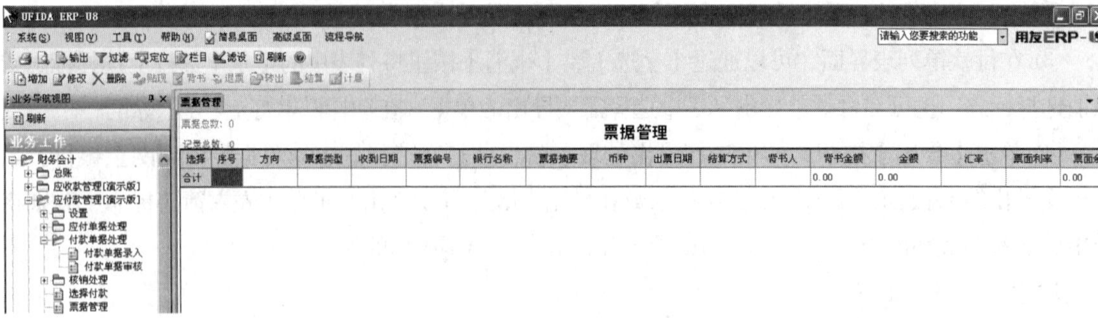

图9-15　增加票据界面之二

② 单击【增加】按钮，录入票据内容，在录入窗口如图9-16所示。单击【保存】按钮，保存票据。

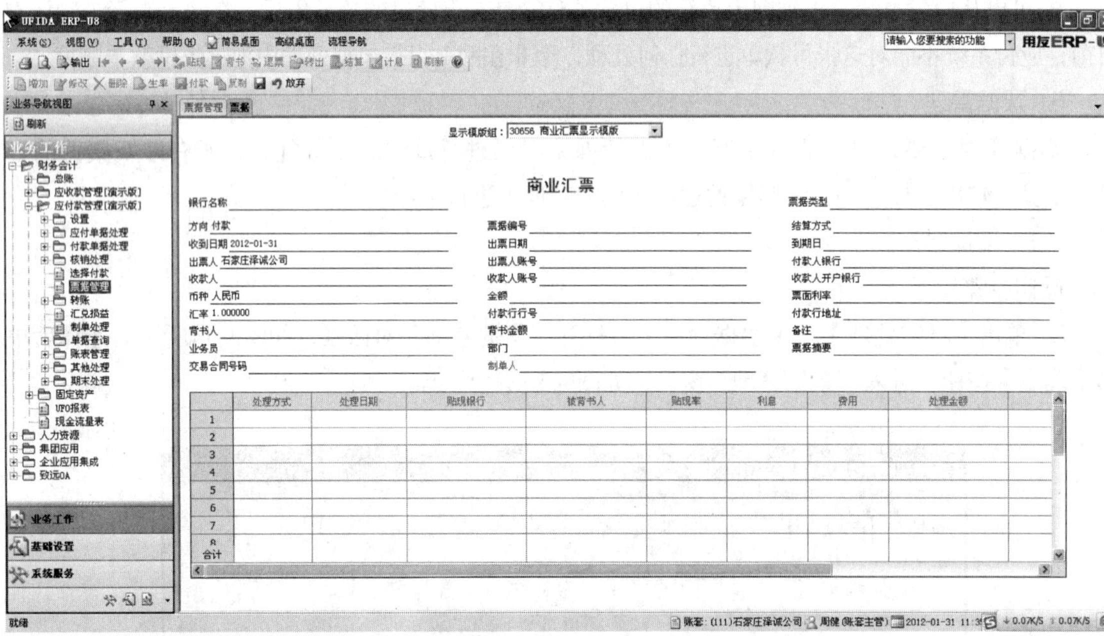

图9-16　增加票据界面之三

（2）修改票据。发现已录入的票据有错，可以利用系统提供的修改功能修改票据内容。

注意事项提示如下。

- 票据所形成的付款单已经审核的，不能被修改。
- 已经进行过计息、结算、转出等处理的票据，不能被修改。

（3）票据计息。票据分为带息票据和不带息票据。如果票据是一张带息票据，就需要对其进行计息处理。

进行票据计息时，只需输入“计息日期”，利息金额由系统自动计算得出。确认后，系统会自动把结果保存在票据登记簿中。

- 说明：再次计息时，系统自动扣除以前已计提过的利息。

（4）票据结算。当票据到期、持票付款时，执行票据结算处理。进行票据结算时，结算金额不是票据余额，而是通过结算实际支付的现金等。

注意事项提示如下。

- 结算金额减去利息加上费用的金额要小于等于票据余额。
- 票据结算后，不能再进行其他与票据相关的处理。

（5）票据转出。由于某种原因导致票据不能结算、需要重新恢复应付账款时，用鼠标单击【日常处理】菜单下的【票据管理】，弹出“票据查询”对话框，输入各种条件后，单击【确定】按钮进入票据管理主界面。选中一张票据，然后单击工具条上的【转出】按钮，就可以对当前的票据进行转出处理。输入完毕后，单击【确定】按钮，可保存上述操作。

注意事项提示如下。

- 票据执行转出后，系统自动生成一张已审核的“应付单”。
- 票据转出后，不能再进行其他与票据相关的处理。

6. 转账处理

（1）应付冲应付。是指将一家供应商的应付款转到另一家供应商。通过应付冲应付功能，将应付账款在供应商之间进行转入、转出，实现应付业务的调整，解决应付款业务在不同供应商间入错户或合并户问题。

（2）预付冲应付。通过预付冲应付处理供应商的预付款或红字预付款和该供应商应付款或红字应付款之间的转账核销业务。

（3）应付冲应收。用供应商的应付账款来冲抵客户的应收款项。系统通过应付冲应收功能，将应付款业务在供应商和客户之间进行转账，实现应付业务的调整，解决应收债权与应付债务的冲抵。

（4）红票对冲。红票对冲可实现供应商的红字应付单据与其蓝字应付单据、收款单与付款单之间冲抵的操作。系统提供两种处理方式：自动对冲和手工对冲。

自动对冲可同时对多个供应商依据红冲规则进行红票对冲，提高红票对冲的效率。自动红票显示进度条，并提交自动红冲报告，用户可了解自动红冲的完成情况及失败原因。手工对冲只能对一个供应商进行红票对冲，可自行选择红票对冲的单据，提高红票对冲的灵活性。手工红票对冲时采用红蓝上下两个列表形式显示，红票记录全部采用红色显示，蓝票记录全部用黑色显示。

7. 制单处理

制单即生成凭证，并将凭证传递至总账系统。应付系统在各个业务处理过程中都提供了实时制单的功能。除此之外，系统提供了一个统一制单平台，可以在此快速、成批地生成凭证，并可依据规则进行合并制单等处理。

9.3.3 其他处理——取消操作

在应付账款各个业务处理环节，可能由于各种各样的原因造成操作失误，为方便修改，系统提供取消操作功能。

取消操作类型包括取消核销、取消转账、取消汇兑损益、取消票据处理、取消并账等几类。

9.3.4 期末处理

如果当月业务已全部处理完毕，就需要执行“月末结账”功能。只有当月结账后，才可以开始下月工作。

1. 月末结账

进行月末处理时，一次只能选择一个月进行结账。前一个月没有结账，则本月不能结账。结算单还有未审核的，不能结账。如果选项中选择单据日期为审核日期，则应付单据在结账前应该全部审核；如果选项中选择“月末全部制单”，则月末处理前应该把所有业务生成凭证。年度末结账，应对所有核销、转账等处理全部制单。

在执行了月末结账功能后，该月不能再进行任何业务处理。

2. 取消结账

在执行了月末结账功能后，发现该月还有未处理的业务，可以执行取消结账操作。

9.3.5 账表查询

1. 单据查询

应付系统提供对发票、应付单、结算单、凭证等的查询。在查询列表中，系统提供自定义显示栏目、排序等功能。进行单据查询时，若启用供应商、部门数据权限控制，则在查询单据时只能查询有权限的单据。

2. 账表查询

（1）业务账表查询。通过业务账表查询，可以及时了解一定期间内应付款发生、付款的汇总情况、累计情况及期末应付款结存汇总情况，及时发现问题，加强对往来款项的监督管理。

（2）统计分析。通过统计分析，可以按用户定义的账龄区间，进行一定期间内应付款账龄分析、付款账龄分析、往来账龄分析，了解各个供应商应付款周转天数、周转率，了解对各个供应商应付款项的账龄及付款情况，便于企业掌握应付账款信用利用情况，加强对往来款项动态的监督管理。

（3）科目账查询。科目账查询包括科目明细账、科目余额表的查询。

科目余额表查询：查询应付受控科目各个供应商的期初余额、本期借方发生额合计、本期贷方发生额合计、期末余额。细分为科目余额表、供应商余额表、三栏余额表、部门余额表、项目余额表、业务员余额表、供应商分类余额表、地区分类余额表。

科目明细账查询：用于查询供应商往来科目下各个往来供应商的往来明细账。细分为科目明细账、供应商明细账、三栏明细账、部门明细账、项目明细账、业务员明细账、供应商分类明细账、地区分类明细账、多栏明细账。

科目账是对已生成凭证的业务信息进行的综合反映。应付系统中的科目账查询结果一般来说应该与总账中的供应商往来账查询结果相同，但如果存在以下情况，就会导致两边不一致：一是总账期初余额明细与应付期初明细不一致；二是在其他系统使用应付控制科目进行了制单。这时不影响其他处理，不必进行任何调整。但为了保持账账相符，最好不允许其他系统对应付控制科目进行制单。

【思考与练习】

1. 简述应付款管理系统与总账系统在应付款项管理上有何不同。
2. 简述应付款管理系统初始化的具体内容和用途。
3. 红字单据何时使用？
4. 说明转账对冲的种类。
5. 应付票据管理的具体功能包括哪些？
6. 应付款项核销的意义何在？
7. 按要求完成实验七。

实验七　应付款管理

实验目的

熟悉用友应付款管理系统的运行过程，掌握应付款管理系统初始设置、日常业务处理、期末处理及账表查询等操作技能，理解应付款管理系统与总账系统的数据传递关系，以及应付款管理系统与其他子系统的联系。

实验任务

- 设置基础信息
- 应付款管理日常业务处理
- 期末处理
- 账表查询

实验准备

- 引入实验三“总账业务处理”的账套备份数据。
- 将计算机系统日期修改为2012年2月1日。
- 以001身份登录“企业门户”下的“启用应付款管理系统”，启用日期：2012年2月1日。
- 由负责往来管理的005用户以2012年2月1日登录“应付系统”。

实验资料

1. 应付款系统初始化

（1）应付款系统参数设置如下。

控制参数	参数设置
应付款核销方式	按单据
单据审核日期依据	单据日期
应付账款核算类型	详细核算

续表

控制参数	参数设置
受控科目制单方式	明细到供应商
非受控科目制单方式	汇总方式
控制科目依据	按供应商
采购科目依据	按存货
月末结账前是否全部制单	是
预付冲应付是否生成凭证	是
是否启用供应商权限	否
是否根据单据自动报警	否
是否根据信用额度自动报警	否

（2）科目设置如下。

科目类别	设置方式
基本科目设置	应付科目（本币）：2202 预付科目（本币）：1123 采购科目：1402 应交增值税科目：22210101 银行承兑科目：2201 商业承兑科目：2201 现金折扣科目：660301 票据利息科目：660303 票据费用科目：660303 收支费用：6601
结算方式科目设置	现金结算：币种：人民币；科目：1001 汇票结算：币种：人民币；科目：100201 现金支票结算：币种：人民币；科目：100201 转账支票结算：币种：人民币；科目：100201

（3）账期内账龄区间设置如下。

序号	起止天数	总天数
01	1～30	30
02	31～60	60
03	61～90	90
04	91以上	

（4）期初余额设置如下。

泽诚公司2012年的应付期初余额如下。

单据名称	方向	开票日期	票号	供应商名称	采购部门	科目编码	货物名称	数量	总价
采购专用发票	正	2011.12.10	23485	中益公司	采购一部	2202	甲材料	400	176 850
采购专用发票	正	2012.1.19	34928	中益公司	采购一部	2202	甲材料	100	23 400
采购专用发票	正	2011.11.01	48752	巨明公司	采购二部	2202	乙材料	500	100 000
预付账单	正	2011.11.10	232	明德公司		1123			20 000

2. 应付系统的日常业务处理

2月公司发生了如下业务。

（1）2012年2月11日，向“中益公司”采购“甲材料”300个，不含税单价为300元，增值税率为17%（采购专用发票号码：7859343）。

（2）2012年2月12日，向“明德公司”采购“乙材料”420个，不含税单价为190元，增值税率为17%（采购专用发票号码：6750322）。

（3）2012年2月15日，向“建明公司”采购“乙材料”200个，不含税单价为185元，增值税率为17%（采购专用发票号码：3429953），运费500元。

（4）2012年2月18日，发现2012年2月15日所填制的向“建明公司”采购“乙材料”200个，不含税单价为185元，增值税率为17%的“3429953”号采购专用发票中的不含税单价应为189元。

（5）2012年2月19日，发现2012年2月12日，向“明德公司”采购“乙材料”的“6750322”号采购专用发票填制错误应删除。

（6）2012年2月22日，以工行转账支票（票号：2533）支付购中益公司甲材料货款105 300元。

（7）2012年2月22日，以工行转账支票（票号：2539）120 000元，用于支付以前欠巨明公司的货款100 000元，多出的20 000元作预付款。

（8）2012年2月25日，向中益公司签发不带息商业承兑汇票一张（NO.34219），面值176850.00元，到期日为2012年5月25日。

（9）2012年2月29日，经三方同意将2011年11月10日预付给明德公司货款20 000元冲抵应向中益公司支付的应付账款。

3. 应付系统的账表查询及其他处理

（1）查询2月份填制的所有采购专用发票。

（2）查询2月份所有的收付款单据。

（3）应付账龄分析。

（4）查询业务总账。

（5）查询科目明细账。

（6）制单。

4. 核销处理

将中益公司付款和应付款进行核销处理。

5. 结账

完成2月份结账

实验要求

（1）按以上实验资料完成应付款业务处理的相关内容。

（2）账套备份。完成实验任务后在“D:\111备份账套”文件夹中新建“应付款管理”文件夹，将账套输出至此文件夹。

（3）从“做什么，怎么做，为什么”的角度总结操作过程，撰写实验报告。

（4）回答以下问题。

- 应收款系统和应付款系统有哪些相似的地方?
- 应收款系统和应付款系统有何关联?

第10章 报表处理

【学习目标】

编制会计报表的主要目的是为报表使用者提供其决策所需要的信息。报表系统主要实现对各种报表的定义、生成、输出等功能。

通过本章的学习应掌握以下内容：

1. 掌握报表定义的基本方法；
2. 掌握关键字的使用；
3. 掌握报表数据生成；
4. 掌握报表输出；
5. 理解现金流量表的生成途径和方法。

会计报表是以日常会计核算资料为依据，总括地反映会计主体在一定时期内财务状况和经营成果的书面文件。编制会计报表的主要目的是为报表使用者提供决策所需要的信息。报表处理系统是利用会计信息系统中各子系统提供的信息及其他外部信息进行报表编制和分析的系统。用友ERP-U8管理软件中的UFO报表是报表事务处理的工具。它与用友账务管理软件等各系统有完善的接口，具有方便的自定义报表功能、数据处理功能。该系统也可以独立运行，用于处理日常办公事务。

10.1 功能与结构

10.1.1 报表系统功能模块

会计报表管理系统既可编制对外报表，又可编制各种内部报表。它的主要任务是设计报表的格式和编制公式，从总账系统或其他业务系统中取得有关会计信息，自动编制各种会计报表，对该报表进行审核、汇总、生成各种分析图，并按预定格式输出各种会计报表。

用友UFO报表管理系统具有：文件管理功能、格式管理功能、数据处理功能、图表功能、打印功能和二次开发功能，如图10-1所示。

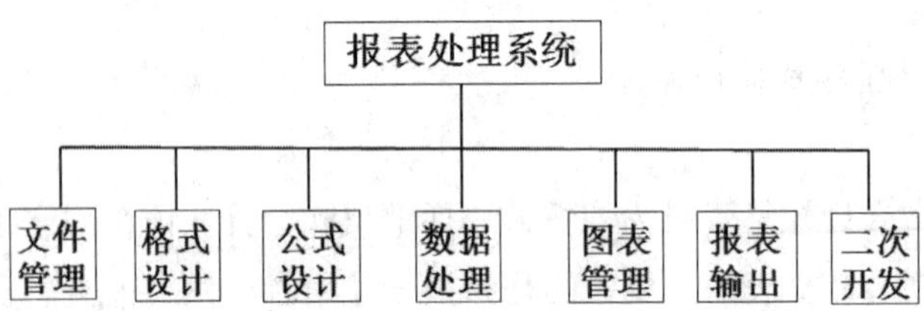

图10-1　报表系统功能模块

1. 文件管理功能

UFO报表提供了创建新文件、打开已有的文件、保存文件、备份文件的文件管理功能，并且能够进行不同文件格式的转换。UFO报表的文件可以转换为ACCESS文件、EXCEL文件、LOTUS1-2-3文件、文本文件、XML格式文件、HTML格式文件等格式文件。上述格式的文件也可转换为UFO报表文件。

2. 格式管理功能

UFO报表提供了丰富的格式设计功能，如设置表尺寸、画表格线（包括斜线）、调整行高列宽、设置字体和颜色等，可以制作符合各种要求的报表，并且内置了11种套用格式和21个行业的标准财务报表模板，包括最新的现金流量表，方便用户进行标准报表的制作。对于用户单位内部常用的管理报表，UFO还提供了自定义模板功能。

3. 公式设计功能

UFO提供了绝对单元公式和相对单元公式，可以方便、迅速地定义计算公式、审核公式、舍位平衡公式；UFO还提供了种类丰富的函数，可在系统向导的引导下轻松地从用友账务及其他子系统中提取数据，生成财务报表。

4. 数据处理功能

UFO报表以固定的格式管理大量不同的表页，能将多达99999张具有相同格式的报表资料统一在一个报表文件中管理，并且在每张表页之间建立有机的联系，提供排序、审核、舍位平衡、汇总功能。

5. 图表管理功能

UFO报表提供了很强的图形分析功能，可以很方便地进行图形数据组织，可以制作包括直方图、立体图、圆饼图、折线图等10种图式的分析图表，还可以编辑图表的位置、大小、标题、字体、颜色等，并打印输出图表。

6. 报表输出功能

UFO提供的“所见即所得”和“打印预览”功能，可以随时观看报表或图形的打印效果。报表打印时，可以打印格式或数据，可以设置表头和表尾，可以在0.3～3倍之间缩放打印，可以横向或纵向打印等。

7. 二次开发功能

UFO提供了批命令和自定义菜单，利用该功能可以开发出适合本企业的专用系统。

10.1.2 UFO报表管理系统与其他系统的关系

UFO报表管理系统主要是从其他系统中提取编制报表所需的数据。总账、工资、固定资产、应收款、应付款、财务分析、采购、库存、存货核算和销售子系统均可向报表子系统传递数据，以生成财务部门所需的各种报表。

10.2 信息处理流程

报表管理系统的处理流程是：利用事先定义的报表公式从账簿、凭证和其他报表等文件中采集数据，经过分析、计算、填列在表格中，再将生成的报表数据输出。

（1）报表编制的数据处理流程如图10-2所示。

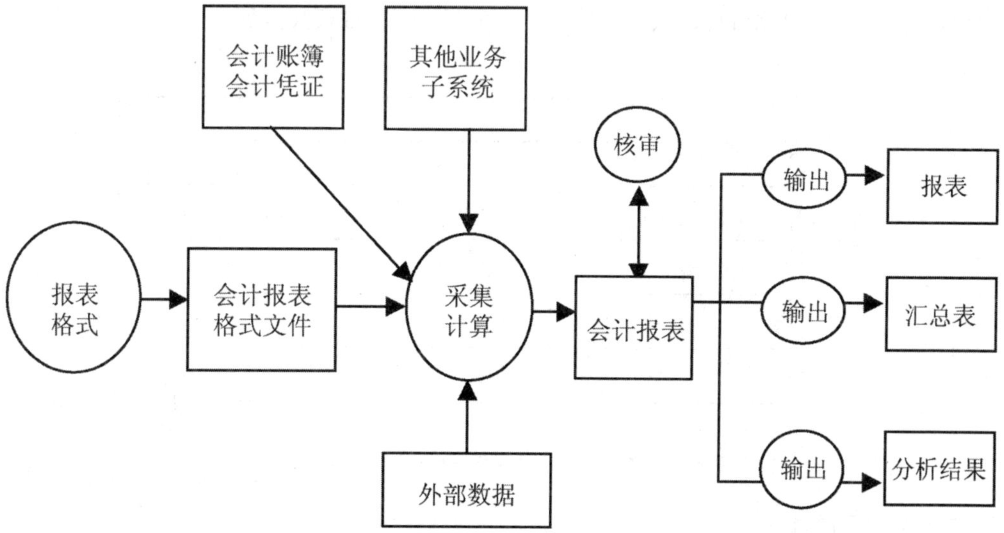

图10-2 报表管理系统的信息处理流程

（2）UFO报表管理系统的处理流程如图10-3所示。

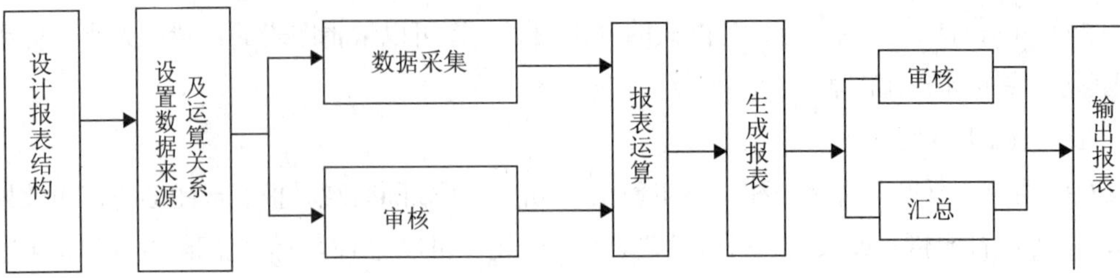

图10-3　报表管理系统的处理流程

10.3 应用与管理

10.3.1　UFO报表管理系统的基本概念

1. 报表及报表文件

（1）报表。报表也叫表页，它是由若干行和若干列组成的一个二维表，格式相同数据不同的每张报表称为一个表页，一般表示为第1页、第2页。报表是报表管理系统存储数据的基本单位。

（2）报表文件。一个或多个报表以文件的形式保存在存储介质中。每个报表文件都有一个名字，如“利润表.REP”。

每个报表文件可以包含若干张报表。为了便于管理和操作，一般把经济意义相近的报表放在一个报表文件中，例如，各月编制的利润表就可归放在“利润表.REP”报表文件中。这样在某一报表文件中要寻找某一数据，就要再增加一个表页。在报表文件中，确定一个数据所在位置的要素是“表页名或表页号”。由此可见，报表文件就是一个三维表，如表10-4所示。

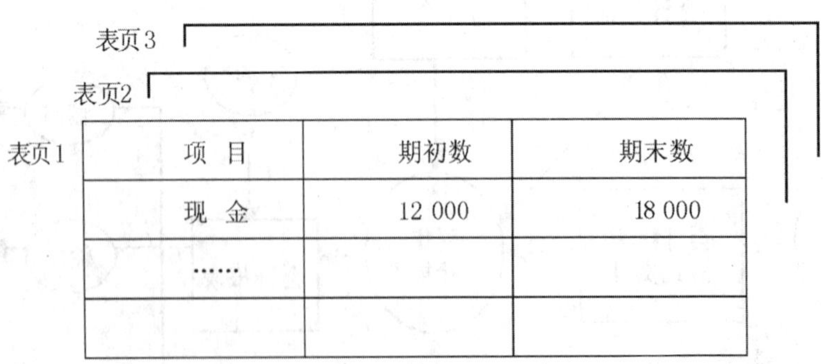

图10-4　报表文件结构示意图

2. 单元及单元属性

报表中由表行和表列确定的方格称为单元，专门用于填制各种数据。它是组成报表的最小单位。每个单元都可用一个名字来标识，称为单元名。单元名可以用所在行和列的坐标表示，一般采用所在列的字母和行的数字表示，例如，C2表示报表中第2行第C列对应的单元。

单元属性包括单元类型、对齐方式、字体颜色等。

单元类型有数值型、字符型和表样型三种类型。

● 数值单元：是报表的数据，在数据状态下输入。数值单元必须是数字，可直接输入，也可由单元中存放的公式运算生成。建立一个新表时，所有单元的单元类型均默认为数值型。

● 字符单元：是报表的数据，在数据状态下输入。字符单元的内容可以是汉字、字母、数字及各种键盘可输入的符号组成的一串字符。字符单元的内容可以直接输入，也可以由单元公式生成。

● 表样单元：是报表的格式，是在格式状态下输入的所有文字、符号或数字。表样单元对所有表页都有效。表样单元在格式状态下输入和修改，在数据状态下只能显示而无法修改。

3. 区域与组合单元

区域也叫块，由一组相邻的单元组成的矩形块。最大的区域是一个表页的所有单元，最小的区域可只包含一个单元。在描述一个区域时，开始单元（左上角单元）与结束单元（右下角单元）之间用冒号"："连接。例如，C3:F6。

组合单元由同行（或同列）相邻的两个或两个以上的单元组成的区域。这些组合单元必须是同一种单元类型，组合单元的名称可以用区域名称或区域中的某一单元的名称来表示。

4. 关键字

关键字是游离于单元之外的特殊数据单元，可以唯一地标识一个表页，用于在大量表页中快速选择表页。每个报表可以定义多个关键字。关键字一般包括单位名称、单位编号、年、季、月、日等，也可以自行定义关键字。

5. 格式状态和数据状态

UFO报表将含有数据的报表分为两大部分来处理，即报表格式设计工作与报表数据处理工作。报表格式设计工作和报表数据处理工作是在不同的状态下进行的。

（1）格式状态。在格式状态下，可以设计报表的格式，如表尺寸、行高列宽、单元属性、组合单元、关键字、可变区等；定义报表的三类公式，单元公式（计算公式）、审核公式、舍位平衡公式。格式状态下所做的操作对本报表所有的表页都发生作用。格式状态下不能进行数据的录入、计算等操作。格式状态下时，报表的数据全部都隐藏了。

（2）数据状态。在数据状态下管理报表的数据，如输入数据、增加或删除表页、审核、舍位平衡、做图形、汇总、合并报表等。数据状态下不能修改报表的格式。

6. 固定区和可变区

固定区是指组成一个区域的行数和列数的数量是固定的数目。一旦设定好以后，在固定区域内其单元总数是不变的。

可变区是屏幕所显示的一个区域的行数或列数是不固定的数字。可变区的最大行数或最大列数是在格式设计中设定的。

在一个报表中只能设置一个可变区，或是行可变区或是列可变区。行可变区是指可变区中的行数是可变的；列可变区是指可变区中的列数是可变的。

设置可变区后，屏幕只显示可变区的第一行或第一列，其他可变行列隐藏在表体内。在以后的数据操作中，可变行列数随着用户的需要而增减。

有可变区的报表称为可变表。没有可变区的表称为固定表。

10.3.2 报表管理

1. 报表格式定义

（1）启动UFO建立新表。启动UFO报表，建立一个空的报表，并进入格式状态。这时可以在这张报表上开始设计报表格式，在保存文件时用自己的文件名给这张报表命名。

（2）设置报表表样。报表的格式在格式状态下设计，格式对整个报表都有效。操作步骤如下。

- 设置表尺寸：即设定报表的行数和列数。
- 定义行高和列宽。
- 画表格线。
- 设置单元属性：把固定内容的单元如“项目”、“行次”、“期初数”、“期末数”等定为表样单元；把需要输入数字的单元定为数值单元；把需要输入字符的单元定为字符单元。
- 设置单元风格：设置单元的字型、字体、字号、颜色、图案、折行显示等。
- 定义组合单元：即把几个单元作为一个使用。
- 设置可变区：即确定可变区在表页上的位置和大小。
- 确定关键字在表页上的位置，如单位名称、年、月等。
- 设计好报表的格式之后，可以输入表样单元的内容，如“项目”、“行次”、“期初数”、“期末数”等。

2. 报表公式定义

公式是指函数和运算符，以及有关提示信息所组成的表达式。

函数是指其计算结果随自变量的变化而变化的表达式，不同软件系统的函数，即便是在函数意义相同的情况下，其计算结果也可能不同。

运算符是指公式中将函数连接起来，并对函数取值结果进行计算的符号。运算符有算术运算符、比较运算符号和逻辑运算连接符。

报表公式是指报表或报表单元中的各种公式，包括单元公式、审核公式和舍位平衡公式等。公式的定义在格式状态下进行。

单元公式指为报表单元赋值的公式，利用它可以将单元赋值为数值，也可以赋值为字符。在报表数值单元中键入“=”就可直接定义计算公式。对于需要从报表本身或其他模块如总账、工资、成本、固定资产等模块中取数的，以及一些小计、合计、汇总数据的单元，都可以利用单元公式进行取数。

审核公式指利用报表中数据之间的勾稽关系来进一步检验报表编制的结果是否正确的公式。

舍位平衡公式用于报表数据进行进位或小数位取整时调整数据，避免破坏原数据平衡。报表的数据生成后往往非常庞大，不方便用户阅读，另外在报表汇总时，各个报表的货币度量单位有可能不统一。这时，需要将报表的数据进行位数转换，将报表单元换为“千元”或“万元”单位，这种操作称为进位操作。进位操作完成后，原来的平衡关系可能会因为小数位的四舍五入而被破坏，因此还需要对进位后的数据平衡关系重新调整，使舍位后的数据符合指定的平衡公式，这种对报表数据进位及重新调整报表进位之后平衡关系的公式为舍位平衡公式。

3. 公式中的函数

函数是公式的重要组成部分，它用来定义取数的来源。企业常用的财务报表数据一般是来自于总账系统或报表系统本身，取自于报表的数据又可以分为从本表取数和从其他报表的表页取数。

（1）账务函数。从总账系统取数的公式称之为账务函数。账务函数的基本格式为：

函数名（“科目编码”，会计期间，[方向]，[账套号]，[会计年度]，[编码1]，[编码2]）。

（2）本表本页函数。从本表本页取数的函数称为本表本页函数，主要如下。

数据合计：PTOTAL()　　最小值：PMIN()

平均值：PAVG()　　方差：PVAR()

计数：PCOUNT()　　偏方差：PSTD()

最大值：PMAX()

（3）本表他页函数。从本表的其他表页取数的函数称为本表他页函数，主要是SELECT（ ）函数；对于取自于本表其他表页的数据，可以利用某个关键字作为表页定位的依据或者直接以页标号作为定位依据，指定取某张表页的数据。

（4）他表函数。从其他报表取数的函数称为他表函数。对于取自于其他报表的数据，可以用“报表[.REP]–>单元”格式指定要取数的某张报表的单元。

4. 报表数据处理

每到月末或年末，我们进入UFO电子表系统，新建一张电子表，然后应用报表模板，建立我们所需要的报表。报表模板建立起来以后，里面并没有数据，需要编制报表，以形成表内数据。由于一般的报表如资产负债表和损益表每月都要编制，而每月形成的数据都占据一个表页，我们定义的表格都只有一张表页。因此，为满足每月编制报表的需要，需要进行相应的表页管理，如增加表页、删除表页等。生成表内数据以后，还需要对报表的编制结果进行审核。在输出报表时如果要进行位数转换，还需要对报表进行舍位平衡。这些步骤统称为报表的数据处理。

报表数据处理在数据状态下进行，包括以下操作。

（1）新建的报表只有一张表页，可追加多个表页。

（2）如果报表中定义了关键字，则录入每张表页上关键字的值。

（3）在数值单元或字符单元中录入数据。

（4）如果报表中有可变区，可变区初始只有一行或一列，可追加可变行或可变列，在可变行或可变列中录入数据。

（5）随着数据的录入，当前表页的单元公式将自动运算并显示结果。如果报表有审核公式和舍位平衡公式，则执行审核和舍位。需要的话，做报表汇总和合并报表。

5. 表页管理及报表输出

（1）插入和追加表页。向一个报表中增加表页有追加和插入两种方式。插入表页即在当前表页前面增加新的表页。追加表页即在最后一张表页后面增加新的表页。

（2）交换表页是将指定的任何表页中的全部数据进行交换。

（3）删除表页是将指定的整个表页删除，报表的表页数相应减少。

（4）表页排序。UFO提供表页排序功能，可以按照表页关键字的值或者按照报表中的任何一个单元的值重新排列表页。“第一关键值”指根据什么内容对表页进行排序。“第二关键值”指当有表页的第一关键值相等时，按照此关键值排列。“第三关键值”指当有多张表页用第一关键值和第二关键值都不能排列时，按照第三关键值排列。

（5）外观显示设置。外观显示主要包括定义报表的显示风格和显示比例。

（6）打印输出一般包括页面设置、打印设置、打印预览和打印。

6. 报表模板

（1）调用报表模板。利用系统内置的报表模板建立一张标准格式的报表。

（2）调整标准报表模板。内置标准模板和各个单位的具体要求可能有所不同，所以可以对模板的格式和公式进行修改。

（3）自定义模板。报表模板修改完后，可以将修改完的报表格式重新定制为一个新的模板，以便在以后使用时可以直接在报表模板选项中调用。

7. 图表功能

选取报表数据后可以制作各种图形，如直方图、圆饼图、折线图、面积图、立体图。图形可随意移动。图形的标题、数据组可以按照用户的要求设置。图形设置好之后可以打印输出。可控制打印方向，横向或纵向打印；可控制行列打印顺序。不但可以设置页眉和页脚，还可设置财务报表的页首和页尾。可缩放打印；利用打印预览可观看打印效果。

8. 命令及批命令文件

批命令实质上是把多个UFO命令进行集合操作处理，即在一个批命令文件中编写多个命令，执行这个批命令文件就可以一次性完成这些命令。批命令在许多时候是必不可少的。

大部分命令和函数均可在批命令中使用。批命令可以嵌套、递归（这是在单元公式中不能做到的）和带参调用。批命令可以在批命令和自定义菜单中调用。

批命令文件在UFO提供的二次开发窗口UFOEDIT中编写，编写完成后以后缀“.SHL”保存，即为批命令文件。

下面通过自定义利润表来详细说明报表管理的操作方法。

10.3.3 自定义利润表的编制

1. 利润表格式设计

（1）启动UFO建立新表。使用UFO报表设置会计报表之前，应首先启动UFO系统，建立一张空白的报表，然后在这张空白报表的基础之上设计报表的格式，如图10–5所示。

此时，系统默认的报表名为REPORT1.REP，默认的状态为格式状态。

（2）设置尺寸。设置报表尺寸是指设置报表的行数和列数，设置前可事先根据所要定义的报表大小计算该表所需的行、列，然后再定义。单击【格式】菜单下的【表尺寸】，弹出“表尺寸”对话框，输入行数、列数，显示的界面如图10–6所示。

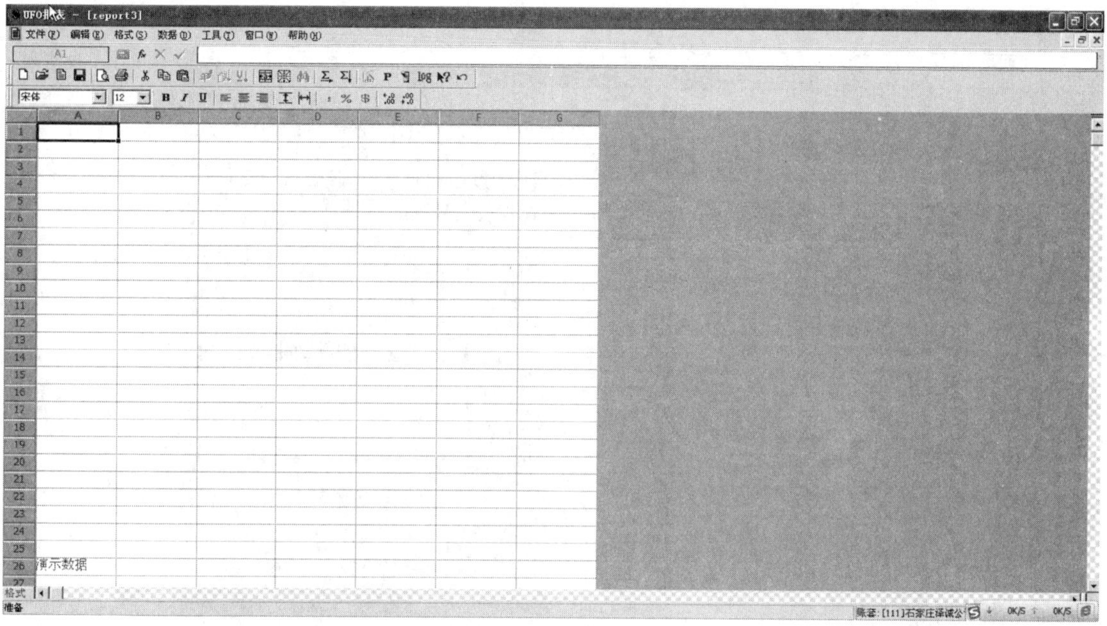

图10-5　新建报表界面

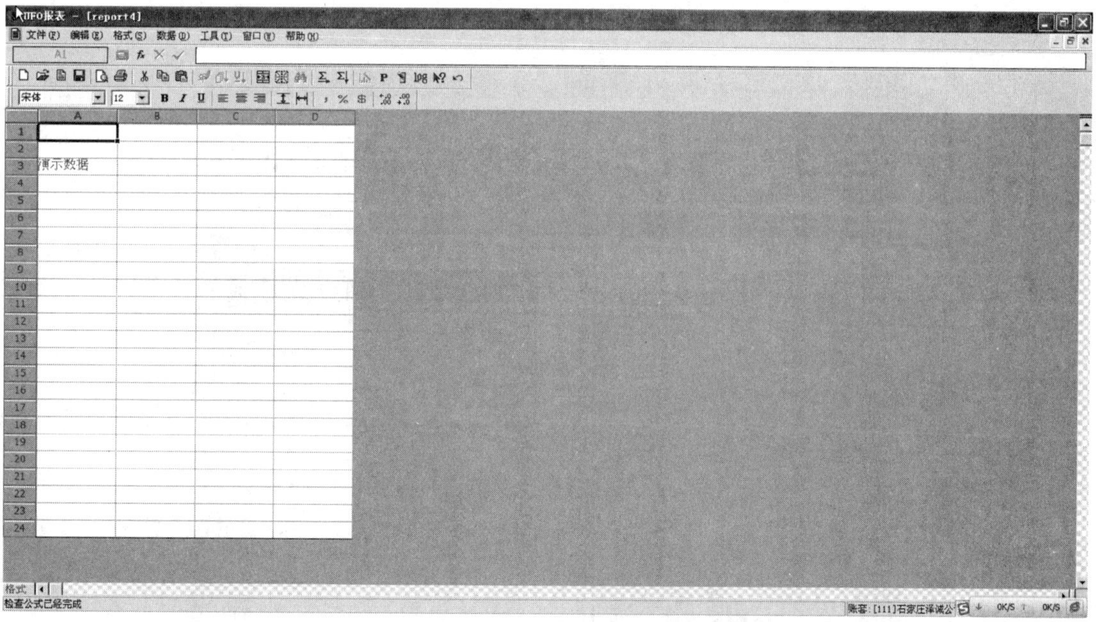

图10-6　设置尺寸后的报表

报表的尺寸设置完后，还可以通过【格式】菜单下的【插入】或【删除】按钮来增加或减少行、列来调整报表的大小。

（3）定义报表的行高和列宽。如果报表中的某些定义的行或列的要求比较特殊，则需要调整该行的行高或列的列宽。比如，为了突出标题，需要将标题的行高加高，以满足标题字体的需要。

行高和列宽可以通过【格式】菜单下的【行高】和【列宽】来操作，也可以通过直接利用鼠标拖动某行或某列来调整行高和列宽，界面如图10-7和图10-8所示。

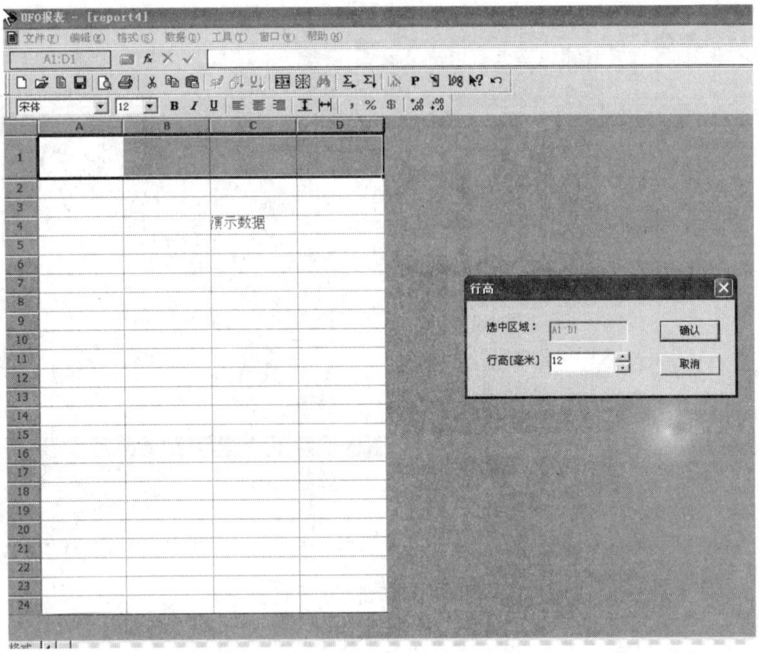

图10-7　设置行高界面

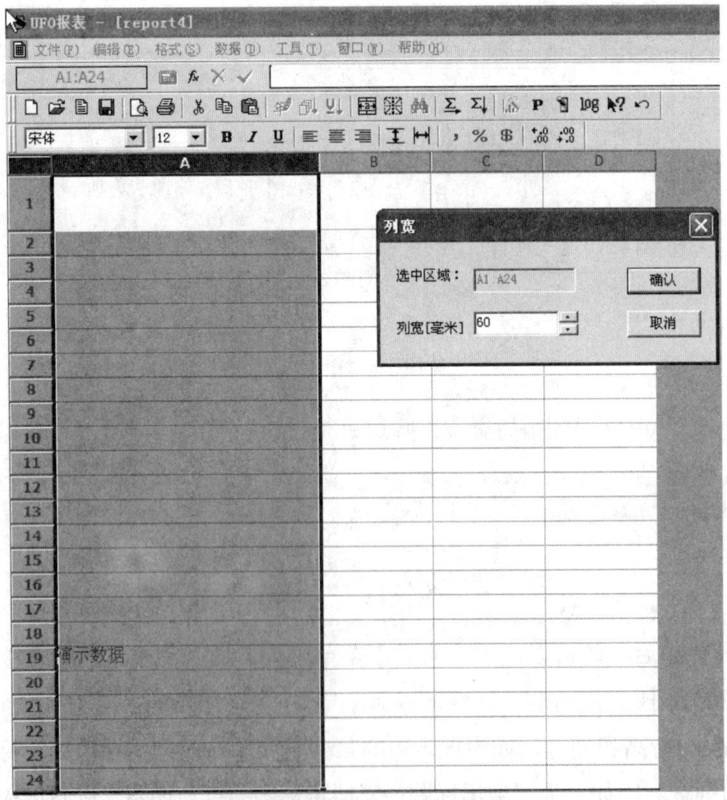

图10-8　设置列宽界面

（4）画表格线。报表的尺寸设置完后，在数据状态下，该报表是没有任何表格线的，所以为了满足查询和打印的需要，还需要画上网格线。

画线时，应先选择要画线的区域，然后单击【格式】菜单下的【区域画线】，弹出“区域画线”对话框，如图10–9所示。选择要画线的类型和样式，单击【确认】按钮即可完成画线。

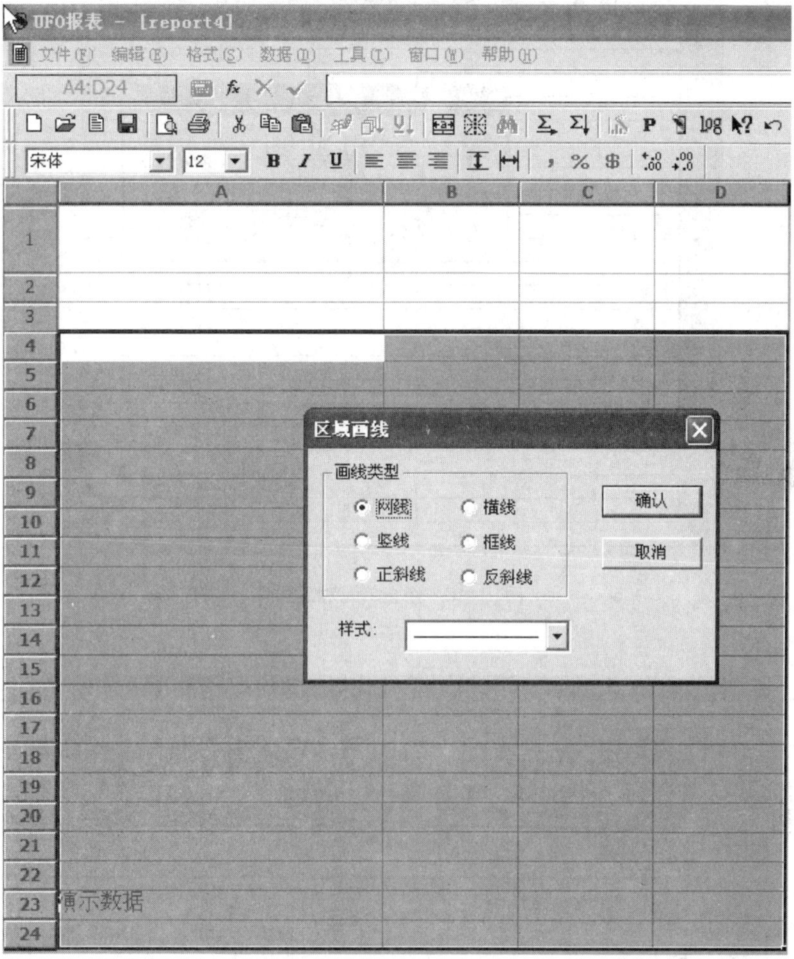

图10–9 选择画线类型和样式的界面

（5）定义组合单元。有些内容如标题、编制单位、日期及货币单位等信息可能一个单元容不下，为了实现这些内容的输入和显示，需要定义组合单元。

选择要组合的单元区域，单击【格式】菜单下的【组合单元】，弹出“组合单元”对话框，如图10–10所示，选择组合形式即可完成组合单元设置。

（6）输入表间项目。报表表间项目是指报表的文字内容、主要包括表头内容、表体项目、表尾项目。输入表间项目后显示的界面如图10–11所示。

（7）设置单元属性。单元属性主要指的是单元内容的单元类型、字体、字符、字型、对齐方式、颜色图案等。

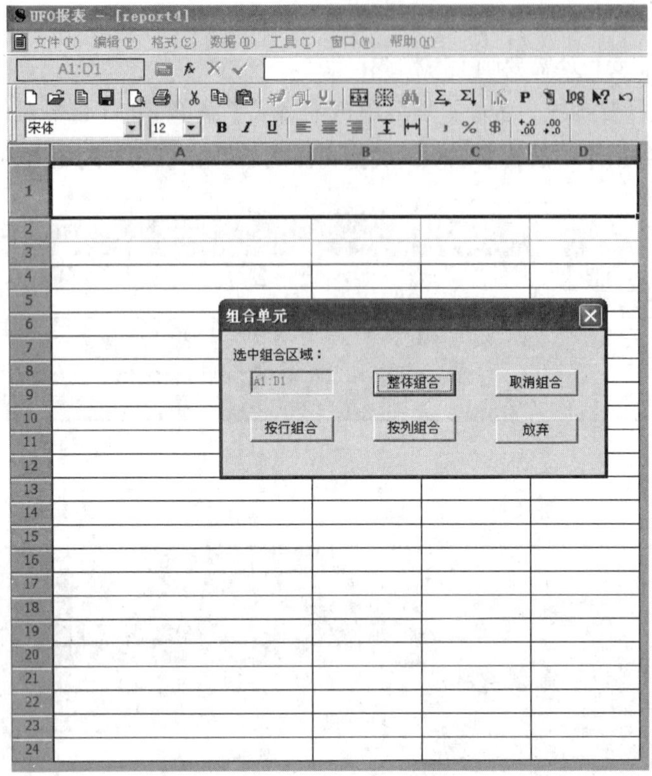

图10-10　组合单元对话框

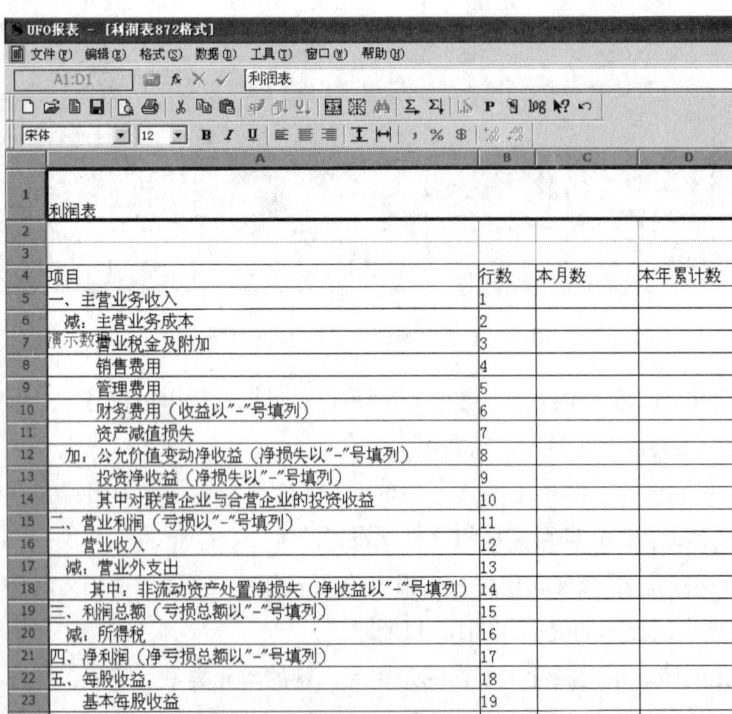

图10-11　输入表间项目后的界面

选择要设置单元属性的区域，单击【格式】菜单下的【单元属性】，弹出“单元属性”对话框，如图10-12所示。

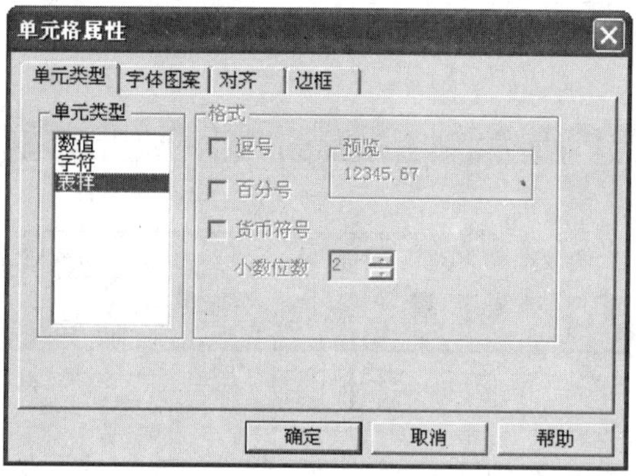

图10-12　单元属性对话框

在如图10-12所示的对话框中对单元属性进行设置后，显示的界面如图10-13所示。

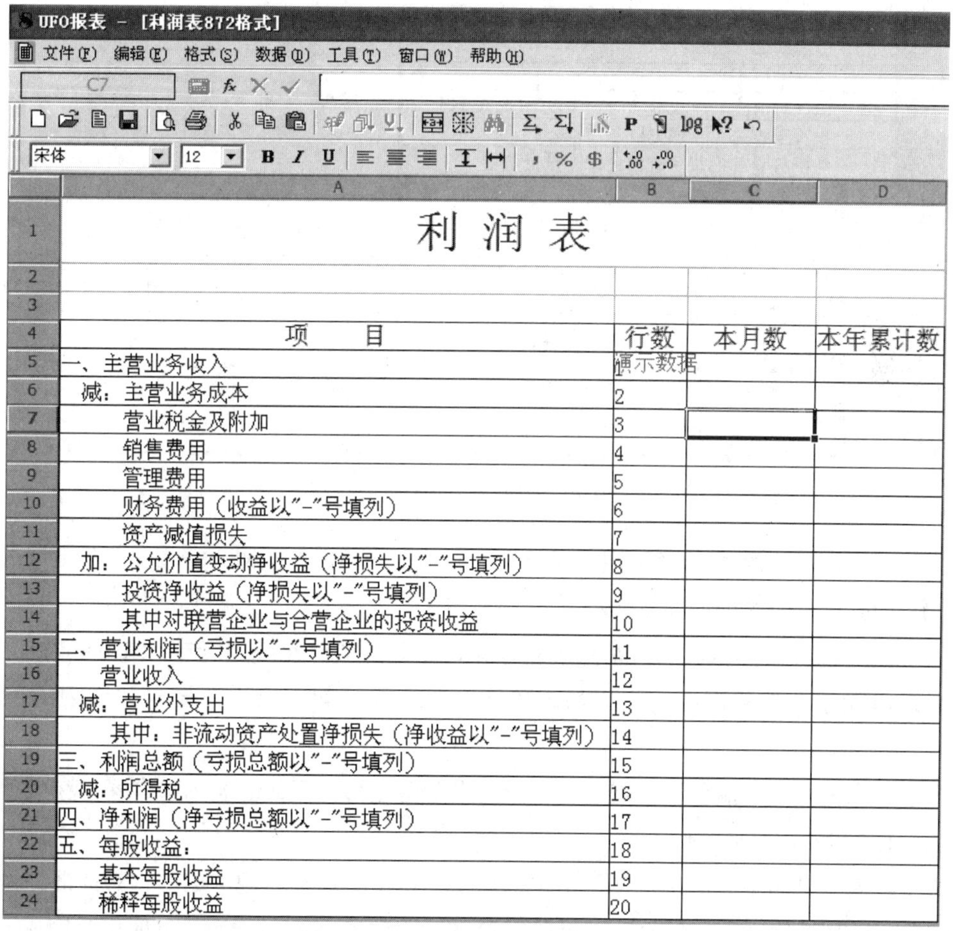

	A	B	C	D
1	利 润 表			
2				
3				
4	项　　目	行数	本月数	本年累计数
5	一、主营业务收入	1 演示数据		
6	减：主营业务成本	2		
7	营业税金及附加	3		
8	销售费用	4		
9	管理费用	5		
10	财务费用（收益以”-”号填列）	6		
11	资产减值损失	7		
12	加：公允价值变动净收益（净损失以”-”号填列）	8		
13	投资净收益（净损失以”-”号填列）	9		
14	其中对联营企业与合营企业的投资收益	10		
15	二、营业利润（亏损以”-”号填列）	11		
16	营业收入	12		
17	减：营业外支出	13		
18	其中：非流动资产处置净损失（净收益以”-”号填列）	14		
19	三、利润总额（亏损总额以”-”号填列）	15		
20	减：所得税	16		
21	四、净利润（净亏损总额以”-”号填列）	17		
22	五、每股收益：	18		
23	基本每股收益	19		
24	稀释每股收益	20		

图10-13　单元属性设置后的界面

（8）设置关键字。关键字主要有：单位名称、单位编号、年、季、月、日和自定义关键字。用户可以根据自己的需要进行相关的设置。

先确定关键字的位置，然后选择【数据】下的【关键字】，单击【设置】，弹出“设置关键字”对话框，如图10-14所示。

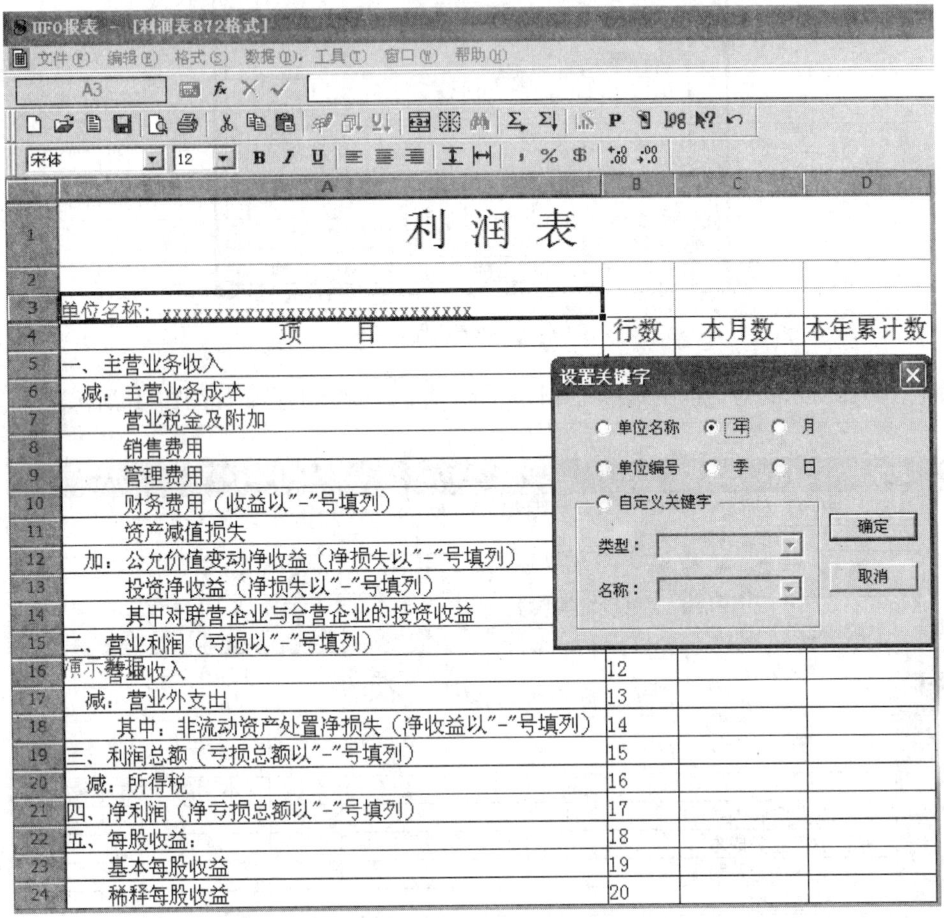

图10-14　设置关键字对话框

在如图10-14所示的界面选择关键字的类型，再单击【确定】按钮，完成一个关键字的设置。要设置其他关键字，需按同样的办法设置。

（9）调整关键字的位置。关键字位置是指关键字在某单元或组合单元中的起始位置。同一个单元或单元组合的关键字定义以后，可能会重叠在一起，所以还要对关键字的位置进行调整。

关键字的位置可以用偏移量来表示，负数值表示向左移，正数值表示向右移。在调整时，可以通过输入正或负的数值来调整。

选择【数据】下的【关键字】，单击【偏移】，弹出“定义关键字偏移”对话框，输入正或负的数值来调整偏移量，单击【确定】按钮即可完成关键字偏移量的设置，同时也就完成了整个表的格式设置，此时显示的界面如图10-15所示。

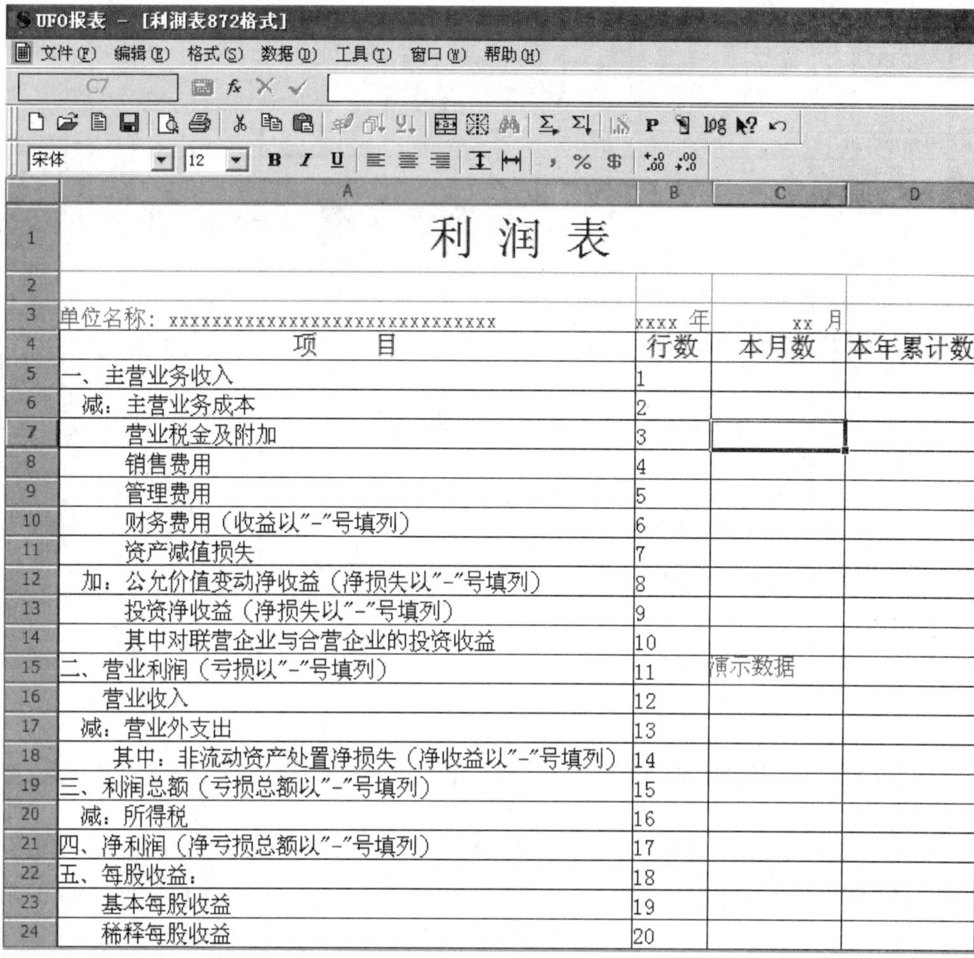

图10-15　关键字设置后的界面

最后将所设计的报表加以保存。

2.利润表的公式设计

报表表样定义完之后只不过是一张空白的报表，如果要生成数据可以通过单元公式来进行取数。在定义公式时，可以直接输入单元公式，也可以利用函数向导定义单元公式。

（1）直接输入。如果用户对账务函数比较熟悉，可以直接输入公式，其操作方法是：

选择【数据】下的【编辑公式】，单击【单元公式】或工具栏上的 *fx* 按钮，弹出“定义公式”对话框，如图10-16所示，直接输入公式。

（2）利用函数向导输入。如果用户对UFO函数不太了解，可以利用函数向导输入。利用函数向导输入公式，简单直观。其操作方法如下。

在打开“定义公式”对话框（如图10-16所示）后，单击【函数向导…】按钮，弹出“函数向导”对话框，如图10-17所示。

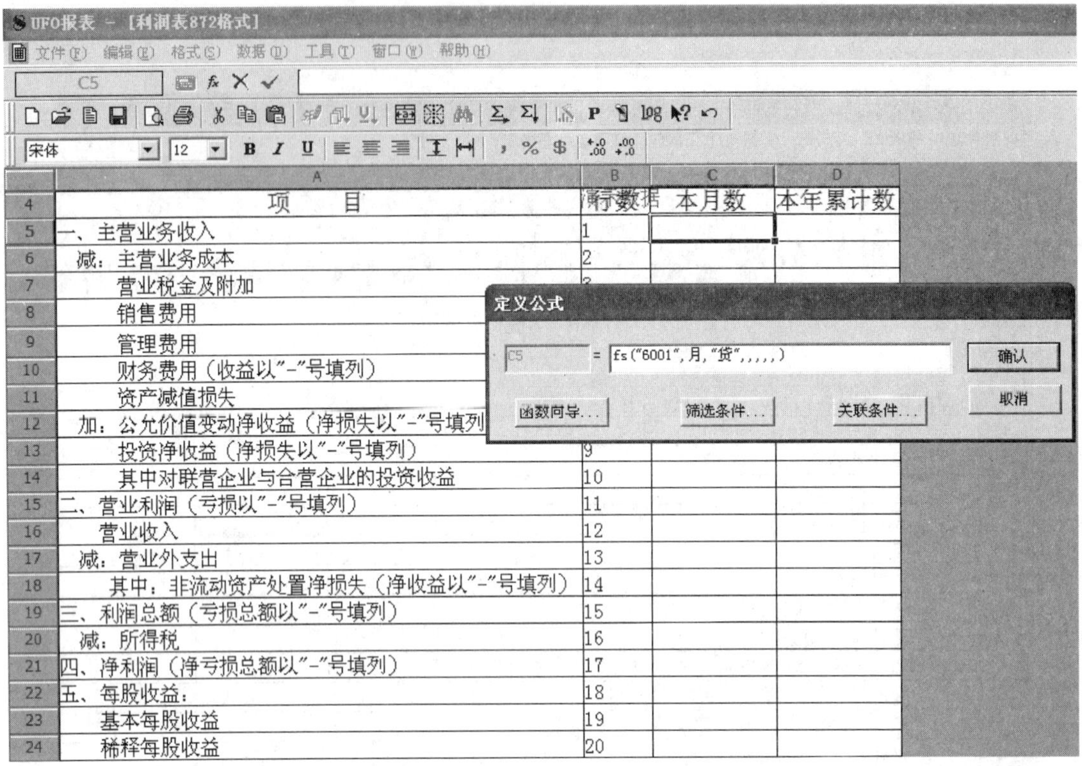

图10-16　定义公式对话框

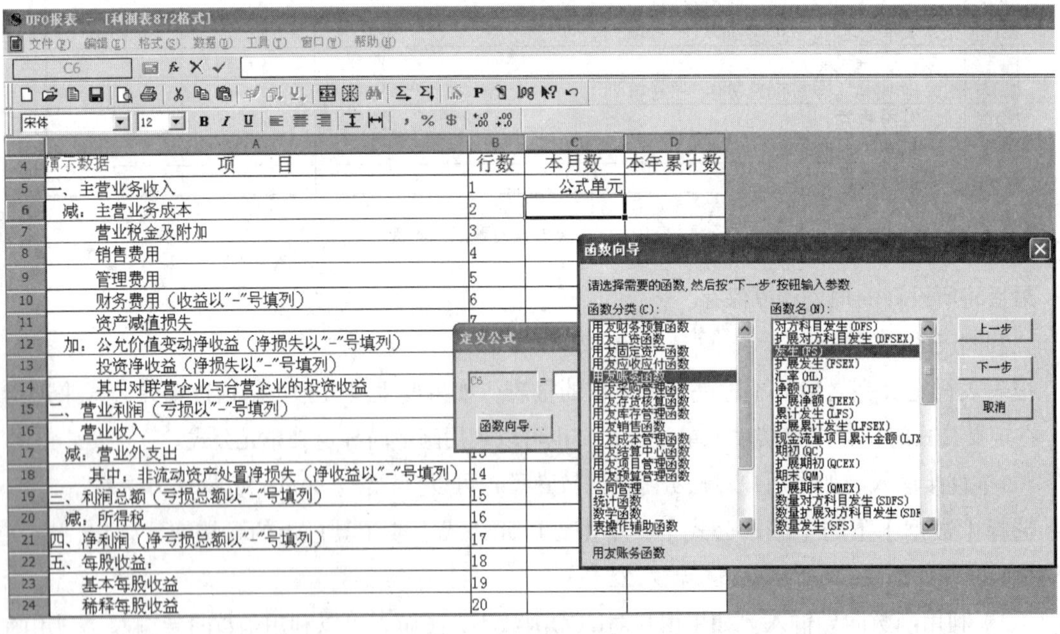

图10-17　函数向导对话框

在如图10-17所示的界面选择函数类别和函数名，单击【下一步】按钮，弹出“业务函数”对话框，如图10-18所示，在此对话框中可以按格式提示直接录入。也可以单击【参照】按钮，在弹出的函数参照录入窗口进行设置。

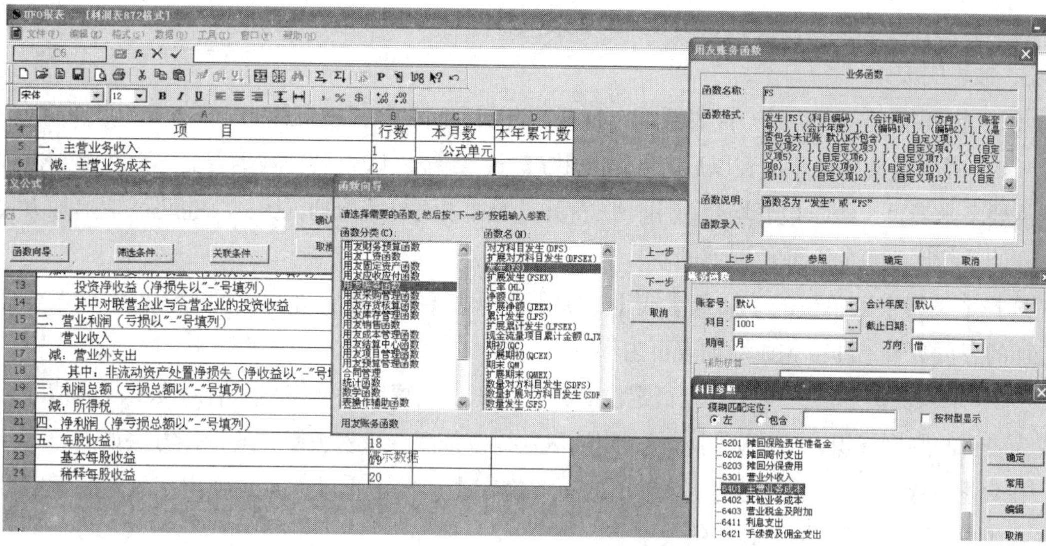

图10-18　业务函数对话框

设置完成后，单击【确定】按钮，返回“定义公式”对话框，再次单击【确定】按钮即可完成公式的设置。其他单元公式比照该操作方法进行设置，但要注意求和项目公式的设置不可用参照，而要直接输入公式，如C6单元格的公式为“C4+C5”。设置公式后的报表如图10-19所示。

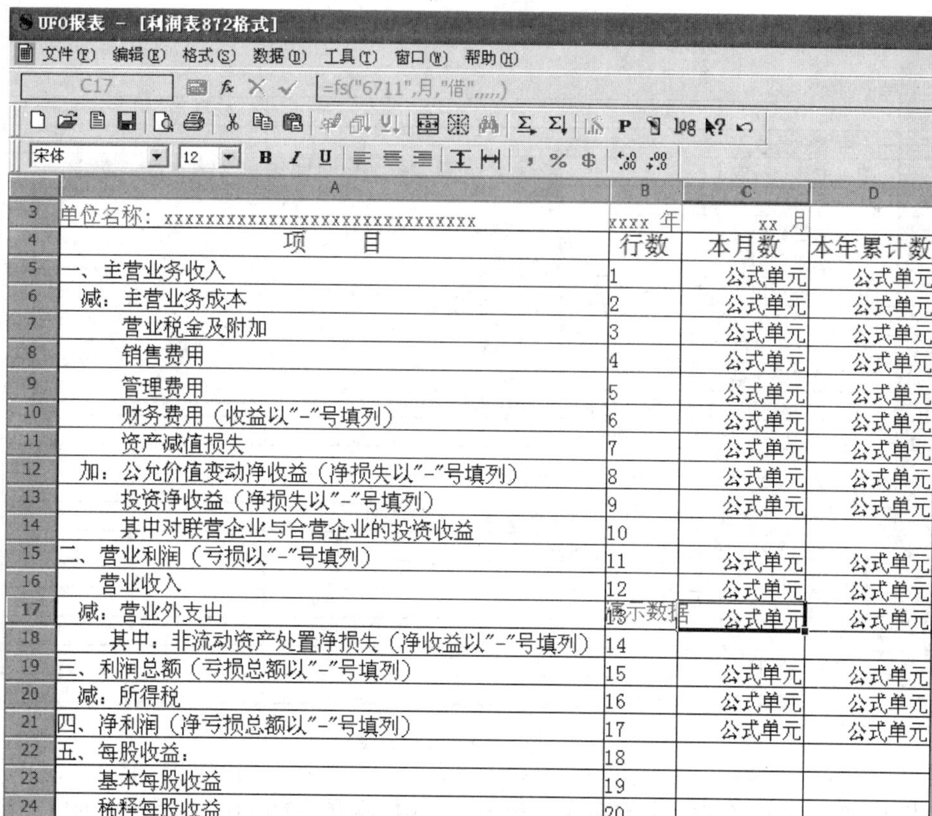

图10-19　设置公式后的报表

将报表另存为名称为“自制利润表”的报表文件。

3. 报表生成

（1）打开报表。启动UFO报表系统，打开“自制利润表”报表文件。

（2）增加表页。打开报表以后，在数据状态下，系统默认为只有一张表页，而在编制过程中往往需要多张表页，每张报表均会占用一张表页。增加表页可采取插入方式，也可采取追加方式，所不同的是新增表页的存放位置不同。

选择【编辑】菜单下的【插入】或【追加】，单击【表页】，在弹出的对话框中输入要插入或追加的表页数量，即可完成增加表页工作。

（3）录入关键字。关键字是表页定位的特定标识，设置完关键字后只有对其实际赋值才能真正成为表页的鉴别标识，为表页间、表表间的取数提供依据。录入关键字的操作方法如下。

在数据状态下，选择【数据】菜单下的【关键字】，单击【录入】，弹出“录入关键字”对话框，如图10-20所示，输入具体的关键字。

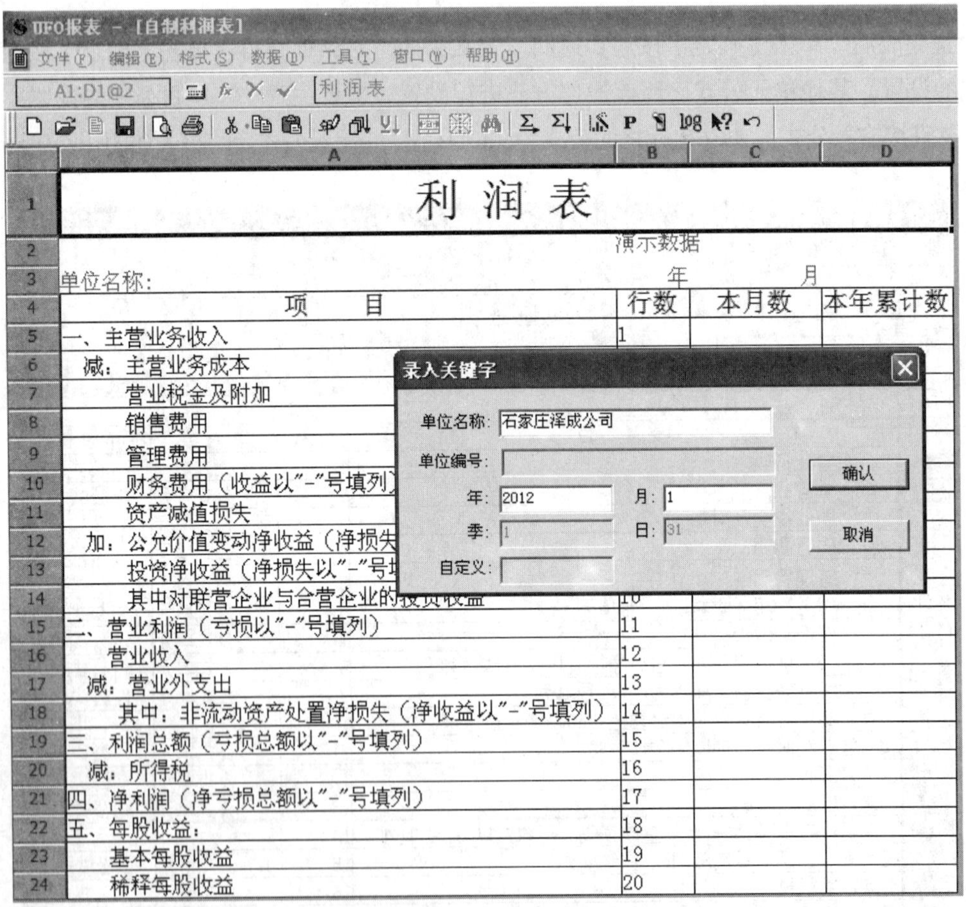

图10-20 录入关键字对话框

在如图10-20所示的界面单击【确认】按钮，弹出提示框，如图10-21所示。回答“是”后，得到处理结果，显示的界面如图10-22所示。

图10-21　是否重算提示框

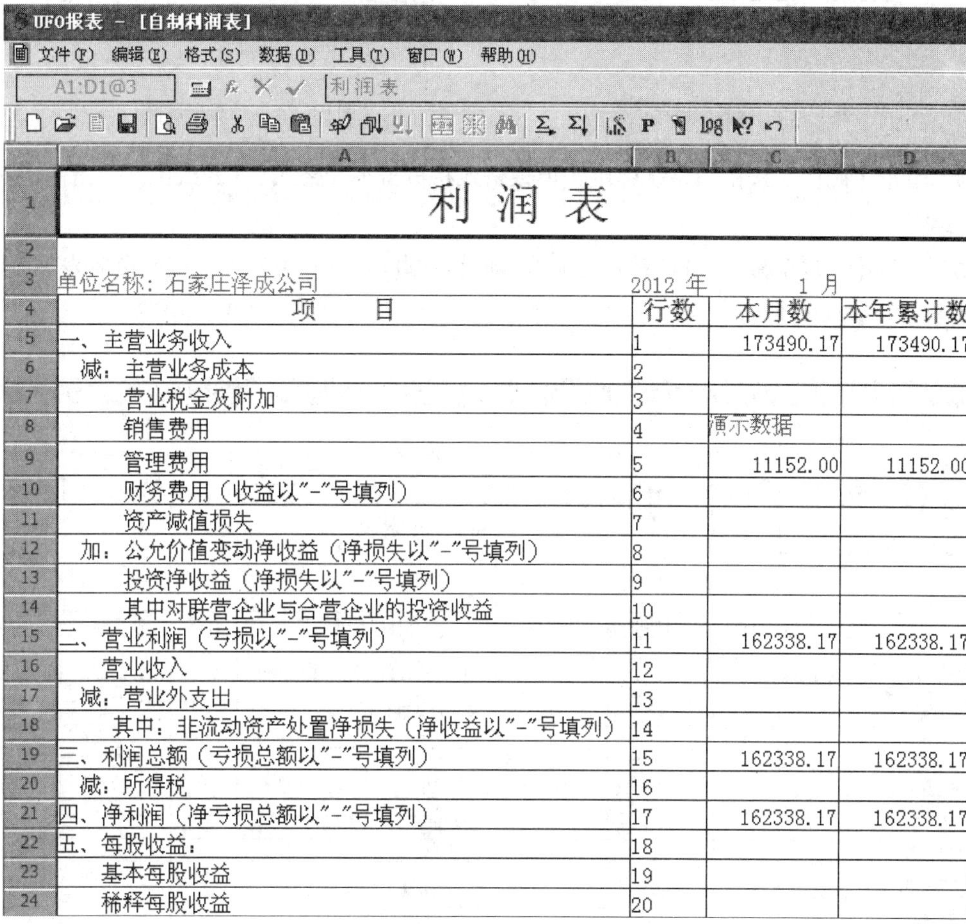

利　润　表

单位名称：石家庄泽成公司　　2012 年　1 月

项　　目	行数	本月数	本年累计数
一、主营业务收入	1	173490.17	173490.17
减：主营业务成本	2		
营业税金及附加	3		
销售费用	4	演示数据	
管理费用	5	11152.00	11152.00
财务费用（收益以"-"号填列）	6		
资产减值损失	7		
加：公允价值变动净收益（净损失以"-"号填列）	8		
投资净收益（净损失以"-"号填列）	9		
其中对联营企业与合营企业的投资收益	10		
二、营业利润（亏损以"-"号填列）	11	162338.17	162338.17
营业收入	12		
减：营业外支出	13		
其中：非流动资产处置净损失（净收益以"-"号填列）	14		
三、利润总额（亏损总额以"-"号填列）	15	162338.17	162338.17
减：所得税	16		
四、净利润（净亏损总额以"-"号填列）	17	162338.17	162338.17
五、每股收益：	18		
基本每股收益	19		
稀释每股收益	20		

图10-22　计算结果界面

（4）报表重算。报表数据时可以在前述关键字录入时自动计算生成，也可以由单元公式经过表页计算或整表计算生成，其操作方法是：单击【数据】菜单下的【整表重算】或【表页重算】，即可完成整表或表页的计算。

10.3.4　采用模板编制资产负债表

1. 利用报表模板建立资产负债表

（1）在UFO报表系统中，单击【文件】—【新建】，进入报表的“格式”状态窗口。

（2）单击【格式】—【报表模板】，打开“报表模板”对话框，如图10-23所示。

（3）单击“用户所在的行业”栏的下三角按钮，选择“2007年新会计制度科目”，再单击财务报表栏的下三角按钮，选择“资产负债表”，如图10-23所示。

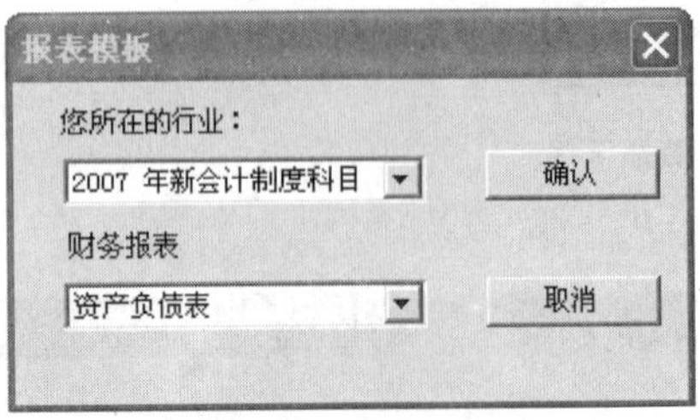

图10-23　报表模板对话框

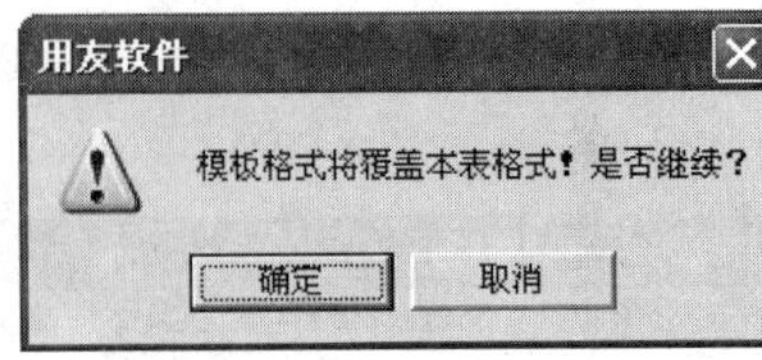

图10-24　信息提示框

（4）单击【确认】按钮，系统弹出“模板格式将覆盖本表格式！是否继续？”信息提示框，如图10-24所示。

（5）单击【确定】按钮，打开按“2007年新会计制度科目”设置的“资产负债表”模板，如图10-25所示。

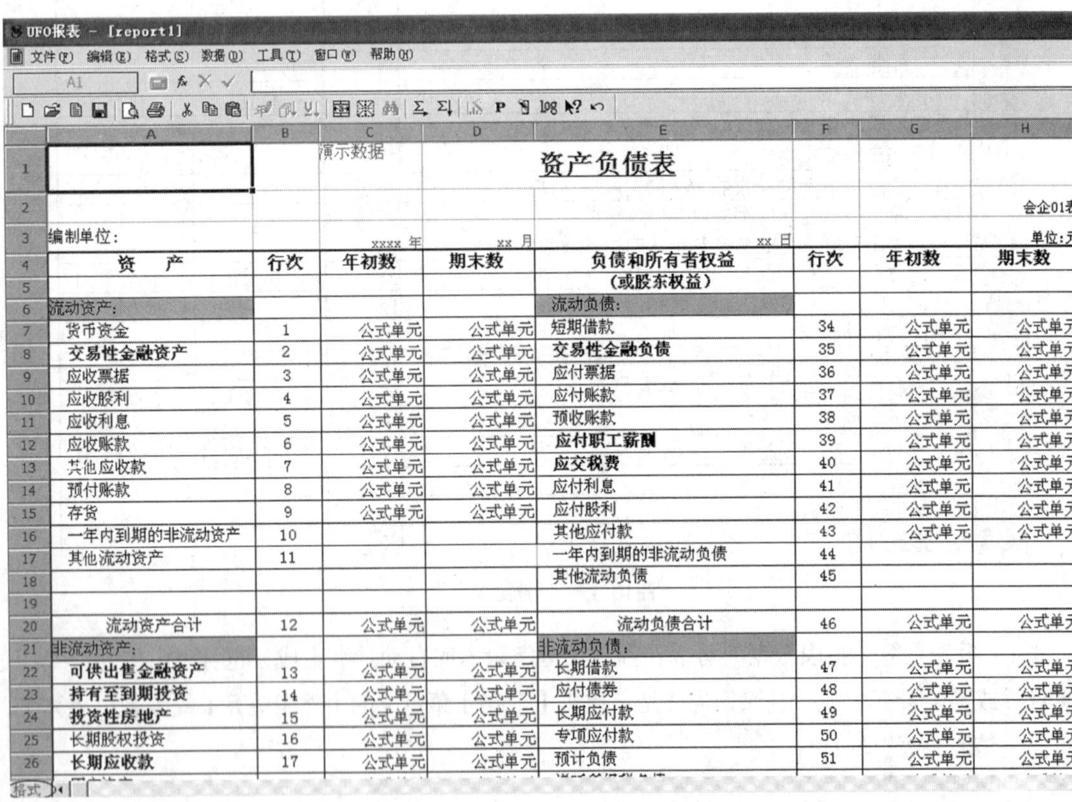

	A	B	C	D	E	F	G	H
1			演示数据		资产负债表			
2								会企01表
3	编制单位：		xxxx 年	xx 月	xx 日			单位：元
4	资　产	行次	年初数	期末数	负债和所有者权益	行次	年初数	期末数
5					（或股东权益）			
6	流动资产：				流动负债：			
7	货币资金	1	公式单元	公式单元	短期借款	34	公式单元	公式单元
8	交易性金融资产	2	公式单元	公式单元	交易性金融负债	35	公式单元	公式单元
9	应收票据	3	公式单元	公式单元	应付票据	36	公式单元	公式单元
10	应收股利	4	公式单元	公式单元	应付账款	37	公式单元	公式单元
11	应收利息	5	公式单元	公式单元	预收账款	38	公式单元	公式单元
12	应收账款	6	公式单元	公式单元	应付职工薪酬	39	公式单元	公式单元
13	其他应收款	7	公式单元	公式单元	应交税费	40	公式单元	公式单元
14	预付账款	8	公式单元	公式单元	应付利息	41	公式单元	公式单元
15	存货	9	公式单元	公式单元	应付股利	42	公式单元	公式单元
16	一年内到期的非流动资产	10			其他应付款	43	公式单元	公式单元
17	其他流动资产	11			一年内到期的非流动负债	44		
18					其他流动负债	45		
19								
20	流动资产合计	12	公式单元	公式单元	流动负债合计	46	公式单元	公式单元
21	非流动资产：				非流动负债：			
22	可供出售金融资产	13	公式单元	公式单元	长期借款	47	公式单元	公式单元
23	持有至到期投资	14	公式单元	公式单元	应付债券	48	公式单元	公式单元
24	投资性房地产	15	公式单元	公式单元	长期应付款	49	公式单元	公式单元
25	长期股权投资	16	公式单元	公式单元	专项应付款	50	公式单元	公式单元
26	长期应收款	17	公式单元	公式单元	预计负债	51	公式单元	公式单元

图10-25　资产负债表模板

2. 设置关键字

操作步骤如下。

（1）在报表“格式”状态下，将“编制单位”删除。

（2）在此单元单击【数据】—【关键字】—【设置】，打开“设置关键字”对话框。

（3）设置关键字“单位名称”，单击【确定】按钮。

注意事项提示如下。

● 如果报表的编制单位是固定的，则可以在格式状态下直接录入编制单位的有关内容，不用设置关键字。

● 通过设置关键字可以在每次生成报表数据时以录入关键字的形式录入单位名称等信息。

3. 录入关键字并计算报表数据

操作步骤如下。

（1）在报表的“格式”状态下，单击【数据】按钮，系统提示：“是否确定全表重算？”如图10–26所示。

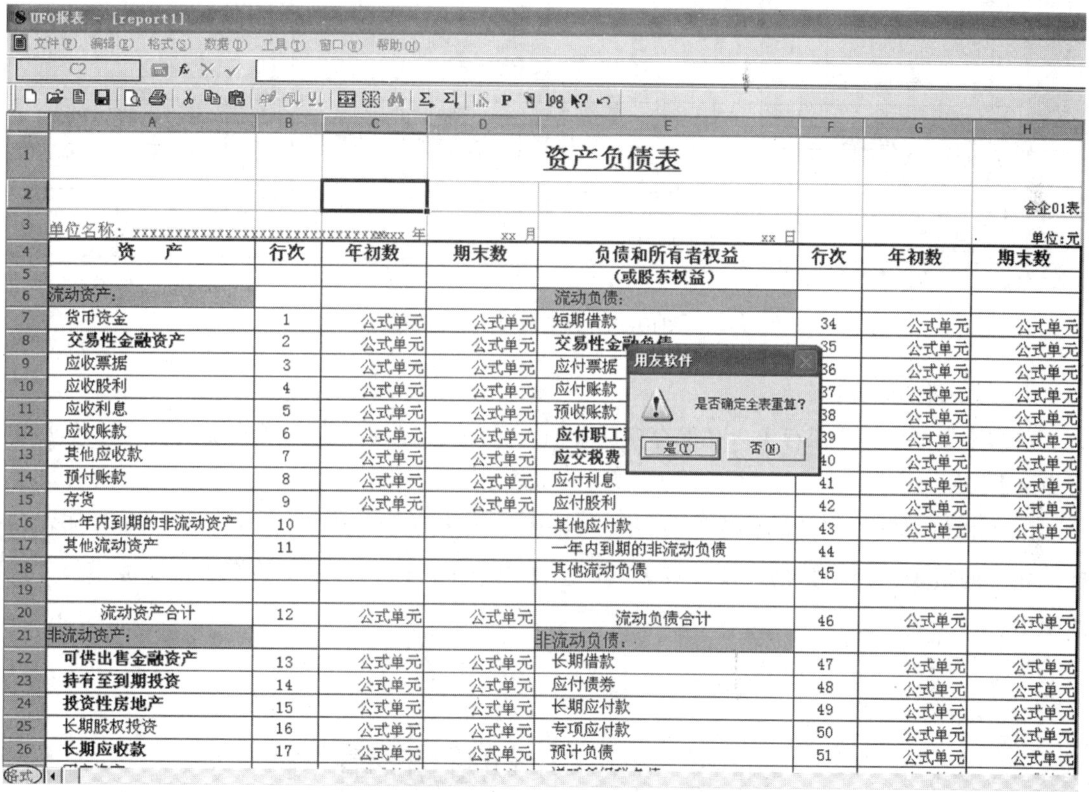

图10–26　生成数据界面

（2）单击【否】进入报表的“数据”状态窗口

（3）在报表的“数据”状态下，单击【数据】—【关键字】—【录入】，打开“录入关键字”对话框。录入各项关键字，单击【确认】按钮，系统提示：“是否重算第一页？”

（4）单击【是】按钮，生成资产负债表的数据，如图10–27所示。

提示：在数据状态中录入关键字后，系统会提示：“是否重算第1页？”可以单击【是】直接计算，也可以单击【否】暂不计算。

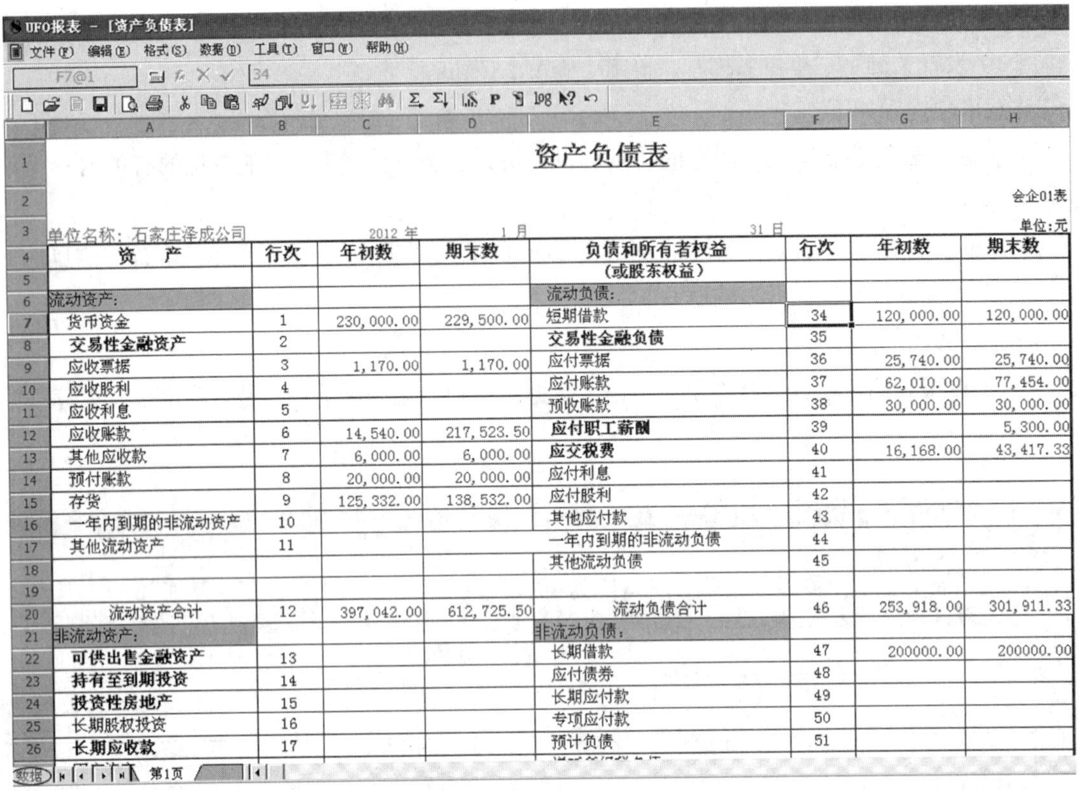

资产负债表

会企01表

单位名称：石家庄泽成公司　2012 年　1 月　31 日　单位：元

资　产	行次	年初数	期末数	负债和所有者权益（或股东权益）	行次	年初数	期末数
流动资产:				流动负债:			
货币资金	1	230,000.00	229,500.00	短期借款	34	120,000.00	120,000.00
交易性金融资产	2			交易性金融负债	35		
应收票据	3	1,170.00	1,170.00	应付票据	36	25,740.00	25,740.00
应收股利	4			应付账款	37	62,010.00	77,454.00
应收利息	5			预收账款	38	30,000.00	30,000.00
应收账款	6	14,540.00	217,523.50	应付职工薪酬	39		5,300.00
其他应收款	7	6,000.00	6,000.00	应交税费	40	16,168.00	43,417.33
预付账款	8	20,000.00	20,000.00	应付利息	41		
存货	9	125,332.00	138,532.00	应付股利	42		
一年内到期的非流动资产	10			其他应付款	43		
其他流动资产	11			一年内到期的非流动负债	44		
				其他流动负债	45		
流动资产合计	12	397,042.00	612,725.50	流动负债合计	46	253,918.00	301,911.33
非流动资产:				非流动负债:			
可供出售金融资产	13			长期借款	47	200000.00	200000.00
持有至到期投资	14			应付债券	48		
投资性房地产	15			长期应付款	49		
长期股权投资	16			专项应付款	50		
长期应收款	17			预计负债	51		

图10-27　所完成的资产负债表

4. 保存资产负债表

单击【文件】—【保存】，在保存窗口中输入保存的文件名，如“资产负债表1”，然后单击【确定】按钮。

UFO提供了19个行业的70多张标准财务报表（包括现金流量表），用户可以根据所在行业挑选相应的报表，套用其格式及计算公式。当然用户也可以将自定义的报表设置成模板，以方便使用。

10.4 现金流量表

10.4.1 现金流量表概述

现金流量表是反映企业在一定会计期间内现金和现金等价物流入、流出及投资与筹资活动方面信息的会计报表。编制现金流量表，是为报表使用者提供企业一定期间内现金流入和流出的信息，以便了解和评价企业获得现金的能力，并据以预测企业未来现金流量。企业利用现金流量表，可以评估企业在未来会计期间产生净现金流量的能力，评估企业偿还债务及支付企业所有者的投资报酬（如股利）的能力，评估企业的利润与经营活动所产生的净现金流量发生差异的原因，评估会计年度内影响或不影响现金的投资活动与筹资活动。

现金流量表以现金及现金的流入、流出为编制基础。现金包含库存现金，可以随时用于支付的存款及现金等价物），具体内容体现在库存现金、银行存款、其他货币资金三个主要会计账户中。企业现金流量包括企业经营活动产生的现金流量、企业投资活动产生的现金流量、企业筹资活动产生的现金流量、汇率变动对现金的影响额。

我国的现金流量表要求使用直接法和间接法编制。直接法通过现金收入和支出的主要类别反映来自企业的经营活动、投资活动、筹资活动的现金流量。直接法一目了然，现金流入的来源和流出的去向有明显列示。间接法是以本期损益表中的净利润为起算点，通过对相关项目的调整，计算出企业经营活动的现金流量。本期损益表中的净利润是按权责发生制计算的，企业的现金流量是按收付实现制计算的，简而言之，间接法的项目调整依据就是两者之间不一致的地方。

我国会计准则规定，企业在用直接法填报现金流量表的同时，以间接法计算经营活动的现金流量，作为现金流量表的附注部分。在手工记账或简单会计软件的环境下，企业一般使用底稿法或T形账户法编制，其实质是使用间接法计算表中的直接法表项。

10.4.2 U8中的现金流量表生成方式

在U8系统中可以采用两种方式来生成现金流量表。

（1）利用总账中的项目核算功能，并在运行 UFO 模块计算现金流量表时，系统分析指定时间段内的收付款，将这些收付款按它们发生的源头分门别类地归入现金流量表项中。从而生成实时的现金流量表。

（2）利用现金流量表软件生成现金流量表。以直接法编制现金流量表主表，对账套中的凭证进行自动拆分处理，将凭证由一借多贷、一贷多借及多借多贷的格式拆分为简单的一借一贷的形式，通过定义公式确定现金流量表所属报表项目的数据来源。此方法操作简单、方便实用，可编制任意会计期间的现金流量表。

10.4.3 利用总账中项目核算及UFO现金流量表生成方式

1. 指定现金流量科目

依据现金流量表编制基础，对相应会计科目进行现金流量科目指定，将现金、银行存款、其他货币资金指定为现金流量科目。此处一定要将所有现金流量表编制基础科目全部指定，否则在编制现金流量表时会有现金流量科目遗漏、数据体现不全的问题。

2. 编制现金流量项目

企业在一定时期内的现金流入和流出是由企业的各种业务活动产生的，如购买商品支付价款，销售商品收到现金，支付工资等。所以要编制现金流量表可以先对企业的业务活动进行合理的分类，并据此对现金流量进行适当分类。在软件中就体现为需要编制现金流量项目，系统预置了现金流量项目大类，里面含有 5 小类共 22 个项目。一般情况下，已经能够满足企业实际应用，如有特殊需要，自行增加即可。

3. 日常业务处理中实现现金流量分类记录

（1）实现现金流量分类记录需要在系统中做好以下设置：指定现金流量科目（在设置会计科

目界面完成)，在总账设置选项中选定现金流量科目是否必录现金流量项目。

（2）在反映现金流量的凭证中确认现金流量项目和金额。

方法一：凭证录入界面。

在日常填制凭证时，如果为现金流量凭证，可以在凭证录入界面录入现金流量项目。主要有两种方式。

如在选项中已勾选“现金流量项目必录现金流量科目”，保存凭证时会自动弹出现金流录入修改界面，如图10-28所示。

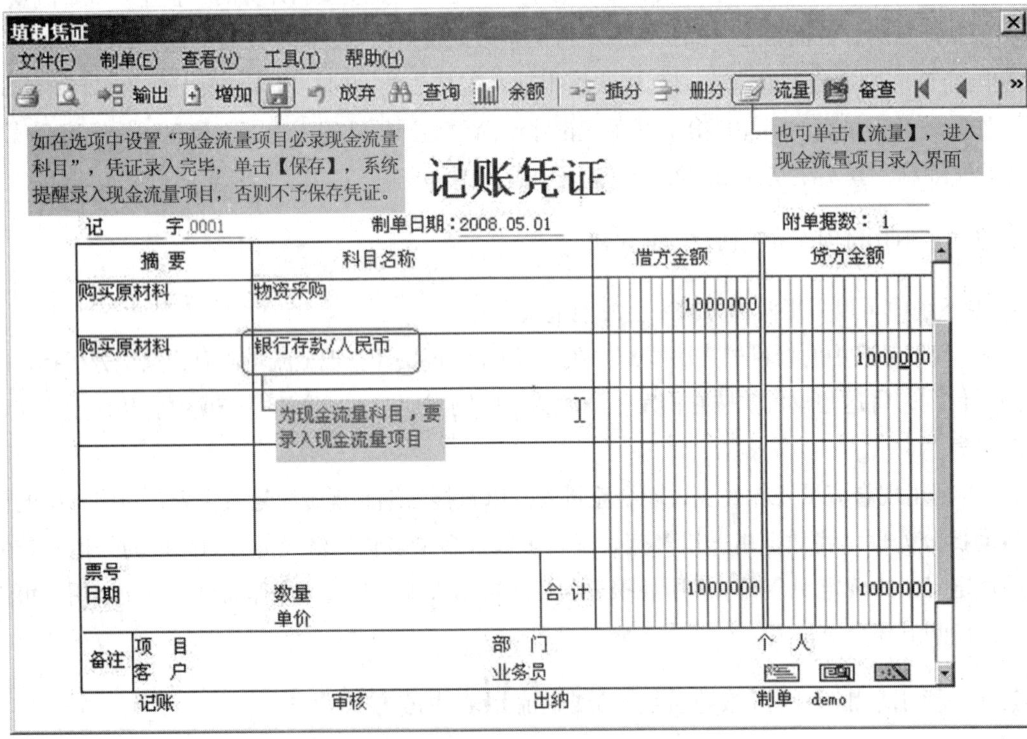

图 10-28 现金流量录入修改界面（一）

也可直接单击【流量】按钮，进入现金流量录入修改界面，如图10-29所示。

如在选项中已勾选“现金流量项目必录现金流量科目”，保存凭证时会自动弹出现金流量录入修改界面，不录入不予保存凭证。如在选项中未勾选“现金流量项目必录现金流量科目”，保存凭证时不会自动弹出现金流量录入修改界面，以后可以再打开凭证，单击【流量】录入。也可使用方法二（见后文叙述）进行录入。

方法二：凭证查询界面。

如果在日常凭证录入过程中没有对现金流量凭证指定现金流量项目，可以在总账系统中进行集中指定。通过单击【总账】—【现金流量表】—【现金流量凭证查询】，设置过滤条件，如图10-30所示。进入现金流量凭证查询修改界面，如图10-31所示。录入完成后的界面如图10-32所示。

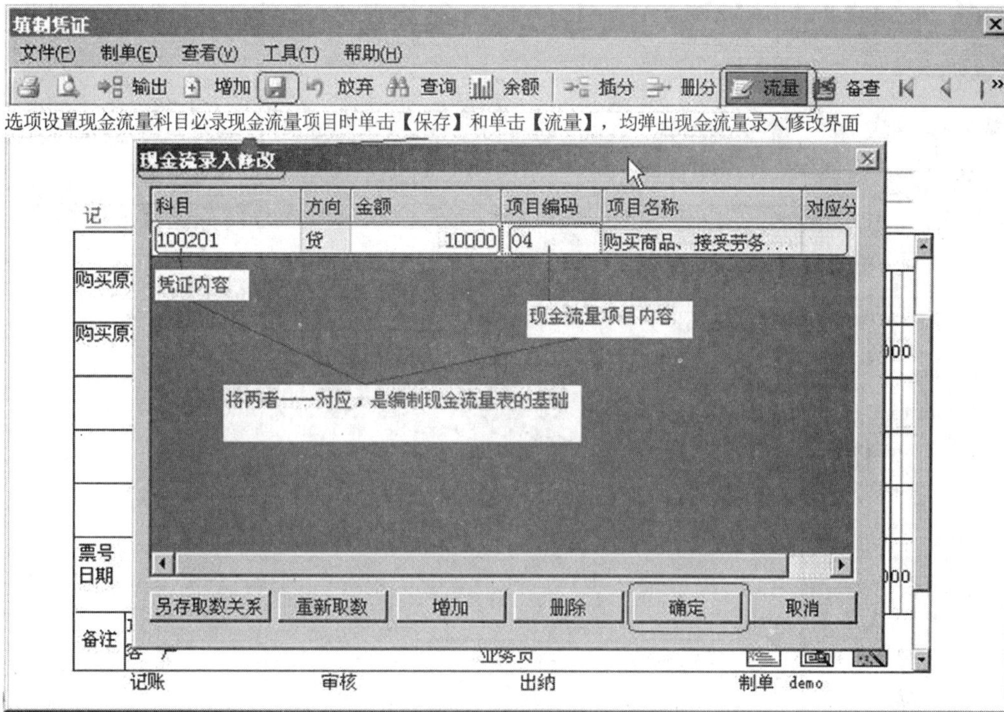

图10-29　现金流量录入修改界面（二）

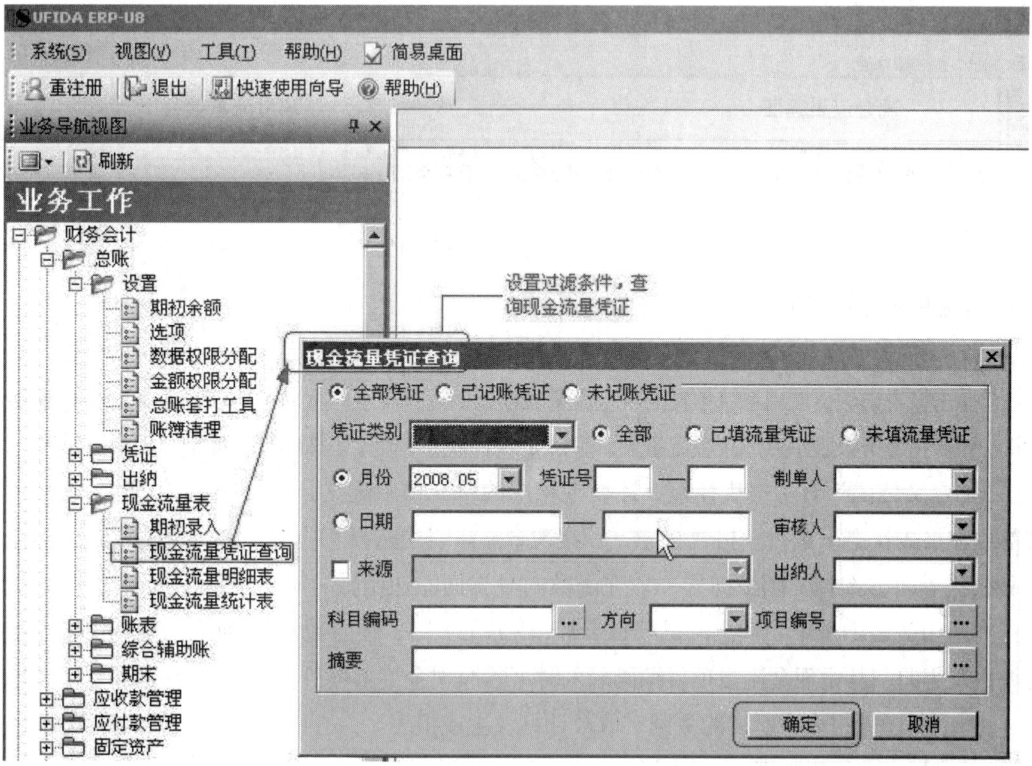

图10-30　现金流量凭证查询过滤条件设置界面

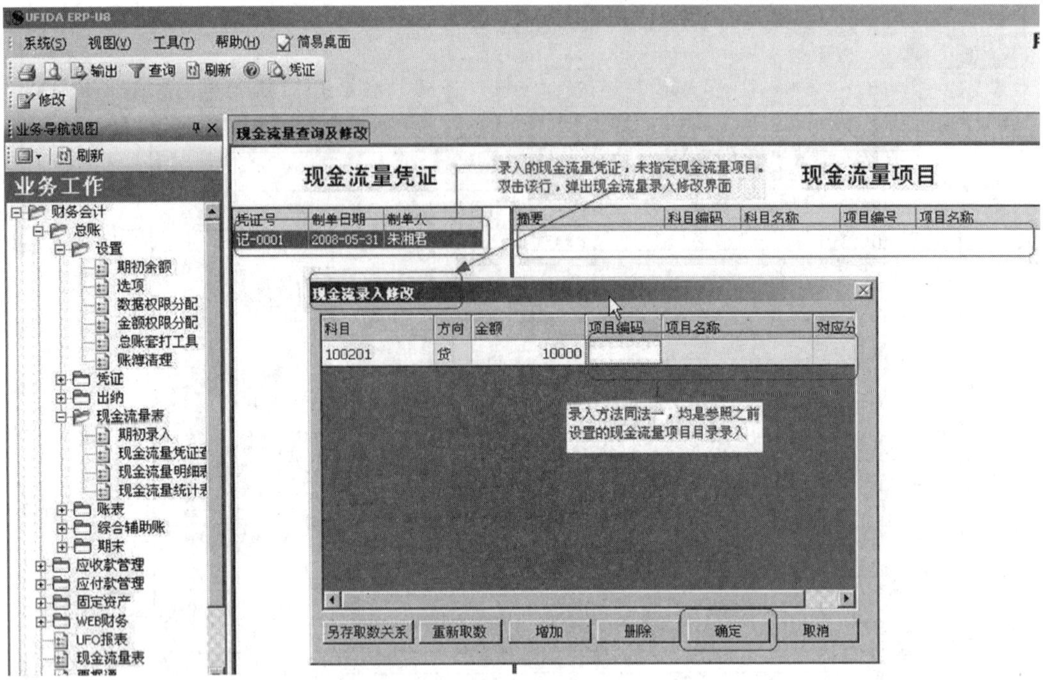

图10-31　现金流量凭证查询修改界面

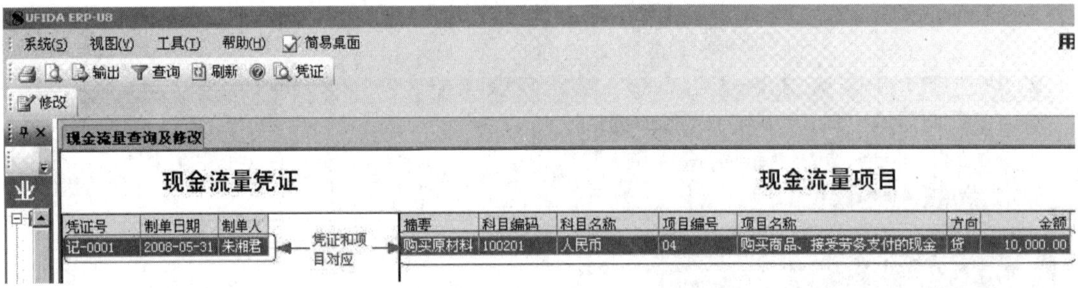

图10-32　所查询到的现金流量凭证

4. 编制现金流量表主表

（1）新建现金流量表。第一次建立现金流量表，在进入UFO系统之后要新建一张空白报表。单击格式菜单，单击报表模板，调用系统预置的现金流量表模板。选择报表模板时，所在行业一定要与账套设置的行业一致。在财务报表中点选现金流量表，确认无误后单击【确定】按钮，生成空白现金流量表。

（2）定义公式。有了报表模板，还要在相应的单元格中定义公式。UFO 中所有报表的公式定义都要在格式状态下进行。格式状态下，在现金流量表中选择相应单元格，单击“f_x”按钮，弹出定义公式界面，选择“函数向导”。在函数向导界面左边函数分类选择框中选中“用友账务函数”；右边函数名中选中“现金流量项目金额（XJLL）”；在函数参照界面，选择相应现金流量项目编码及方向，其中现金流量项目编码录入时可参照现金流量项目。设置完公式后，保存此表。

（3）利用UFO报表中所讲的关键字取数计算，生成报表。

5. 编制现金流量表附表

（1）新建现金流量表附表，调用报表模板生成现金流量表附表。

（2）定义公式。定义公式的基本过程与现金流量表主表的定义过程一致。不同的是附表公式要依据附表所反映的内容取用友账务函数下面的其他函数或者要从利润表中取数，而不是现金流量表主表中的“现金流量项目金额（XJLL）”函数。所以这里涉及两种取数方式：用友账务函数取数和他表取数。基本操作在此不再赘述，可参考“编制现金流量表主表”中的“定义公式”部分。

（3）利用UFO报表中所讲的关键字取数计算，生成报表。

10.4.4 利用现金流量表软件生成现金流量表

现金流量表软件是专为企业用户开发的编制现金流量表的便捷工具，适用于现金往来频繁、制单业务量非常大的企业使用。部分企业制单人员不了解现金流入、流出的来龙去脉，也会在平时不做现金流量分类，而在期末由专人利用软件来进行辅助，以提高工作效率。

1. 现金流量表软件操作流程

现金流量表软件的主要操作流程和环节如图10-33所示。

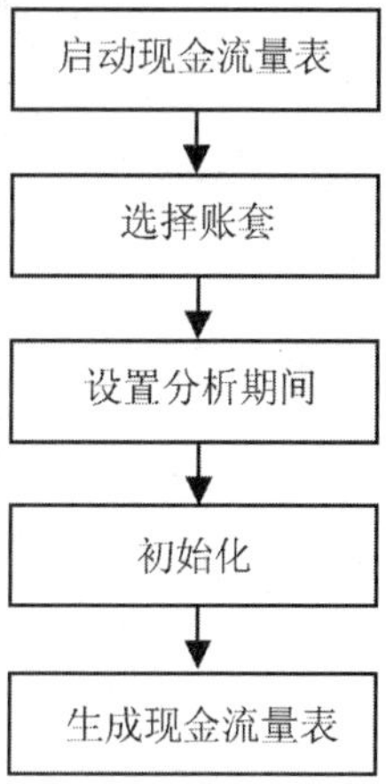

图10-33 现金流量表软件主要操作流程和环节

2. 初始化需要做的工作

初次使用时，系统已预置了进行分析所需要的大部分内容，用户可以重新定义，也可进行适当修改。初始化内容包含模板选择、基本科目设置、税率汇率设置、拆分凭证、定义填报项目、定义计算项目来源等。

（1）模板选择。在此可以进行新、旧会计制度报表模板的选择。

（2）基本科目设置。根据现金流量表的特点，需要在此选择现金、应收和应付类科目。

（3）税率、汇率设置。税率设置是指设置增值税率，其中包括进项税率、销项税率。汇率设置适用于有外币核算的企业。

（4）拆分凭证。包括拆分多借多贷和凭证准备两部分。

由于现金流量表的填报要求，系统在生成现金流量表之前，要对企业的凭证进行一次规范性处理，用以明确每笔业务的流向。规范性处理的内容是将多借多贷的凭证、一借多贷的凭证、一贷多借的凭证按需要都拆分成一借一贷的凭证，并且同时进行价税分离的工作。经过拆分的凭证，只是从形式上发生了变化，各科目的金额仍与账务系统相等。

在拆分凭证时，只需要参与对多借多贷凭证的拆分。这里所说的“多借多贷”凭证，除了包括通常意义的多借多贷凭证外，还包括以下两种特例。将这两种特例包括在内的原因是，如果把它们在“凭证准备”中自动拆分，有可能造成数据不准确，所以一同放入该界面，由用户参与拆分。

拆分多借多贷凭证的方法如下。

① 自动拆分。系统针对一般用户填制多借多贷凭证的形式，提供了4种自动拆分方法：金额对应型、成批金额对应型、比例分配型、月末结转型。

首先调出需要拆分的未拆分凭证，然后在“多借多贷凭证的自动拆分”中单击相应方法。如果用户对拆分结果不满意，可单击【还原本凭证】按钮，系统将自动还原。用户还可再选取其他方法或手工进行拆分。

② 手动拆分。【上移分录】、【下移分录】、【组合子凭证】这三个按钮是系统专门为手工

拆分提供的。

（5）定义填报项目。填报项目是反映在现金流量表上的项目，系统已经按财政部发行的现金流量表进行了预置。

（6）定义计算项目来源。对于计算项目的数据来源，如图10–34所示，系统提供了四种方法：凭证分析、查账指定、取自报表、取自总账。计算项目是为了反映填报项目的组成而设置的中间项目。计算项目描述具体的数据来源，即用户按照计算项目设定现金流量表的取数公式，然后指定计算项目和填报项目之间的关系。详见系统帮助。

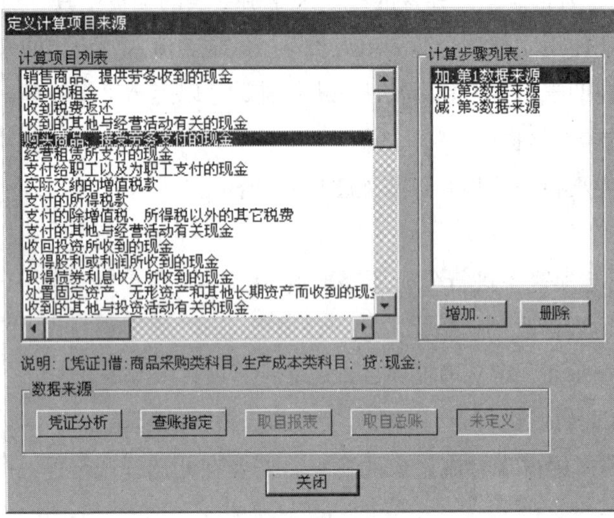

图10–34　定义计算项目来源窗口

3. 自动计算

当进行完初始化工作后，单击【自动计算】，就可以生成现金流量表。对于生成的现金流量表，可以手动修改各项的金额，如图10–35所示。

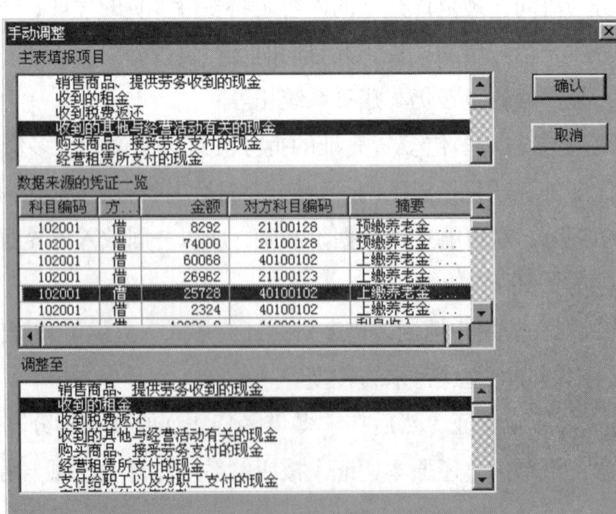

图10–35　手动调整界面

可以进行数据查询，如查询拆分凭证、查询已生成的现金流量表等，如图10–36所示。

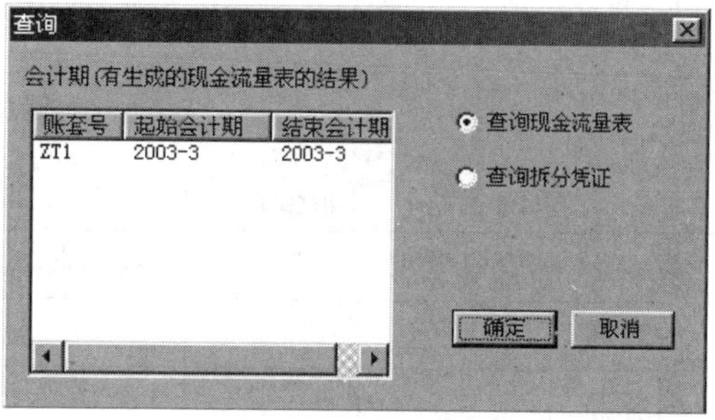

图10–36 现金流量表的查询界面

4. 其他操作

（1）执行“方案导出”功能，备份相应的“初始化”设置。用户可将该期间相应的基本科目设置、税率汇率设置、定义填报项目、定义计算项目来源的内容输出到指定目录中，这个输出的文件名为xjdata.mdb。

（2）使用“数据输出”功能，可以把现金流量表输出为：UFO 报表，后缀为“.rep”或其他格式。

（3）汇总生成。如果按月进行现金流量表的编制工作，那么到年底就可以将全年12个月的月表汇总为年度现金流量表。如果对不同账套的相同期间分别编制了现金流量表，那么也可以汇总生成总的现金流量表。

【思考与练习】

1. 简述用友报表系统与EXCEL有何不同。
2. 简述关键字的种类和作用。
3. 现金流量表如何生成？
4. 报表输出的具体形式包括哪些？
5. 按要求完成实验八。

实验八　UFO报表

实验目的

熟悉UFO报表系统中自定义报表和模板生成报表的基本原理，掌握报表格式设计、公式设置、报表数据计算、报表输出等操作方法。

实验任务

- 按照2007新会计制度设计资产负债表及损益表的格式和计算公式。
- 生成111账套2012年1月份报表的数据。
- 自定义管理费用明细表。

实验准备

- 引入实验三总账业务处理账套备份数据。
- 将系统日期修改为“2012年1月31日”，由账套主管001注册进入111账套UFO报表。

实验资料

（1）根据总账资料，生成“资产负债表”及“损益表”。（使用报表模板或自定义方法均可）。

（2）自定义“管理费用明细表”格式，并生成管理费用明细表1月份的数据。格式如下。

管理费用明细表

单位名称：泽诚公司　　2012年1月　　单位：元

项　目	管理费用	工资	福利费	折旧费	电话费	办公费	差旅费	其他
行政部								
财务部								
采购部								
仓储部								
合计								

审核人：　　制表人：

（3）编制现金流量表主表。

实验要求

（1）按以上实验资料完成报表编制的相关内容。

（2）保存生成的报表，将报表以EXCEL形式输出。

（3）从“做什么，怎么做，为什么”的角度总结操作过程，撰写实验报告。

（4）回答下面问题。

- 现金流量表编制有什么特殊要求？

第11章 集团财务管理

【学习目标】

集团财务管理有别于单体企业财务管理。集团企业账务处理系统，是通过数据抽取的方式将各个分、子公司的财务数据对应、清洗、入库、存储，将所有总账数据合并在一套账中，满足集团公司按照自身的核算体系查询账务数据的需要。

通过本章的学习掌握以下内容：

1. 了解集团财务系统的主要功能；
2. 理解集团财务系统的业务流程。

U8集团财务是一个适用于企业集团账务处理的系统，严格地讲是集团化管理的总账系统，即是在U8总账基础上通过数据抽取的方式将各个分、子公司的财务数据对应、清洗、入库、存储，将所有集团企业和集团本身的总账数据合并在一套账中，方便查询企业和集团的账务数据，其应用价值是满足集团公司按照自身的核算体系查询账务数据的需要。

11.1 功能与结构

11.1.1 企业集团财务管理的主要功能

集团财务系统的主要功能是将下属分、子公司的数据抽取到本地账套，进行合账处理和查询。在实际应用中，集团实际上有两个账套，一个是集团（总部）日常的业务处理账套，使用的是用友U8总账系统；另一个是用于汇集各分、子公司数据的账套，简称集团汇总账套，使用的是用友U8集中财务系统。而集团（总部）自己的日常业务处理账套，在进行合账处理时会被看成与集团下属分、子公司同层次的账套。集团汇总账套将各个分、子公司的账套和自己的日常业务处理账套数据一起抽取到集团汇总账套，为查询集团的财务数据做准备。

11.1.2 信息处理流程

集团财务信息处理的主要环节包括初始设置、建立企业集团目录、集团数据下发、企业接收集团数据、企业数据对照、数据复制、数据抽取、引入期初余额等，其他环节与总账系统类似。集团财务系统的基本业务流程如图11-1所示。

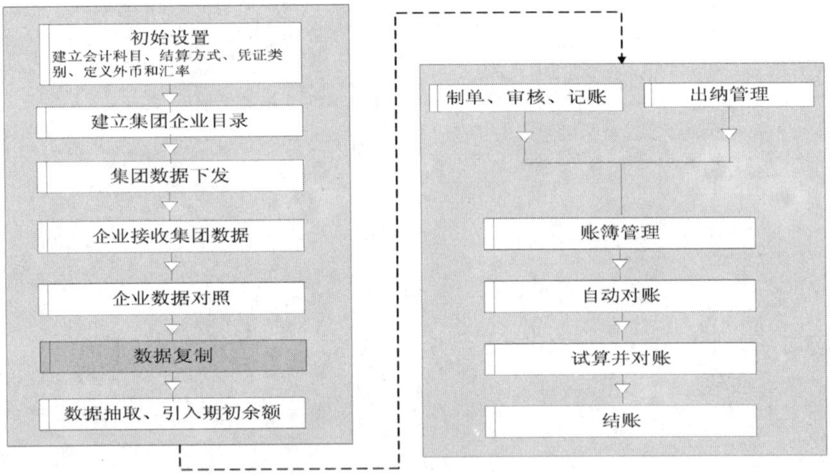

图11-1 集团财务系统业务流程

11.2 应用与管理

11.2.1 案例应用

黄河集团下属两家单位，分别是天成公司和创世贸易公司。集团定期需要将天成公司及创世贸易公司的账务数据汇总到集团账。

1. 前提条件

（1）组织机构如图11-2所示。

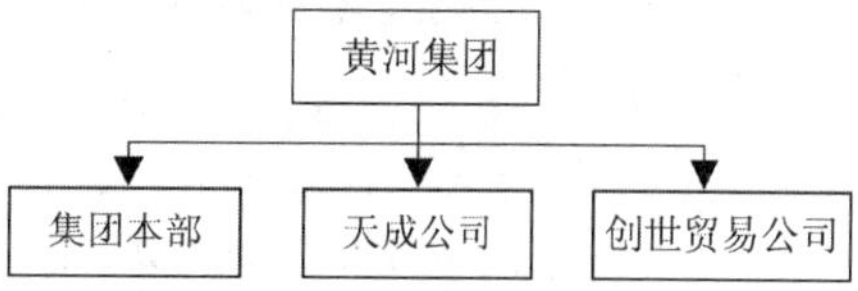

图11-2 集团组织机构图

（2）账套说明。集团建立888黄河集团汇总账套，分公司分别建立自己的001天成公司账套、002创世贸易公司账套，黄河集团账套888用于合并下属单位001天成公司账套、002创世贸易公司账套及000集团本部业务账套的财务账。

分、子公司账套建立时应注意保持账套参数的设定与集团账套相一致。为保证数据的一致性，也可由集团统一建立各个账套下发，见表11-1。

表11-1 集团统一账套

账套编号	888	000	001	002
账套名称	黄河集团公司	集团本部	天成公司	创世贸易公司
是否集团账套	是	否	否	否
启用会计期	2012.1	2012.1	2012.1	2012.1
核算类型	默认	默认	默认	默认
基础信息	默认	默认	默认	默认
编码方案	默认	默认	默认	默认
数据精度	默认	默认	默认	默认
启用产品	集团财务	总账	总账	总账
启用自然日期	2012.1.1	2012.1.1	2012.1.1	2012.1.1

2. 操作步骤

以下分别说明在集团、天成公司、创世贸易公司的账套中进行业务处理的步骤，以便于理解集团财务管理的实现过程。

（1）登录账套888，黄河集团公司，进行初始设置。

① 在【设置】—【基础档案】—【机构人员】—【集团目录】下建立集团企业档案，如图11-3所示。

集团账套的部门是指集团下属公司实体，即基础档案中的公司目录（参见表11-2）。

表11-2 公司目录

编码	8881	8882	8883
简称	天成公司	创世贸易公司	集团本部
对应账套	001	002	000

② 设置会计科目的界面如图11-4所示。

按照集团统一的会计政策，设置集团的合账科目，所设置的科目全部默认为具有部门核算属性。

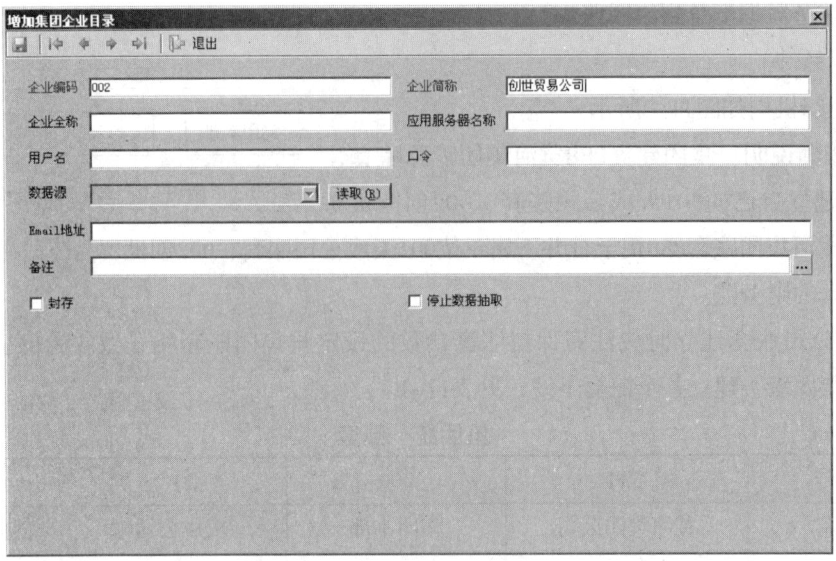

图11-3 增加集团企业目录界面

图11-4 设置会计科目界面

（2）数据传输、业务处理。将基础档案通过“数据下发”功能下发给集团所属的子公司，子公司通过“数据接收”功能接收集团数据后，进行相关的数据对照将集团数据与子公司数据建立对应关系。

① 登录到账套888进行以下处理。

A. 配置数据传输邮局路径：在硬盘上建立目录“YJ”。

B. 数据下发。执行企业应用平台的【配置】—【工具】—【集团应用】—【数据下发】功能，单击【配置】按钮，设置邮局路径为D:\YJ，账号名为“YJ”所在机器名，如图11-5所示。

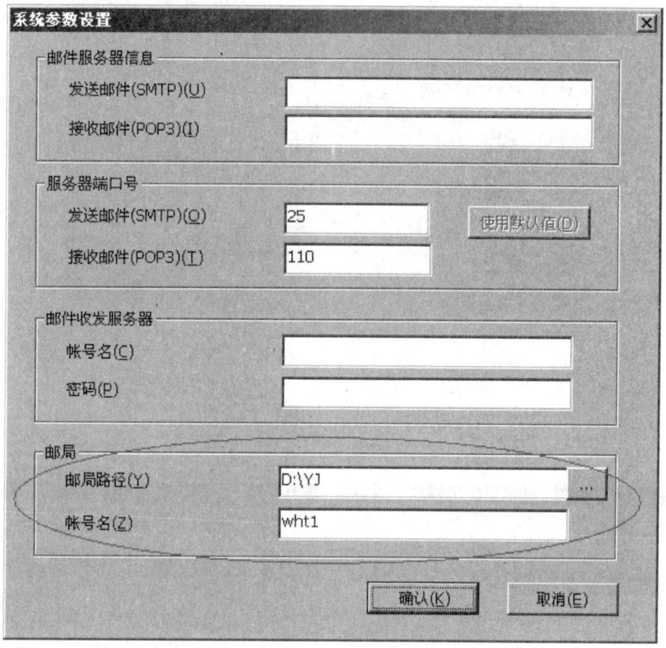

图11-5　系统参数配置界面

C. 单击【新邮件】按钮配置单位地址信息，选择文件方式，收件单位的通信地址一定要和图11-5中邮局的账号名相同，如图11-6所示。

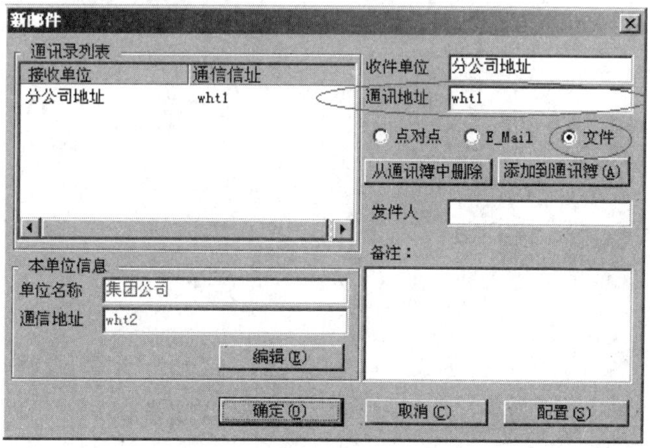

图11-6　设置单位地址界面

D. 设置完地址后，单击【确定】按钮，显示过滤下发档案界面，如图11-7所示，单击【全选】按钮选中所有档案。

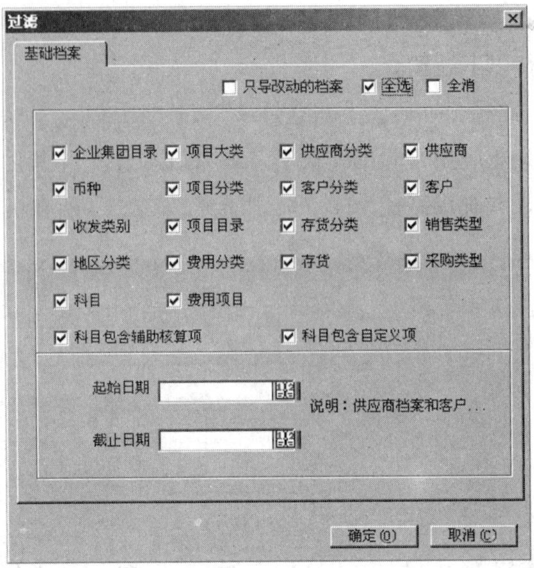

图11-7　过滤界面

E. 单击【确定】按钮，显示导出数据界面，如图11-8所示。

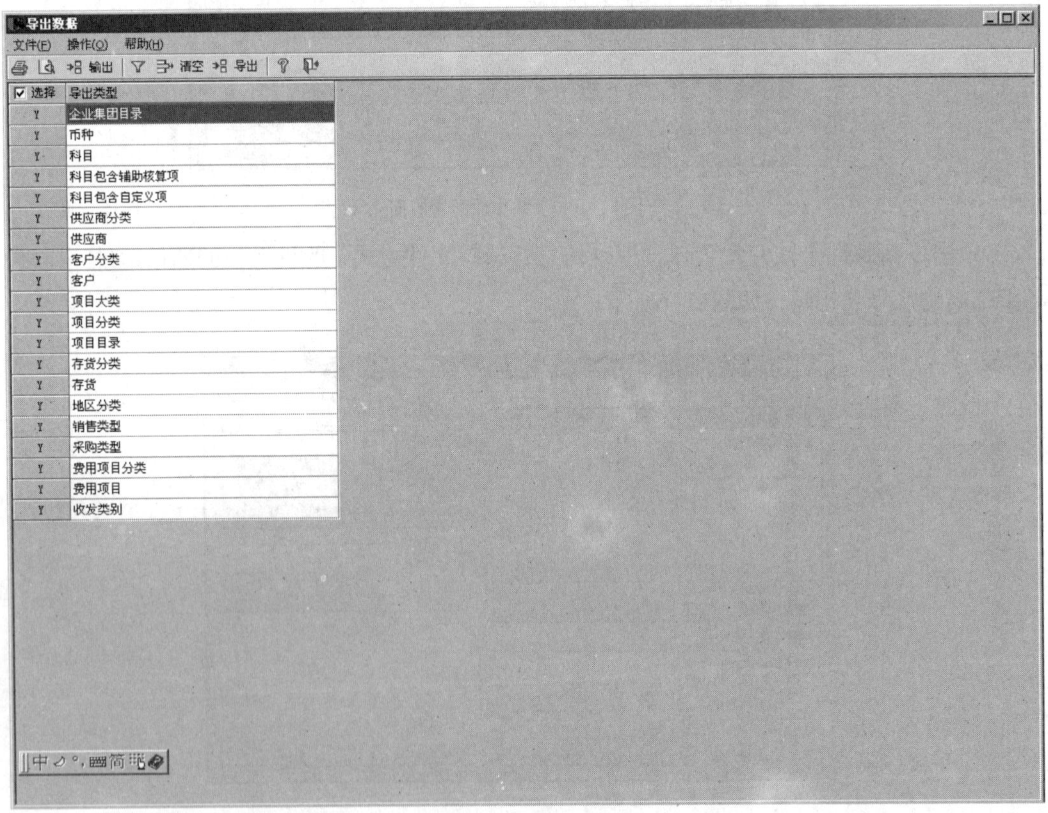

图11-8　导出数据界面

F. 单击【导出】按钮，完成后提示“邮件准备完毕”。

G. 在“数据下发”功能下选中该邮件，显示的界面如图11–9所示。单击【发送】按钮，显示发送进程界面，如图11–10所示。

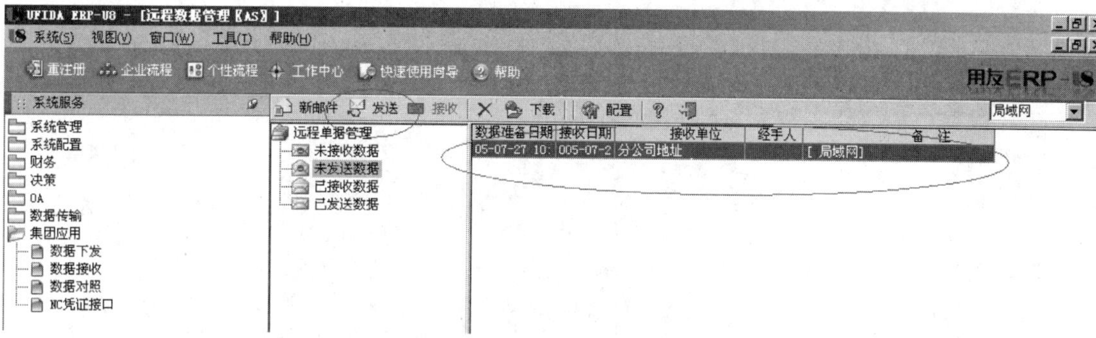

图11–9　发送邮件界面

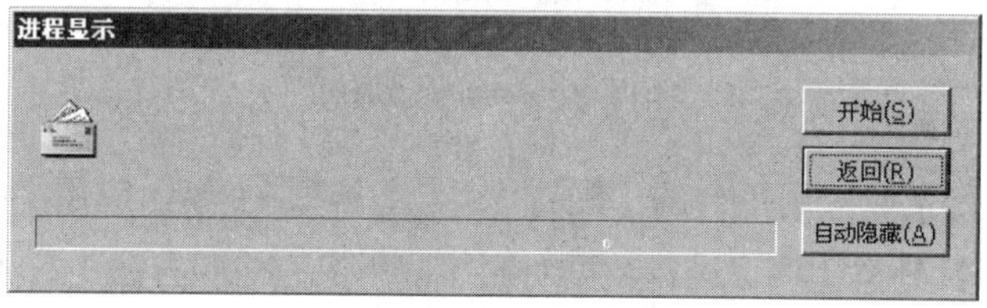

图11–10　发送进程界面

H. 单击【开始】按钮，完成后系统提示“发送成功”。

数据下发的主要功能是将集团设置好的各项数据下发给各个子公司。

② 登录到账套001天成公司账套，进行以下处理。

A. 数据接收。执行企业应用平台的【配置】—【工具】—【集团应用】—【数据接收】功能，选择“局域网”方式，单击【下载】按钮，出现类似图11–10所示的界面，单击【开始】按钮，下载文件。选择该邮件，单击【接收】按钮，显示导入数据界面，选中导入选项，如图11–11所示。

图11–11　导入数据界面

B. 单击【导入】按钮，完成后出现“导入完成”提示，如图11-12所示。

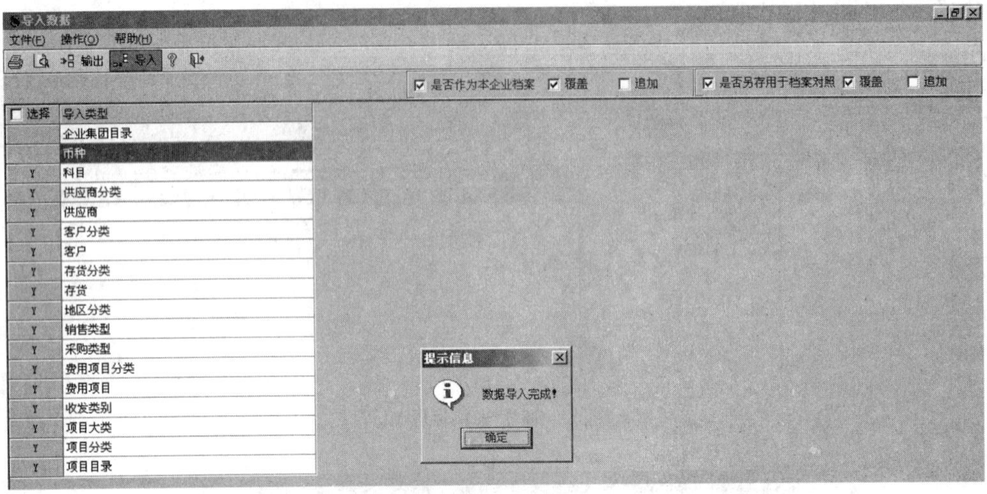

图11-12 导入完成界面

C. 数据对照。执行企业应用平台的【配置】-【工具】-【集团应用】-【数据对照】功能，对科目、项目大类、项目分类、项目进行数据对照（使用快速对照方法），界面如图11-13所示。

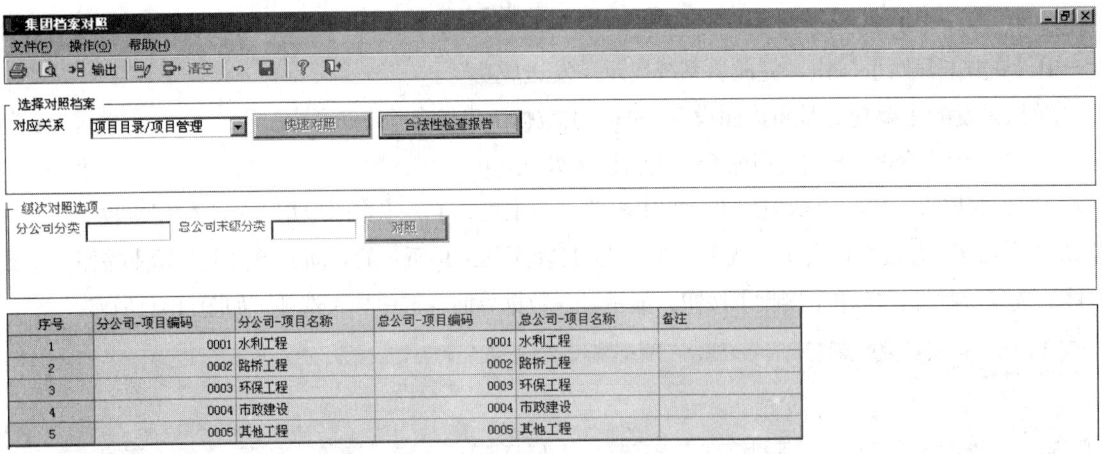

图11-13 数据对照界面

D. 设置凭证类别。凭证字为“记”，

E. 增加部门档案。这里的部门是指分公司下属部门（参见表11-3）。

表11-3 部门档案

部门编码	部门名称
1	管理部门
2	生产部门

F. 录入期初余额。录入分公司各科目期初数据，如图11-14、图11-15所示。

G. 日常业务处理：录入凭证，对凭证审核、记账。凭证记账如下（如表11-4所示的凭证为示例）。

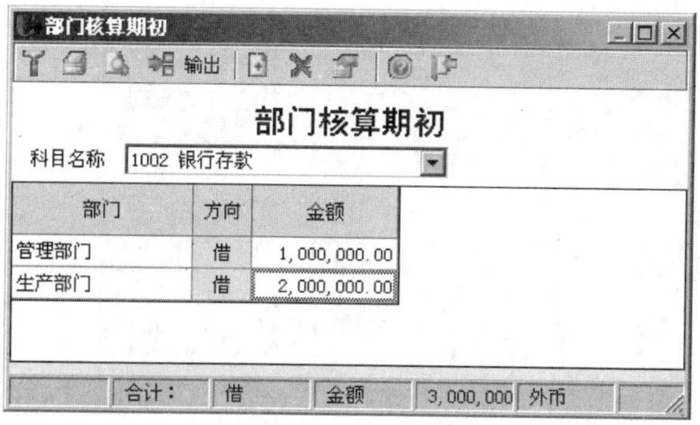

图11-14　录入期初余额界面（一）

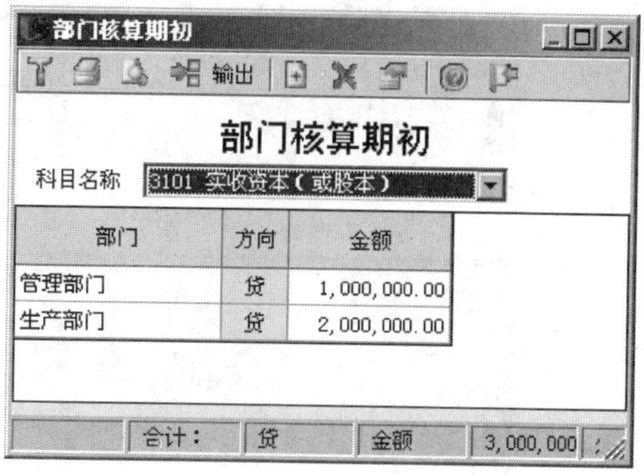

图11-15　录入期初余额界面（二）

表11-4　凭证记账

凭证日期	凭证类别	凭证编号	摘要	会计科目	借方	贷方	部门
2012-1-7	记	0001	其他业务收入	1002	20 000		管理部门
2012-1-7	记	0001	其他业务收入	6051		20 000	管理部门
2012-1-7	记	0002	其他业务收入	1002	30 000		生产部门
2012-1-7	记	0002	其他业务收入	6051		30 000	生产部门
2012-1-7	记	0003	其他业务支出	6402	5 000		管理部门
2012-1-7	记	0003	其他业务支出	2401		5 000	管理部门
2012-1-7	记	0004	其他业务支出	6402	10 000		生产部门
2012-1-7	记	0004	其他业务支出	2401		10 000	生产部门

③ 登录002创世贸易公司账套，进行操作。过程与001天成公司账套中的操作相同，此处略去。

④ 登录000集团本部账套，进行操作。过程与001天成公司账套中的操作相同，此处略去。

（3）数据抽取。本功能是集团财务管理的关键功能，所有集团财务处理使用的数据都要通过此功能从分、子公司账套中进行抽取。

数据抽取的前提是：

- 增加集团企业目录；
- 集团数据下发完成；
- 下属企业接收数据完成；
- 数据对照完成；
- 数据复制完成；
- 档案默认设置完成。

① 登录888账套，黄河集团公司。

② 进入企业应用平台的【业务】—【集团应用】—【集团财务】-【设置】-【数据抽取】功能，界面如图11-16所示。

③ 单击【档案设置】按钮，查看档案设置，界面如图11-17所示。

④ 单击如图11-16所示界面的“全选”按钮，然后单击【确定】按钮。抽取成功后，系统给出抽取成功的提示。

（4）账表查询。查看集团账套各种账表，操作比较简单。

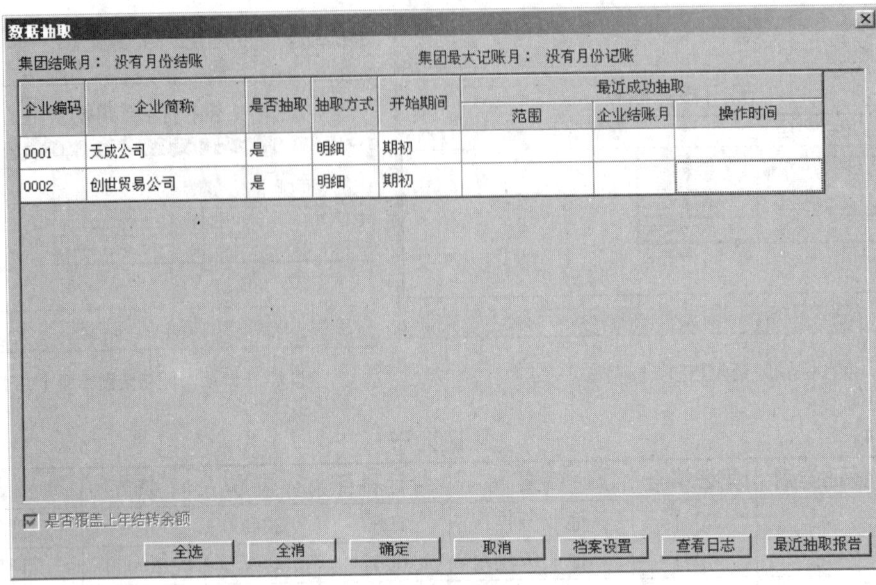

图11-16　数据抽取界面

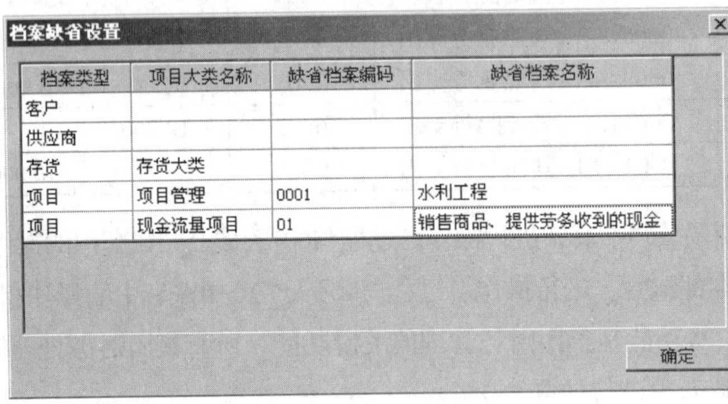

图11-17　档案设置界面

11.2.2　应用中的特别说明

无论集团与子公司间采用相同还是不同的财务制度，均能在本产品中集中合账。但是如果一个集团企业从事的是多元化经营模式，各下属企业采用不同的会计制度时，采用合账处理，会导致数据反映的经济意义出现偏差。

进行集团财务合账处理后的数据，主要侧重于反映整个集团公司的财务数据，如果要查询分、子公司的原始数据，则需到分、子公司的账套中查询。

【思考与练习】

1. 集团企业如何建立账套？描述其账套体系。
2. 集团企业财务合账的意义何在？

第12章 供应链管理

【学习目标】

供应链管理系统是以商品销售业务为主线，将采购管理、库存管理、销售管理、存货核算等业务工作有机地结合在一起，实现进销存核算和管理一体化的系统。

通过本章的学习掌握以下内容：

1. 了解供应链管理系统的主要功能；
2. 理解销售业务处理的基本过程；
3. 理解采购业务处理的基本过程；
4. 理解库存业务处理的基本过程；
5. 理解存货核算业务处理的基本过程。

供应链是围绕核心企业，通过对信息流、物流、资金流的控制，把供应商、制造商、分销商、零售商和最终用户连成一个整体的功能网链结构模式。就企业内部的供应链关系而言，通常是指企业内部从购买原材料到生产加工和产品销售，最终服务于客户的过程。供应链系统是整个企业运行的基础，它面向企业采购、销售、库存和质量管理人员，提供采购管理、销售管理、库存管理、存货核算、合同管理、售前分析、委外管理、质量管理、进口管理、出口管理等业务管理功能，帮助企业全面管理供应链业务。该系统既可独立运行，又可与生产、财务系统结合使用，构成更完整、更全面的一体化企业应用解决方案。下面重点介绍供应链系统中最基本的四个子系统：采购管理、销售管理、库存管理、存货核算。

12.1 供应链管理系统基本结构

供应链管理系统是以商品销售业务为主线，将采购管理、库存管理、销售管理、存货核算等业务工作有机地结合在一起，实现进销存核算和管理一体化的子系统。提供采购、出入库、库存、销售等方面的资料；自动编制存货的进销存汇总表，生成采购、领用、销售的转账凭证传递到总账系统。供应链管理系统的功能模块如图12-1 所示。

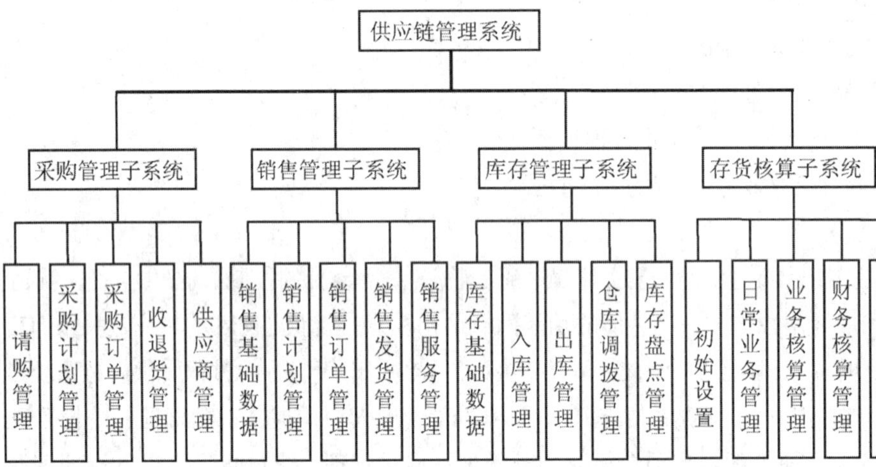

图12-1　供应链管理系统的主要功能模块

采购管理子系统具有采购计划、请购、采购订货、采购到货、采购入库、采购开票、采购结算等采购业务的操作管理功能，对供应商的存货供应、供货价格、供货质量、到货情况进行管理和分析的供应商管理功能，提供对采购情况的各种统计报表、账簿的查询、分析功能。

销售管理子系统提供了进行销售业务的日常操作功能，包括报价、订货、发货、开票等业务；支持普通销售、委托代销、分期收款、直运、零售、销售调拨等多种类型的销售业务；可以进行现结业务、代垫费用、销售支出的业务处理；可以制订销售计划，对价格和信用进行实时监控；提供销售统计表、明细表、销售分析、综合分析等各种报表查询统计功能。

库存管理子系统一般具有采购入库、销售出库、产成品入库、材料出库、其他出入库等出入库和盘点管理业务的功能，提供仓库货位管理、批次管理、出入库跟踪管理、可用量管理、序列号管理、报警提醒等管理功能及库存台账和报表分析功能。

存货核算子系统主要用于核算和分析企业收发存所有业务中的存货耗用情况，正确计算存货购入成本，为企业提供成本核算的基础数据；动态掌握存货资金的变动，减少库存资金积压，加速资金周转；与采购管理或销售管理一起使用，可暂估采购入库或销售出库的成本核算。存货核算系统的功能包括：添加或修正存货暂估价格；对存货价格、价值进行调整；做存货跌价准备；对业务单据进行记账处理；对记账单据按照存货计价方法进行计算，为成本计算提供数据等（如采购入库成本、材料出库成本、结算成本处理、产成品成本分配）；对记账后的单据制单生成会计凭证，传递到总账系统；各种账表功能（账簿、汇总表、统计表）。

12.2 采购管理系统

1. 采购管理的主要业务环节

采购管理的主要业务环节包括提出需求、采购、质量检验、收货、财务处理等。采购管理系统根据采购过程中各环节的不同业务，为各个部门、角色、人员提供了不同的操作管理功能。

（1）提出需求环节。生产、销售、仓管等部门根据需要提出采购申请。可以手工新增请购单，生产人员也可以根据生产管理系统的MRP运算生成请购单，销售人员可以根据销售订单关联生成，仓管人员可以根据库存短缺情况生成。相应的主管人员通过采购系统的请购单序时簿进行审核。

（2）采购环节。采购员对审核后的请购单汇总，系统根据采购需求和供应商信息资料，自动选择最优供应商并生成对应的采购订单。采购人员也可以与新的供应商询价、洽谈，手工新增或参照请购单生成采购订单，由采购主管审核后进行采购。到货后要填写采购到货单，通知质检部门检验或仓管部门收货。

（3）质量检验环节。到货后，质检人员在质量管理系统处理货物的检验工作。由于检验不是采购的必要环节，本书不做具体介绍。

（4）收货环节。检验合格后，仓管人员对货物进行点收，并根据最终的接收货物情况在库存管理系统中填制或参照生成采购入库单。根据系统设置，到货单也可自动生成采购入库单，由仓管人员审核即可。

（5）财务处理环节。会计在采购系统填制供货方提供的采购发票和费用发票。对采购订单、入库单、发票等文件核对无误后，对采购入库单、采购发票、费用发票进行费用分配和采购结算，核算采购入库成本。在存货核算系统中记账，核算采购成本，并生成相关凭证。同时，采购系统的采购发票传递到应付款管理系统，未现结的款项形成应付账款，存货核算系统生成的凭证也传递到总账系统。支付货款时，根据出纳在应付款管理系统填制的付款单制作凭证，并进行往来账款的核销。

2. 采购业务处理流程

在采购管理系统中，采购业务处理对包括请购、订货、到货、入库、采购发票、采购结算等的采购业务全过程进行管理。可以处理普通采购业务、受托代销业务、直运业务等业务类型。企业可根据实际业务情况，对采购业务流程进行可选配置。以普通采购业务为例，其业务流程如图12-2所示。

（1）请购单。在采购管理系统录入请购单。采购部采购员根据各部门的需求，录入或汇总请购单，分管领导审批同意后，采购人员据此向供应商询价、洽谈。

（2）采购订单。在采购管理系统录入采购订单。与供应商谈妥后，录入或复制请购单生成采购订单，经主管审核后确定与供应商的采购合同。

（3）到货单和采购入库单。在采购管理系统录入到货单，在库存管理系统录入或直接审核采购入库单。采购货物到货时，采购员录入到货单，报主管审核。采购货物由仓管员验收入库并填制采购入库单，如采购管理系统与库存管理系统集成，到货单审核后自动生成采购入库单传递到库存管理系统，仓库主管对采购入库单进行审核，确保无误。

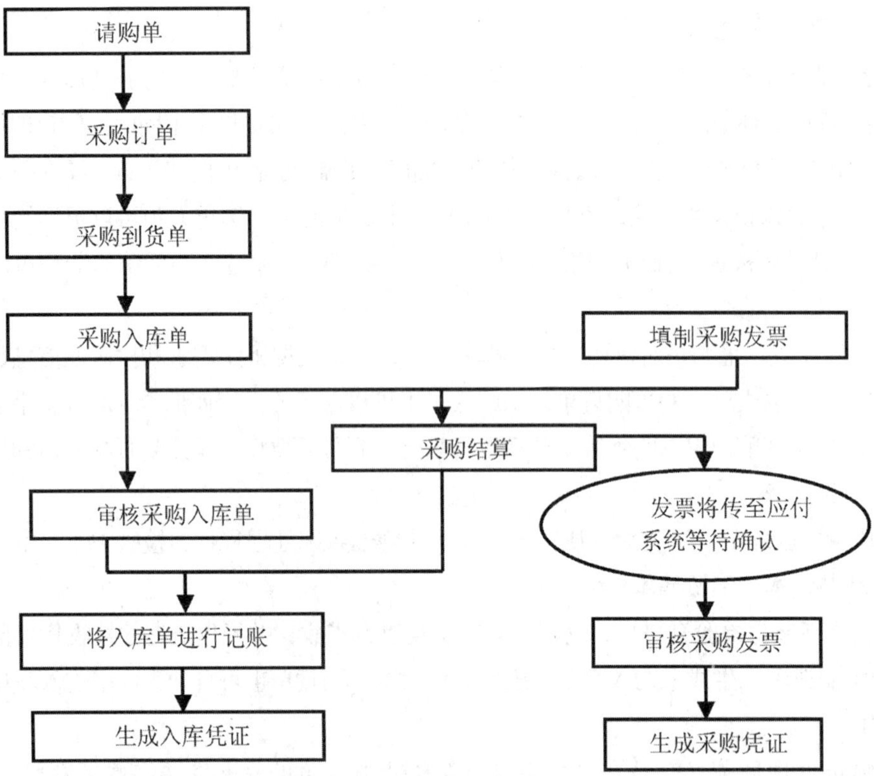

图12-2　普通采购业务流程

（4）采购发票。在采购管理系统录入采购发票，并进行结算。采购人员（或财务人员）录入收到的发票后，系统自动传递到应付账款子系统。财务人员将确认的采购入库单与采购发票进行采购结算，确认采购入库成本；如有采购费用发票，要一同进行费用分配和结算。在存货核算系统制作采购入库会计凭证、记入存货明细账，同时传递到总账系统，据以登记总分类账。如果本月存货已经入库，但采购发票尚未收到，存货核算系统对该部分存货做暂估入库处理，并生成相应凭证，传递到总账系统，下月初回冲，收到采购发票时再做相应处理。

（5）退货。发生采购退货时，采购人员填制退货通知单，输入红字采购发票，库存管理系统对该退货单审核后输入红字入库单，然后由存货核算系统调入经库存管理系统审核确认的红字入库单，制作退货会计凭证，记入存货明细账，同时传递到总账系统，据以登记总分类账。应付账款系统对红字采购入库单与红字采购发票勾对，进行采购结算。

3. 采购管理系统与其他系统的联系

在用友U8系统中，采购管理系统与销售管理、库存管理、存货核算、资金管理、应付款管理、质量管理等系统都有数据和业务关联，如图12-3所示。

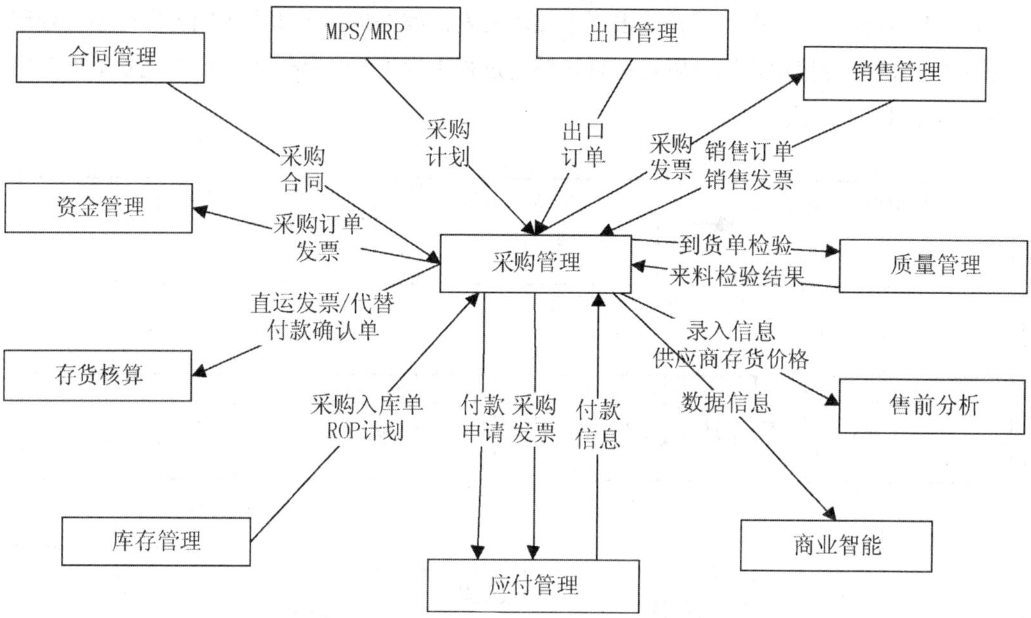

图12-3 采购管理系统与其他系统的联系

12.3 销售管理系统

1. 销售管理的主要业务环节

销售管理的主要业务环节包括销售、质量检验、发货、财务处理等。销售管理系统根据采购过程中各环节的不同业务，为各个部门、角色、人员提供了不同的操作管理功能。

（1）销售环节。销售人员根据客户的需求和企业的销售政策，提出报价单，报价单经主管审核后提供给客户。与客户多次洽谈后签订销售订单录入销售系统，经主管审核后生效。销售人员应跟踪销售订单执行的全过程，当销售货物备齐后，填制发货单并通知质检部门检验和仓管部门发货。

（2）质量检验环节。检验人员根据销售订单做好检验准备。发货前在质量管理系统处理销售货物的检验工作。

（3）发货环节。仓管人员发货单对销售货物进行清点，并在库存管理系统中填制出库单，仓库主管对出库单进行审核。

（4）财务处理环节。会计人员先在销售管理系统录入开出的销售发票或参照发货单或出库单生成，如开票同时收到货款，则进行“现结”和“复核”处理；如未收到货款，“复核”后销售发票传递到应收款管理系统形成应收账款。在存货核算系统中根据存货采用的不同计价方法进行销售出库成本的结转，并制单生成会计凭证传递到总账系统。客户支付货款时，根据出纳在应收款管理系统填制的收款单制作凭证，并进行往来账款的核销。

2. 销售业务处理流程

销售业务管理主要处理销售报价、销售订货、销售发货、销售开票、销售调拨、销售退货、发货折扣、委托代销、零售业务等，并根据审核后的发票或发货单自动生成销售出库单，处理随同货物销售所发生的各种代垫费用，以及在货物销售过程中发生的各种销售支出。先发货后开票的销售业务流程如图12-4所示。

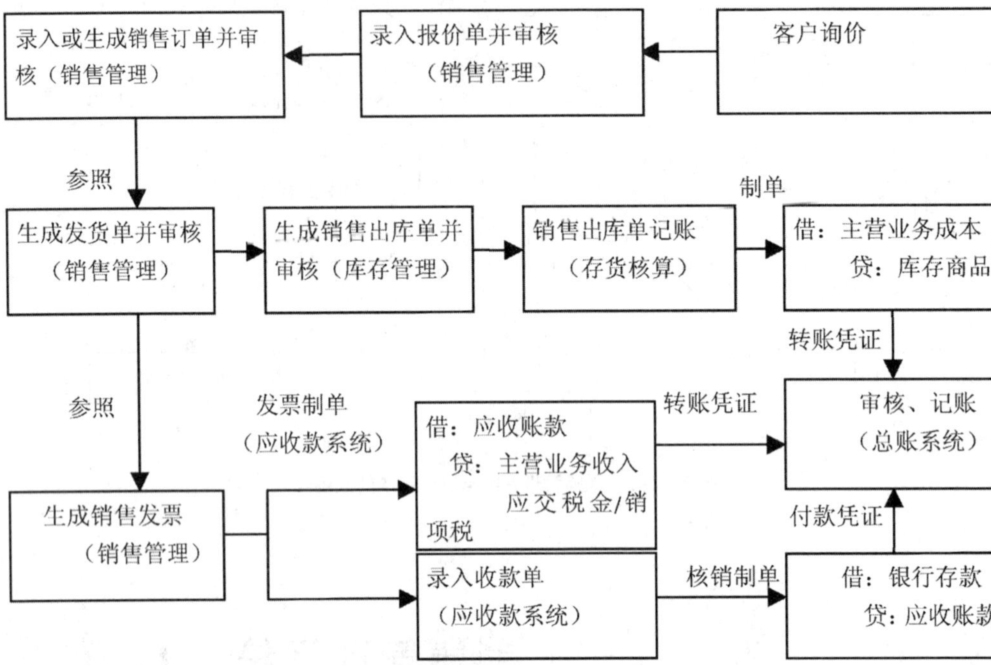

图12-4　先发货后开票的销售业务流程

（1）报价单。销售部销售员根据客户订货需求填制报价单，分管领导审批同意后，与客户进行洽谈。

（2）销售订单。与客户达成一致后，销售人员据此编制销售订单，经主管审核后正式确定双方的购销合同。

（3）发货单和销售出库单。销售发货时，销售员填制发货单，并输入到系统中，经主管审核后根据销售管理系统初始化设置（选择“销售生成出库单”），系统自动生成销售出库单，并传递到库存管理系统；也可以由库管员填制销售出库单。仓库主管对销售出库单进行审核后执行发货，确保无误。

（4）销售发票。财务人员在销售管理系统录入销售发票并复核（如为现购时先“现结”再“复核”），销售发票复核后自动生成应收单，并传递至应收款管理系统，在应收款管理系统审核应收单，形成应收账款。

（5）退货处理。发生销售退货时，销售人员填制退货单，输入红字销售发票，库存管理系统对该退货单审核后输入红字出库单，然后由存货核算系统调入经库存管理系统处理并审核确认的红字出库单，进行退货结算，制作退货会计凭证，记入存货明细账，同时传递到总账系统，据以登记总分类账。应收账款系统对红字销售入库单与红字销售发票勾对，进行销售结算。

3. 销售管理系统与其他系统的联系

销售管理系统与采购管理、库存管理、存货核算、资金管理、应收款管理、质量管理、合同管理等系统都有数据和业务关联，如图12-5所示。

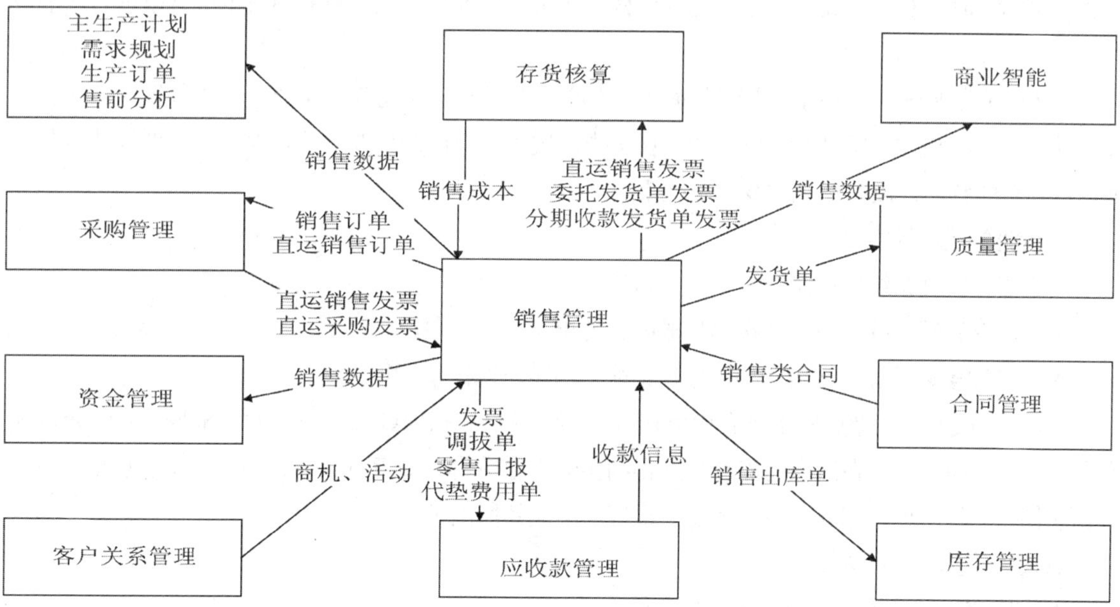

图12-5 销售管理系统与其他系统的联系

12.4 库存管理系统

1. 库存管理的主要业务

库存管理是在物流过程中对商品数量的管理，它接收采购部门从供应商那里采购来的材料或商品，并且支配着生产的领料、销售的出库等。以往通常认为仓库里的商品多，表明企业发达、兴隆；现在则认为零库存是最好的库存管理。库存多，占用资金多，利息负担加重；但是如果过分降低库存，则会出现断档。

库存管理主要实现以下功能：采购入库、销售出库、产成品入库、材料出库、其他出入库、盘点管理和形态转换等业务需要，提供仓库货位管理、批次管理、保质期管理、出库跟踪入库管理和可用量管理等全面的业务应用。

库存管理系统的日常业务处理主要包括各种出入库单的填制审核、调拨业务处理、盘点管理等，以及对各种报表的输出处理，及时反映存货收发和存储状态的变化情况。

（1）入（出）库单据的填制和审核。入库业务主要有采购入库、产成品入库、退货入库、委托代销入库、其他入库等，出库业务主要有销售出库、材料出库、退货出库、其他出库等。尽管不同的入（出）库业务单据内容不完全相同，但主要内容是相同的。它们包括入（出）库日期、入（出）库类别、供应商或客户编码、仓库编码、仓库业务员、存货编码、入（出）库数量、单价、金额等。入（出）库单可直接新增录入，也可复制（参照）其他系统的单据生成，或部分数据直接调用本系统或其他系统的数据。填制后的入（出）库单据须经主管审核确认。对于工业企业，当填制材料出库单时，要选择成本对象，把直接材料费用归集到某一成本对象的成本中，以进行产品成本核算。

（2）调拨业务。调拨指存货在仓库之间或部门之间变迁的业务。在同一个业务日期，转入仓库和转出仓库都相同的所有存货可以填列在一张调拨单上完成调拨业务的账面调动。调拨业务是企业内部物料的移动，没有资金的变化和往来。

调拨业务处理的主要内容如下。

- 在库存管理系统中填制调拨单，并审核。
- 在库存管理系统中审核调拨单生成的其他出（入）库单。
- 在存货核算系统中使用"特殊单据记账"功能对调拨单进行记账。

（3）盘点处理。盘点是指将仓库中存货的实物数量和账面数量进行核对。根据系统记录的所有业务得到账面数量，在清点仓库存货后得到实际库存数量，即盘点数量，通过填制盘点单，系统根据它们之间的差异，判断盘亏或盘盈，再自动生成其他出（入）库单。

其处理的基本流程如下。

- 在库存管理系统中填制、审核盘点单。
- 在库存管理系统中根据盘盈或盘亏，系统自动生成其他出（入）库单，审核其他出（入）库单。
- 在存货核算系统中对系统生成的其他出（入）库单进行记账。

2. 库存管理系统与其他系统的关系

库存管理系统与采购管理、销售管理、存货核算、资金管理、车间管理、质量管理生产订单等系统都有数据和业务关联，如图12-6所示。

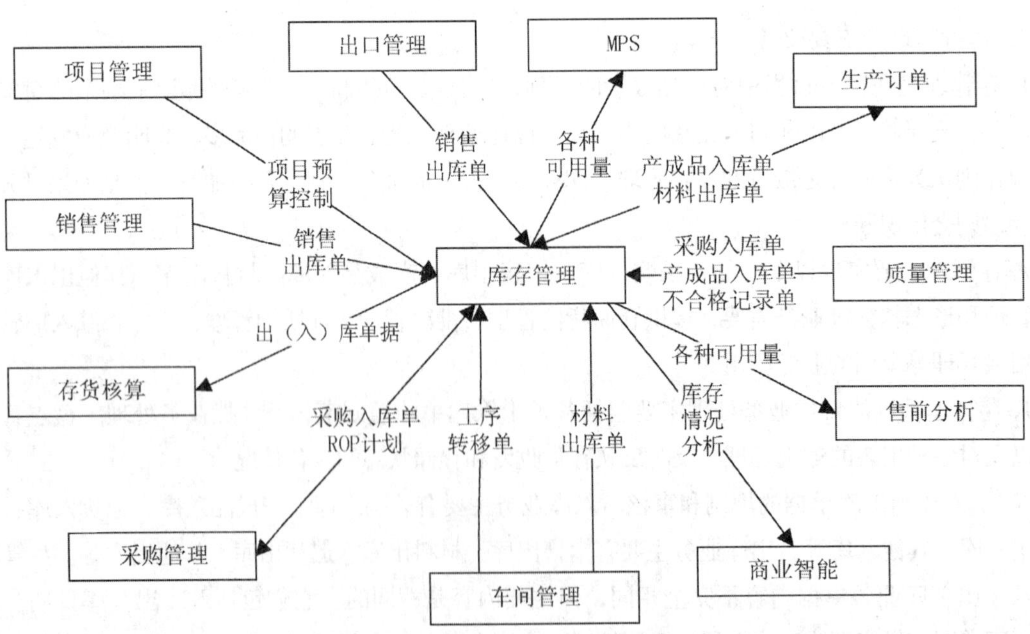

图12-6　库存管理系统与其他系统的联系

12.5 存货核算系统

1. 存货核算的主要业务

存货核算用于核算和分析所有业务中的存货耗用情况，正确计算存货购入成本，为企业提供成本核算的基础数据；动态掌握存货资金的变动，减少库存资金积压，加速资金周转；支持工商业多种核算方法；与采购管理或销售管理一起使用，可暂估采购入库或销售出库的成本核算。

（1）采购业务核算。系统对采购业务的入库核算以采购入库单为依据，通过在采购系统对采购入库单与采购发票进行结算，确定外购存货的成本。按实际成本核算时，系统取采购入库单上的单价作为采购入库商品的入库成本。

（2）普通销售业务核算。系统对销售业务的出库成本核算是通过存货计价方式核算出存货的出库成本，取销售发票或销售出库单数量，确认出库成本。

（3）生产领用材料出库核算。系统通过材料出库单进行材料出库成本的核算。

（4）产成品入库核算。通过产成品成本分配功能，取得产成品入库成本，进行核算。

2. 存货核算的操作流程

不论是哪种类型的存货核算业务，在存货核算系统中，存货核算的基本流程都是：单据记账→期末处理→生成凭证→月末结账。一般包括以下操作环节。

- 进行单据录入操作。
- 进行单据记账/期末处理，计算成本。
- 对已记账单据生成凭证，传递给总账系统。
- 对存货数据进行统计分析、账表查询。

【思考与练习】

1. 简述供应链管理系统的基本功能。
2. 供应链管理各子系统与其他系统有何关联？

第13章 会计信息系统综合实验

【学习目标】

综合实验是模拟财务部门多种业务活动同时处理的情况，需要在不同的子系统中进行业务处理，通过分工协作的方式锻炼学生利用会计信息系统进行综合业务处理的能力。

财务业务一体化的信息处理是企业会计信息系统的特点，要想全面掌握会计信息系统的操作和应用方法，仅仅做单项实验还不够。单项实验无法体现出会计信息系统的各个子系统配合应用的全貌，也无法体现出不同操作权限的用户之间的协调配合。为此，本章提供了综合实验训练，供读者在熟悉了各子系统的操作方法后，进一步强化训练子系统之间的协同处理，模拟财务部门业务处理过程。

对于本章综合实验的进行，提几点建议。

- 在完成此章之前各单项实验后，再来完成本章综合实验。
- 综合实验时，学生或受训者可自主组合成一个团队，模拟企业财务部门，一般3～5人即可。团队应在了解实验资料内容的基础上协商确定系统管理员、账套主管、出纳及各子系统用户和权限，在符合内部控制的前提下，可根据团队人数灵活调整分工。实验时，以学生或受训者实际姓名设置用户也可以，这样方便教师检查。
- 团队中的账套主管负责工作组织，包括工作分工、考勤、数据管理、提交实验报告等。
- 实验完成过程中，遇到问题由团队协商找出解决办法，教师无需过多干预。
- 实验环境为网络环境，保证团队成员每人一台微机。

实验目的

通过实验掌握会计信息系统的综合应用，包括总账、应收、应付、工资、固定资产管理及报表等功能和结构，以及它们之间的关系。强化受训者对会计信息系统操作和管理的整体理解，培养协作精神，掌握综合应用技能。

实验准备

- 安装用友ERP-U872系统
- 修改计算机系统日期为2012年1月1日（建账和初始化完成后可根据业务资料日期再调整系统日期）。
- 保证团队使用的计算机实现网络互连，确定服务器计算机和客户端计算机。

实验资料

一、企业概况

1. 企业基本情况

企业名称：通城有限责任公司（简称通城公司）。位于科技产业园27号，属生产制造企业。邮编：090001。法定代表人：王新。

纳税人识别号：031183783927823。

企业开户银行：中国建设银行桥东支行（人民币账户）。账号：49732202193942。

企业开户银行：中国银行长安大街支行（美元账户）。账号：34568888552430。

2. 会计政策和核算方法

- 企业记账本位币为人民币。
- 仓库采用实际成本法核算，采用移动平均法计价。
- 产品成本按品种法计算。
- 固定资产折旧方法采用平均年限法（一），按月分类计提折旧。
- 增值税税率17%，城市建设维护税税率7%，教育费附加率3%，企业所得税税率25%（企业所得税税率实行查账计征，按季预缴，年终汇算清缴）。其他比率遵循现行制度要求。
- 损益结转采用账结法。

二、建账及基础设置

1. 账套信息

- 账套号：888。账套名称：通城有限公司。启用日期：2012年1月1日。
- 单位名称：通城有限公司。单位简称：通城公司。纳税人识别号：031183783927823。
- 企业类型：工业。行业性质：2007新会计制度科目。账套主管：张华。按行业性质预置科目。
- 基础信息：存货、客户分类、供应商均分类；有外币核算。
- 编码方案：科目编码4-2-2-2；部门2-2；收发类别1-2-1；其他采用系统默认。
- 数据精度：采用系统默认。

2. 操作员及权限（姓名可采用学生真实姓名来设置）

编号	姓名	口令	所属部门	权限
001	张伟	1	财务部	账套主管的全部权限
002	李萍	2	财务部	除恢复记账前状态、结账外的所有系统的权限
003	王广	3	财务部	总账系统中出纳签字及出纳的所有权限
004	张明	4	财务部	公共目录及往来款管理权限
005	陈风	5	财务部	公共目录及薪资管理、固定资产管理权限

3. 系统启用

启用总账、应收、应付、固定资产、薪资管理，启用日期统一为：2012年1月1日。

4. 基础数据

（1）部门档案如下。

代码	名称
01	财务部
02	行政部
03	销售部
0301	销售一部
0302	销售二部
04	生产部
05	采购部

（2）人员类别如下。

分类编码	分类名称
1001	管理人员
1002	行政人员
1003	营销人员
1004	采购人员
1005	生产人员

（3）人员档案如下。

编码	名称	部门	人员类别	性别	业务或费用部门	是否业务员	生效日期
01001	张伟	财务部	管理人员	男	财务部	否	2012-01-01
01002	李萍	财务部	管理人员	女	财务部	否	2012-01-01
01003	王广	财务部	管理人员	男	财务部	否	2012-01-01
01004	张明	财务部	管理人员	男	财务部	否	2012-01-01
01005	陈风	财务部	管理人员	男	财务部	否	2012-01-01
02001	赵珍	行政部	行政人员	女	行政部	否	2012-01-01
02002	韩冰	行政部	行政人员	女	行政部	否	2012-01-01
03001	马明	销售一部	营销人员	男	销售一部	是	2012-01-01
03002	张倩	销售二部	营销人员	女	销售二部	是	2012-01-01
04001	吕波	采购部	采购人员	男	采购部	是	2012-01-01
04002	黄平	采购部	采购人员	女	采购部	是	2012-01-01
05006	姚娟	生产部	生产人员	女	生产部	否	2012-01-01
05007	王朋	生产部	生产人员	男	生产部	否	2012-01-01

（4）客户分类如下。

分类编码	分类名称
01	桥东
02	桥西
03	长安
04	其他

（5）客户档案如下。

客户编码	客户简称	所属分类	税　号	开户银行	账号
0101	长城公司	01	0311313243152001	建行和平支行	32949
0102	广安公司	01	0311321109783880	中行中山路支行	23984
0201	德泽公司	02	0311239457819544	建行长安支行	34484
0202	长丰公司	02	0311885385492913	工行平安支行	49584

（6）供应商分类如下。

分类编码	分类名称
01	原材料供应商
02	辅材
03	其他

（7）供应商档案如下。

供应商编码	供应商简称	所属分类	税号	属性
0101	恒星公司	01	422988885640012	货物
0102	北方实业公司	01	239484000245681	货物
0201	吕氏公司	02	494845589632100	货物
0202	长天货运公司	03	294859541236258	服务
0203	天津滨海实业公司	02	349754789654111	委外

（8）单位组及相应组里的计量单位如下。

编码	计量单位名称	换算率	组名	组类别
2	吨	50	钢材计量组	固定换算
21	米（主计量）	1	钢材计量组	固定换算
01	公斤		无辅助计量单位	无换算
02	件		无辅助计量单位	无换算
03	套		无辅助计量单位	无换算
04	个		无辅助计量单位	无换算

（9）存货大类如下。

分类编码	分类名称
01	材料
0102	主要材料
0103	辅助材料
02	低值易耗品
03	包装物
04	库存商品

（10）存货信息如下。

存货编码	存货名称	所属分类	计量单位组名称	计量单位	税率	存货属性
0101	A材料	0102	无辅助计量单位	公斤	17%	外购、生产耗用
0102	B材料	0102	无辅助计量单位	公斤	17%	外购、生产耗用
0103	C材料	0102	无辅助计量单位	件	17%	外购、生产耗用
0104	D材料	0102	无辅助计量单位	公斤	17%	外购、生产耗用

续表

存货编码	存货名称	所属分类	计量单位组名称	计量单位	税率	存货属性
0105	钢材	0103	钢材计量组	吨	7%	外购、生产耗用
0201	一般工具	02	无辅助计量单位	套	17%	外购、生产耗用
0202	专用工具	02	无辅助计量单位	套	17%	外购、生产耗用
0203	劳保用品	02	无辅助计量单位	套	17%	外购、生产耗用
0301	塑料桶	03	无辅助计量单位	个	17%	外购、生产耗用
0302	包装桶	03	无辅助计量单位	个	17%	外购、生产耗用
0401	甲产品	04	无辅助计量单位	件	17%	自制、内销
0402	乙产品	04	无辅助计量单位	件	17%	自制、内销
0403	丙产品	04	无辅助计量单位	件	17%	自制、内销

（11）结算方式如下。

编码	结算方式
1	现金
2	支票
201	现金支票
202	转账支票
3	银行汇票

（12）外币核算情况如下。

币别代码	币别名称	记账汇率	汇率类型
USD	美元	6.3	固定汇率

（13）本单位开户银行如下。

编号	银行账号	开户银行
001	49732202193942	中国建设银行桥东支行
002	34568888552430	中国银行长安大街支行

（14）项目大类及分类如下。

①项目大类如下。

项目大类名称	项目分类	核算科目
01产品类	无分类	库存商品\产品类、生产成本\人工费、生产成本\材料费、生产成本\制造费用、主营业务收入\产品类业务收入、主营业务成本\产品类业务成本

②项目目录如下。

项目编号	项目名称	是否结算	所属分类码
001	甲产品	否	无分类
002	乙产品	否	无分类
003	丙产品	否	无分类

（15）会计科目（下表只列出部分需设置的明细科目和标示属性的科目，其他按需设置）如下。

科目代码	科目名称	外币核算	辅助类型
1001	库存现金		指定科目
1002	银行存款		指定科目
100201	建设银行		
100202	中国银行	美元	
1121	应收票据		客户往来
1122	应收账款		客户往来
1123	预付账款		供应商往来
1221	其他应收款		
122101	职员		个人往来
1401	材料采购		项目核算（存货）
1403	原材料		项目核算（存货）
1405	库存商品		
140501	产品类		项目核算（产品）
1801	长期待摊费用		
180101	报刊杂志费		
2201	应付票据		供应商往来
2202	应付账款		供应商往来
2203	预收账款		客户往来
2221	应交税费		
222101	应交增值税		
22210101	进项税额		
22210102	已交税金		
22210103	转出未交增值税		
22210104	销项税额		
222102	未交增值税		
222103	应缴营业税		
222104	应缴城建税		
6601	销售费用		
660101	折旧费		
6602	管理费用		
660201	工资及福利费		部门核算
660202	折旧费		部门核算
660203	通信费		部门核算

续表

科目代码	科目名称	外币核算	辅助类型
660204	办公费		部门核算
660205	招待费		部门核算
5001	生产成本		项目核算
500101	直接材料		项目核算
500102	直接人工		项目核算
500103	制造费用		项目核算
5101	制造费用		
510101	折旧费		部门核算
510102	工资及福利		部门核算
6001	主营业务收入		
600101	产品销售收入		项目核算
6401	主营业务成本		
640101	产品销售成本		项目核算
6603	财务费用		
660301	利息收入		
660302	利息支出		

三、各模块系统参数及相关资料

1. 总账参数

- 不允许修改、作废他人填制的凭证。
- 出纳凭证必须经由出纳签字。

2. 固定资产参数及相关资料

（1）固定资产账套参数如下。

控制参数	参数设置
折旧信息	本账套计提折旧 折旧方法：平均年限法一 折旧汇总分配周期：1个月 当月初已计提月份=可使用月份-1时，将剩余折旧全部提足
编码方式	资产类别编码方式：2112 固定资产编码方式：按“类别编码+部门编码+序号”自动编码 卡片序号长度为3
财务接口	与账务系统进行对账 对账科目如下 固定资产对账科目：固定资产（1601） 累计折旧对账科目：累计折旧（1602）

续表

控制参数	参数设置
补充参数	业务发生后立即制单 月末结账前一定要完成制单登账业务 固定资产默认入账科目：1601 累计折旧默认入账科目：1602 减值准备默认入账科目：

（2）固定资产分类明细表如下。

类别编码	类别名称	使用年限	净残值率	计提属性	折旧方法	卡片样式
01	房屋及建筑物	30	2%	正常计提	平均年限法（一）	通用样式
011	行政楼	30	2%	正常计提	平均年限法（一）	通用样式
012	厂房	30	2%	正常计提	平均年限法（一）	通用样式
02	机器设备	10	3%	正常计提	平均年限法（一）	通用样式
03	运输设备	10	4%	正常计提	平均年限法（一）	通用样式
04	办公设备	5	3%	正常计提	平均年限法（一）	通用样式

（3）部门及对应折旧科目如下。

部　门	对应折旧科目
行政、财务部、采购部	管理费用/折旧费
销售部	销售费用/折旧费
生产部	制造费用/折旧费

（4）增减方式的对应入账科目如下。

增加方式	对应入账科目	减少方式	对应入账科目
直接购入	银行存款-建设银行（100201）	出售	固定资产清理（1701）
投资者投入	实收资本（4001）	捐赠转出	固定资产清理（1606）
在建工程转入	在建工程（1604）		

3. 薪资系统参数及相关资料

（1）工资类别：单个工资类别。

（2）从工资中代扣个人所得税。

（3）工资类别：“在职人员”，类别编码“001”。

（4）“在职人员”需增加的工资项目如下。

工资项目名称	类型	长度	小数	增减项
基本工资	数字	8	2	增项
职务补贴	数字	8	2	增项
津贴	数字	8	2	增项
交通补贴	数字	8	2	增项
医疗保险	数字	8	2	减项
养老保险	数字	8	2	减项
缺勤扣款	数字	8	2	减项
缺勤天数	数字	8	2	其他

（5）银行名称如下。

银行名称为“中国建设银行”，账号长度为14位，录入时自动带出的账号长度为8位。

（6）在职人员档案如下。

人员编号	人员姓名	性别	行政部门	人员类别	银行账号
01001	张伟	男	财务部	管理人员	10011020088001
01002	李萍	女	财务部	行政人员	10011020088002
01003	王广	男	财务部	行政人员	10011020088003
02001	赵珍	女	行政部	行政人员	10011020088004
02002	韩冰	男	行政部	行政人员	10011020088005
03001	马明	男	销售一部	营销人员	10011020088006
03002	张倩	男	销售二部	营销人员	10011020088007
04001	吕波	男	采购部	采购人员	10011020088008
04002	黄萍	女	采购部	采购人员	10011020088009
05006	姚娟	女	生产部	生产人员	10011020088010
05007	王朋	男	生产部	生产人员	10011020088011

4. 应收款系统参数和相关资料

（1）选项参数如下。

应收款核销方式	按单据	单据审核日期依据	单据日期
控制科目依据	按客户	受控科目制单方式	明细到单据
产品销售科目依据	按存货	坏账处理方式	应收账款余额百分比法

（2）初始设置资料如下。

① 基本科目设置如下。

- 应收科目：应收账款。
- 预收科目：预收账款。

- 销售收入：主营业务收入。
- 税金科目：销项税额。
- 银行承兑科目：应收票据。
- 商业承兑科目：应收票据。

② 控制科目设置如下。

按客户设置。产品科目设置：按商品设置。

5. 应付系统参数和初始资料

（1）应付系统选项设置如下。

应付款核销方式	按单据	单据审核日期依据	单据日期
控制科目依据	按供应商	受控科目制单方式	明细到单据
采购科目依据	按存货	汇兑损益方式	月末处理

（2）初始设置如下。

① 基本科目设置如下。

- 应付科目：应付账款。
- 预付科目：预付账款。
- 采购科目：原材料。
- 采购税金：进项税额。
- 银行承兑科目：应付票据。
- 业承兑科目：应付票据。

② 结算方式科目设置如下。

现金支票、转账支票科目为银行存款。

四、期初余额

1. 总账期初余额表

科目编码	科目名称	外币/数量	汇率	方向	余额
1001	库存现金			借	11 000
1002	银行存款			借	469 000
100201	建设银行			借	280 000
100202	中国银行	30000美元	6.3	借	189 000
1121	应收票据			借	10 000
1122	应收账款			借	120 000
1123	预付账款			借	50 000
1221	其他应收款			借	5 000
122101	职员			借	5 000
1403	原材料			借	120 000

续表

科目编码	科目名称	外币/数量	汇率	方向	余额
1405	库存商品			借	194 000
140501	产品类			借	194 000
1601	固定资产			借	1 614 000
1602	累计折旧			贷	114 400
2001	短期借款			贷	200 000
2201	应付票据			贷	216 000
2202	应付账款			贷	294 000
2203	预收账款			贷	10 000
4001	实收资本			贷	1 758 600

2. 应收账款期初余额

客户名称	单据日期	金额
长城公司	2011-12-16	80 000
广安公司	2010-12-28	40 000

3. 应收票据期初余额

供应商名称	单据日期	金额
德泽公司	2011-11-20	10 000

4. 预付账款期初余额

供应商名称	单据日期	金额
天津滨海实业公司	2011-11-21	50 000

5. 其他应收款期初余额

职员名称	单据日期	金额
王广	2011-12-05	5 000

6. 原材料期初余额（存货项目）

存货编码	存货名称	计量单位	数量	单价	金额
0101	A材料	公斤	100	100	10 000
0102	B材料	公斤	200	200	40 000
0103	C材料	件	50	1000	50 000
0104	D材料	公斤	100	200	20 000

7. 库存商品期初余额（产品项目）

项目编号	项目名称	计量单位	数量	单位成本	金额
001	甲产品	件	300	200	60 000
002	乙产品	件	200	250	50 000
003	丙产品	件	60	1400	84 000

8. 应付账款期初余额

单据名称	方向	开票日期	票号	客户名称	供应部门	科目编码	货物名称	数量	价税合计
采购专用发票	正	2011–12–16	78987	北方实业公司	供应部门	1122	A产品	40	120 000
采购专用发票	正	2011–11–16	78988	吕氏公司	业务一部	1122	B产品	60	170 000
其他应付单	正	2011–12–1	0090	长天货运公司	业务一部	1122	运费		4 000

9. 应付票据期初余额

供应商名称	单据日期	金额
恒星公司	2011–11–10	216 000

10. 预收账款期初余额

客户名称	单据日期	金额
长丰公司	2011–12–1	10 000

11. 期初固定资产信息

卡片编号	00001	00002	00003	00004	00005	00006
固定资产名称	办公楼	厂房楼	电脑	打印机	轿车	数控车床
类别编号	01	02	04	04	04	02
类别名称	行政楼	厂房	办公设备	办公设备	运输设备	机械设备
部门名称	行政部占用20%、财务部占用10%、采购部占用30%、销售部占用40%	生产部04	财务部01	采购部05	销售部03	生产部04

续表

卡片编号	00001	00002	00003	00004	00005	00006
增加方式	在建工程转入	在建工程转入	直接购入	直接购入	直接购入	直接购入
使用状况	在用	在用	在用	在用	在用	在用
使用年限	30年	30年	5年	5年	8年	10年
折旧方法	平均年限法（一）	平均年限法（一）	平均年限法（一）	平均年限法（一）	平均年限法（一）	平均年限法（一）
开始使用日期	2010-09-08	2010-09-08	2010-09-08	2010-09-08	2010-09-08	2010-09-08
币种	人民币	人民币	人民币	人民币	人民币	人民币
原值	500 000	600 000	9 000	5 000	200 000	300 000
净残值率	2%	2%	3%	3%	4%	3%
累计折旧	20 250	24 300	2 185	1 215	30 000	36 450
对应折旧科目	管理费用–折旧费 销售费用–折旧费	制造费用–折旧费	管理费用–折旧费	管理费用–折旧费	销售费用–折旧费	制造费用–折旧费

五、日常业务处理资料

（1）2日，开出现金支票（NO.2177）从建行账户提取现金10 000元备用。

（2）3日，开出建行转账支票（NO.12580）支付行政部印刷费1 200元。

（3）4日，开出建行转账支票（NO.12581），偿还以前欠北方实业公司的部分货款40 000元，财务部门核销相应应付款项。

（4）4日，收到建行转来的收款通知书，德泽公司转账预付货款20 000元已到账。

（5）5日，销售一部向长丰公司销售甲产品200件，不含税单价300元，开出销售专用发票。产品由长天货运公司运输，代垫运输费用1 000元，开出转账支票付讫。具体业务由销售一部马明经办，货款与代垫运费未收到。

（6）6日，采购A材料300公斤，单价85元/公斤；B材料150公斤，单价190元/公斤，单价均不含税，系吕氏公司发货，货物已验收入库，款项未付，业务由采购部吕波办理。

（7）7日，公司购进联想电脑6台，单价为4 500元/台。生产部使用2台，财务部使用2台，采购部使用1台，行政部使用1台。款项用建行银行汇票（NO.23468）支付。（固定资产名称：联想电脑。卡片编号：00007–00012）

（8）7日，收到外商QNAP公司交来投资款100 000美元，存入中行美元户，汇率为6.25。

（9）8日，从北方实业公司公司购入D材料一批200公斤，含税单价210元/公斤，材料验收入库，收到采购发票（票号8001）一张，当日签发商业承兑汇票一张支付全部货款，商业承兑汇票编号873021，2012年3月8日到期，无息，业务由采购部黄平办理。

（10）8日，销售员张倩借差旅费，财务部付现金3 000元。

（11）9日现金支付业务人员通信费，销售一部马明500元、销售二部张倩400元、采购部吕波300元，现金支付。

（12）由于使用故障，采购部使用的打印机提前报废（见下表）。

清理日期	清理数量	清理费用	残值收入	变动方式
2012.1.10	1	30	200	报废

注：清理费用以现金支付；残值收入现金。

（13）12日，收到长城公司用以支付前欠货款的转账支票一张，金额50 000元，财务确认入账。

（14）13日，财务部王广报销差旅费3 900元，并归还现金1 100元，冲抵借款。

（15）14日，采购部吕波向公司财务部申请开出转账支票45 000元，用于支付吕氏公司原材料采购款，经审核，财务部开具建行转账支票（NO.12582）一张，金额为45 000元整。

（16）16日，公司销售丙产品一批给德泽公司，财务开具销售专业发票（票号56755），数量为40件，1 800元/件（含税）。对方收到发票后，用不带息商业承兑汇票（票据号9999签发日期为：2012年1月17日，到期日期：2012年3月20日）全额支付了货款。张倩经办。

（17）19日，将固定资产卡片中轿车的使用部门由销售部转为财务部，折旧费用科目也由“销售费用–折旧费”转为“管理费用–折旧费”。

（18）20日，财务部按照公司要求开出建行转账支票（NO.12583）一张，金额5 000元，捐助受灾地区。

（19）22日，开出建行转账支票（NO.12584），支付报社广告费3 000元。

（20）22日，购置进口铣床一台，价款100 000美元，进口环节税、运费和安装费合计18 000美元，设备已经交付生产部使用，通过中行美元账户开出银行汇票（NO.00380）支付上述款项。

（21）22日，向长丰公司发出乙产品120件，货款总计60 000元，增值税10 200元，价税总计70 200元。

（22）22日，以现金支票（NO.2178）支付办公用品购置费2 200元，其中财务部500元，采购部600元，销售一部800元，销售二部300元。

（23）24日，以建行转账支票（NO.12585）支付生产部新设备技术培训费、资料费2 800元。

（24）24日，从广安公司收回欠款30 000元（转账支票：NO.56664），剩余欠款10 000元已确认不能收回，做坏账处理。

（25）24日，生产部领用当月A材料、B材料、C材料各100公斤。

（26）24日，行政部维修房屋支付款项1 000元，生产部修理机器支付款项2 000元。上述款项用现金支付。

（27）26日，收到长丰公司转账支付货款60 200。（提示：上个月长丰公司曾预付货款10 000元）

（28）30日，依据公司核定的在职人员工资标准和考勤记录计算、发放工资，并进行工资费用汇总和分配。其中：采购人员和营销人员的交通补贴为500元，其他人员的交通补贴为250元；职务补贴按“基本工资”的10%计算；医疗保险按“基本工资”的2%计算；养老保险按“基本工资”的3%计算；缺勤扣款：（基本工资/30）×缺勤天数×60%；个人所得税按“应发合计”扣除“3 500”元后计税（见下表）。

行政部门	行政部		财务部			采购部		销售部		生产部	
人员姓名	赵珍	韩冰	张伟	李萍	王广	吕波	黄平	马明	张倩	姚娟	王朋
基本工资	3 000	2 500	3 000	2 500	2 000	3 000	2 500	3 000	2 500	3 000	2 500
缺勤天数		2	2								

（29）30日，计提1月份固定资产折旧，并完成了相关账务处理。

（30）30日，对往来账进行核销。

（31）31日，计算并结转当期应交税金。

（32）31日，结转本月已售产品成本。

（33）31日，结转本月期间损益。

（34）31日，完成总账系统结账。

（35）31日，在UFO报表中，编制1月份资产负债表、利润表、现金流量表，并录入关键字取数，生成报表。

【思考与练习】

1. 完成实验所要求的业务需要启用哪些子系统?
2. 哪些子系统需要相互对账?
3. 谈谈账套主管的作用如何有效发挥?
4. 谈谈分工协作的感受。
5. 实验过程中遇到的问题有哪些？如何解决的?

第三篇　会计信息系统——管理与控制

本篇主要介绍会计信息系统实施阶段管理和运行阶段管理的目标、内容和要求，以及会计信息系统风险与控制的相关内容。

本篇包括第14章和第15章。

第14章首先介绍会计信息系统管理的目标、内容。会计信息系统管理的基本目标就是用最小的资源投入获得最大的经济效益和管理效果。会计信息系统管理包括会计信息系统项目规划和组织管理、会计信息系统实施管理、会计信息系统日常运行管理。本章介绍了会计信息系统建设的项目管理，包括项目管理概述、项目实施前准备、项目实施过程等。还介绍了会计信息系统的运行管理，包括运行管理组织、规章制度建立等。为方便读者对项目实施的理解，还介绍了几种项目实施方法论，包括用友实施方法论、SAP实施方法论、Oracle实施方法论。实施方法论是指用于系统建设项目实施的方式指导、活动约定、工作支持等的一系统框架、方法、工具。

第15章介绍了风险与控制的基本概念，分析了会计信息系统可能存在的各种风险，就会计信息系统内部控制的目标、分类进行了总结和探讨，重点介绍了会计信息系统一般控制和应用控制的主要内容。

第14章 会计信息系统管理

【学习目标】

会计信息系统管理主要包括实施阶段管理和运行阶段管理。实施阶段管理的重点会计信息系统建设项目管理，运行阶段管理主要是确保会计信息系统保持正常的运行环境和运行状态，满足业务处理的需要，及时完成会计信息处理。

通过本章的学习掌握以下问题：

1. 理解会计信息系统管理的意义
2. 理解会计信息系统管理的内容；
3. 理解会计信息系统建设项目管理的过程和内容；
4. 理解会计信息系统运行管理的主要内容；
5. 了解几种常用系统实施方法及基本过程。

会计信息系统的生命周期包括前期信息系统建设实施和后期系统运行管理两个主要环节。前期一般以项目管理的形式展开，完成系统的分析、设计与实施等工作。后期则基于日常运行管理和制度建设等内容进行。虽然不同的会计信息系统因为企业规模大小、结构和业务复杂程度等原因而有所不同，但建立和管理会计信息系统的工作程序和要点大致是相同的。本章从企业的角度对会计信息系统的建设和管理过程中的一些关键环节的工作内容加以介绍，对可能出现的问题进行必要的阐述，从而对企业会计信息系统的建设和管理工作进行必要的指导。

14.1 会计信息系统管理概述

14.1.1 会计信息系统管理的目标和任务

1. 会计信息系统管理的重要性

从会计信息化过程分析，会计信息系统管理应至少考虑两个阶段：实施阶段和运行阶段。无论是在哪个阶段，都存在着诸多影响信息化质量的因素，因此，企业应该针对不同阶段的内容和特点加强管理。

会计信息系统的实施阶段是指从会计信息系统规划和立项开始到正式启用信息系统处理日常业务的工作过程，包括项目规划、项目立项、系统需求分析、软件选型、实施方案设计、建立系统环境、系统切换和试运行等一系列阶段性工作。通常对规划和立项的管理称为实施前期管理，对其他阶段的管理成为系统实施管理。运行阶段是指正式启用信息系统后处理日常业务的持续运行过程，运行管理包括一般意义上的系统运行维护工作。

会计信息系统实施阶段的每个环节都会对未来会计信息系统的功能、效率和效果产生至关重要影响。项目的规划、软件选型等是否符合行业特点和本企业的要求，企业的管理体制是否需要调整，业务流程是否需要重组，这些问题都需要周密考虑。对实施过程管理监控不周，会造成会计信息系统实施计划延期、经费超预算、项目效益差等后果。

确保会计信息系统保持正常的运行环境和运行状态，满足业务处理需要，及时完成会计信息处理是运行阶段的基本要求。会计信息系统是人机系统，需要制定规则对人的行为进行约束，对软硬件环境进行维护，设置符合管理需要的业务流程，采取措施保证系统资源的安全。有效的运行管理有助于维持会计信息系统的运行效率，保障会计信息资源的质量，提升系统使用效益。现代信息技术的应用使得会计信息系统面临许多技术风险，业务执行风险、信息处理风险、资产保护风险 、效益风险都应当进行有效防范，因此，需要加强对会计信息系统的内部控制，才能适时地控制各种风险的发生。

2. 会计信息系统管理的目标

管理的根本目标是提高效率和效益，对会计信息系统而言，就是用最小的资源投入获得最大的经济效益和社会效果。具体的目标可以概括为以下几点。

- 有效并合理地控制企业在会计信息系统实施中面临的风险。
- 有效并合理地控制企业在会计信息系统日常运行中面临的风险。
- 保证会计信息系统中财务信息的及时性、准确性。
- 保证与会计信息系统有关的资产的完整性和安全性。
- 合理地保证业务执行的效率和效果。
- 符合有关会计准则、法律法规和制度的规定。

3. 会计信息系统管理的主要任务

（1）制订会计信息系统的发展规划。会计信息系统总体发展规划应以一定时期、一定地区的发展战略目标为依据，结合本单位的实际情况来制订。制订会计信息系统的发展规划是为会计信息系统的建设确定战略方向，是决定系统成败的关键。

（2）会计信息系统实施管理。为了使会计信息系统项目能够按照预定的成本、进度、质量顺利完成，应对项目的全过程进行分析和管理，主要任务包括：制订项目规划和实施计划，建立项目组织，按照计划进度、成本管理、风险管理、质量管理的要求，进行软件开发、选型，系统建立，最终完成项目规定的各项任务。

（3）会计信息系统运行和维护管理。有效的运行管理是会计信息系统顺畅运行的有力保障，企业应做好会计信息系统内部控制、操作管理、会计档案管理等工作。

14.1.2 会计信息系统管理的内容

1. 会计信息系统项目规划和组织管理

（1）会计信息系统项目规划。会计信息系统项目规划应从一个企业的战略目标、业务活动需求和信息需求出发，同时一定要有高层管理人员对此负责。会计信息系统规划是项目能否启动的前提和基础，其基本内容主要包括企业现行系统和财务管理现状分析、系统目标分析、系统需求分析、系统实施计划、系统经费计划、投资效益分析、编制可行性分析报告等。

（2）会计信息系统的组织管理。在会计信息系统的项目实施中，应建立健全组织机构，合理安排项目小组成员，明确各部门职责，管理者、技术人员、业务人员合理分工，确保项目顺利实施。在实践中，企业不一定要设置专门的会计信息化管理部门，但是必须设置最基本的相关岗位。通常在大型企业都设立专门的信息管理部门，由CIO（Chief Information Official）总负责对会计信息化的管理。对小企业来说，也应由高层的管理人员（如企业副总、财务主管）负责会计信息系统的管理工作。对会计信息系统操作、维护、管理等各类人员，应明确职责。在人员分工时，要贯彻不相容岗位职责分离的原则，才能形成对业务执行及信息处理的控制机制。如系统管理员、系统维护员主要负责系统的管理和维护工作，不参与会计业务工作，无权更改业务数据等。所有的财务业务操作人员要经过授权方可执行本职范围内业务操作。

（3）管理制度体系。通常企业应建立一套适应会计信息系统工作的管理制度体系，包括组织管理制度、岗位职责管理制度、业务执行程序管理制度、会计信息资源和配置管理制度、会计信息系统操作管理制度、监控制度等。

2. 会计信息系统实施管理

（1）实施前期准备阶段的管理工作主要包括：

- 成立筹备小组；
- 制定软件选择标准和选择方法；
- 进行系统规划，分析项目实施的可行性；
- 形成可行性分析报告，完成项目立项审批；
- 选择软件提供商和咨询机构；
- 建立实施管理制度或程序，并进行相关的用户培训。

（2）系统实施期间的管理工作主要包括：

- 成立项目组织；

- 进行调研，细化项目实施计划；
- 建立系统运行平台环境；
- 系统设计和实现管理；
- 系统确认、系统切换和上线试运行的管理。

3. 会计信息系统日常运行管理

会计信息系统日常运行管理是指信息系统开始使用之后的持续管理过程，包括日常组织机构管理、会计信息系统资源和配置管理、运行管理制度的建立和贯彻、内部监控和系统维护等管理工作。

（1）信息系统资源管理。会计信息系统的主要资源一般包括信息资源（如系统运行平台、基础数据、文档资料）、人力资源、技术资源和相关的内外部服务。对这些资源应制定相应的管理制度和执行必要的管理程序。在资源管理中应主要考虑：

- 需要哪些资源；
- 如何得到、开发和配置所需的资源和能力，其中包括信息系统库的建立、如何配置或升级满足需要的版本等；
- 如何从供应商那里得到所需的技术和服务；
- 当资源发生冲突或竞争时，应如何解决。

（2）日常运行管理制度。日常运行管理包括业务执行程序的管理、操作管理、安全性管理等，应从制定和落实各项管理制度入手。比如业务执行程序管理制度、会计信息化操作管理制度、安全性管理制度等。

（3）加强对系统的监控或内部审查制度。信息系统投入运行后，要不断地对系统的业务处理能力、系统运行稳定性、系统对误操作的保护和故障恢复的能力等进行监控和评价，并对系统的性能、成本、效益做出综合评价。企业可以制定周期性的审查制度，通过年度审查、技术审查、应用审查，确保系统的良好运行和所有财务信息的准确性。

14.1.3 会计信息系统管理的基本原则

由于企业的规模不同，业务各有特色，会计信息化基础也有差异，因此在管理的具体做法上可能有很大不同，但有一些基本的原则应该在会计信息系统管理过程中加以考虑：

- 必须有高层管理者负责，并且应注重会计信息系统的发展规划；
- 管理中尽量利用信息技术和信息系统提供的工具和手段；
- 强化会计人员在会计信息化管理中的作用；
- 尽可能利用信息系统进行实时控制或预防性控制；
- 强化内部审计职责，坚持管理评审。

14.2 会计信息系统建设的项目管理

系统的实施是在企业信息系统建设过程中，由相关人员组成特定项目组，根据企业的需求，提供的一种个性化的、专业化的服务，一般包括从手工系统或旧信息系统到建成企业会计信息系统的全部过程和活动。信息系统的整个实施过程包括建立项目组织、项目准备、项目建设、系统切换和运行支持等几个主要阶段，其他诸如培训教育、项目管理和变革管理则贯穿始终。项目管理是决定信息系统建设成败的关键，应严格按照项目管理的要求组织、计划和控制好整个项目的实施过程，最终实现应用软件与企业应用的嫁接，完成知识与技能的转移。

14.2.1 项目管理概述

项目管理就是合理利用各种资源，对项目涉及的全部工作进行有效地管理，即从项目的投资决策开始到项目结束的全过程进行计划、组织、指挥、协调、控制和评价，以实现项目的目标。

1. 项目管理的基本内容

项目对象众多，使用的方法也不尽相同，但是一般项目管理的基本内容可以归纳为九大知识领域：项目范围管理、项目时间管理、项目成本管理、项目质量管理、人力资源管理、项目沟通管理、项目风险管理、项目采购管理、项目整体管理。项目管理的基本内容、目的及主要工作如图14–1所示。

图14–1 项目管理的基本内容

2. 项目管理的过程

在项目管理中，主要包括了项目的启动、计划、执行、控制和收尾五个过程。

（1）启动过程。包括发起项目、授权批准项目。这个过程的最重要的产出成果，就是完成立项。

（2）计划过程。详细定义和优化项目目标，并从多种方案中选择实现目标的最佳方式。项目计划就是在这个过程中完成的，包括确定项目范围，制订项目进度计划，配置项目人力资源，制订项目风险管理计划，编制项目预算表，制订项目质量保证计划，制订项目沟通计划，制订采购计划。

（3）执行过程。协调各种资源按项目计划实施。项目中主要的工作量就是花费在执行过程中。

（4）控制过程。定期监控与度量进展情况，以识别与计划的偏差，以便采取必要的纠正措施，确保项目目标的实现。

（5）收尾过程。正式接受项目和阶段成果，完成项目评审验收，使项目有序结束。

如图14–2所示，最先开始的是项目的启动过程，然后开始的是计划过程。计划过程一直延续到接近收尾过程，这是由于在项目当中需要根据项目的实际情况不断对项目计划做出修正，甚至是计划变更。控制过程在计划过程开始后很快就开始了，一直延续到项目完全结束，保证项目目标的最终实现。项目的执行过程是完成项目任务的主要部分，通常工作量最大。项目收尾过程是在项目执行过程后期、主要工作量完成之后，就开始为项目的收尾做准备，而并非等到全部项目任务都结束后才开始做收尾工作。

如图14–2所示，项目中工作量最大的是执行过程，其成本也是最高的，所以更要加强在前期启动过程和计划过程的工作，以相对较低的代价及早发现和解决问题，降低项目风险。

3. 项目管理五大过程的关系

五大过程之间有着顺序和反馈联系，它们之间的关系如图14–3所示。

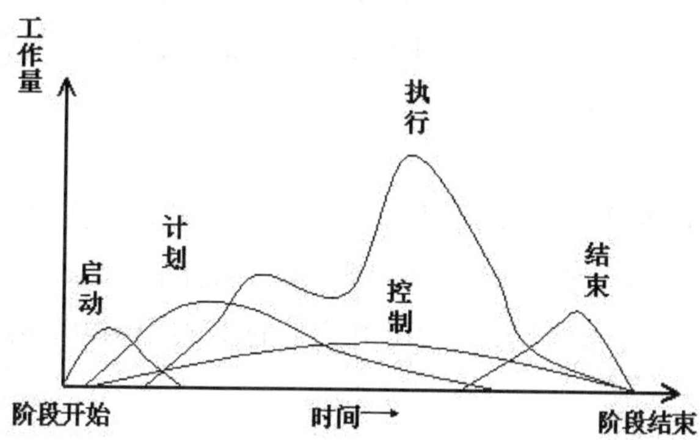

图14–2 项目各过程时间与工作量示意图

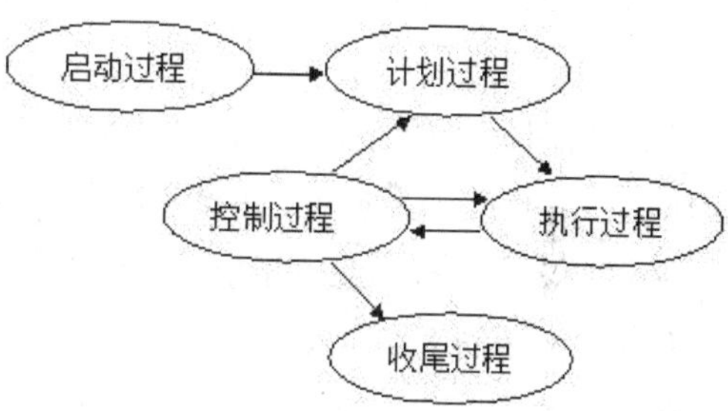

图14–3 项目管理五大过程之间的关系

在图中可以看出，控制过程主要面向执行过程、计划过程和收尾过程；控制过程和执行过程之间是相互影响的。在项目执行过程中，项目管理者要对项目的执行情况进行监控，发现偏差后需要根据具体情况采取不同的措施。

（1）如果偏差可以在执行过程中得到纠正，不涉及其他的因素，那么从控制过程就可以直接转向执行过程。

（2）如果偏差导致需要对项目计划进行变更，例如项目范围要发生变化，或者项目工期显著延长将超过规定的完成时间，或者需要追加项目预算等，这种情况下一定要首先返回计划过程，调整项目计划后再重新进入执行过程，按照变更后的计划执行，以保证项目的执行过程是可跟踪的，这种情况下绝对不能从控制过程直接返回执行过程，不做计划变更而随意采取行动，否则项目执行中的实际进展情况将与原来的计划脱节，最终变得没有计划可依，使整个项目失控。

项目完成时，必须通过控制过程的确认，才能进入收尾过程。在实践当中，项目是否完成必须经过检验和确认，不能由项目的执行者自己来决定项目是否结束。

14.2.2 项目培训

由于会计信息系统的复杂性，改变了许多手工会计方式下的思维和工作模式，或与企业原有的会计信息系统有较大的区别。所以，在下面的不同阶段，从企业主要领导，到财务主管和会计、出纳人员，都要接受会计信息化知识的训练和学习，这是会计信息系统上线运行并发挥作用的重要保证。

从实施过程和循序渐进的层次上来看，项目培训包括初级培训、岗位培训、高级培训；从受训的人员看，包括企业领导培训、项目小组培训、计算机人员培训和业务操作人员培训；从培训内容上看，包括会计信息化理论知识培训、计算机和网络知识培训、系统软件操作使用培训等。对企业现有人员培训时要注意人员的层次、年龄层次、知识结构的不同。另外，在人员培训过程中，为了有效地解决当前的紧急问题，一般要加强对系统使用人员的实际操作能力的培训，特别是基本理论和基本技能的培训。

1. 初级培训

初级培训主要是针对公司的领导层和项目组成员进行会计信息化建设中应了解的基本知识的培训，如会计信息化基础知识、团队建设、项目风险、项目管理、实施方法等，是一个短时间的、入门级培训。通过培训使领导层和项目组成员理解企业为什么迫切地要建设会计信息系统，它的优势、产生的效益、预期目标和可能存在的风险有哪些。

2. 岗位培训

岗位培训是在系统测试完成后，为所有需要使用系统的岗位人员进行的操作培训，该培训因为时间短、范围广、要求高，因此在项目组织和实施中是一项非常重要的工作。会计信息系统的上线，必然会改变原有的业务流程，这就需要会计人员尽快掌握本职工作岗位的业务流程和操作技能，尽快适应新的工作模式。

3. 高级培训

高级培训完成项目实施上线正式运行后，为保证系统正常运行、系统维护、故障排除、个性化改造而进行的一项全面的培训。本阶段主要包括以下培训内容。

（1）二次开发技术培训。企业为了更好地使用上线的系统，为了提供有力的技术保证，为了适应企业的发展而可能对系统进行个性化改造和简单升级，针对企业开发、技术人员进行与软件系统相关的开发工具、软件系统中的重要过程、函数、规则等开发技术的培训。

（2）数据库技术培训。大型关系型数据库已经被广泛应用，Oracle、SQLServer、DB2等大型数据库的基本使用、维护、备份等技术必须由专人学习。在系统正式上线运行后由专人负责数据库的维护。

（3）对数据分析的培训。会计信息系统正式运行后，会有大量有用的财务数据、会计信息。如果不能充分利用这些数据，则系统的作用就不能很好地体现出来。所以企业的管理者、业务人员都应该掌握如何去分析数据，为企业决策提供依据。

（4）系统管理员、维护人员培训。系统管理员和维护人员的能力是系统正常运行的重要保证，此培训是针对系统授权、系统的所有功能操作、常见故障出错排除、一般问题的解决等方面而展开的培训。

（5）计算机知识和网络知识的培训。该培训应该在相对较大的范围内进行，全面普及计算机和网络知识，减轻一部分人员的高科技畏惧心理，并能用培训所掌握的知识排除计算机和网络出现的简单故障，自行解决等一些简单技术问题。

14.2.3 项目实施准备

会计信息系统项目要有目的、有计划、有组织地在正确的方法指导下分步实施。实施的前期准备工作是否充分，是关系到能否达到预期目的的非常重要的一步。

1. 成立筹备小组

当企业原有会计工作模式或会计软件影响到企业的发展，企业迫切需要并准备要实施新的会计信息系统时，第一步工作就是成立筹备小组。筹备小组的成员一般包括企业的领导层、财务部门主管和主要会计人员、信息部门主管，以及其他相关业务部门的代表。概括地说就是包括领导、业务人员、计算机人员等三类人员。另外，企业最好聘请专门的咨询机构来参与企业的筹备工作，这样对以后的工作更为有利。筹备小组的主要工作是对会计信息系统项目进行调研，对项目进行预算、总体计划和效益分析，提出可行性分析报告，为领导决策提供依据；对企业现状进行分析，提出需求分析报告，为企业软件选型工作做好准备；组织动员会、初级培训、拟制实施计划等。

2. 系统规划

会计信息系统应该站在企业会计信息化，甚至整体IT战略和经营战略的高度来进行系统分析和系统规划；要充分考虑规划中的会计信息系统与现有系统之间的取代或兼容，要考虑与企业其他业务系统、IT应用系统的关联和影响，以协调目标，避免冲突，控制风险，节省开支，提高效益。企业只有在一定科学方法的指导下，进行科学规划，才能够成功实现企业的会计信息化目标。会计信息系统规划的主要工作包括：现行系统分析、系统目标分析、系统需求分析、系统实施计划、系统经费计划、投资效益分析、可行性分析报告等。

（1）现行系统和企业管理现状分析。为了全面、准确地获得企业对会计信息系统的需求，必须对企业的现行系统和企业管理现状进行全面、细致、准确的分析。比如，企业的性质、规模、财务状况、财务部门的机构设置、业务流程，以及信息流程、计算机应用的范围及水平、现行系统存在的主要问题、影响企业会计信息化的主要因素等。以财务业务流为主线，采用各种调研方式，对企业现行系统的组织机构、业务流程、信息流程进行全面、细致的分析，分析存在的主要问题，为新系统的分析提供主要依据。

（2）系统目标分析。在对现行系统分析的基础上，应根据企业财务管理所要达到的目标，利用现代化管理的思想与技术、采用先进的系统分析与设计工具，对新的目标系统进行分析和总体设计，主要包括确定新系统的总体目标，建立新系统的信息流程、总体功能结构、功能模型、信息模型，提出新系统的外部接口要求，提出解决系统关键问题的技术方案等。

（3）系统需求分析。进行系统的功能性能和系统配置的需求分析，以及分析建立会计信息系统的必要性和时机，选择怎样的会计软件。要考虑实现同其他信息技术的集成，满足扩展的需求。不同类型的企业对财务工作的要求和处理方式也有不同，对软件系统的需求也是有区别，系统需求分析就是进行系统选型的指导。

（4）系统实施计划。根据系统的功能、性能要求，系统的软件、硬件配置及组织机构的配置，制订系统各项实施计划。如果没有切实可行的计划，就会使系统实施工作陷入一片混乱之中，最终导致系统失败，或新系统不能充分发挥其效能。系统实施计划主要包括配置计划、实施进度计划、培训计划等。

● 配置计划。根据企业会计信息化的需求和新系统的规模，应该从前面确定的系统及各子系统的功能模型和信息模型所表达的系统目标出发，对新系统的体系结构、计算机软硬件、组织机构进行合理的选择与配置。

● 进度计划。实施进度计划是指系统开发的进度计划，主要内容是系统开发的总进度、各阶段进度、各子系统、主要功能模块的进度等。在开发新系统时，经常会出现一些新情况和不可预估的变数，因此在估计开发进度时，最好是偏松些。

● 培训计划。按照前面项目培训中所述的培训内容，制订贯穿项目实施全过程的分阶段、分层次的培训计划。

（5）系统经费计划。系统经费计划主要是实施系统所涉及的系统软件、硬件、运行维护的费用。如计算机主机、服务器、网络系统、打印机等系统硬件费用，电源、空调、机房、吸尘器等系统环境建设费用，操作系统、数据库管理系统、开发工具、网络管理软件等系统软件费用，财务软件系统的购置费用或者是开发研制费用，设备维修、日常易耗品、水电等能源、工资等系统运行费用，人员培训、管理费用及其他不可预测的费用。进行经费预算时，既要精打细算，又要略有宽松，留有机动费用。

（6）投资效益分析。系统实施是否成功，不是简单地看是否引入了或开发了功能强大的会计信息系统，重要的是看实施后能否取得预期的效益，系统的性价比如何。在做决策之前应当先做投资效益分析，以便于企业领导进行投资决策分析，决定系统的投资强度。可以根据预期效益来控制用于系统的投资，并且可以作为系统交付使用时验收的重要参考依据。

● 资金投入预算。可以设定几种可能的投资预算和投资限额，分别说明投资分析结果，供领导决策参照。

● 预期效益分析。可进行可量化与不可量化的效益分析。可量化的效益分析主要体现在现金管理、流动资金、往来账款监控、凭证管理等几个方面，不可量化的效益主要体现在提高企业的会计信息化水平、提高企业形象、提高企业在行业中的竞争力。

（7）可行性分析报告。可行性分析既要考虑企业长远发展，又要找出近期最迫切需要解决的问题；对需要解决的问题，也要分清轻重缓急，分阶段实现，制定总体目标和阶段目标；要考虑企业目前的管理水平、人员素质、数据和文档的完整与准确程度及资金支付能力；对实施中的难点和阻力要有充分估计。

分析之后编制可行性分析报告。它的编制思路还是从现有系统的分析出发，对计划新构建的系统进行功能、性能、技术条件、时间期限和费用预算等的研究调查，最后进行投资效益分析。可行性研究报告的主要内容和格式可以参考业界已有的规范。

3. 软件选型

选择合适的应用系统是企业会计信息系统建设的关键环节。一般来讲企业有四种选择：一是自行开发；二是购买商品化会计软件；三是购买与二次开发相结合；四是使用上级主管部门推广的会计软件。这些选择各有利弊，如何规避风险，做出最有利于企业的选择，需要具体问题具体分析。自行开发难度大、耗时过长、风险太大、起点较低，而目前商品化软件非常成熟，因此大多数企业采用购买商品化软件或购买与二次开发相结合的方式建设自己的会计信息系统。

如果采用购买或与二次开发相结合的方式，一般应考虑以下几方面的因素：软件功能是否满足本单位当前业务处理的要求及未来一段时间的发展需要；软件的稳定性、易用性、灵活性、开放性与可扩展性；软件供应商的维护、二次开发支持能力、持续发展与服务能力；文档资料的规范与齐全性；实施服务的方法与质量；软件的应用范例及评价；软件的运行环境；软件与实施服务的价格。

14.2.4 项目实施

会计信息系统的实施也是一个复杂而艰巨的系统工程，项目实施的规模、系统功能需求、企业的财务运行现状、企业的管理水平、人员的素质、领导的重视和认可度等方方面面的因素，都会影响会计信息系统实施的效果。

1. 成立项目实施组

项目实施组是负责项目实施的具体工作机构，一般以项目筹备组核心成员为基础，增加部分技术和业务骨干，咨询机构人员，与软件提供商项目人员一起组成。项目实施组可以分成领导小组和工作小组，工作小组还可以再分为技术小组和业务小组。

（1）领导小组。由企业的一把手负责，和财务主管、信息主管、与系统相关的其他业务主管、软件提供商的项目负责人，以及外部咨询顾问等一起组成领导小组。这里要注意的是人力资源的合理调配，如项目经理的任命、优秀人员的发现和启用等。领导小组应进一步明确会计信息系统项目总体要达到的目标，确定工作小组的人选，检查工作进度，检查项目成果。

（2）工作小组。工作小组一般由企业的财务部门、信息部门、相关业务部门的业务骨干、技术人员，以及软件提供商的实施人员等组成。具体实施工作是由他们来完成的，一般由项目经理来领导小组的工作。

项目实施工作小组的作用是：制订实施计划，并监督执行；在软件公司、咨询公司的有关顾问的指导下，安排系统日常实施工作；积极提出并参与业务改革；负责企业的内部培训工作；负责按要求收集数据，监督数据录入处理，并负责编制企业的数据规范；负责组织原型测试，模拟运行软件系统，并提出有关意见；制定岗位工作准则；制定新的工作规程和准则；负责系统的安全和保密工作；拟制各个阶段的工作报告。

2. 调研与方案设计

详细调研是整个项目的关键，不能为了赶工期而减少该阶段的工作或降低质量要求，本阶段将完成对企业的详细调研，并针对调研确定实际的项目范围。

（1）制订详细调研计划。详细调研计划根据项目范围确定调研内容、调研时间和参加调研的人员。首先拟定调研提纲，如总体架构调研提纲、领导层需求调研提纲、业务部门的调研提纲等，然后按照计划的调研时间展开调研，最终确定需求分析报告模板。表14-1是对调研计划内容的简单展示。

表14-1　　会计信息系统调研计划

序号	项目	开始时间	结束时间	参加人员
	一、准备调研提纲			
1	准备总体架构调研提纲、调查问卷			
2	准备财务部门调研提纲			
3	准备***部门调研提纲			
4	下发调研提纲到各部门			
	二、调研			
1	总体改革架构调研，收集分析问卷			
2	财务部门调研			
3	***部门调研			
4	确定需求分析报告模板			
5	整理调研资料			
6	重点问题、疑难问题、其他问题调研			
	三、撰写需求分析报告			
1	需求分析报告撰写分工			
2	撰写需求分析报告			
3	审核需求分析报告			
4	需求分析报告定稿			

（2）展开调研。要从不同的角度展开总体调研、部门调研、重点调研。

① 总体调研。总体调研是指在项目涉及的范围内，各相关部门和人员填写项目组设计的调研问卷，项目组收集、整理、分析调研问卷的过程。总体调研一般通过调研问卷的形式来进行，包括以下工作：确定需要调研的部门和人员；设计调研问卷；组织填写调研问卷；收集、整理、分析调研问卷；调研问卷存档。

② 部门调研。在收集上来调研问卷后，根据问卷回答的质量和问题陈述，安排项目组到部门进行实地调研。部门调研的方式一般采用座谈会和现场观察等方法。

③ 重点调研。在以上调研结束后，涉及多部门或大家共同关心的问题，有针对性地安排相关人员开展一些座谈，以更深入地了解这些问题。会谈结束后完成单独的会议记录并发给与会人员阅读。

（3）撰写和审批调研报告。调研报告是对现状的描述，但要采用会计信息系统的专门语言，报告忌用大段的文字描述，要尽量使用简单的图表说明。主要包括系统结构、组织结构、业务流程、岗位设置及岗位职责、单据流程图与分布图、重点问题解决方案、期望解决的问题等内容。做到分析现状，提出和确定解决方案，并报项目领导小组审批。

3. 制订与细化项目具体实施计划

在前期项目规划的基础上，从时间上、内容上、分工上对实施计划进行细化。项目的实施计划由经验丰富的咨询公司或在其指导下制订，由企业的项目实施小组根据企业的具体情况讨论、修改，最后由项目的领导小组批准。项目实施计划一般分为两类：项目进度计划与业务改革计划。计划应体现总体规划的要求。

根据企业的规模、会计信息系统功能要求等，系统的建设可能会分步、分期实施，但对于大多数企业或中小型企业来说，还是一次性完成项目实施比较好。

4. 建立系统环境

前面章节已经介绍了计算机网络技术、数据库技术、操作系统等IT技术，建立会计信息系统首先需要建立系统运行所需的软硬件环境，它是会计信息系统的物质基础。根据系统的实现目标、企业的经济状态、数据数量要求、IT技术要求进行综合考虑，确定系统所需软硬件环境和软硬件配备。整个系统环境的搭建，一定要充分考虑企业现有资源的有效利用。

（1）硬件环境的建立。主要确定会计信息系统的网络结构、硬件配置方案等。

① 网络选择及体系结构。根据企业会计信息系统的建设标准，对企业现有网络系统进行扩展或重建，以满足系统的建设要求。遵循信息结构和网络结构特点，根据业务量确定各个子网规模；设置网络操作环境及通信协议。按照要实现的系统功能，确定系统的C/S或 B/S体系结构，绘制出网络拓扑图。

② 硬件配置方案。主要是指系统所需的各类服务器（数据库、应用及备份服务器）、计算机、路由器、交换机、打印机等硬件设备的规格、数量等，甚至细化到设备的具体参数指标，编制硬件配置计划。进行硬件配备时，要坚持效益驱动的原则，设备的配置不宜贪大求全，力争做到最佳的性能/价格比。

③ 其他环境设备。比如对机房、办公环境、水、电等环境要求。

（2）软件环境的建立。主要涉及操作系统、数据库管理系统、系统开发工具等。按照系统要求确定采用哪种数据库系统（如Oracle、SQL Server），服务器端和客户端使用的操作系统（如Unix、Windows）。企业自行开发会计信息系统时，还可确定采用哪款主流的开发工具（如PowerBuilder、Delphi、VB.net、VC.NET、Java等）。

（3）系统的安装和配置。在网络建设完成、软硬件准备到位后，由技术人员进行安装调试，安装服务器端操作系统、数据库软件、应用软件，安装客户端软件。安装与配置过程中，要保存好所有的安装、调试、测试文档。同时为系统的管理制定管理规范，包括日常维护规范、应急处理规范、工作准则、工作规程等。

5. 基础数据准备

基础数据准备是系统安全和准确运行的关键，需要高质量地准备会计信息系统的基础数据，如会计科目、部门、人员、固定资产信息等。基础数据的质量直接关系到系统正式上线后的运行状态。许多系统运行不准确、不顺利，基础数据的准备也是主要因素。

为组织好基础数据的整理工作，需要仔细做好以下工作：

- 项目组准备基础数据整理的表格和详细的填表说明；
- 项目组为基础数据整理人员提供培训；
- 项目组制订严格的检查计划；
- 项目组在模拟系统中验证数据准备的质量。

6. 原型测试

软件原型测试也称计算机模拟，是对软件功能的模拟运行，以检查软件的功能是否满足企业的需求和项目目标。对于软件功能与企业目标和原定方案之间存在的差异，应找出合理的解决方案，如软件修改建议方案、管理改革方案、业务流程重组方案、用户化和二次开发方案等。由于会计信息系统集成了总账、应收应付、固定资产、工资、报表等全部会计业务，所以在测试时，应对全系统进行测试，涉及的各类会计人员都应有代表参与，这样才能理解各个数据、功能和流程之间相互的集成关系，找出不足的方面，提出解决问题的方案，以便接下来进行用户化或二次开发。

7. 用户化与二次开发

由于企业自身的特点，招标的应用软件可能会做一定量的用户化与二次开发工作。一般把不涉及程序代码的改动称为用户化，以适应用户的习惯或特殊要求。例如用户的特殊操作界面、报表格式、特殊业务、工作流程订制、定义多级审核等。通常把改动程序的工作称为二次开发。在进行二次开发前，要做认真的分析、对比。究竟是修改软件，还是改革现行管理方式，还是两者都做些修改。对修改的必要性、效果和代价要进行综合衡量。二次开发会增加企业的实施成本和周期，因此，要尽量减少对系统的二次开发，重点应该放在报表与特殊的业务需求功能上。用户化的工作可以由实施顾问对企业的系统维护人员进行培训，以后长期的用户化修改工作可以由系统维护人员来完成。

8. 系统切换

（1）切换准备。系统切换前要做好职责定位、权限划分、制度保障、应急措施等准备工作。

① 系统运行管理制度。系统运行管理制度是保证系统正常运转的必要制度，主要包括中心机房管理制度、系统日常维护制度、系统应急制度。

② 权限规划和划分。按照实施方案中规划的蓝图设计，重新定义岗位人员的职责，并在会计信息系统中按照实际权限进行规划和划分。

③ 系统切换策略及时间表编制。系统切换过程中经常遇到一些不可预知的问题，如预计的新单据没有到位，特殊的客户需求考虑得不充分，规划的新流程在流转中不顺畅等。项目组必须事先预计这些可能存在的问题，并制定相应的应对策略，包括问题反馈机制、问题解决机制、紧急解决机制等。策略的制定和措施的到位，直接反映项目组把握和解决问题的能力。

系统切换的时间一般在会计期末或比较合适的假期（如劳动节、国庆节等大型假期），这给系统切换一个较好的缓冲机会。

（2）系统切换。系统切换是会计信息系统正式运用在企业管理中的重要一步，因此要录入所有静态数据和动态数据，选择切实可行的切换形式，以保证顺利切换到新系统中。

数据录入，包括静态数据录入和动态数据的录入。在通过测试满足要求的系统中正式录入所有的静态数据，如会计科目、部门档案、人员档案、客户档案、固定资产等。在系统正式切换之前完成动态数据的录入，如往来账款、业务单据等。录入方式一般采用分组录入，交叉复核，交叉确认的组织方法。静态数据在录入完成后应该进行备份。同样，在动态数据录入完成后也要再次备份。

切换实施有直接切换、并行切换和分段切换三种形式。直接切换就是切换准备完成后直接将系统投入运行，风险较大，可能会由于未检测到的系统缺陷等原因而带来工作混乱。并行切换是新旧系统同时运行一段时间，切换前仍以手工管理或旧系统为主处理业务，新系统录入同样的业务数据。通过并行运行检验各类基础数据的准确性与合理性，以及新旧系统业务处理是否一致。经过1个会计月最长不超过6个月的并行运行检验，新系统能顺利运行后就停止旧系统的运行。分段切换是一种比较可行、实际的方式，适合于集团型、大中型企业系统功能结构比较复杂的情况，分模块一部分一部分地切换，如先切换总账、应收、应付、报表系统，过段时间再切换固定资产、工资管理系统等。

企业选择切换方式时，主要依据系统的规模、组织特点、人员素质、业务现状等。项目小组在系统切换的过程中最重要的工作是保证正式系统的稳定性，及时和业务部门沟通，处理试运行中可能出现的问题。系统试运行中要按照制定的系统运行规则进行数据的维护，记录相应的单据、报告，并留存。

9. 正式运行

企业实施了新会计信息系统后，必须对系统实施的结果做一个小结和自我评价，以判断是否达到了最初的目标，从而在此基础上制定下一步的工作方向。项目在正式运行一个结账月后，项目组向企业申请评审，评审结束后，正式结项，项目转入正常运行。在系统运行中，要做好系统运行维护的各项工作，如维护费用预算、技术支持人员储备等，保证系统良好的运行。还要结合企业的发展和计算机技术进步的要求，对系统适时提出改进建议，必要时进行修改、完善系统程序或进行二次开发。

14.3 会计信息系统的运行管理

信息系统交付使用以后，实施工作即告结束，进入系统运行管理、维护阶段。一般信息系统的使用寿命短则4～5年，长则可达10年以上。在它的运行过程中，还有大量运行管理、维护和评价的工作要做。建立健全内部控制制度，有利于提升会计信息系统业务处理的合法性和合理性，保证处理的经济业务及其数据符合有关规章制度，也有利于提高经济效益和工作效率。完善的系统维护机制有利于提升会计信息系统的适应性，从而保证系统能够适合各种管理需要、环境变化和例外业务。积极的日常运行管理有利于提升会计信息系统的安全性，保证软硬件和数据的安全，避免来自系统内外的各种威胁。严格的系统操作规程和控制制度有利于提升会计信息系统的正确性，保证输入、加工、输出数据正确无误。明确的岗位责任制度有利于提高会计信息系统的及时性，保证数据处理及时，为企业管理提供信息。

14.3.1 信息系统的日常运行管理

对于一个组织来说，信息系统的运行管理是始终存在的。运行管理的目的是使系统在其生命周期内保持良好的可运行状态，保证其功能的发挥，信息系统运行管理的任务就是围绕这一目标展开的。

信息系统的日常运行管理具体包括系统运行情况的记录、系统运行的日常维护和系统的适应性维护等工作。

1. 系统运行记录

从每天进入应用系统、功能选择与执行、数据备份、存档、关机等，都要就系统软硬件及数据等的运行情况做记录。运行情况有正常、不正常与无法运行等，对于后两种情况，应将现象、发生时间和可能的原因做详细记录。这些记录会对分析与解决问题有重要的参考价值。由于这些工作比较繁琐，在实际上往往会流于形式，因此一般应在系统中设置自动记录功能。但是作为一种责任与制度，一些重要的运行情况及所遇到的问题，仍应做书面记录。应事先制定严格的规章制度来保证对系统运行情况的记录，具体工作由使用人员完成。无论是自动记录还是人工记录，都应作为基本的系统文档作长期保管，以备系统维护时参考。

2. 系统运行的日常维护

日常维护是定时、定内容地重复进行有关数据与硬件的维护，以及对突发事件的处理等。在数据和信息方面，日常维护工作包括备份、存档、整理及初始化等。在硬件方面，日常维护工作包括各种设备的保养与安全管理、简易故障的诊断与排除、易耗品的更换与安装等。这些工作应由专人负责。

3. 系统的适应性维护

系统的适应性维护以系统运行情况记录与日常维护记录为基础，其内容有：

- 系统发展规划的继续研究与调整；
- 系统缺陷的记录、分析与解决方案的设计；
- 系统结构与功能的调整、更新与扩充；
- 数据结构的调整与扩充；
- 系统硬件的维修、更新与添置。

14.3.2 组织管理机构

会计信息化部门如何组织，应根据各单位的实际情况来设置。大中型企事业单位，一般都有信息中心或计算中心，因此在进行会计信息系统工作的组织时要统一考虑。组织过程中要注意两个问题，一是怎样处理与信息中心的关系；二是怎样处理会计部门内部的关系。一般地，会计信息化后，会计部门有如下几种组织形式可供选择。

1. 信息中心与会计部门并列的组织形式

在这种组织形式下，信息中心与会计部门都是独立的部门，属于同级机构，会计信息化工作仅是单位计算机应用的一项重要内容。会计信息系统的开发与维护都是由信息中心负责，一般会计部门设有微机和终端，会计部门只负责会计软件的使用及简单的日常维护。

这种组织形式有利于单位计算机应用统一规划和管理。在这种组织形式下，有一专门机构负责计算机应用工作，可按单位的总体要求来组织计算机应用工作，避免各个部门各自为政、独立开发而造成各个部门的信息不能为其他部门利用及不必要的浪费。这种组织形式的主要缺点是由两个部门负责会计信息化工作，工作上协调困难。

2. 信息中心和会计部门信息化组同时存在的组织形式

在这种组织形式下，单位设有独立的信息中心，在会计部门也设有会计信息化组。这种组织形式下，会计信息系统管理工作由信息中心和财会部门会计信息化组共同完成，会计信息化组长期从事会计软件的开发和维护工作。信息中心负责集中性的开发和与其他系统的协调。这种组织形式有以下优点。

首先，会计信息化组在会计部门，长期从事这项工作后，能成为既懂计算机又懂会计的复合型人才。

其次，有利于会计信息系统管理工作的组织协调。由于有信息中心参加这项工作，就能从总体上考虑好与其他系统的关系，而且还可提高开发效率，降低开发成本。同时，由于有信息部门的参加，信息部门又充分了解会计信息系统的情况，信息部门又为其他有关系统的开发打下了基础，为企业会计数据数出一门资源共享提供了条件。

最后，有利于提高人财物的利用。当需要较多开发力量时，信息中心的人员可到会计部门参加开发。系统完成后，信息中心的人员又可承接本单位的其他项目。这样，综合了两方面的优点，使本单位人财物都得到充分利用，是一种较理想的形式，大中型企事业单位和有条件的单位都应过渡到这种形式。

3. 单位没有独立的信息中心的组织形式

在这种组织形式下，单位没有独立的信息中心，一般是在会计部门配有专职的维护人员、操作员、录入员，运行已有会计信息系统。

形成这种情况主要有以下原因：

- 单位没有相应的技术人才，主要是聘请开发单位的开发人员来帮助建立会计信息系统；
- 单位主要是购买商品化会计软件或使用上级主管部门推广的软件。

这种组织形式的缺点很多，它不仅不利于充分发挥计算机的优势和综合利用本单位的管理信息，而且单位的会计电算化工作较难形成主动局面。但对于目前一些没有足够的资金与相应人才开展会计信息化工作的单位，采用这种方式解决会计工作的难点，积累经验也是很有益的。在会计信息化工作基础薄弱的情况下，这种形式还将存在下去。对于一些小型企事业单位，可以采用这种形式。在一些会计人员很少的单位一般采用一人兼多职的形式。

会计信息化管理工作的组织，对每一个单位来说都有自己的特殊情况，还与企业信息化的发展阶段有关，所以应根据每一步的需要来建立相应的机构和组织管理会计信息化工作，做到既满足会计工作的需要，又节省人力物力。

14.3.3 规章制度

规章制度建设是保障信息系统管理工作顺利执行的基础，只有形成制度并切实执行，系统管理工作才能落到实处，而不至于陷入“人治”的境地。

1. 建立内部控制制度

为了对会计信息系统进行全面管理，保证系统安全、正常运行，在企业中应切实做好会计信息系统内部控制。内部控制制度是企业经营者为维护企业资产的完整性，确保会计数据的正确性和可靠性，以及对经济活动进行综合计划、调整和评价，而制定的具有控制职能的一系列的方法、措施、程序等管理制度。

企业应根据内部经营管理的需要和会计工作的特点，制定相关会计信息系统内部管理制度。除了要遵守手工会计管理制度的原则外，还要充分考虑计算机信息系统管理的特点。具体来说，一方面要保证利用计算机进行会计核算的数据的真实性、正确性和完整性，保证会计工作秩序的正常进行，维护单位财产和货币资金的安全；另一方面还要保证应用到会计工作中的计算机硬件设备、计算机软件和计算机中的会计数据安全可靠。

2. 建立岗位责任制度

建立健全岗位责任制是会计信息系统运行管理的重要内容。要明确每个工作岗位的职责范围，切实做到事事有人管、人人有专责、办事有要求、工作有检查。按照会计信息系统的特点，在会计信息系统建设过程中，各单位可以根据内部控制制度的要求和本单位工作需要，对会计岗位的划分进行调整和设置，严格划定每个人的操作权限，设置密码。每个人都应按照操作规程运行系统，履行自己的职责，从而保障系统运行顺畅。

3. 建立会计信息系统操作管理制度

单位实现会计信息化后，会计人员必须操作计算机才能进行会计核算工作，如果操作不正确会造成系统内数据的破坏或丢失，影响系统的正常运行。会计信息系统操作管理制度的主要内容如下。

- 操作人员必须是经授权人员，经过培训合格并经财务主管正式认可后，才能上机操作。
- 明确规定操作人员对会计软件的操作工作内容和权限，对操作密码要严格管理，定期更换操作员的密码，杜绝未经授权人员操作会计软件。
- 操作人员应严格按照原始凭证输入数据，不得擅自修改凭证数据，并做好对凭证的审核，保证会计数据正确合法。
- 操作人员如离开工作现场，必须在离开前退出系统登录，以防他人越权操作。
- 根据本单位实际情况，做好上机操作记录，记录操作人、操作时间、操作内容、故障情况等，并做好记录内容的保管工作。
- 必要的防范计算机病毒的措施和制度。

4. 计算机软硬件管理制度

计算机软硬件的安全运行是会计信息系统运行的基本条件，因此应制定相应的管理制度，如机房管理制度、软硬件维护及保管制度、会计软件修改的审批及监督制度等。

软件维护主要包括正确性维护、适应性维护、完善性维护三种。正确性维护是指诊断和改正错误的过程；适应性维护是指当单位的会计工作发生变化时，为了适应变化而进行的软件修改活动。完善性维护是指为了满足用户增加功能或改进已有功能的需求而进行的软件修改活动。软件维护还可分为操作性维护与程序维护两种，操作性维护主要是利用软件的各种自定义功能来修改软件的一些参数，以适应会计工作的变化，操作性维护实质上是一种适应性维护。程序维护主要是指需要修改程序的各项维护工作。

硬件维护的内容主要包括定期进行检查，并做好检查记录。在系统运行过程中，出现硬件故障时，及时进行故障分析，并做好检查记录。在设备更新、扩充、修复后，由系统管理员与维护员共同实施安装和调试。

5. 会计档案管理制度

会计信息系统的档案主要是指打印输出的各种账簿、报表、凭证等书面形式的会计数据，存储会计数据和程序的磁盘及其他存储介质，系统开发运行中编制的各种文档及其他会计资料。企业应加强对会计档案的管理，建立和健全会计档案的立卷、归档、保管、调阅和销毁管理制度，并由专人负责管理。

会计档案管理制度一般包括以下内容。

- 存档的手续。主要是指各种审批手续，比如打印输出的账表，必须有会计主管、系统管理员的签章才能存档保管。
- 各种安全保证措施。比如备份磁盘应贴上保护标签，存放在安全、防磁、防尘、防热、防潮的场所。重要会计档案应准备双份，存放在两个不同的地点。
- 档案管理员的职责与权限。
- 档案的分类管理办法。
- 档案使用的各种审批手续。比如调用源程序就应由有关人员审批，并记录下调用人员的姓名、调用内容、归还日期等。
- 各类文档的保存期限及销毁手续。比如打印输出账簿就应按《会计档案管理办法》规定的保管期限进行保管。会计信息系统的全套文档资料及系统程序视同会计档案保管，如遇到会计软件升级、更换，旧版本会计软件及相关的文档资料应与该软件使用期的会计资料一并归档。
- 档案的保密规定。

14.4 几种典型的实施方法论简介

项目实施方法论是指用于系统建设项目实施的方式指导、活动约定、工作支持等的一系统框架、方法、工具。前面介绍的项目规划、软件选型、项目组织、原型测试、系统切换等，都是实施方法论的核心内容。目前，随着ERP走向成熟和广泛应用，会计信息系统通常作为ERP的一个子系统同时建设。各个知名的商业化ERP软件由于结构规范、功能特点和适用环境的不同，实施方法论的细节也有所区别，但其核心内容、基本原理都是一致的。例如用友、金蝶、和佳、SAP、

Oracle、BAAN、JDE等系统厂商都自己的实施方法论。

14.4.1 用友实施方法论

用友公司为了更好地帮助企业建立信息化系统，对项目实施流程的各阶段、各项任务的工作内容、策略、角色和责任、交付成果、潜在风险、项目管理方法等进行了规范整理，形成了一套独具特色的项目实施方法。因为信息化系统不仅仅是一个软件系统，更主要的是它蕴含了现代化的管理思想。信息化系统实施作为一项管理改造工程，将软件系统与企业管理思想相结合，促进企业的现代化管理。

为确保实施的成功，实施信息化系统的过程必须建立一套标准规范的实施流程。用友实施方法论将实施划分为五个阶段，或称为基本路线图的五个步骤，包括项目规划、蓝图设计、系统建设、上线切换、持续支持。在项目实施过程中，这五个步骤严格按顺序进行。对于每一个实施阶段，都定义了目的、完成的具体任务、采用的方法、工具、标准等，具体的实施路线等，如图14-4所示。

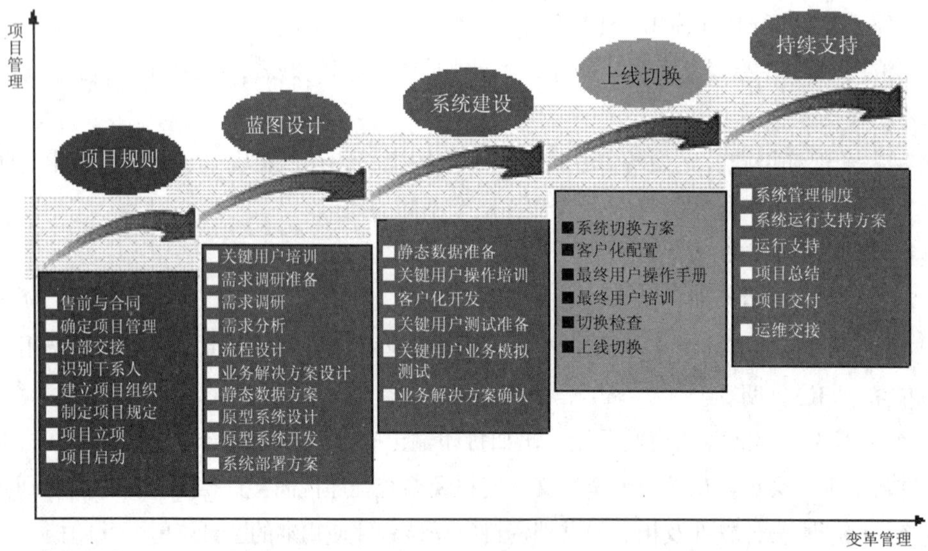

图14-4 项目实施路线图

1. 项目规划

项目规划是系统实施的前期工作，这个阶段的论证和计划非常重要，关系到项目能否立项和正式启动。项目规划阶段的工作主要有：建立项目组织、项目管理机制及系统的建立、制订实施策略和计划。项目组织的建立即组建用友方和客户方的项目小组，选定双方项目经理和小组成员。进行初级培训，使企业领导层和项目组成员基本理解信息管理系统，用信息管理系统的思想对企业现行管理的业务流程和存在问题进行评议和诊断，清楚和理解项目实施的目标和方法，共同拟定实施策略并编制项目计划书。项目规划阶段的具体工作流程如图14-5所示。

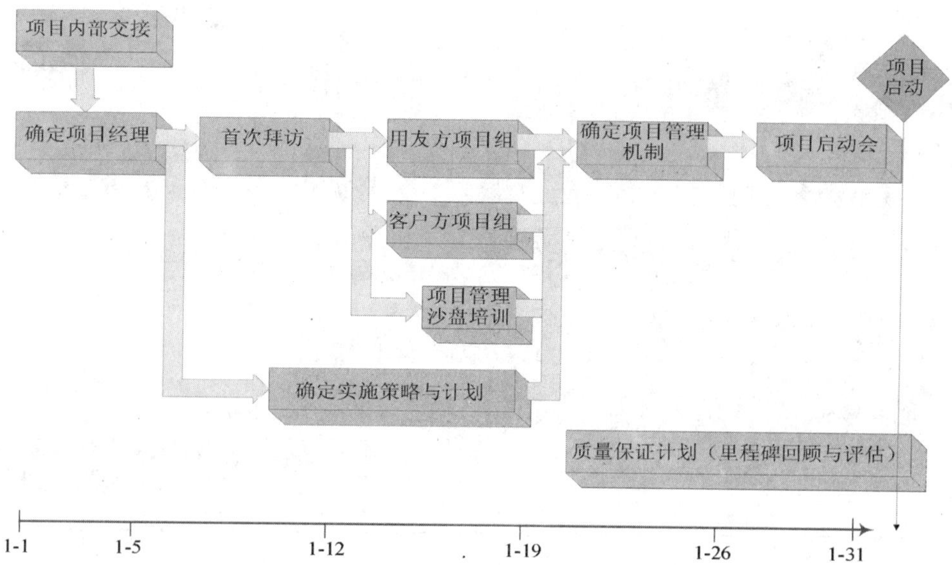

图14-5 项目规划阶段的工作流程

在这一阶段通过调查，应能回答以下问题。

- 产品实施的难点在哪里，能否解决，如何解决？
- 实施的基本条件是否具备，还需要做哪些基础工作？
- 对实施工作量和进度如何估计？

2. 蓝图设计

蓝图设计是实施准备阶段，就是对企业业务流程和需求进行调研和分析，优化业务流程并设计理想管理蓝图，以及实现这一目标所需的工具、方法、组织结构、数据和数据转换方式等，进行数据和各种参数的准备和设置。

此阶段的主要目标如下。

- 充分调研，明确企业运作状况，系统功能设计，防范实施风险。
- 通过业务流程现状梳理，展示企业整体运作状况，诊断现状流程，分析和找到优化改善方向。
- 通过未来流程设计及业务解决方案的设计，明确企业未来的运作状况。
- 根据需求结果，完成业务解决方案。

主要工作是：系统运行环境规划与部署，系统安装及培训，系统操作培训、业务调研、高层访谈、现状流程梳理、编码原则讨论，需求分析，业务解决方案设计，用户化开发需求与设计等。

3. 系统建设

系统建设阶段也是模拟运行及用户化阶段，目标是确认并验收方案，模拟上线测试并确认企业业务应用的系统实施方案（包括完成二次开发），完成最终用户的培训和模拟演练。主要工作是完成静态数据的整理、方案培训和原型测试、业务解决方案拟定及确认、二次开发方案与实施、岗位操作手册制定与发布、最终用户培训、模拟演练等。系统建设阶段的工作内容及基本流程如图14-6所示。

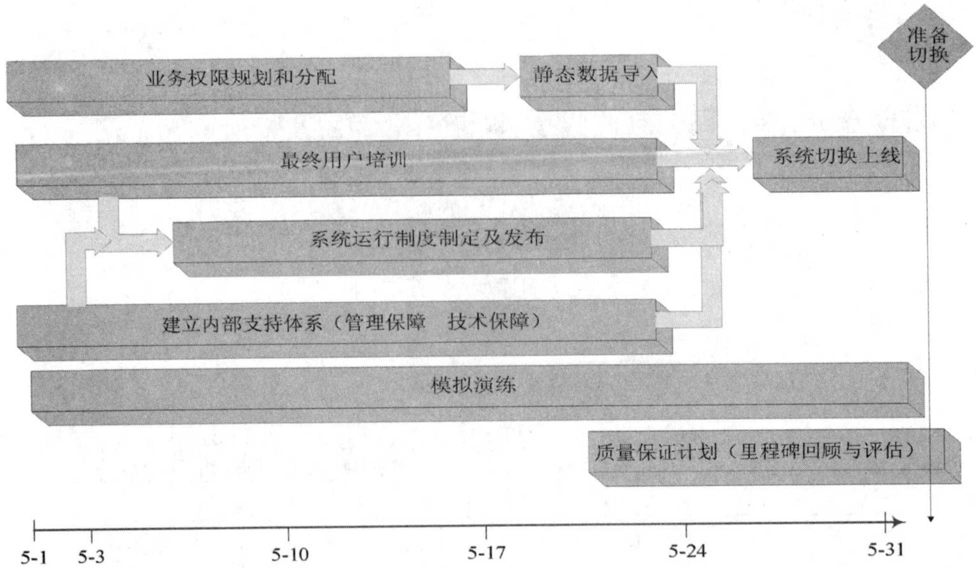

图14–6　系统建设阶段的工作流程

4. 上线切换

上线切换是在完成系统正式运行的所有准备后，按照系统切换方案进行新旧系统切换。此阶段的主要工作包括制定和发布系统运行制度，建立内部支持体系，制定系统切换方案，建立系统上线环境，规划和分配业务权限，导入静态数据和动态数据，系统正式切换运行。上线切换阶段的主要工作流程如图14–7所示。

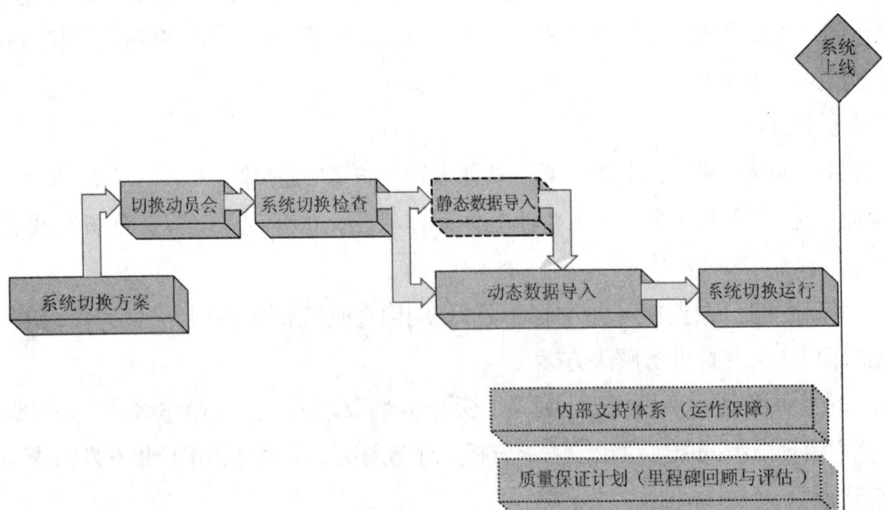

图14–7　上线切换阶段的主要工作流程

5. 持续支持

系统进入正式运行后，要继续进行系统运行支持，并进行系统的优化诊断及调优，进行业务操作培训和系统管理员的培训，提交相关文档，进行项目总结和验收评审。持续支持阶段的工作流程如图14-8所示。

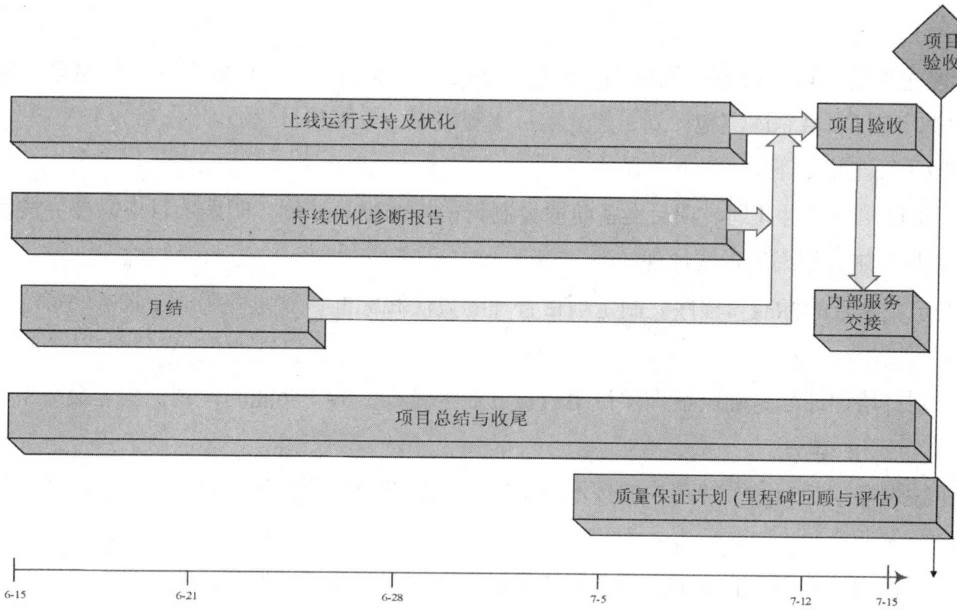

图14-8　持续支持阶段的工作流程

14.4.2　SAP实施方法论——ASAP

ASAP（Accelerated SAP），即加速SAP实施方法论，是SAP公司在20余年SAP项目实施经验的基础上总结出来的一整套SAP项目实施方法论及辅助工具体系。它优化了在实施过程中对时间、质量和资源的有效使用等方面的控制，可以大大地缩短SAP项目的实施周期。ASAP是一个包括了保证项目实施得以成功所有基本要素的完整的实施方法，提供了面向过程的、清晰和简明的项目计划，是标准SAP项目的实施方法，主要包括：ASAP路线图、SAP工具包、SAP技术支持和服务、SAP培训和SAP参考模型。本节主要对ASAP路线图做简要介绍。

ASAP将SAP实施项目分成五个阶段，分别是：项目准备、蓝图设计、系统实现、上线准备、上线及上线支持。ASAP实施方法路径如图14-9所示。

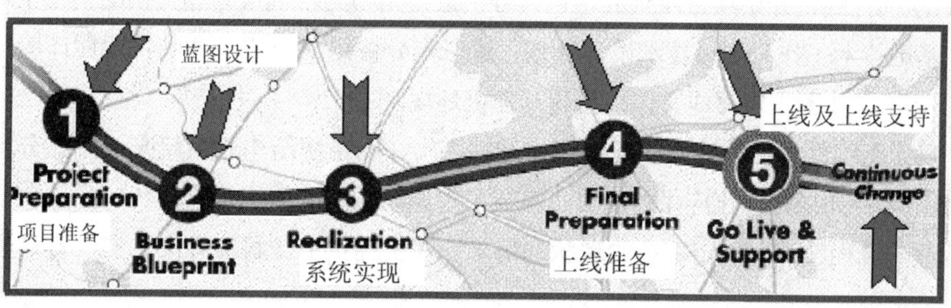

图14-9　ASAP实施路径图

1. 项目准备

项目准备阶段的主要目的是为了制订初步的项目计划，以及为项目的实施做好必要的准备。每个SAP的实施项目都有不同的目标、范围，项目准备阶段就是为了确定最基本的需要关注的地方。

该阶段主要包括以下内容：确定项目目标，确定项目实施范围，确定项目实施策略，确定项目实施阶段，制订项目总体实施计划，建立项目实施组织，分配项目资源。

此阶段主要工作如下。

（1）制订初步项目计划。项目准备阶段要制订初步的项目计划，明确项目中需要完成的基本事项，以项目实施计划书的形式体现。

（2）定义项目的标准和程序。制定项目管理的方法和标准，制定使用SAP服务的策略；制定系统迁移的策略。

（3）制订培训计划。确定培训项目组成员、业务流程、SAP功能的计划；制定最终用户的培训策略及文档使用策略。

（4）技术需求计划。了解用户的技术需求；明确项目中需要的硬件设备；准备项目实施的软硬件环境。

（5）项目启动大会。介绍项目组成员的组成；介绍项目目标、好处；明确各项目成员的角色和职责；介绍项目实施计划；介绍项目的实施方法、里程碑计划和上线时间；介绍项目中的主要工作，动员项目成员互相协作。

（6）阶段确认。项目组双方确认，回顾准备阶段的工作，进行总结和签字确认。

2. 蓝图设计

蓝图设计阶段的主要目的是为了设计客户的业务今后在SAP系统中如何运转。因此需要首先了解客户的现状和需求，为他们设计业务流程，以及在SAP中如何实现。

此阶段的主要工作如下。

（1）管理工作。主要是制订培训计划，适时调整实施计划和组织机构。

- 项目管理。提交项目状态的报告，纠正项目的偏差，对项目实施计划和双周滚动计划不断调整，团队建设。
- 组织机构更改管理。如果项目中需要实施BPR（业务流程重组），就需要在此时调整组织机构。
- 制订培训计划：开始项目团队的培训，分析最终用户的培训策略和文档的使用策略。

（2）基础技术工作。制订技术设计计划，进一步分析用户的技术基础、硬件环境，将需要的硬件设备、环境、技术需求写成文档；搭建开发机环境。

（3）确定组织结构。将客户企业的组织结构和SAP的系统结构联系起来，比如公司代码、工厂、销售组织等；如果是深化应用的项目，需要了解原有系统的组织结构。

（4）业务流程设计。确定客户的现状和需求，提交提供SAP解决方案，提交设计客户未来的业务流程。

（5）阶段确认。让客户明确认识到未来的流程、组织结构、系统环境，对蓝图设计阶段进行回顾和总结，并签字确认。

3. 系统实现

系统实现阶段的主要目的是根据前面设计的蓝图，在业务流程重组和SAP系统两方面实现未来的流程。因此需要进行配置、测试、培训、权限设置和报表等工作。

主要的工作如下。

（1）管理工作。同蓝图设计阶段的第一步工作，其中培训要做到准备好标准文档的模板格式。

（2）系统配置和测试。进行开发机配置及基本的测试；将配置传输到测试机，在测试系统进行测试，首先对功能进行测试，能否实现蓝图中设计的流程，同时要对系统性能是否稳定进行测试，这里称为单元测试；搭建生产机环境。

（3）流程确认。对关键用户进行培训：关键用户要做到对整个流程的操作完全掌握，并且要做到了解数据流向和设计思路；关键用户对系统进行测试，看是否符合蓝图中设计的流程。

（4）其他设置。设置工作流，ABAP程序，报表，功能说明书，用户权限，进行归档。

（5）集成测试。根据前面单元测试的内容，如果有多模块之间集成的，需要对多个模块进行集成测试，以保证流程的顺畅和数据的准确。

（6）阶段确认。对系统实现阶段进行回顾和总结，系统搭建工作基本完成，双方进行签字确认。

4. 上线准备

上线准备阶段的主要目的是为上线做好全面的准备，这个阶段如果成功实施的话，用户就可以在SAP系统中顺利地操作了。主要的工作如下。

（1）项目管理。同蓝图设计、系统实现阶段的项目管理工作。

（2）最终用户培训。要确保所有的最终用户在正式上线之前都学会使用SAP系统，要让最终用户明确自己在上系统后的工作和系统中相应的操作；提供相应的用户操作手册，操作手册的编写工作可提前至系统实现阶段完成。

（3）系统管理和测试。将测试正确的配置传输到生产系统，确保生产机的配置准确，同时确保生产机的性能稳定。

（4）详细的项目计划。主要指上线前的倒计时计划，为保证上线时间点，倒排一个详细的上线计划。

（5）最终确认。为确保顺利上线所做的最后确认，包括确认系统的性能、配置和数据的准确性，等等。

（6）阶段确认。对上线准备阶段进行回顾和总结，确保上线的条件全部成熟，双方签字确认。

5. 上线及上线支持

上线及上线支持阶段的主要目的是为了将准备好的系统切换成正式运行的系统。同时为用户提供一段时间的支持。主要的工作如下。

（1）上线支持。对刚刚正式使用系统的用户进行一段时间的支持，解决实际使用中的问题。

（2）结束项目。整理项目文档，需要用户确认的要签字，并将确认完的项目文档移交公司。

（3）项目经理自己或相应部门对项目进行KPI指标的衡量。

14.4.3 Oracle实施方法论——PJM/AIM

Oracle Applications实施方法论是一套建立整体解决方案的方法，主要由AIM（应用系统实施方法论）和PJM（整体项目管理方法论）等各自独立的方法论组成。这些方法论可以提高工作效率及项目实施质量。顾问在项目实施过程中，利用Oracle Applications实施方法论及实施工具来帮助实施，并将此方法论技术作为技术转移的一部分。

1. PJM项目管理方法论

（PJM）项目管理方法的目标是提供一个主框架，使其能够对所有项目用一致的手段进行计划、评估、控制和跟踪。PJM的项目管理框架如图14–10所示。

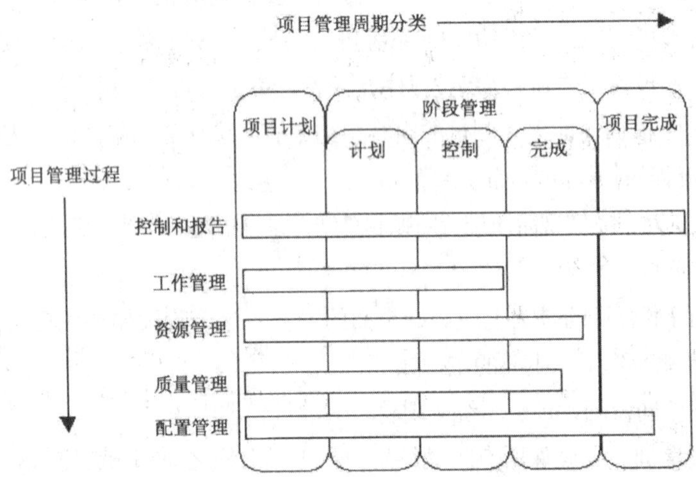

图14–10　PJM的项目管理框架

2. AIM应用系统实施方法论

AIM是Oracle公司在全球经过多年的应用产品实施而提炼出的结构化实施方法，能够满足用户的各种需求，从定义用户的实施方法、策略，到新系统上线运行，包含了所有不可缺少的实施步骤，以尽可能地减少用户的实施风险，保证快速、高质量地实施Oracle应用系统。AIM分为七个阶段，如图14–11所示。

（1）第一阶段：建立实施策略。主要从商务和技术上来计划项目的范围，并确定项目的目标。这一阶段的工作包括建立由公司主要领导为首的项目实施领导小组和各部门有关人员参加的项目实施小组，并开始对员工进行初步的业务管理观念和方法培训。制定出企业实施应用管理的具体策略和目标。

（2）第二阶段：业务流程分析。主要是定义项目的内容，即对现行的管理进行仔细地回顾和描述，从而认识项目的业务和技术上的具体要求。一般在这个分阶段要编写一个项目定义分析报告，可以更多地借助于IPO图的形式来描述目前的流程，并从中找出希望改进的地方，为下一步解决方案的设计创造条件。为此，需对项目实施小组的成员进行比较系统的业务管理概念和Oracle系统软件功能层次的培训。

（3）第三阶段：设计解决方案。主要是对上阶段形成的业务分析流程，结合业务管理的基本概念和具体的软件功能，逐项进行回顾、分析，以便对目前每个管理业务流程，提出解决方案。解决方案可能是直接套用Oracle应用系统中的某些功能，也可能是对现行管理流程做一些改进，也可能是对软件系统做一些必要的二次开发。这时一般应编写项目说明书之类的文档，作为一个里程碑，也作为建立系统的设计任务书。

（4）第四阶段：建立应用系统。本阶段需根据前一阶段设计的方案，对管理上（或组织上）需改进之处制定改进措施，包括调整分工、规范流程、统一方法、标准信息编码等。从软件来讲，系统初始化设计及二次开发工作可开始进行。这样建立起一个符合企业管理思想的应用系统。此时大量的基础数据的整理工作也将着手进行。

（5）第五阶段：文档设置。在建立应用系统的同时，除了必须对软件进行二次开发，按软件工程要求提供必要的文档以外，对管理要改进的流程及方法等方面，也必须编写或修改原来的制度、职责、流程图。这时，系统一旦建立起来，可着手对最终用户的主要应用进行培训。

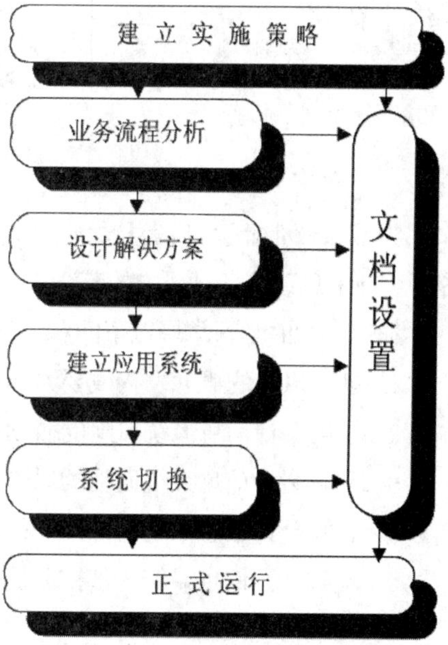

图14-11　AIM的七个阶段

（6）第六阶段：系统切换。在这个阶段，为了减少系统实施的风险，各职能部门分别按照自己的日常业务活动，参照已文档化的流程，运行计算机系统进行测试，以证实其系统是基本可行的。这时才开始正式向新系统输入数据，创建初始状态，定义参数，开始运行。为了保证切换的成功，这时项目领导小组要及时发布许多指令，来逐步地进行系统切换。一般来讲，能有一个新老系统并行的运行期间，风险会更小些。

（7）第七阶段：正式运行。在并行一段时间后，事实证明系统是安全、可靠、可行的，那么可以正式投入运行，并在运行中做好有关的记录和报告，并及时地发现运行中的问题，以便进行维护和提高。

【思考与练习】

1. 会计信息系统管理的内容包括哪几部分？
2. 会计信息系统管理的目标是什么？
3. 会计信息系统建设项目管理包括哪些内容？
4. 会计信息系统实施过程中的项目组织如何设立？
5. 简述项目实施的主要环节及其工作内容。
6. 谈谈会计信息系统运行阶段的三种组织管理类型。
7. 会计信息系统运行阶段需要建立的制度有哪些？

第15章 会计信息系统内部控制

【学习目标】

为了保障企业会计信息系统有效运行并实现预期目标，需要加强会计信息系统内部控制。在分析会计信息系统各种风险的基础上，合理确定内部控制目标，实施一般控制和应用控制。

通过本章的学习掌握以下问题：

1. 理解风险的概念、构成要素和控制方法；
2. 了解会计信息系统风险的概念和特点；
3. 理解会计信息系统面临的风险；
4. 理解会计信息系统内部控制的目标；
5. 理解会计信息系统内部控制的分类；
6. 理解一般控制的内容；
7. 理解应用控制的内容。

【引导案例】

“智能化”安全时代来临

2012 RSA信息安全大会（中国）已经落幕，与往年的RSA相比，本届国内RSA大会不仅在参会规模上翻了一倍，实现了设置展台的首次突破，而且对安全行业趋势的反映更为集中。多数演讲者都提到，安全威胁进入了一个新的阶段，IT环境的变革带来了新的安全挑战。面对新的威胁，传统的安全防护手段已显得“力不从心”，我们需要一个更为智能化的防护体系。

近两年，我们正在越来越多地感受到高级持续性威胁（APT）这样的新威胁。2011年，在美国本土，光是有据可查的大型安全攻击就有70多起，受攻击的包括银行信用卡中心等。在中国，2012年也有一些公布于众的网络安全犯罪事件，这些都属于网络APT的范畴。

新威胁悄然来袭，不断威胁着企业的信息安全，在这些以窃取企业机密情报为目的，利用复杂精准的方式所发动的长期的、有计划、有组织的威胁攻击之下，一些企业面临严重的信息安全隐忧。

HP DVLabs最近发布的《网络安全风险报告》显示，随着Anonymous和LulzSec等黑客组织的日益发展，黑客的动机不断改变，他们进行了高度有组织性的攻击，攻击技术的进步也提升了安全攻击的“成功”率。2011年，在新披露的商业应用漏洞中，有近24%的严重性评级为8到10级。这些漏洞可造成远程代码执行，是最危险的一类攻击。所有漏洞中约有36%存在于商业网络应用中。约有86%的网络应用容易遭遇注入式攻击，这使黑客能通过网站访问企业内部数据库。由于成功率高，网络攻击工具包在2011年继续呈泛滥之势。这些“打包”的攻击框架在网络上进行交易，可使黑客能访问企业的IT系统并盗取敏感数据。例如，大多数网络犯罪使用Blackhole Exploit Kit，造成了2011年11月月底不同以往的超过80%的高感染率。

从2006年起，新披露的商业应用漏洞逐渐减少，到2011年同比降低了近20%。然而，虽然被报告的漏洞数量有所减少，但惠普 TippingPoint入侵防御系统（IPS）监测到的攻击数量却在2011年下半年增长了一倍多。

在会计信息系统的分析、设计、实施、运行、维护与管理的全过程中都会面临着风险，致使无法达到预期的目标。为了保证实现会计信息系统的各项管理目标，就需要实施会计信息系统控制。本章参照我国《企业内部控制基本规范》、《企业内部控制应用指引第18号——信息系统》和《内部审计具体准则第28号——信息系统审计》，结合国外COSO《企业风险管理——整合框架》，以及国际信息系统审计与控制协会（ISACA）发布的COBIT5，对会计信息系统的内部控制进行阐述。

15.1 风险与控制

15.1.1 风险

1. 风险的概念

目前，学术界对风险的内涵还没有统一的定义，由于对风险的理解和认识程度不同，或对风险的研究的角度不同，不同的学者对风险概念有着不同的解释，但可以归纳为以下几种代表性观点。

- 风险是事件未来可能结果发生的不确定性。
- 风险是损失发生的不确定性。
- 风险是指可能发生损失的损害程度的大小。
- 风险是指损失的大小和发生的可能性。
- 风险是由风险构成要素相互作用的结果。
- 利用对波动的标准统计测量方法定义风险。
- 利用不确定性的随机性特征来定义风险。

在企业管理中，事件的结果可能偏离预期的目标，人们更多地关注这种偏离所造成的损失（负面影响），因此风险一般是指导致一个组织或机构发生不利事件而遭受损失的可能性。

2. 风险的要素

风险由风险因素、风险事故和风险损失等要素组成。

（1）风险因素。它是对所有可能导致风险发生的各种因素的总称，是造成损失的内在或间接原因。根据性质不同，风险因素可分为实质风险因素、道德风险因素（故意）和心理风险因素（过失、疏忽、无意）三种类型。

（2）风险事故。风险事故是各种风险因素作用下发生的不利事件，是损失的媒介物，即风险只有通过风险事故的发生才能导致损失。就某一事件来说，如果它是造成损失的直接原因，那么它就是风险事故；而在其他条件下，如果它是造成损失的间接原因，它便成为风险因素。

（3）风险损失。它是指风险事件发生后所造成的损失。通常我们将损失分为两种形态，即直接损失和间接损失。直接损失是指风险事故导致的财产本身的损失和人身伤害，这类损失又称为实质损失；间接损失则是指由直接损失引起的其他损失，包括额外费用损失、收入损失和责任损失。

上述三者的关系为：风险是由风险因素、风险事故和损失三者构成的统一体，风险因素引起或增加风险事故，风险事故发生就可能造成损失。

15.1.2 风险管理

企业应该对风险进行管理。风险管理是指对影响企业目标实现的各种不确定性事件进行识别和评估，并采取应对措施将其影响控制在可接受范围内的过程。风险管理是一个过程，从企业战略制定一直贯穿到企业的各项活动中，用于识别哪些可能影响企业的潜在事件并管理风险，使之在企业的风险偏好之内，从而合理地确保企业取得既定的目标。风险管理一般包括风险识别、风险评估、风险控制和风险监督几个环节。

风险有内部和外部之分。企业要了解外部风险，控制内部风险。我国《企业内部控制基本规范》第三章第二十二条规定“企业识别内部风险，应当关注下列因素：（一）董事、监事、经理及其他高级管理人员的职业操守、员工专业胜任能力等人力资源因素。（二）组织机构、经营方式、资产管理、业务流程等管理因素。（三）研究开发、技术投入、信息技术运用等自主创新因素。（四）财务状况、经营成果、现金流量等财务因素。（五）营运安全、员工健康、环境保护等安全环保因素。（六）其他有关的内部风险因素。”第二十三条规定“企业识别外部风险，应当关注下列因素：（一）经济形势、产业政策、融资环境、市场竞争、资源供给等经济因素。（二）法律法规、监管要求等法律因素。（三）安全稳定、文化传统、社会信用、教育水平、消费者行为等社会因素。（四）技术进步、工艺改进等科学技术因素。（五）自然灾害、环境状况等自然环境因素。（六）其他有关的外部风险因素。”

15.1.3　风险控制

控制是现代管理的基本职能之一，管理学上一般把控制定义为“监视各项活动以保证它们按计划进行并纠正各种偏差的过程”。从风险管理的角度看，控制是降低或消除风险损失的活动，是企业管理的一种重要手段。企业管理者会采取各种措施减小风险事件发生的可能性，或者把可能的损失控制在一定的范围内，以避免在风险事件发生时带来难以承担的损失。

风险控制的四种基本方法是：风险回避、风险降低、风险分担和风险保留。

1. 风险回避

风险回避是投资主体有意识地放弃风险行为，完全避免特定的损失风险。简单的风险回避是一种最消极的风险处理办法，因为投资者在放弃风险行为的同时，往往也放弃了潜在的目标收益。所以一般只有在以下情况下才会采用这种方法。

- 投资主体对风险极端厌恶。
- 存在可实现同样目标的其他方案，其风险更低。
- 投资主体无能力消除或转移风险。
- 投资主体无能力承担该风险，或承担风险得不到足够的补偿。

2. 风险降低

风险降低是企业在权衡成本效益之后，准备采取适当的控制措施降低风险或者减轻损失，将风险控制在风险承受度之内的策略。控制的阶段包括事前、事中和事后三个阶段。事前控制的目的主要是为了降低发生损失的概率，事中和事后的控制主要是为了减小实际发生的损失。

3. 风险分担

风险分担是企业准备借助他人力量，采取业务分包、购买保险等方式和适当的控制措施，将风险控制在风险承受度之内的策略。通过风险分担过程有时可大大降低经济主体的风险程度。风险分担的主要形式是合同和保险，保险是使用最为广泛的风险分担方式。

4. 风险保留

风险保留，即风险承受。也就是说，如果损失发生，则经济主体将以当时可利用的任何资金进行支付。风险保留包括无计划自留、有计划自我保险。

（1）无计划自留，指风险损失发生后从收入中支付，即不是在损失前做出资金安排。当经济主体没有意识到风险并认为损失不会发生时，或将意识到的与风险有关的最大可能损失显著低估时，就会采用无计划保留方式承担风险。一般来说，无计划保留应当谨慎使用，因为如果实际损失远远大于预计损失，将引起资金周转困难。

（2）有计划自我保险，指可能的损失发生前，通过做出各种资金安排以确保损失出现后能及时获得资金以补偿损失。有计划自我保险主要通过建立风险预留基金的方式来实现。

控制应该建立在风险分析的基础上，同时要考虑控制成本和控制效益。每一项确定的风险往往有多种控制措施和方式可供选择，而各种控制措施的效果和成本各不相同。一般情况下，组织不可能也不必要控制所有的风险，应该主要控制重要的风险。

15.2 会计信息系统风险分析

15.2.1 会计信息系统风险的概念与特点

1. 会计信息系统风险的概念

会计信息系统风险是指从会计信息系统的分析、设计、实施、运行、维护直到寿命期结束的全过程所面临的风险。

会计信息系统运行阶段的风险以安全风险最为突出。会计信息系统安全风险是指由于人为的或非人为的因素使得会计信息系统保护安全的能力减弱，从而造成损失的可能性。

会计信息系统安全风险主要表现在几方面：会计信息失真、企业资产损失、组织重要信息泄露、系统无法正常运行。

2. 会计信息系统风险的特点

建立在网络环境基础上的以计算机、网络通信等现代信息技术为手段而发展起来的会计信息系统改变了传统模式下会计信息处理、传递和使用的方式，提高了信息资源的共享性、实时性和高效性，但同时也带来了新的挑战。

（1）系统安全控制的难度加大。网络是一个庞大的系统，企业交易与服务活动的完成一般以Internet、Extranet和Intranet三种网络为基础。网络化会计信息系统由计算机硬件、软件、人员和各种规程等基本要素构成。由于硬件配置不合理、软件功能欠完善、系统操作失误、内部管理人员的非法访问及来自外部的恶意攻击等原因，会计信息系统的各个层面都面临着严重的安全威胁。网络是一个开放的环境，在这个环境中一切信息在理论上都是可以被访问到的，除非它们在物理上断开连接。因此，网络环境下的会计信息系统很有可能遭受非法访问甚至黑客或病毒的侵扰。这种攻击可能来自于系统外部，也可能来自系统内部，并且一旦发生将造成巨大的损失。错综复杂的网络结构使得系统安全问题日益突出，安全控制的难度进一步加大。

（2）传统的组织控制功能削弱。授权、批准控制是一种常见的、基础的内部控制。在手工会计系统中，对于一项经济业务的每个环节都要经过某些具有相应权限人员的审核和签章。但网络的应用大大减少了人工输入环节，数据访问和数据交换都通过应用服务器进行，传统的依靠签章确保凭证有效性和明确经济责任的手段不复存在。业务人员利用特殊的授权文件或口令，获得某种权力或运行特定程序进行业务处理，而由此引起失控而造成损失的案例数不胜数。例如：业务人员被客户收买，非法取得他人口令绕过批准程序开出销售单；非法核销客户应收款及相关资料；掌握公司顾客订单密码，开出假订单，骗走公司产品等。计算机网络的集成化处理使传统手工会计中制单、审核、记账等不相容岗位相互牵制制度的效力逐步削弱，传统的组织控制功能减弱。

（3）会计信息失真的风险加大。在网络环境下，会计数据在传递过程中，非法攻击者采用诸如：地址欺骗、口令冒用、避开端口保护或访问控制、冒充主机用伪造的访问控制程序欺骗合法用户、套取口令和密钥等方法进入系统，通过干扰、采用、删除、更改、增添、重放、伪造等方法向系统加入虚假信息，或将计算机病毒注入会计信息系统，破坏会计信息的真实性与完整性；有的非法攻击者窃取系统中的信息，使会计信息保密性遭到破坏，而己方却不能察觉，最终给用户带来巨大损失。此外，在会计信息系统中，信息在进行处理的过程中通常都以源码出现，加密保护对处理中的信息不能起作用，在这期间有意的攻击和意外的操作都极容易使会计信息遭受破坏，造成信息失真和信息损失。

（4）用户的识别和验证问题突出。由于网络用户和终端分布在各处，传统的依靠签章确保凭证有效性和明确经济责任的手段不复存在，使得信息接收方有理由怀疑所获取财务数据的真实性；同样，作为信息发送方，也有类似的担心，即传递的信息能否被接收方正确识别并下载。在网络环境下，如何识别和验证真实的用户身份，成为内部控制要解决的又一突出问题。

15.2.2 会计信息系统风险分析

企业会计信息系统内部控制，以及利用会计信息系统实施内部控制也面临诸多风险，至少应当关注下列方面：一是信息系统缺乏或规划不合理，可能造成信息孤岛或重复建设，导致企业经营管理效率低下；二是系统开发不符合内部控制要求，授权管理不当，可能导致无法利用信息技术实施有效控制；三是系统运行维护和安全措施不到位，可能导致信息泄露或毁损，系统无法正常运行。

1. 制定信息系统战略规划的主要风险

第一，缺乏战略规划或规划不合理，可能造成信息孤岛或重复建设，导致企业经营管理效率低下。第二，没有将信息化与企业业务需求结合，降低了信息系统的应用价值。信息孤岛现象是不少企业信息系统建设中存在的普遍问题，根源在于这些企业往往忽视战略规划的重要性，缺乏整体观念和整合意识，常常陷于“头痛医头，脚痛医脚”的局面，这就导致有的企业财务管理信息系统、销售管理信息系统、生产管理信息系统、人力资源管理系统、办公自动化系统等各自为政、孤立存在的现象，削弱了信息系统的协同效用，甚至引发系统冲突。

2. 系统开发建设的主要风险

开发建设主要有自行开发、外购调试、业务外包等方式。采用不同方法的企业面临的风险也不同。以外购调试为例，主要风险如下。

第一，软件产品选型不当，产品在功能、性能、易用性等方面无法满足企业需求。第二，软件供应商选择不当，产品的支持服务能力不足，产品的后续升级缺乏保障。第三，服务提供商选择不当，削弱了外购软件产品的功能发挥，导致无法有效满足用户需求。

3. 信息系统的运行与维护的主要风险

信息系统的运行与维护主要包含三方面的内容：日常运行维护、系统变更和安全管理。

（1）日常运行维护的主要风险：第一，没有建立有效的信息系统日常运行管理规范，计算机软硬件的内在隐患易于爆发，可能导致企业信息系统出错；第二，没有执行例行检查，导致一些人为恶意攻击会长期隐藏在系统中，可能造成严重损失；第三，企业信息系统数据未能定期备份，可能导致损坏后无法恢复，从而造成重大损失。

（2）系统变更的主要风险：第一，企业没有建立严格的变更申请、审批、执行、测试流程，导致系统随意变更；第二，系统变更后的效果达不到预期目标。

（3）安全管理的主要风险：第一，硬件设备分布物理范围广，设备种类繁多，安全管理难度大，可能导致设备生命周期缩短；第二，业务部门信息安全意识薄弱，对系统和信息安全缺乏有效的监管手段。少数员工可能恶意或非恶意滥用系统资源，造成系统运行效率降低；第三，对系统程序的缺陷或漏洞安全防护不够，导致遭受黑客攻击，造成信息泄露；第四，对各种计算机病毒防范、清理不力，导致系统运行不稳定，甚至瘫痪；第五，缺乏对信息系统操作人员的严密监控，可能导致舞弊和利用计算机犯罪的行为。

15.3 会计信息系统的内部控制

15.3.1 内部控制

内部控制，是由企业董事会、监事会、经理层和全体员工实施的、旨在实现控制目标的过程。企业内部控制的目标包括：

- 合理保证企业经营管理合法合规；
- 资产安全；
- 财务报告及相关信息真实完整；
- 提高经营效率和效果；
- 促进企业实现发展战略。

内部控制的五要素包括控制环境、风险评估、控制活动、信息和沟通、监督。

15.3.2 会计信息系统内部控制的目标与分类

1. 会计信息系统内部控制的目标

信息技术对内部控制的五要素的影响程度是不同的。由于控制活动是实现控制目标的规章制度和岗位设置等具体措施的落实，它依赖于企业的业务流程，因此，业务流程的自动化必然会对控制活动产生较大的影响。其他的组成要素主要依赖于精神层面的事物如管理风格、管理哲学和企业文化等，信息技术没有对它们产生直接的影响。随着企业业务流程自动化程度的提高，对业务的传统控制活动逐渐被嵌入到计算机程序中或者消失。信息系统代替员工来完成对业务的各种控制。因此，信息技术环境下传统的控制活动分离出新的分支，即自动化业务控制和信息系统控制。自动化业务控制就是以信息技术实现的控制活动。信息系统控制是企业为了保证信息系统的效率、完整性、一致性和安全性而采取的控制措施。

会计信息系统内部控制的目标是促进企业有效实施内部控制，提高企业现代化管理水平，减少人为操纵因素；同时，增强信息系统的安全性、可靠性和合理性，以及相关信息的保密性、完整性和可用性，为建立有效的信息与沟通机制提供支持保障。

会计信息系统内部控制的对象是信息系统，由计算机硬件、软件、人员、信息流和运行规程等要素组成。根本目的就是在信息系统风险分析的基础上消除或降低风险危害。

会计信息系统控制的作用不是无限的，它有一定的局限性，具体体现在受成本效益的制约，一般针对经常发生的事项，有效的控制措施可能会因为人的问题而失效，系统管理者逾越权限造成控制失效，运行环境变化造成控制措施失效等几个方面。

2. 会计信息系统内部控制分类

会计信息系统内部控制可以按照不同的标准进行分类。

按照控制的层次，分为战略控制、管理控制和业务处理控制。

按照信息系统的不同发展阶段，分为规划控制、系统分析控制、设计控制、实施控制、运行与维护控制等。

按照控制作用范围的不同，可分为一般控制和应用控制。一般控制是对会计信息系统组织、开发、安全和操作等系统运行环境所进行的控制。一般控制措施和制度能为企业所有的信息系统的正常运行提供相对安全的环境。应用控制是对信息系统某一具体处理过程所施加的控制，一般包括业务发生控制、数据输入控制、数据处理控制和数据输出几个方面。

15.3.3 会计信息系统的一般控制

会计信息系统运行阶段的一般控制主要包括组织控制、操作控制、系统硬件和软件资源控制、数据资源和档案资料控制几方面。

1. 组织控制

组织控制是将组织作为控制的对象和手段，通过建立起具有控制能力的组织结构，采用满足控制要求的组织流程，构筑认同和重视控制的组织文化，达到控制的目标。组织控制是其他控制实施和发挥作用的基础。会计信息系统组织控制包括以下工作。

（1）设置适当的组织机构。组织机构设置决定了有关部门和人员的职责及关系模式，是组织能够良好运行的基础。而一个恰当的权责分配体系，有助于提高系统运行的效果和效率，从而实现控制目标。因此，组织机构设置是设立会计信息系统内部控制制度的前提，直接影响信息系统内部控制整体的有效性。

企业会计信息系统在信息化环境下，由于信息技术带来的组织结构趋于扁平化的现象，应对原有的组织机构进行适当的调整，以适应会计信息化系统的要求。组织内部要做到授权明确和责权利明了，并注意解决配合与协调问题，明确一般授权与特别授权的责任和各类经济业务的授权批准程序，建立和完善授权批准的检查制度。可以按会计数据的不同形态，划分为数据收集输入组、数据处理组和会计信息分析组等；也可以按会计岗位和工作职责划分为会计主管、软件操作、审核记账、系统维护、数据分析等岗位。组织机构的设置必须适合企业的实际规模和管理水平，符合企业总体经营目标，并且应按精简、合理的原则对组织机构的设置进行成本效益分析。

（2）进行合理的职责分工。

① 合理划分人、机职责。采用了信息系统处理会计业务，会计人员的工作并没有减少，而是其工作重心转移，一方面是计算机的操作、管理和维护；另一方面是加强日常的财务管理工作，要更多地利用会计信息系统来规划、组织、领导和控制各项经济活动。

② 合理划分岗位职责。内部控制的关键点就在于不相容职务的分离，会计信息系统与手工会计系统一样，对每一项可能引起舞弊或欺诈的经济业务，都不能由一个人或一个部门经手到底，必须分别由几个人或几个部门承担。在会计信息系统中，不相容的职务主要有系统开发与系统操作，数据维护管理与审核，数据录入与审核记账，系统操作与系统档案管理等。同时，还应该建立职务轮换制度。

③ 进行正确的业务授权。根据企业的组织结构及员工的岗位责任，设置每个员工对系统的操作权限及对信息的查询范围。系统将保证企业的各项业务活动均是由被批准或被授权的员工执行。

例如，目前用友ERP财务系统（U8版本）岗位及权限设置，采用基于角色的访问控制技术。其构成要素为用户、角色、权限、会话。用户是指使用系统的所有人员；角色是指一个或多个用户在系统内可执行的操作的集合；权限是指对系统中的客体（资源、功能等）的操作的特定权力；会话是指用户如何激活其对应的角色执行其拥有的权限。对于每一个登录系统的用户，建立此用户与一个或多个角色之间的基本对应关系；用户和会话之间是一对多的关系。用户分配和权限分配分别是指建立用户和角色之间，以及权限和角色之间的对应关系。对于权限分配来说，在分配过程中应遵循最小特权原则，即分配给用户的权限不超过用户实际中完成工作所必需的权限。权限管理部分的内容主要包括以下三方面：角色的设置、角色-权限的设置，以及角色—用户的设置。

角色的设置。一般情况下，将系统的角色分为系统管理员、子系统管理员和普通用户三种。系统管理员能够建立普通用户，分配子系统管理员的功能，是系统内的最高权力者；子系统管理员能够用自己所拥有的权限对子系统内的用户进行分配，是子系统内的最高权力者；普通用户只有使用被分配的功能的权限。

角色—权限的设置。在设置了角色以后，就要对这些角色所拥有的权限进行设置。系统管理员设置不同子系统的权限；子系统管理员设置本系统内的子角色，使得本系统内的用户可以通过不同的子角色访问系统功能。

角色—用户的设置。每一个不同的角色，都有相应的用户；每一个不同的用户，可以分属不同的角色。系统管理员应根据整个业务的需要，设置不同的子系统管理员；子系统管理员根据本系统的业务需要，设置相应的用户。这样能够将企业的实际岗位情况和系统中的角色，比较一致地结合起来。

（3）设置满足控制要求的组织流程

按照组织控制的需要，组织中每一项核心工作都应该有明确规定的流程。流程中要把业务顺序、岗位间的牵制、上下级的签核作为流程的一部分。某企业的普通采购业务流程如图15-1、图15-2所示。

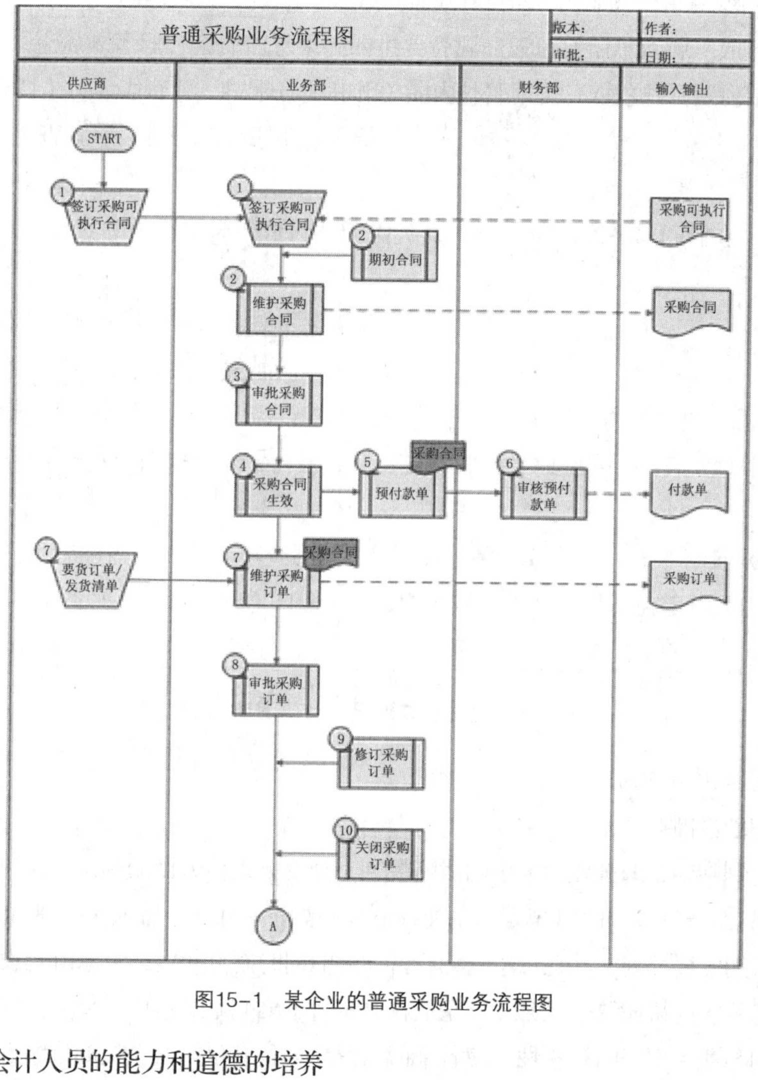

图15-1　某企业的普通采购业务流程图

（4）加强会计人员的能力和道德的培养

内部控制由人来进行并受人的因素影响，保证组织内所有成员具有一定水平的诚信、道德观和能力的人力资源方针与实践是内部控制有效的关键因素之一。仅根据环境现状构建内部控制机制只是一种被动的做法，要加强内部控制中的“软控制”，企业管理者应当重视对人员的选择、使用和培养，重视培养企业人员的道德规范、行为准则、能力素质。尤其在信息技术环境下，企业更应该注重培养组织中人员的诚信观念，使他们理解企业信息化建设和管理改革、内部控制创新之间的关系，并自愿为之努力工作。

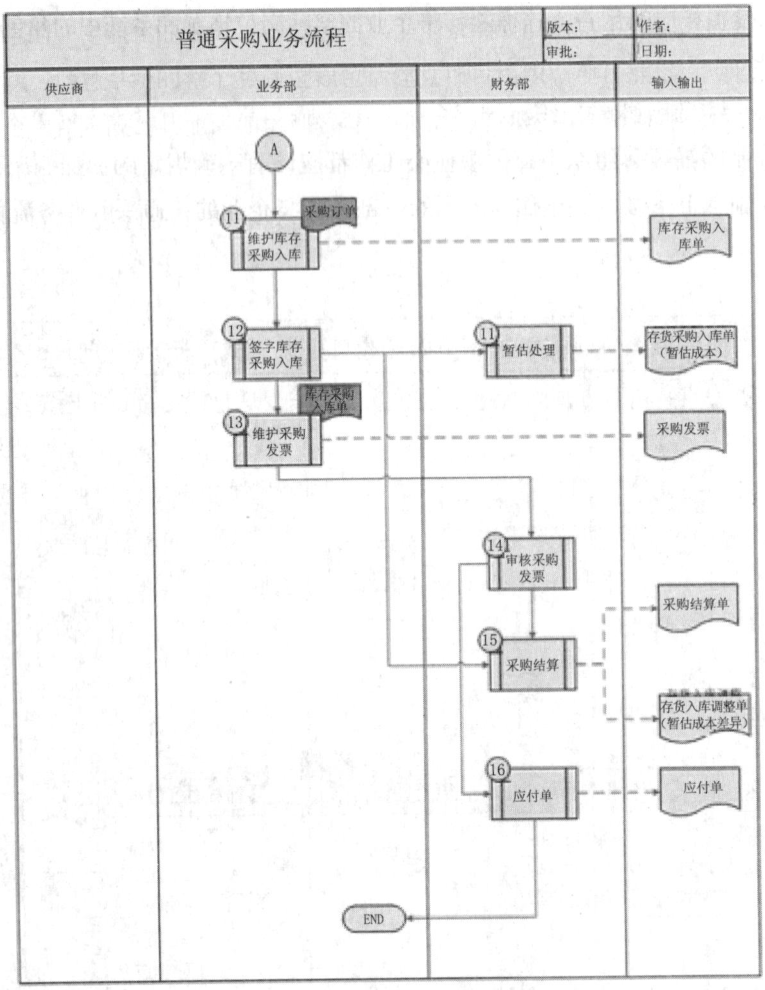

图15-2 某企业的普通采购业务流程图（续）

2. 开发控制与维护控制

（1）系统开发控制

系统开发控制指对系统开发过程中的战略规划、开发方式等方面的控制。

① 制定信息系统开发的战略规划。主要控制措施如下。第一，企业必须制定信息系统开发的战略规划和中长期发展计划，并在每年制订经营计划的同时制订年度信息系统建设计划，促进经营管理活动与信息系统的协调统一。第二，企业在制定信息化战略过程中，要充分调动和发挥信息系统归口管理部门与业务部门的积极性，使各部门广泛参与、充分沟通，提高战略规划的科学性、前瞻性和适应性。第三，信息系统战略规划要与企业的组织架构、业务范围、地域分布、技术能力等相匹配，避免相互脱节。

② 选择适当的信息系统开发方式。信息系统的开发建设是信息系统生命周期中技术难度最大的环节。在开发建设环节，要将企业的业务流程、内控措施、权限配置、预警指标、核算方法等固化到信息系统中，因此开发建设的好坏直接影响信息系统的成败。

开发建设主要有自行开发、外购调试、业务外包等方式。各种开发方式有各自的优缺点和适用条件，企业应根据自身实际情况合理选择。各种开发方式的优缺点和实用性可参见项目管理相关章节。限于篇幅本部分仅对外购调试方式的内部控制措施进行阐述。

在外购调试方式下，一方面，企业面临与委托开发方式类似的问题，企业要选择软件产品的供应商和服务供应商，签订合约，跟踪服务质量。因此，企业可采用与委托开发方式类似的控制措施。另一方面，外购调试方式也有其特殊之处，企业需要有针对性地强化某些控制措施。

● 软件产品选型和供应商选择。在外购调试方式下，软件供应商的选择和软件产品的选型是密切相关的。主要控制措施有：第一，企业应明确自身需求，对比分析市场上的成熟软件产品，合理选择软件产品的模块组合和版本；第二，企业在软件产品选型时应广泛听取行业专家的意见；第三，企业在选择软件产品和服务供应商时，不仅要评价其现有产品的功能、性能，还要考察其服务支持能力和后续产品的升级能力。

● 服务提供商选择。大型企业管理信息系统（例如ERP系统）的外购实施，不仅需要选择合适的软件供应商和软件产品，也需要选择合适的咨询公司等服务提供商，指导企业将通用软件产品与本企业的实际情况有机地结合起来。主要控制措施有：在选择服务提供商时，不仅要考核其对软件产品的熟悉、理解程度，也要考核其是否深刻理解企业所处行业的特点，是否理解企业的个性化需求，是否有过相同或相近的成功案例。

（2）系统维护控制

系统维护往往会“牵一发而动全身”，程序、文件代码的局部修改都可能影响系统的其他部分。为保证系统完整、可靠，防止程序的意外毁损或丢失以及错误指令进入程序，防止未经授权而更改系统，必须对系统维护加以严格控制。系统和程序维护控制主要包括：维护的授权与批准，维护的标准规程与文档控制、测试系统与更新文档控制。

（3）文档控制

信息系统的文档是系统开发过程中留下来的“痕迹”，是系统维护人员的指南，是开发人员与用户交流的工具。文档既是控制的依据又是控制的证据，需求方（系统使用方）应参与阶段性的文档审查与评价工作。这些文档主要包括：可行性研究报告、项目开发计划、系统分析说明书、程序设计报告、测试计划、系统测试报告、用户手册、操作手册等。文档控制主要指文档管理应该制度化，文档要标准化、规范化，应设文档组或至少一位文档保管人员负责保管已有的文档，并制定措施维护文档的一致性。由于信息系统开发的动态性，系统的某种修改是否最终有效，要经过一段时间的检验，因此文档要分版本，各版本的出版时机及要求也要有相应的控制。

3. 系统安全控制

（1）硬件安全控制

对于用于计算机会计信息系统的各种硬件设备，应当建立一套完备的管理制度以保证设备的完好，确保硬件设备的运行环境、电源、温度、湿度、电磁等因素正常，保证其能够正常运行。硬件设备的管理包括对设备所处的环境进行的温度、湿度、防火、防雷击、防静电等的控制，用于动力、照明的供电线路与计算机系统的供电线路分开控制，并配置UPS（不间断电源），还包括对人文环境的控制，如防止无关人员进入计算机工作区域，防止设备被盗，防止设备用于其他方面等。必要时，可以采用一些先进的设备，比如采用磁盘双工和磁盘镜像，可以在一块硬盘失效时，由另一块硬盘替换工作。双机热备份可以在一台计算机（服务器）失效时，由备用的计算机接替继续工作。此外，各系统操作人员应分清责任，各自管理和使用自己职责范围内的硬件设备，不得越权使用，严禁非计算机操作人员使用会计信息系统，以免不当的操作损坏硬件设备。若多个用户使用同一台设备的，要进行严格的登记，并一一记录运行情况。

（2）软件安全控制

软件安全控制包括选择、安装和运行安全可靠的操作系统和数据库管理系统，严格按照操作规程运行软件，对系统软件和应用软件都进行妥善、安全地保管，建立安全备份措施。具体来说分为以下两个方面。

① 操作安全控制。操作系统软件是用来管理计算机资源的基础软件。它直接利用计算机硬件并为用户提供使用和编程接口。大多数系统软件和各种应用软件都建立在操作系统提供的软件平台之上。在网络环境中，网络系统的安全性依赖于网络中各主机系统的安全性，而主机系统的安全性则是由其操作系统的安全性所决定的。因此，操作系统安全是计算机网络系统安全的基础。由于操作系统面向所有的用户，再加上自身的缺陷，它时刻面临着来自各方面的潜在威胁，包括系统内人员的滥用职权、越权操作和系统外人员的非法访问甚至破坏。要提高操作系统的安全性和可靠性，除了要尽可能地选用安全等级较高的操作系统产品，并经常进行版本升级外，在管理控制上主要可采取以下措施。

- 用户定义。由系统管理员为系统中的每个用户设置一个安全等级和身份标识，在进入系时进行口令判断外，还进行安全等级判别，以保证进入系统的用户具有合法的身份和合法的权限，用户定义是系统进一步进行存取控制的前提。
- 日志审计制度。日志用来对系统中有关安全性的活动，包括对系统进行的事件类型、用户身份、操作时间及系统敏感资源进行实时监视和记录。应对日志文件定期进行安全检查和评估。根据重要性原则，系统管理员还可以有选择地设置哪些用户、哪些操作、哪些资源访问需要重点审计。
- 存取控制。存取控制是对系统资源进行分类管理的一种制度。根据对象不同，可分为自主存取控制和强制存取控制两种。自主存取控制是采用存取控制表的形式，由系统管理员定义系统中每个用户对具体资源的存取方式；而强制存取控制则是通过对用户和资源的分级、分类管理、强制限制信息的共享和流动，每个用户只能访问系统规定范围内的信息。
- 特权管理。由于超级用户具有操作和管理系统全部资源的特权，因此，其特权一旦被盗用，将给系统造成重大危害。特权管理是使系统由若干个系统管理员和操作员共同管理系统，使其具有完成其任务的最少特权，并相互制约，以提高系统的安全性和可靠性。
- 设备管理。根据设备的物理位置、安全等级条件确定具体设备的安全等级，严格控制低级别设备输入、处理、输出高级别信息的权力。

② 数据库控制。因为企业的信息资源主要是以数据库形式存储和管理，所以从某种意义上讲，数据库系统是整个系统安全控制的主要对象。对数据库系统安全的威胁主要来自于两个方面：一是系统内外人员对数据库的非法访问，如内部人员为了了解自己和他人的薪金情况而对工资文件的越权访问，或出于好奇等各种目的对企业敏感数据资源的越权访问等，企业外部人员，如竞争对

手、谈判对手、商业伙伴对数据资源的非法访问等；二是由于系统故障、误操作或人为破坏造成数据库的物理破坏。

针对上述风险，数据库控制主要可采取以下措施。

● 子模式定义。子模式是指全部数据资源中面向某一特定用户或应用项目的一个数据子集。在网络环境下，为了限制合法用户或非法访问者轻易获取全部数据资源，应根据不同的应用功能分别定义面向用户操作的数据界面，做到用到什么数据，需要什么数据，就开放什么数据。从数据库原理讲，模式是指全部数据资源在计算机上实际存储的物理数据库，而子模式则是从模式中抽取的由一定数据项组成的逻辑数据库。

● 数据资源访问授权制度。根据定义的子模式，明确每一具体的用户对数据资源访问的范围和内容，并进一步规定对数据库的查阅、修改、删除、插入等操作权限。数据资源访问授权制度可通过数据资源表的形式来实现。由数据库管理员根据不同应用部门、不同操作人员的业务需要和操作权限具体定义对数据资源的访问权。

● 数据备份和恢复制度。网络环境下的数据备份和恢复远比成批集中式处理环境下的要复杂。因为在网络环境下数据处理是实时进行的，因此，要确定一个明确、唯一的静态数据备份点是很困难的。为保证系统恢复的有效性和一致性，除了要建立数据备份文件之外，还要建立两个文件：一是业务日志文件，该文件用来记录系统处理过程的具体步骤、处理内容；二是检查点文件，检查点是指数据处理过程中，将作业内容信息完整记录下来，并可重新启动该作业的一个文件点。数据恢复时，系统可根据备份文件、业务日志文件、检查点文件，把系统恢复到最近的作业点状态。

（3）数据安全控制

数据安全是指防止信息系统中的数据被故意地或偶然地泄露、破坏、更改，保证信息的使用完整、有效、合法。

① 会计信息系统数据安全风险主要表现在以下几个方面。

● 数据可用性遭到破坏。数据的可用性是指用户的应用程序能够利用相应的数据进行正确的处理。

● 对数据完整性的破坏。数据的完整性包括信息数据的数量、正确与否、排列顺序等几个方面。数据完整性的破坏可能来自多个方面，包括人为因素、设备因素、自然因素及计算机病毒等。

● 对数据保密性的破坏。对保密性的破坏一般包括非法访问、信息泄露、非法复制、盗窃，以及非法监视、监听等方面。

● 数据流失，数据读取不及时，不能及时、准确地备份数据，数据与其要求的数据库不匹配。

● 系统内外人员对数据库的非法访问，人为造成的数据库的物理损坏。

② 加强数据安全控制的措施主要如下。

● 数据库自动备份与恢复功能。建立数据信息定期备份制度和数据批处理或实时处理的处理前自动备份制度（交易日志）。企业至少应当在远离计算机设备和操作的地方保存一套备份和交易日志，以备丢失或损坏时重建。

● 采用先进的身份验证技术。在数据的录入、数据的修改、数据的保存、数据的发送、数据的传输、数据的接收、数据的调用、数据的查阅、数据的处理、数据的输出等各个环节都要有严格的身份识别，以确保操作人员合法。

● 数据加密技术。数据加密是防止数据库中数据泄露的有效手段，既要保证加密的强度，又要保证加密和解密时间不至于过长而降低系统性能。

● 并发控制。所谓并发控制就是要用正确的方式确保高度并发操作，避免造成数据的不一致性，使一个用户事务的执行不受其他事务的干扰。

● 系统数据修改控制。建立信息数据变更处理（包括数据导入、数据提取、数据修改等）规范。一旦发现已输入的数据有误，必须按照信息系统操作规程加以修正，不得使用非软件系统提供的方法处理信息数据。

（4）系统入侵防范控制

为了防止非法用户对会计信息系统系统的入侵，应设置防火墙，用以限制外界对主机操作系统的访问；设置外部访问区域，明确企业内部网络的边界，防止黑客通过电话网络进入系统，隔离开内部应用系统与外界访问区域之间的联系，限制外界穿过访问区域对网络应用系统服务器，尤其是对会计数据库系统的非法访问；采用身份认证和授权管理等安全技术，加强原有的基于账户和口令的控制，提供授权访问控制和用户身份识别。

（5）通信安全控制

数据通信控制是企业为了防止数据在传输过程中发生错误、丢失、泄密等事故而采取的内部控制措施，企业应采取各种有效手段来保护数据在传输过程中准确、安全、可靠。主要措施有三个方面。

● 保证良好的物理安全，在埋设地下电缆的位置设立标牌加以防范，尽量采用结构化布线来安装网络。

● 采用虚拟专用网（VPN）线路传输数据，开辟安全数据通道。

● 对传输的数据进行加密与数字签名。在系统的客户端和服务器之间传输的所有数据都进行两层加密，保证数据的安全性；使用数字签名确保传输数据的保密性和完整性。

（6）计算机病毒防范控制

在系统的运行与维护过程中应高度重视计算机病毒的防范及相应的技术手段与措施。防病毒控制可以采用六个方面的控制措施。

● 不需要本地硬盘的工作站，尽量采用无盘工作站。

● 用基于服务器的网络杀毒软件进行实时监控，追踪病毒。

● 网络服务上采用防病毒卡或芯片等硬件，能有效防治病毒。

● 网络服务软件可挂接或捆绑第三方反病毒软件，加强软件自身的防病毒能力。

● 外来软件和传输的数据必须经过病毒检查，在业务系统严禁使用游戏软件。

● 升级本系统的防病毒产品。

4. 运行管理控制

（1）计算机中心控制

计算中心控制主要是对系统的物理环境及设备可靠性的控制，目标是确保系统设备能实时地、连续地运转。主要包括两个方面的控制。

① 计算机中心安全控制。包括计算机中心的物理位置、机房结构设置控制和接触控制等。接触控制的目的在于防止非经授权批准接近或使用计算机硬件程序和数据等硬软件资源。保护系统安全的常见措施如下。

- 系统资源使用的限制。系统资源包括程序库、数据库、全部硬件设备以及所有相关文字和打印记录，这些资源只能由规定人员使用。为达到以上目的可以将各种资源分派给专人保管并做好使用记录报告。系统主管要经常检查使用报告。

- 工作环境保护。对系统的自然环境进行控制，包括控制机房温度、湿度，以及防火、防磁、防尘。作业环境控制包括机房工作人员的定员控制和机房出入控制、备用设备及备用电源水源控制等。

② 群集系统控制。所谓群集系统实际上是一种针对网络环境下的多机备份制度，平时各服务器运行各自的应用项目并保持系统和数据的共享联系，当一台服务器或其他设备软件发生故障时，群集系统中的另一台服务器会立即承担故障服务器的工作，并保证数据的连续性。对不间断运行要求很高的系统一般要采取上述方法加以控制。

（2）计算机操作控制

由于操作系统面向所有的用户，再加上自身的缺陷，因此它时刻面临着来自各方面的潜在威胁，包括系统内人员的滥用职权、越权操作和系统外人员的非法访问甚至破坏，例如，使用浏览法搜寻主内存中的口令信息，使用伪装法复制合法注册程序，设计后门程序建立非法访问系统的通道，用特洛伊木马法探测系统的弱点，以及各种各样通过操作系统破坏整个会计信息系统的计算机病毒等。要提高操作系统的安全性和可靠性，除了要尽可能地选用安全等级较高的操作系统产品并经常进行版本升级外，在日常管理控制上主要可采取以下措施。

- 建立计算机资源访问授权和身份认证制度。此制度即计算机资源授权表制度，明确每个用户的安全级别和身份标识，并分别定义具体的访问对象。

- 日志审计制度和上机操作规程。对运行系统的事件类型、用户身份、操作系统参数和状态及系统敏感资源进行实时监视和记录，并对日志文件定期进行安全检查和评估。制定上机操作规程，主要包括软硬件操作规程，作业运行规程和使用时间记录规程等。

- 存取控制。对系统资源进行分类管理并根据用户级别限制系统资源的共享和流动。

- 特权管理。由于超级用户具有操作和管理系统全部资源的特权，因此其特权一旦被盗用将给系统造成重大危害。特权管理是使系统由若干个管理员和操作员共同管理，使其具有完成其任务的最少特权并相互制约，以提高系统的安全性和可靠性。

- 建立安全稽核机制。对系统操作的事件类型、用户身份、操作时间、系统参数和状态及系统敏感资源进行实时监控和记录，进行必要的权限设置，以便能够对各种不同的权限进行用户识别和远程请求识别。

- 设置安全检测预警系统。实时寻找具有网络攻击特征和违反网络安全策略的数据流，实时响应和报警，阻断非法的网络连接，对事件涉及的主机实施进一步跟踪，创造一种漏洞检测与实时监控相结合的可持续改进的安全模式。

● 设置网络安全的多层防护。攻击技术包括目标网络信息收集技术、目标网络权限提升技术、目标网络渗透技术、目标网络摧毁技术四大类。对攻防技术发展和网络安全实践的研究分析表明，单一的安全保护往往效果不理想，而最佳途径就是采用多层安全防护措施对信息系统进行全方位的保护。

（3）日常运行维护控制

日常运行维护的目标是保证系统正常运转，主要工作内容包括系统的日常操作、系统的日常巡检和维修、系统运行状态监控、异常事件的报告和处理等。主要控制措施如下。

● 企业应制定信息系统操作程序、信息管理制度，以及各模块子系统的具体操作规范，及时跟踪、发现和解决系统运行中存在的问题，确保信息系统按照规定的程序、制度和操作规范持续、稳定运行。

● 切实做好系统运行记录，尤其是对于系统运行不正常或无法运行的情况，应对异常现象、发生时间和可能的原因做详细记录。

● 企业要重视系统运行的日常维护。在硬件方面，日常维护主要包括各种设备的保养与安全管理、故障的诊断与排除、易耗品的更换与安装等，这些工作应由专人负责。

● 配备专业人员负责处理信息系统运行中的突发事件，必要时应会同系统开发人员或软硬件供应商共同解决。

5. 系统变更和终结控制

（1）系统变更的控制措施

系统变更主要包括硬件的升级扩容、软件的修改与升级等。系统变更是为了更好地满足企业需求，但同时应加强对变更申请、变更成本与进度的控制。

主要控制措施如下。

● 企业应当建立标准流程来实施和记录系统变更，保证变更过程得到适当的授权与管理层的批准，并对变更进行测试。信息系统变更应当严格遵照管理流程进行操作。信息系统操作人员不得擅自进行软件的删除、修改等操作；不得擅自升级、改变软件版本；不得擅自改变软件系统的环境配置。

● 系统变更程序（如软件升级）需要遵循与新系统开发项目同样的验证和测试程序，必要时还应当进行额外测试。

● 企业应加强紧急变更的控制管理。

● 企业应加强对将变更移植到生产环境中的控制管理，包括系统访问授权控制、数据转换控制、用户培训等。

（2）系统终结的控制措施

系统终结是信息系统生命周期的最后一个阶段，在该阶段信息系统将停止运行。停止运行的原因通常有：企业破产或被兼并、原有信息系统被新的信息系统代替。

主要控制措施如下。第一，要做好善后工作，不管因何种原因导致系统停止运行，都应将废弃系统中有价值或者涉密的信息进行销毁、转移。第二，严格按照国家有关法规制度和对电子档案的管理规定（比如审计准则对审计证据保管年限的要求），妥善保管相关信息档案。

6. 档案资料控制

（1）档案控制类别。

会计信息系统的档案可以分为三大类：会计数据档案、系统开发与维护更新文本档案、系统操作痕迹记录档案。每一类档案又可分别以纸介质、磁介质、光介质等进行存储。对于磁介质档案，又可以有联机与脱机两种不同的存储方式。因此，有效实施系统档案管理是有一定难度的。

① 会计数据档案管理。纸介质会计数据档案指用打印机输出的会计凭证、会计账簿及会计报表，应该按照财政部颁布的《会计档案管理办法》实施管理。光、磁介质会计数据档案可分为历史数据和当前数据分别进行管理。对于历史数据，应至少制作两个备份，分别脱机保存。对于当前数据，则应采用定期备份、脱机保存的方式，以保证在系统发生故障时，能够及时恢复到最近状态，尽可能降低故障损失。

② 系统开发与维护更新文本档案管理。这一类档案包括系统设计说明书、系统使用说明书、程序源代码及系统数据字典等各项文本。这类档案既有纸介质，也有光、磁介质，均应保存至系统停止使用或有重大更改后5年。

③ 操作痕迹记录档案管理。这是最容易被忽略的一类档案，按照财政部的规定，各类通过评审的会计软件均必须具有保存操作痕迹记录的功能，某一人在何时以何种身份调用了哪些功能、进行了哪些操作，均应一一记录在案，并定期备份、妥善保存。这既构成了一种安全性保障，也提供了在发生事故后追查事故原因的依据。

（2）档案控制制度。

会计信息系统有关的资料应及时存档，企业要建立完善的档案制度，加强档案管理。档案控制制度主要包括以下内容。

① 会计档案管理的权责。明确规定会计档案管理员的各项权责，并定期或不定期检查会计档案管理员是否确实执行了应尽的工作，会计档案管理人员不能兼任其他会计工作，以防止舞弊欺诈行为的发生。

② 会计档案存档手续。会计档案要经过相关主管人员核签后才能存档，没有相关批准手续不得存档。

③ 会计档案保密规定。会计档案管理要依照资料的机密程度设定不同的保管制度，以防止资料被复制、伪造、非法出版、变更、蓄意毁灭账册、非法备份等种种行为，同时要完善保护措施和各种应变措施。

④ 会计档案安全管理规定。会计档案备份应贴上标签加以收存，而且注意存放地点要安全、要防火防潮，要对档案进行定期检查、定期复制，防止由于磁性介质损坏而使会计档案丢失。

⑤ 会计档案分类管理。会计档案按照重要性分别归档，尤其机密性资料要有妥善的保管办法。

⑥ 会计档案外借规定。所有会计档案均按机密性分成不同的等级加以保存，依照职务等级的不同借阅档案资料，越级借阅会计档案要经过相关人员的授权批准。

⑦ 会计档案保存期限及销毁规定。会计档案的销毁要在符合法律、法规的前提下，经过相应的授权批准方可销毁。

15.3.4 会计信息系统的应用控制

应用控制和具体的应用系统有关，是为确保数据处理完整、正确而实施的控制。应用控制可以是人工实施的控制，也可以是由计算机程序实施的自动化控制。与具体的应用系统相关，就决定了应用控制的设置需要结合具体的业务，并且会计信息系统现在多与ERP系统、电子商务系统集成。因此，从应用系统对数据的处理一般都是由输入（采集）、处理和输出三个环节构成这一共性出发，对会计信息系统的应用控制可分为业务发生控制、数据输入控制、数据处理控制和数据输出控制。

1. 业务发生控制

业务发生控制又称“程序检查”，主要目的是采用相应的控制程序，甄别、拒纳各种无效的、不合理的、不完整的经济业务。在经济业务发生时，通过计算机的控制程序，对业务发生的合理性、合法性和完整性进行检查和控制，如表示业务发生的有关字符、代码等是否有效，操作口令是否准确，经济业务是否超出了合理的数量、价格等的变动范围。该“程序检查”包括对错误的处理、文件保护及密码控制技术。

（1）对错误的处理。对错误的处理功能主要是指处理读写错误。一般情况下，如果发生读写错误，操作系统一定指出发生的错误并做相应的处理，或要求重新读写，或作为例外计入某一文件，或者停止计算机的操作并查找原因。

（2）文件保护。文件保护功能是指对存储的文件加以控制，以防止未经授权的使用和修改。通常采用的手段包括内部标签的设置与核对，以保证只有经过授权的人员才能打开文件，并防止数据的丢失，保证数据处理的完整性。

（3）密码控制技术。密码控制技术主要是通过设置密码来对系统的操作进行控制，以防止未经授权批准的人员使用系统。采用密码控制的同时，也可以自动建立使用系统的人员和活动的记录，以备日后检查。

2. 会计数据输入控制

IT环境下的会计数据输入分为两种类型：手工输入和自动采集。在企业的内、外部没有取得完全协同的情况下，手工输入将在很长的一段时间里存在，它需要采用手工的方式将接收到的纸质或者电子单据输入到会计信息系统中。自动采集按照数据来源又可以分为两个部分：企业内部的单据和企业外部的单据（电子商务）。利用网络的支持，采用相应的手段可以实现数据的自动采集。由于数据输入的方式不同。风险来源也不同，因此，相应的控制手段也不同。

（1）手工输入方式下的控制。手工采集主要利用数据输入的形式。数据输入控制是为保证输入系统数据正确、完整与可靠。在IT环境下，输入的数据一旦有错，系统的处理结果也不可能正确，因此，输入控制是手工方式中最为关键的环节。

- 原始单据审核控制。原始单据的审核实际上是对数据合法性的认定，财务人员应根据审核无误的单证输入有关业务数据，既不能重复，也不能遗漏，更不能擅自修改。确保输入系统的数据均被批准是输入控制的首要任务。
- 输入正确性控制。数据输入计算机后，在进入计算机处理之前要对数据进行人工目测核对，看输入的数据和原始单据有什么差异；然后，利用嵌入到计算机的校验程序进行检验，包括：逻辑校验、界限校验、平衡校验、二次校验等。

- 数据输入的完整性控制。在数据输入时，常出现某些字段遗漏的错误，尤其是一些字段的遗漏极易导致舞弊的发生，比如日期等。因此，软件系统在保存输入时将对比较重要的字段进行检测，如果遗漏将给予提示，并让用户补完整后再保存。
- 错误纠正控制。对于输入到系统中的错误数据应提供改正和重新输入的机会，并且对改错与重新输入也要实施控制，要保留修改痕迹。

（2）自动采集方式下的控制。在自动采集方式下，由于电子商务的运用，数据的采集首先要考虑经济业务合法性的问题；在企业内部，可以根据业务活动自动生成业务单据传送到会计信息系统。

① 网上公证控制。网上公证就是利用网络的实时传递功能实现原始交易凭证的三方监控。比如，每一家企业都在互联网认证机构申请数字签名和私有密钥，当交易发生时，交易双方将单据或有关证明均传到认证机构，由认证机构核对确认，进行数字签名并予以加密，然后将已加密凭证和未加密凭证同时转发给双方，这样就完成了一笔交易双方认可并经互联网认证机构公证的交易。在这种交易中，交易一方因无法获得另一方的数字签名和私有密钥，很难伪造或篡改交易凭证。主管人员或审计人员一旦对某笔业务产生怀疑，只需将加密凭证提交客户和认证机构解密，将其结果与未加密的凭证对照，问题便迎刃而解。

② 电子单据审查控制。对于取得的电子单据要进行审查，审查电子单据的签名、电子单据的合法性与正确性等，以便为进一步的处理打下基础。

3. 数据处理控制

处理控制是为了保证数据处理的正确性、完整性而实施的控制。这种控制是通过预先编好的计算机程序实现的。常用的控制措施如下。

（1）处理权限控制。应用程序中应设计处理权限授权功能，使得只有经过授权批准的人员才能执行处理操作。

（2）数据有效性控制。可靠、合适的处理要求应用程序所处理的数据是正确的，即要求所处理的数据来自正确的文件、正确的记录。为检查是否对错误文件、记录或业务进行了加工处理，可采用的程序化校验方法有：文件标签校验、业务编码校验、顺序校验等。

- 文件标签校验。操作员在处理文件之前，应认真检查文件的外部标签，确定确实是所要处理的文件，这是手工控制。计算机在对文件进行处理之前，检查文件的内部标签，如使用的文件正是所需文件或所需版本，则可进入下一步的处理过程。
- 业务编码校验。业务数据处理文件通常包括不同类型的业务数据，每类业务数据需要得到不同的处理，业务类型可以由业务代码来辨别。每类业务的业务代码均被应用程序读入，以便决定由哪一段程序来进行处理。例如，存货更新程序处理使用存货收入和发出业务的文件，程序应检查被处理业务的代码，以便调用收入子程序和发出子程序来分别处理它们。
- 顺序校验。在对顺序组织文件进行处理的过程中，如果由于使用了错误的文件或出现排序及合并错误，很容易导致业务记录的丢失。因此，应用程序中可设置顺序检验程序，通过读取每一项业务或记录的主关键字与前一业务的主关键字的比较，检查文件组织顺序是否出现错误。即使在数据准备和输入过程中已经进行过顺序校验，处理过程的顺序校验也是必要的。

（3）处理有效性控制。数据处理过程中产生错误，一般是由于计算机硬件、系统软件或应用软件出现了错误。问题的发生具有偶然性、不可预见性，因此，必须建立一定的检测控制措施，以便及时发现错误，予以更正。

- 运算正确检测。通过使用双重运算、逆运算法、溢出检查等方法检查逻辑错误。双重运算在应用程序中也可以编入这种方法；逆运算法，可以是乘除的逆运算也可以是加减的逆运算；溢出检查法是用来检测计算结果是否超过规定的长度。
- 双重存储。将同一数据存于两处，如应收账款总账余额和明细账余额分别存储于两个数据项里，在期末将明细账余额与总账余额相比来判断处理是否正确。
- 数据合理性检验。在编制应用程序时，根据各种业务的正常变化范围，为各种业务数据规定变化限值，作为程序运行中一个必经的逻辑判定步骤，当程序处理数据时，把超出限值的情况显示或打印出来。
- 交叉汇总检验。它包括传统的表格数据中横行或竖列数字的汇总验证，还包括其他任何具有内在平衡关系但属于不同来源渠道数字的汇总验证。

（4）错误纠正控制。有两类错误需要处理。一类是处理有效性检测发现的错误，可以把这类错误数据写入临时文件，等到更正后，再与同批数据一起进行下一步处理。也可以将错误数据从同批数据中分离出来，待更正后同下一批数据一起进行处理。另一类错误是在处理过程结束后，通过人工审核输出数据才发现的，这类错误数据已经影响到主文件的结果，应对它们逐笔加以记录，更正时应输入两笔记录，一笔冲销原有的错误，一笔记录正确的数据。

（5）审计跟踪控制。在数据处理过程中，应当进行必要的审计跟踪，以便对各项交易进行追踪审查。对于系统成功处理的交易应记录在交易日志中，交给适当的用户核对与系统的输入是否一致；未能成功处理的交易应记录在错误文件中，交给适当的用户纠正错误并重新提交。

对于成熟的商品化软件来说，许多处理控制是嵌入在应用程序中的，它在系统分析、设计阶段就完成了，在实际运行过程中由计算机自动执行。但如果是单位自主开发或者合作开发财务软件，那么处理控制应当是设计的重点。另外，一些个性化的处理控制需要企业结合会计业务的特点在软件的基础设置中进行设置。

4．数据输出控制

输出控制主要是保证输出信息的正确性，并且保证输出信息只能提供给经过授权的使用者。输出控制主要包括以下几方面。

（1）输出数据的正确性控制。在IT环境下，特别是在集成环境中，数据的输出有财务软件的保证，一般不会出现错误。但是还应通过多种控制手段进行控制，如合计数控制、抽样统计控制、数据稽核控制等。

（2）输出权限控制。信息系统的输出方式有屏幕显示、打印输出和电子版本输出（磁盘输出）。对于这三种方式都要设立相应的权限控制，这种权限控制可以与软件集成，只有特定的、经过授权的用户才可以执行输出操作，而且不同权限的人只能输出相应权限的内容。

（3）输出资料的分发控制。资料输出后，可能要分发给需要会计资料的人。资料只能分发给有权接受资料的人。此时，可以采用组织控制的方法和利用登记制度加强控制。

【思考与练习】

1. 如何理解风险？风险的构成要素和控制方法包括哪些？

2. 会计信息系统的风险有哪些特点？

3. 会计信息系统各阶段的风险有哪些？

4. 会计信息系统内部控制的目标是什么？

5. 一般控制的内容包括哪些？

6. 应用控制的内容包括哪些？

7. 阅读《企业内部控制应用指引第18号——信息系统》，总结现实中会计信息系统内部控制可能存在的不足。

附录

附录1　关于全面推进我国会计信息化工作的指导意见（财政部文件，财会[2009]6号）

国务院有关部委、有关直属机构，各省、自治区、直辖市、计划单列市财政厅（局），新疆生产建设兵团财务局：

信息化是当今世界发展的必然趋势，是推动我国现代化建设和经济社会变革的技术手段和基础性工程。党中央、国务院高度重视信息化工作，中共中央办公厅、国务院办公厅制定发布了《2006—2020年国家信息化发展战略》（中办发[2006]11号），对各部门、各地区提出了全面推进信息化建设的要求，并有计划、有步骤地组织实施。会计信息化是国家信息化的重要组成部分。为了贯彻国家信息化发展战略，全面推进我国会计信息化工作，进一步深化会计改革，充分发挥会计在经济社会发展中的作用，现提出以下指导意见。

一、全面推进我国会计信息化工作的重要意义

《2006—2020年国家信息化发展战略》明确指出，国家信息化发展的战略重点包括：推进国民经济和社会信息化、加强信息资源开发利用、推行电子政务、完善综合信息基础设施、提高国民经济信息应用能力等。全面推进会计信息化工作，是贯彻落实国家信息化发展战略的重要举措，对于全面提升我国会计工作水平具有十分重要的意义。

会计工作是经济社会发展的基础，直接关系到企事业单位会计信息质量和内部管理、国家宏观决策、社会管理和市场监管，以及市场经济秩序和社会公众利益等各个方面。随着社会主义市场经济不断完善和经济全球化、现代信息技术和网络技术的日益普及，会计工作应当按照国家信息化发展战略的要求，全面推进信息化建设。会计工作与信息化建设密切相关、相辅相成、相互促进。通过全面推进会计信息化建设，能够进一步提升会计工作水平，促进经济社会健康发展。

我国会计改革已经取得了显著成效和长足进展。企业会计准则实现了与国际趋同并得到有效实施，企业内部控制规范体系建设基本完成，会计人员市场准入制度及会计人才评价体系业已建立，注册会计师行业管理全面加强，以委托代理记账为主要形式的农村会计服务已经启动，会计理论研究与会计教育水平逐步提升，会计参与企事业单位和社会管理的作用不断加强。在新的形势下，全方位的会计改革与发展要求推进会计信息化建设，会计信息化建设本身也属于会计改革的重要内容。应当顺时应势、抓住机遇，全面推进会计信息化工作，为我国经济社会全面协调可持续发展做出应有的贡献。

二、全面推进我国会计信息化工作的目标和主要任务

全面推进我国会计信息化工作的目标是：力争通过5～10年的努力，建立健全会计信息化法规体系和会计信息化标准体系〔包括可扩展商业报告语言（XBRL）分类标准〕，全力打造会计信息化人才队伍，基本实现大型企事业单位会计信息化与经营管理信息化融合，进一步提升企事业单位的管理水平和风险防范能力，做到数出一门、资源共享，便于不同信息使用者获取、分析和利用，进行投资和相关决策；基本实现大型会计师事务所采用信息化手段对客户的财务报告和内部控制进行审计，进一步提升社会审计质量和效率；基本实现政府会计管理和会计监督的信息化，进一步提升会计管理水平和监管效能。通过全面推进会计信息化工作，使我国的会计信息化达到或接近世界先进水平。

根据以上目标，全面推进我国会计信息化工作的主要任务如下。

（一）推进企事业单位会计信息化建设。一是会计基础工作信息化，会计基础工作涉及企事业单位管理全过程，只有基础工作信息化，才能为企事业单位全面信息化奠定扎实的基础；二是会计准则制度有效实施

信息化，通过将相关会计准则制度与信息系统实现有机结合，自动生成财务报告，进一步贯彻执行相关会计准则制度，确保会计信息等相关资料更加真实、完整；三是内部控制流程信息化，根据企事业单位内部控制规范制度要求，将内部控制流程、关键控制点等固化在信息系统中，促进各单位内部控制规范制度的设计与运行更加有效，形成自我评价报告；四是财务报告与内部控制评价报告标准化，各企事业单位在贯彻实施会计准则制度、内部控制规范制度并与全面信息化相结合的过程中，应当考虑XBRL分类标准等要求，以此为基础生成标准化财务报告和内部控制评价报告，满足不同信息使用者的需要。

（二）推进会计师事务所审计信息化建设。一是财务报告审计和内部控制审计信息化，加强计算机审计系统的研发与完善，实现审计程序和方法等与信息系统的结合，全面提升注册会计师执业质量和审计水平；二是会计师事务所内部管理信息化，通过信息化手段实现会计师事务所内部管理的科学化、精细化，促进注册会计师行业做强做大，全面提升会计师事务所的内部管理水平和执业能力。

（三）推进会计管理和会计监督信息化建设。一是建立会计人员管理系统，创新会计人员后续教育网络平台，实现对全社会会计人员的动态管理；二是在全国范围内逐步推广无纸化考试，提高会计从业资格管理工作效率和水平；三是推进信息系统在会计专业技术资格考试工作中的应用，完善会计人员专业技术资格考试制度，切实防范考试过程中的舞弊行为；四是完善注册会计师行业管理系统，建立行业数据库，对注册会计师注册、人员转所、事务所审批、业务报备等实行网络化管理；五是推动会计监管手段、技术和方法的创新，充分利用信息技术提高工作效率，不断提升会计管理和会计监督水平。

（四）推进会计教育与会计理论研究信息化建设。一是建立会计专业教育系统，实时反映和评价会计专业学历教育情况，掌握会计专业学生的培养状况以及社会对会计专业学生的需求，改进教学方法和教学内容，促进会计专业毕业生最大限度地满足社会需求；二是建立会计理论研究信息平台，及时发布和宣传会计研究最新动态，定期统计、推介和评估有价值的会计理论研究成果，促进科研成果转化为生产力，以指导和规范会计理论研究，为会计改革与实践服务。

（五）推进会计信息化人才建设。一是完善会计审计和相关人员能力框架，在知识结构、能力培养中重视信息技术方面的内容与技能，提高利用信息技术从事会计审计和有关监管工作的能力；二是加强会计审计信息化人才的培养，着力打造熟悉会计审计准则制度、内部控制规范制度和会计信息化三位一体的复合型人才队伍。

（六）推进统一的会计相关信息平台建设。为了实现数出一门、资源共享的目标，应当构建以企事业单位标准化会计相关信息为基础，便于投资者、社会公众、监管部门及中介机构等有关方面高效分析利用的统一会计相关信息平台。该平台应当涵盖数据收集、传输、验证、存储、查询、分析等模块，具备会计等相关信息查询、分析、检查与评价等多种功能，为会计监管等有关方面预留接口，提供数据支持。在建立统一的会计相关信息平台过程中，应当关注信息安全。

三、全面推进我国会计信息化工作的措施和要求

（一）高度重视，加强领导

全面推进我国会计信息化工作是一项系统工程，涉及会计改革和经济发展的各个领域，政策性强，技术要求高，社会效用大，应当高度重视，加强领导，统筹规划，有序推进。这项工作做好了，将会带动各地区会计工作水平的全面提升。各地区在会计信息化方面已经做了卓有成效的工作，如企事业单位会计电算化、会计从业资格无纸化考试、注册会计师行业管理系统建设、委托代理记账和会计集中核算等。根据新形势发展的要求，各地区需要从全局和战略高度出发，组织调查研究，总结已有经验，分析存在的问题，提出本地区会计信息化建设的战略规划和具体措施。

各级财政部门应当根据本指导意见，结合本地区实际情况，组建本地区会计信息化委员会，加强对会计信息化工作的领导，将推进会计信息化工作列入会计改革与发展的重要议程，从组织领导、制度建设、专业管理、试点工作、人才培养等方面，有序推进本地区会计信息化工作。

（二）明确职责，协调配合

财政部作为我国会计主管部门，负责全国会计信息化工作的组织领导。一是建立和完善会计信息化法规制度体系并组织实施，及时制定或修订会计基础工作规范及其他相关会计信息化管理规定；二是制定会计信息化标准体系并组织实施，当前着重制定基于国家统一的会计准则制度的XBRL分类标准；三是制定并实施会计信息化人才培养规划，特别重视复合型会计信息化人才的培养；四是开展会计信息化国际交流与合作，积极参与国际会计信息化技术标准与规则的制定与协调；五是其他有关会计信息化的管理工作。

财政部及各地财政部门应当加强与相关部门的协调与合作，整合资源，齐抓共管，形成合力，积极构建统一的会计相关信息平台，促进会计相关信息资源的综合利用，全面提升政府监管效能。

各地财政部门应当按照财政部的统一部署，认真组织实施好本地区会计信息化工作。

（三）重视人才，加快培养

各级财政部门应当采取切实有效的措施，抓紧打造会计信息化人才队伍。全面推进会计信息化工作，人才是关键，推动企事业单位、注册会计师审计、会计管理和会计监督的信息化建设，构建统一的会计相关信息平台，都需要强有力的人才保障和技术支持。为此，应当充分利用学历教育、继续教育、实践锻炼、交流培训等途径和方式培养会计信息化人才，同时要建立和完善会计信息化人才选拔和评价机制，发现和选拔会计信息化人才，在此过程中，要重视会计信息化人才培养与选拔工作的投入，以完成会计信息化人才建设任务，确保会计信息化人才建设与全面推进会计信息化工作的要求相适应。

（四）组织试点，稳步推进

各级财政部门应当根据本指导意见做好全面推进会计信息化的试点工作。试点内容为全面推进会计信息化工作主要任务所涉及的范围。在组织试点工作中，既要防止一哄而起、盲目跟风，又要避免反应迟缓、贻误时机。试点单位的选择应当具有代表性，包括大型企事业单位和大型会计师事务所等。各级财政部门应当积极做好会计从业资格无纸化考试、会计人员管理系统建设、村级委托代理记账等试点和推广工作。试点工作应当制定方案，明确任务，精心组织，先易后难，稳步推进，务求实效。

在推进会计信息化工作中，应当重视发挥会计软件公司和有关服务商的技术支持作用，着力培育一个能够满足信息化发展需要的会计信息化服务产业，促进会计软件公司等提供的产品符合会计信息化法规制度和相关标准的要求。

（五）督促指导，强化监管

各级财政部门应当根据全面推进会计信息化工作的要求，加强对会计信息化建设的指导和监督，通过召开座谈会、现场会和组织经验交流等多种形式，推广先进经验，解决存在问题。在会计信息化工作不断推进过程中，应当督促和指导进展情况，监管会计信息化工作是否符合国家统一的会计准则制度、内部控制规范体系和会计信息化标准的要求，确保完成会计信息化各项任务，努力实现全面推进会计信息化工作的目标。

（六）加强宣传，营造氛围

各级财政部门应充分利用各种媒体，采取多种形式，加强对会计信息化工作的宣传，重点宣传会计信息化建设的意义、目标和主要任务，会计信息化有关法规制度和标准，会计信息化建设方面的重大举措、重要活动、示范企业、人才战略、典型案例，以及会计信息化领域的热点、难点和焦点问题，提高社会各界对会计信息化工作重要性的认识，增强企事业单位和相关人员对会计信息化的应用意识，转变观念、交流意见、普及知识、推广经验，为全面推进会计信息化工作营造良好的社会氛围和发展环境。

财政部

二〇〇九年四月十二日

附录2　某企业会计信息系统管理办法（部分）

第一章　总则（略）

第二章　人员分工及岗位职责制度（略）

第三章　软硬件管理制度

第十三条　财务管理信息系统的硬件、软件的选用由主管该项工作的领导或系统管理员全权负责。

第十四条　各级单位要对财务管理信息系统所用硬件设备进行统一管理，并建立设备卡片，对硬件设备的配置状况、使用单位、使用状况、使用时间、厂家品牌等信息进行记录。

第十五条　财务管理信息系统所用设备、软件的购置应坚持技术先进和经济合理原则，注意处理好采用新技术与节约的辩证关系。既不能使引进的设备很快被淘汰，又不能一味地追求最新技术而投入过高。对于已有设备应进行合理的调配，最大限度地发挥设备的效益。应尽量选用统一型号的设备、软件，设备及软件引进时必须获得良好的质量保证及售后服务。

第十六条　硬件设备比较多的单位可以设立计算机室。硬件设备的操作使用要严格执行各单位的设备操作管理规定，要经常对有关设备进行保养，保持机房和设备的整洁，严禁违规违章操作，确保机房硬件设备的安全。

第十七条　在获得正版软件后，应对其功能改动部分进行认真测试、研究，确定新增功能在本单位的用法，防止工作的盲目性。

第十八条　正版软件应注明其功能后备份存档。要维护不同版本的完整性、独立性，确切掌握各基层单位、各用户的版本使用情况，防止出现版本的混淆。

第十九条　要认真组织软件的升级工作。一般应在同一个会计期间内一次性更换所有在用软件，升级前应书面通知各基层单位、各用户，对功能改动部分加以说明。

第二十条　要严格保护所有在用正版软件的版权，包括网络、数据库、操作系统、财务软件、资产软件等。总公司推广财务管理信息系统的范围限于总公司范围内的各级财务、资产部门，严禁将软件以任何形式出售、转让或赠送给该范围以外的任何单位或个人。

第二十一条　各单位要制定具体的防病毒措施。所有来历不明的媒体介质在使用前必须经过病毒检测，对所有在用计算机必须定期进行病毒检测。使用网络的单位要严防病毒通过网络传播。办公用计算机不能装入各种游戏软件。

第四章　操作管理制度

第二十二条　会计岗位权限包括软件功能权限、科目使用权限、报表使用权限及其他权限。各单位应根据各会计岗位工作内容制定会计岗位权限标准，临时性地赋予本岗位其权限以外的权限应由会计主管签字；“历史数据调整”、“数据恢复”等对会计信息正确性具有决定性意义的功能权限不能作为任何岗位的永久性权限；上级单位有穿透查询要求的，将其视同一种岗位，进行岗位权限的设定。

第二十三条　系统管理员负责依据会计主管签字通过的会计岗位权限标准，对各会计岗位分配权限。临时性赋权在完成会计主管所批准的任务后立即收回。

第二十四条　操作人员必须设置自己唯一知道的口令，并定期更换口令。口令的安全由操作人员自己负责，操作人员发现自己的口令被修改或删除应及时向会计主管报告，会计主管可委托系统管理员会同电算审查员，查明原因后再做处理。网络服务器及数据库口令的安全由本地系统管理员负责。

第二十五条　操作人员离开系统时应退出系统或进行系统封锁，操作人员对自己账号下的所有操作负完全责任。

第二十六条　原则上由处理一项业务的会计人员本人将数据输入计算机，特殊情况下也可以委托他人代为输入，但必须将业务交代清楚，并且使用输入者本人的名字及口令。

第二十七条　所有机器产生的凭证、账簿、报表等会计资料，必须以书面形式打印出来，打印结果必须清楚。所有打印出的凭证、账簿、报表，要按会计工作规范的要求，经制单人员、审核人员、记账人员、会计主管签字或盖章后生效。审核人员对打印件签字或盖章，必须与机器内数据核对一致后进行。打印的账页或报表作为档案保存时必须经会计主管逐页签字或盖章。

第二十八条　每天发生的业务，应当天登记入账。日记账原则上应每天打印输出。业务发生量少不能满页打印的，可按周或旬打印。一般账簿应根据实际情况和工作需要按月或按季、按年打印，并保持账页的连续性。

第二十九条　采用磁盘、光盘、磁带、微缩胶片存储会计数据的单位，在征得财务部门同意后，报总公司财务局审核确认。同时记账凭证、总分类账、现金日记账和银行日记账仍须打印输出。另外，还要按照有关税务、审计等管理部门的要求，及时打印输出有关账簿、报表。

第三十条　使用会计信息系统时，不能删除中间的凭证。

第三十一条　特殊情况下对存档数据做调整，需经会计主管批准，由系统管理员临时赋权，由系统管理员以外的人员操作。操作完成后应及时计算生成有关凭证、账、表，并打印存档。

第三十二条　结账时，要规定结账时间、结账顺序。产生上报报表以后不能再录入本月凭证，必须保证账表的一致。报表上报以前必须进行报表校验（勾稽关系检查），检查通过后才能上报。上报报表必须以书面及磁介质（或网络传递）两种方式进行。

第三十三条　系统管理员应每半个月检查一次工作日志，核实操作人员的主权时间、操作内容等。

第三十四条　对系统软硬件的操作必须按照正确的操作规程进行。电源的开关、软件的启动与关闭都应遵循正确的顺序。

第五章　系统维护管理制度

第三十五条　系统维护管理是指为保障系统正常运行而进行的对硬件、网络、数据库、操作系统、财务软件及相关办公自动化软件进行的安装、修正、更新版本、扩展、备份等操作，以及对软件应用模式的设计及实施工作。系统的维护管理工作由系统管理人员或由系统管理人员授权的专业维护人员负责进行。未经系统管理员授权，其他人员不得进行系统维护操作。

第三十六条　未经系统管理员许可，不得在财务管理信息系统上安装拆卸其他硬、软件，不得改变系统的运行环境。

第三十七条　系统运行时，应获得充分的维护保障。系统发生影响正常运行的故障时，系统管理员应及时给予处理。月末、年末时更应立即给予解决。属于系统优化或不影响正常业务流程的问题，系统管理员可视工作需要决定解决的时间。对于系统运行环境变化、单位核算方式变化、管理需求变化等问题，系统管理员应进行合理的预计，提前规划，制定实施方案，确保系统的平稳运行。

第三十八条　系统运行中出现故障或出现不明意义的提示时，操作人员应保护现场. 及时与系统管理员联系。由于操作人员擅自处理故障而引起的后果由操作人员自己负责。

第三十九条　系统管理员在不能直接排除故障并且没有替代解决方案时，应请求上一级部门系统管理员或专业维护人员的技术支持。各单位应制定基层单位提出维护请求及响应的办法，一般情况下，基层单位在提出请求之前应反复测试，确认故障实质。提出请求时应说明故障发生的系统运行状态以及故障的后果等，以便上级维护人员迅速诊断问题。

第四十条　各单位要建立系统管理维护记录本，实行系统维护记录制度。对故障的发生时间、表现、解决办法、结果以及对系统进行的版本升级、运行环境更改等进行详细的记录，并由维护人员或系统管理员签字。系统管理维护记录本的登记要条理清楚、时间准确、字迹工整。

第四十一条　对于两个以上的系统维护管理人员应进行合理的分工，充分发挥系统管理人员的作用，不断加强电算化的技术保障，逐步形成一套有效的系统维护管理体制。

第六章 信息安全保障制度

第四十二条　财务信息的安全是指信息不丢失、不损毁、不向无关人员泄露、不被非法修改。保障信息的安全要从技术和管理两个方面着手。做好安全保密工作。

第四十三条　财务数据的备份或保存介质可采用磁带、光盘等。网络服务器在引进时必须配置可读写光盘机或其他存储介质。没有条件的单用户单位可短期内用硬盘备份，以后向光盘等存储介质过渡。

第四十四条　要经常对系统中的数据进行备份，以便在计算机发生故障时可将数据恢复到最近状态。数据备份的目的是防止任何时间发生的硬、软件故障以及人为失误造成的数据损毁。因此，原则上要求在发生业务的当天就进行备份。

推荐的数据备份模式为：

（一）与每星期的七天对应的七个备份循环覆盖；

（二）最近三个月月末的备份；

（三）每年年末的备份；

（四）备双份以上，存储于不同的地点。

第四十五条　对备份的数据应加强管理，防止被非法复制或毁坏，要对其内容及运行环境（如财务软件的版本）等进行记录。网络版的备份应连同主控数据库（master）一并备份。

第四十六条　参加财务软件开发的单位或专职从事系统维护工作的人员不得泄露软件的技术资料、源程序和加密措施。

第四十七条　对会计数据的备份、恢复、转出、转入的权限都应严加控制。严禁未经授权将财务数据复制出系统，转给无关的人员或单位；严禁未经授权进行数据恢复或转入操作。

第四十八条　实行联网的单位要采取各种措施来保障上网数据的安全性。要严密控制好财务数据库及其服务器的口令，控制好各用户的口令。

第四十九条　具有财务管理信息系统版权的单位，其软件的有关源程序及设计文档由系统管理员负责保管。

第七章　档案管理制度

第五十条　财务管理信息系统档案包括：

（一）每年一次的数据库备份；

（二）财务软件升级前的数据库备份；

（三）打印输出的经过盖章签字的会计资料；

（四）每年一次的经系统管理员签字的系统管理维护记录本；

（五）所有版本的系统、网络、数据库、软件；

（六）软件的开发文档、源程序；

（七）其他应该存档的资料或数据。

第五十一条　打印输出的凭证、报表、账簿等各种会计资料的保存按财政部《会计档案管理办法》执行。数据库的备份要永久保留。以胶片、磁、光等介质保存的数据的档案必须有双份备份，并分别存于不同地点，并按照有关规定保存在温湿度适宜、阳光不直射，不会被损害的场所。

第五十二条　以磁介质存储的数据应定期更换新的介质，进行再复制。

第五十三条　本章未涉及内容按照财政部《会计档案管理办法》执行。

第八章　会计信息系统的推广制度（略）

第九章　替代手工记账（略）

第十章　培训与奖励制度（略）

第十一章　附则（略）

附录3　企业内部控制应用指引第18号——信息系统

第一章　总则

第一条　为了促进企业有效实施内部控制，提高企业现代化管理水平，减少人为因素，根据有关法律法规和《企业内部控制基本规范》，制定本指引。

第二条　本指引所称信息系统，是指企业利用计算机和通信技术，对内部控制进行集成、转化和提升所形成的信息化管理平台。

第三条　企业利用信息系统实施内部控制至少应当关注下列风险。

（一）信息系统缺乏或规划不合理，可能造成信息孤岛或重复建设，导致企业经营管理效率低下。

（二）系统开发不符合内部控制要求，授权管理不当，可能导致无法利用信息技术实施有效控制。

（三）系统运行维护和安全措施不到位，可能导致信息泄漏或毁损，系统无法正常运行。

第四条　企业应当重视信息系统在内部控制中的作用，根据内部控制要求，结合组织架构、业务范围、地域分布、技术能力等因素，制定信息系统建设整体规划，加大投入力度，有序组织信息系统开发、运行与维护，优化管理流程，防范经营风险，全面提升企业现代化管理水平。

企业应当指定专门机构对信息系统建设实施归口管理，明确相关单位的职责权限，建立有效工作机制。企业可委托专业机构从事信息系统的开发、运行和维护工作。

企业负责人对信息系统建设工作负责。

第二章　信息系统的开发

第五条　企业应当根据信息系统建设整体规划提出项目建设方案，明确建设目标、人员配备、职责分工、经费保障和进度安排等相关内容，按照规定的权限和程序审批后实施。

企业信息系统归口管理部门应当组织内部各单位提出开发需求和关键控制点，规范开发流程，明确系统设计、编程、安装调试、验收、上线等全过程的管理要求，严格按照建设方案、开发流程和相关要求组织开发工作。

企业开发信息系统，可以采取自行开发、外购调试、业务外包等方式。选定外购调试或业务外包方式的，应当采用公开招标等形式择优确定供应商或开发单位。

第六条　企业开发信息系统，应当将生产经营管理业务流程、关键控制点和处理规则嵌入系统程序，实现手工环境下难以实现的控制功能。

企业在系统开发过程中，应当按照不同业务的控制要求，通过信息系统中的权限管理功能控制用户的操作权限，避免将不相容职责的处理权限授予同一用户。

企业应当针对不同数据的输入方式，考虑对进入系统的数据的检查和校验功能。对于必需的后台操作，应当加强管理，建立规范的流程制度，对操作情况进行监控或者审计。

企业应当在信息系统中设置操作日志功能，确保操作的可审计性。对异常的或者违背内部控制要求的交易和数据，应当由系统自动报告并设置跟踪处理机制。

第七条　企业信息系统归口管理部门应当加强信息系统开发全过程的跟踪管理，组织开发单位与内部各单位的日常沟通和协调，督促开发单位按照建设方案、计划进度和质量要求完成编程工作，对配备的硬件设备和系统软件进行检查验收，组织系统上线运行等。

第八条　企业应当组织独立于开发单位的专业机构对开发完成的信息系统进行验收测试，确保在功能、性能、控制要求和安全性等方面符合开发需求。

第九条　企业应当切实做好信息系统上线的各项准备工作，培训业务操作和系统管理人员，制定科学的上线计划和新旧系统转换方案，考虑应急预案，确保新旧系统顺利切换和平稳衔接。系统上线涉及数据迁移的，还应制订详细的数据迁移计划。

第三章　信息系统的运行与维护

第十条　企业应当加强信息系统运行与维护的管理，制定信息系统工作程序、信息管理制度以及各模块子系统的具体操作规范，及时跟踪、发现和解决系统运行中存在的问题，确保信息系统按照规定的程序、制度和操作规范持续稳定运行。

企业应当建立信息系统变更管理流程，信息系统变更应当严格遵照管理流程进行操作。信息系统操作人员不得擅自进行系统软件的删除、修改等操作；不得擅自升级、改变系统软件版本；不得擅自改变软件系统环境配置。

第十一条　企业应当根据业务性质、重要性程度、涉密情况等确定信息系统的安全等级，建立不同等级信息的授权使用制度，采用相应技术手段保证信息系统运行安全有序。

企业应当建立信息系统安全保密和泄密责任追究制度。委托专业机构进行系统运行与维护管理的，应当审查该机构的资质，并与其签订服务合同和保密协议。

企业应当采取安装安全软件等措施防范信息系统受到病毒等恶意软件的感染和破坏。

第十二条　企业应当建立用户管理制度，加强对重要业务系统的访问权限管理，定期审查系统账号，避免授权不当或存在非授权账号，禁止不相容职务用户账号的交叉操作。

第十三条　企业应当综合利用防火墙、路由器等网络设备，漏洞扫描、入侵检测等软件技术以及远程访问安全策略等手段，加强网络安全，防范来自网络的攻击和非法侵入。

企业对于通过网络传输的涉密或关键数据，应当采取加密措施，确保信息传递的保密性、准确性和完整性。

第十四条　企业应当建立系统数据定期备份制度，明确备份范围、频度、方法、责任人、存放地点、有效性检查等内容。

第十五条　企业应当加强服务器等关键信息设备的管理，建立良好的物理环境，指定专人负责检查，及时处理异常情况。未经授权，任何人不得接触关键信息设备。

资料来源：财政部、证监会、审计署、国资委、银监会、保监会等发布的《企业内部控制配套指引》

附录4 教材中涉及的部分专用词汇中英文对照

英文	中文
Computer Aided Design（CAD）	计算机辅助设计
Computer Aided Manufacturing（CAM）	计算机辅助制造
Electronic Commerce（EC）	电子商务
Logistics Information System（LIS）	物流信息系统
Accounting Information System（AIS）	会计信息系统
Manufacturing Resource Planning（MRPII）	制造资源计划
Human Resource Management（HRM）	人力资源管理系统
Enterprise Resource Planning （ERP）	企业资源计划
Supply Chain Management （SCM）	供应链管理
Customer Relationship Management（CRM）	客户关系管理
Electronic Data Processing System （EDPS）	电子数据处理系统
Management Information System（MIS）	管理信息系统
Office Automation（OA）	办公自动化
Decision Support System（DSS）	决策支持系统
Business Intelligence（BI）	商业智能
Application Service Provider（ASP）	应用服务提供商
Enterprise Application Integration（EAI）	企业应用集成
Extensible Business Reporting Language（XBRL）	可扩展商业报告语言
Management Information System（MIS）	管理信息系统
Accounting Information System（AIS）	会计信息系统
Electronic Data Processing（EDP）	电子数据处理
Brower/Server （B/S）	浏览器/服务器
Client/Server （C/S）	客户机/服务器
File/Server（F/S）	文件/服务器型
Universal Application Platform （UAP）	用户应用平台
Service-oriented Architecture（SOA）	面向服务的体系结构
Enterprise Application Suite（EAS）	金蝶集团企业管理解决方案
Government Application Suite（GAS ）	政府应用套件
On-line Analytical Processing（OLAP）	联机分析处理
World Trade Organization （WTO）	世界贸易组织
Chief Information Officer（CIO ）	首席信息官
Material Requirements Planning（MRP）	物料需求计划
American Production and Inventory Control Society （APICS）	美国生产与库存管理协会
Bill of Materials（BOM）	物料清单
Rough-cut Capacity Planning（CCRP）	粗能力计划

续表

英文	中文
Capacity Requirement Planning（CRP）	能力计划
Fourth Generation Language（4GL）	第四代语言
Product Data Management（PDM）	产品数据管理
Electronic Data Interchange（EDI）	电子数据交换
Workflow	工作流
Collaborative Commerce	协同商务
Software–as–a–service（SaaS）	软件即服务
Information Management System（IMS）	信息管理系统
Data Base Task Group（DBTG）	数据库任务组
Data Base Management System（DBMS）	数据库管理系统
Database Systems（DBS）	数据库系统
Structured Query Language（SQL）	结构化查询语言
Relation Data Base Management System（RDBMS）	关系数据库管理系统
On–Line Transaction Processing（OLTP）	在线交易处理系统
Computer Network	计算机网络
File Transfer Protocol（FTP）	文件传输协议
Local Area Network（LAN）	局域网
Ethernet	以太网
Wireless Local Area Networks（WLAN）	无线局域网
Metro Area Network（MAN）	城域网
Wide Area Network（WAN）	广域网
World Wide Web（WWW）	环球信息网（万维网）
Intranet	企业内部网
Web/Browser（W/B）	网页/浏览器
Extranet	外联网（企业外部网）
American Telephone & Telegraph（AT&T）	美国电话电报公司
Internet Information Services（IIS）	互联网信息服务
Million Instructions Per Second（MIPS）	每秒百万条指令
Accelerated SAP（ASAP）	加速SAP实施方法论
Advanced Business Application Programming（ABAP）	高级企业应用编程语言
Application Implementation Method（AIM）	应用系统实施方法论
Advanced Persistent Threat（APT）	高级持续性威胁
Blackhole Exploit Kit	黑洞开发工具包
Tipping Point System（TPS）	入侵防御系统
Information System Audit and Control Asociation（ISACA）	国际信息系统审计与控制协会
Uninterruptible Power Supply（UPS）	不间断电源
Virtual Private Network（VPN）	虚拟专用网

参考文献

【1】毛基业. 管理信息系统[M]. 第3版.北京：清华大学出版社，2011.

【2】薛云奎. 会计信息系统[M]. 第2版. 上海：复旦大学出版社，2008.

【3】李世宗. 会计信息系统[M]. 第1版. 湖北：华中科技大学出版社，2006.

【4】程国卿，吉国力. 企业资源计划（ERP）教程[M]. 第1版. 北京：清华大学出版社，2008.

【5】张涛. 企业资源计划（ERP）原理与实践[M]. 第1版. 北京：机械工业出版社，2010.

【6】姬小利. ERP原理、应用与实践教程[M]. 第1版. 上海：立信会计出版社，2008.

【7】王要武. 管理信息系统[M]. 第2版. 北京：电子工业出版社，2008.

【8】王亚东，等. 管理信息系统[M]. 第1版. 辽宁：辽宁大学出版社，2008.

【9】龚沛曾，等. 数据库技术及应用[M]. 第1版. 北京：高等教育出版社，2008.

【10】王海林，等. 会计信息系统——面向财务业务一体化[M]. 北京：电子工业出版社，2006.

【11】柳中冈. 漫话ERP[M]. 北京：清华大学出版社，2005.

【12】庄明来，林宝玉. 会计信息化教程[M]. 北京：北京师范大学出版社，2007.

【13】杨周南，等. 会计信息系统[M]. 辽宁：东北财经大学出版社，2010.

【14】胡仁昱，等. 会计信息系统[M]. 北京：清华大学出版社，2008.

【15】柳志强. ERP环境下会计信息系统内部控制研究[D]. 首都经济贸易大学硕士学位论文，2008.

【16】张永芳. 会计信息化环境下企业会计信息系统内部控制研究[D]. 中国海洋大学硕士学位论文，2008.

【17】艾文国，等. 改革开放三十年会计信息化发展回顾与展望[J]. 财会通讯（综合），2008.

【18】黄锡远. 基于“18号指引”构建会计信息系统内部控制体系[J]. 财会月刊，2011.

【19】戴彦，企业内部控制评价体系的构建——基于A省电网公司的案例研究[J]. 会计研究，2006.

【20】财政部网站. http://www.mof.gov.cn.